社会保険労務士 高橋 裕典
社会保険労務士 中曽根 晃
社会保険労務士 佐藤 奈己
社会保険労務士 萩原 秀長

【共著】

医師照会・返戻事例から学ぶ

障害年金請求手続のポイント

日本法令®

はじめに

　障害年金の請求手続には、医師照会や返戻はつきものですが、その照会や返戻にどのように対応すればよいのか迷うことも多いと思います。

　保険者からの照会や返戻には、意味や意図があり、従うことが基本ではありますが、必ず従わなければならないというものではありません。

　どのような照会・返戻に、どのように考え、どう対応したのかを知ることで、似たような事例において、最初からスムーズな請求手続をすることができるようになり、結果として、時間的・金銭的ロスの回避につながります。

　本書では、医師照会を17事例、返戻を23事例掲載しています。医師照会に関しては、保険者による「障害状態の確認」「記載根拠の確認」だけでなく、社会保険審査会等による照会例も掲載しました。返戻に関しては、「初診日の確認」「相当因果関係の確認」などよくある事例に加え、共済組合からの返戻や「こんな返戻もあるのか！」というものも掲載しました。

　あくまで本書は、著者らが対応した実例をもとに解説したものですので、読者のみなさまなら「もっと他の対応方法があったのではないか」ということもあるかもしれませんが、そこは「対応方法はいくつもある」ということだとご理解いただければ幸いです。

　本書が、読者のみなさまのお役に立てることを願うと同時に、請求人が求める障害給付の決定につながるきっかけになれば大変光栄です。

　最後に、本書の発刊にあたりまして、多大なお力添えをいただいた㈱日本法令出版部の吉岡幸子氏、掲載事例の選定作業を手伝ってくれた事務所スタッフに心より御礼申し上げます。

令和6年8月　筆者一同

●● CONTENTS ●●

第2章　返戻事例

＜巻末資料＞

医師照会・返戻と対応の基本

　医師照会や返戻の事例を読む前に、まずは知っておきたい・確認しておきたいポイントを説明します。

🔳 医師照会

　医師照会は、障害状態や初診日等の認定審査において医学的判断が必要なときに、保険者が職権で診断書作成医に直接行うこともありますが、請求人・代理人経由で行われることが一般的です。

　内容としては、障害状態の確認や記載根拠の確認（カルテの提出要求）を目的とするものがほとんどですが、受診事実の確認や初診日・相当因果関係の確認などもあります。

　医師照会は、医学的な判断が必要なときに行われるため、基本的にはその照会に応じるべきものですが、照会理由が不明瞭であったり、過剰要求であったりすることもあります。「ただ応じる」という姿勢ではなく、なぜその照会が必要なのかを考え、ときには、保険者に質問をしたり、照会対応を拒否したりすることも検討しましょう。

🔳 返　戻

　返戻は、書類不備の補正を求めるものから医証の追加提出を求めるものまでその内容は多岐にわたります。

　医師照会同様、基本的にはその返戻（指示）に応じるべきものですが、返戻理由が不明瞭であったり、指示内容が過剰要求であったりすることもあります。なぜその返戻が必要なのかを考え、ときには、保険者に質問をしたり、返戻対応を拒否したりすることも検討しましょう。

　なお、返戻は行政処分ではないので、（再）審査請求で争いたいときは、返戻ではなく、却下処分等の正式な処分をしてもらうようにしなければなりません。

❸ 対応期限

医師照会や返戻の際には、対応期限も定められます。原則として期限を守って対応すべきものですが、間に合わなさそうなときや対応が難しいときは、勝手な判断をせずに、年金事務所等窓口で相談しましょう。

❹ 「連絡事項」や「代理人意見」

医師照会や返戻は原則として書面で行われるため、保険者側と請求人・代理人側の意思疎通がうまくいかないことがあります。この意思疎通の問題で、正しい審査・決定に支障が生じることは避けなければなりません。

医師照会や返戻において、請求人・代理人側の意図や保険者への要望は文章で明確に伝えるように工夫しましょう。

本書においても、以下で「連絡事項」や「代理人意見」が出てきますので、参考にしてみてください。

[第 1 章]

—

医師照会事例

障害発生部位を特定するために
医師照会が行われた事例

▶ 医師の意見・所見　　▶ 障害状態

1 事例の概要

　1）請求人は、50歳代女性。
　2）脊髄空洞症による肢体障害で、障害厚生年金を事後重症請求した。
　3）脊髄のどの部分に異常があるのかについて医師照会が行われた。
　4）審査の結果、再照会等はなく、障害厚生年金3級で支給決定となった。

2 この事例を理解するために必要な知識・情報

【病気の概要】

　脊髄の中に脳脊髄液が溜まった大きな空洞ができ、脊髄を内側から圧迫することによって、様々な神経症状や全身症状をきたす病気です。

　症状が身体のどこに出るかは、空洞のできた場所と広がりによります。

　たとえば、脊髄の上の部分（頸髄）に空洞がある例では、しびれや筋肉のやせは手や腕に認められます。空洞が拡大するにつれて、他の部分に症状が広がっていきます。延髄まで空洞が広がると、脳神経障害や構音障害等がみられることがあります。

（難病情報センターHPより作成：https://www.nanbyou.or.jp/entry/133）

3 提出書類の内容（12ページ）

　診断書の要点を摘記すると以下のとおりです。

- ⑧欄　脊髄空洞症による神経因性疼痛、感覚障害がある。
- ⑨欄　脊髄の手術後も障害が残存している。
- ⑪欄　右上肢に感覚麻痺が生じている。
- ⑯欄　筋力低下や関節可動域の制限はみられない。
- ⑱欄　右上肢および（両）下肢に障害がある。
- ⑳欄　両上肢に痺れと疼痛がある。

4　なぜ医師照会となったのか

　診断書の記載を見ると、⑪欄では右上肢、⑱欄では右上肢および（両）下肢、⑳欄では両上肢とされており、整合性が取れていないように感じられます。

　そのため、脊髄のどの部分に障害があるのかについて照会することで、障害が生じるであろう範囲やその程度を判断したいと保険者側の医師が考えたのだと推察されます。

5　医師照会の内容と回答書（14ページ）

　医師照会により「脊髄空洞症の高位」の確認が行われ、「第二頸椎レベル以下、胸椎まで」との回答書が出来上がりました。

　この回答書により、脊髄障害の位置と診断書⑱欄等に医学的な矛盾がないということが確認され、障害認定に進んだものと考えられます。

6　本事例のポイントとまとめ

　脊髄障害の場合、脊髄のどの部位が障害されているのか、そしてその結果どのような症状が生じる可能性があるのかをしっかりと確認していくことが大切なポイントです。

　請求傷病と障害の出現状況、診断書内の整合性など不明な点があれば、医学大辞典で調べたり診断書作成医に確認したりすることが必要だといえます。

　本事例においては、裁定請求時に「脊髄空洞症の高位」を記載してもらっていれば、医師照会による時間的・費用的なロスを防ぐことができたと思われます。

【診断書（表面）】

| 肢 | 国民年金 厚生年金保険 | 診 断 書 （肢体の障害用） |

| （フリガナ）氏 名 | ■■■■ | 生年月日 | 昭和 **平成** 令和 | 29 年 ■ 月 ■ 日生（　歳） | 性別 | □男 ☑女 |

| 住 所 | 住所地の郵便番号 ■■■-■■ ■■■■■ | 都道府**県** | 郡**市**区 ■■■■ |

| ① 障害の原因となった傷病名 | 脊髄空洞症 | ② 傷病の発生年月日 | 昭和 **平成** 令和 | 19 年 4 月 頃日 | □診療録で確認 本人の申立て ☑ 〈 25 ・ 6 ・ 12 ⑭〉 |
| | | ③ ①のため初めて医師の診療を受けた日 | 昭和 **平成** 令和 | 19 年 6 月 6 日 | □診療録で確認 本人の申立て ☑ 〈 25 ・ 6 ・ 12 ⑭〉 |

| ④ 傷病の原因又は誘因 | 不詳 初診年月日（ 昭和 **平成** 令和 　19 年 7 月 9 日） | ⑤既存障害 | なし | ⑥既往症 | なし |

| ⑦ 傷病が治った（症状が固定して治療の効果が期待できない状態を含む。）かどうか。 | 傷病が治っている場合・・・・・・・・・治った日 平成 令和 　年　月　日 □確 認 □推 定 |
| | 傷病が治っていない場合・・・・・・・症状のよくなる見込 □有 ・ □無 ・ □不明 |

| ⑧ 診断書作成医療機関における初診時所見 **初診年月日**（ 平成 19 年 7 月 9 日 ） | 脊髄空洞による神経因性疼痛、感覚障害を認めた。 |

| ⑨ 現在までの治療の内容、期間、経過、その他参考となる事項 | 2007年9月5日手術（大孔減圧術＋第４脳室クモ膜下腔シャント）。以降、外来にて投薬。 | 診療回数 | 年 間 6 回 月 平均 回 |

| ⑩ 計 測 （ 平成・令和 　年　月　日計測） | 身 長 　cm 体 重 　kg | 血 圧 | 最 高 　mmHg 最 低 　mmHg |

障 害 の 状 態 （ 平成 25 年 6 月 12 日現症）

右　左　　　右　左　　　右　左　　　右　左

切断又は離断日　平成 令和 平成 令和　年　月　日
創面治ゆ日　　　　　　　　　年　月　日

■ 切断離断　× 変形　▨ 感覚麻痺　▩ 運動麻痺

⑪ 切断又は離断・変形・麻痺	切断又は離断の場合の神経・運動障害	断端の痛み □有・□無　すぐ上の関節の異常 □有・□無 （有の場合は㉕欄に記入してください。）
	外 観	□弛緩性 ・ □痙直性 ・ □不随意運動性 ・ □失調性 ・ □強剛性 ・ □しんせん性
	起 因 部 位	□脳性・☑脊髄性・□末梢神経性・□筋性・□その他 （（ 心因性のものと思われる場合は、その旨を右に記入してください。 ）　　　　　　）
	種類及びその程度	□感覚麻痺（□脱失・□鈍麻・□過敏・☑異常）　□運動麻痺
	反 射	右 ｜ 左
		上 肢 ｜ 下 肢 ｜ バビンスキー反射 ｜ その他の病的反射 ｜ 上 肢 ｜ 下 肢 ｜ バビンスキー反射 ｜ その他の病的反射
	そ の 他	排尿障害 □有・□無　排便障害 □有・□無　褥創又はその瘢痕 □有・□無

⑫ 脊柱の障害	脊柱の他動可動域 随伴する脊髄・根症状などの臨床症状
	部 位 ｜ 前屈 ｜ 後屈 ｜ 右側屈 ｜ 左側屈 ｜ 右回旋 ｜ 左回旋
	頸部 ｜ ｜ ｜ ｜ ｜ ｜
	胸腰部 ｜ ｜ ｜ ｜ ｜ ｜

| ⑬ 人工骨頭・人工関節の装着の状態 | **部 位** **手 術 日** 平成・令和　年　月　日 | ⑭ 握力 | 右 ｜ 左 未計測　　　　kg ―――→ 　　kg |

⑮ 手（足）の他動可動域指関節	部 位	母 指		示 指		中 指		環 指		小 指	
		屈曲	伸展	屈曲	伸展	屈曲	伸展	屈曲	伸展	屈曲	伸展
	中手（足）指節関節（MP）右										
	左										
	近位指節間関節（PIP）右										
	（母指では指節間関節）　左										

本人の障害の程度及び状態に無関係な欄には記入する必要はありません。（無関係な欄は、斜線により抹消してください。）

（お願い）障害の状態は、診療録に基づいてわかる範囲で記入してください。

（お願い）太文字の欄は、記入漏れがないように記入してください。

「診療録で確認」または「本人の申立て」のどちらかを選択し、本人の申立ての場合は、それを聴取した年月日を記入してください。

【診断書（裏面）】

<table>
<tr><td colspan="2">障　害　の　状　態</td><td></td><td colspan="6">（　平成　25　年　6　月　12　日現症）</td></tr>
</table>

⑯ 関節可動域及び筋力

（お願い）関節可動域は、健側についても記入してください。

部　位	運動の種類	右 関節可動域(角度) 強直肢位	右 関節可動域(角度) 他動可動域	右 筋力 正常	右 筋力 やや減 半減 著減 消失	左 関節可動域(角度) 強直肢位	左 関節可動域(角度) 他動可動域	左 筋力 正常	左 筋力 やや減 半減 著減 消失
肩関節	屈曲			レ				レ	
	伸展								
	内転								
	外転								
肘関節	屈曲								
	伸展								
前腕	回内								
	回外								
手関節	背屈								
	掌屈								
股関節	屈曲								
	伸展								
	内転								
	外転								
膝関節	屈曲								
	伸展								
足関節	背屈								
	底屈								

股関節屈曲値は次のどちらですか。
□ 膝屈曲位
□ 膝伸展位

⑰ 四肢長及び四肢囲

	右 上肢長	上腕囲	前腕囲	下肢長	大腿囲	下腿囲	左 上肢長	上腕囲	前腕囲	下肢長	大腿囲	下腿囲
	cm	cm	cm	cm	cm	cm	cm	cm	cm	cm	cm	cm

⑱ 日常生活における動作の障害の程度

補助用具を使用しない状態で判断してください。

一人でうまくできる場合には ・・・・・・・・・・「○」
一人でできてもやや不自由な場合には ・・・・・・「○△」
一人でできるが非常に不自由な場合には ・・・・・・「△×」
一人で全くできない場合には ・・・・・・・・・「×」

該当する記号をリストから選択してください。

日常生活における動作	右	左	日常生活における動作	右	左
a つ ま む （新聞紙が引き抜けない程度）	○△	○	m 片足で立つ	○△	○△
b 握 る （丸めた週刊誌が引き抜ける程度）	△×	○	n 座る〔正座、横すわり、あぐら、脚なげだし〕		
c タオルを絞る （水をきれる程度）	両手	△×	（このような姿勢を持続する）	○△	
d ひもを結ぶ	両手	△×	o 深くおじぎ（最敬礼）をする	○△	
e さじで食事をする	○△	○	p 歩く（屋内）	○	
f 顔を洗う（顔に手のひらをつける）	○△	○	q 歩く（屋外）	○△	
g 用便の処置をする（ズボンの前のところに手をやる）	○△	○	r 立ち上がる	□ 支持なしでできる　レ 支持があればできるが少やや不自由　□ 支持があればできるが非常に不自由　□ 支持があってもできない	
h 用便の処置をする（尻のところに手をやる）	×	○△			
i 上衣の着脱（かぶりシャツを着て脱ぐ）	両手	○△	s 階段を上る	□ 手すりなしでできる　レ 手すりがあればできるがやや不自由　□ 手すりがあればできるが非常に不自由　□ 手すりがあってもできない	
j 上衣の着脱（ワイシャツを着てボタンをとめる）	両手	○△			
k ズボンの着脱（どのような姿勢でもよい）	両手	○	t 階段を下りる	□ 手すりなしでできる　レ 手すりがあればできるがやや不自由　□ 手すりがあればできるが非常に不自由　□ 手すりがあってもできない	
l 靴下を履く（どのような姿勢でもよい）	両手	○			

平衡機能	1 閉眼での起立・立位保持の状態	2 開眼での直線の10m歩行の状態	3 自覚症状・他覚所見及び検査所見
	□ ア 可能である。	□ ア まっすぐ歩き通す。	
	□ イ 不安定である。	□ イ 多少曲がりそうになったりよろめいたりするがどうにか歩き通す。	
	□ ウ 不可能である。	□ ウ 転倒あるいは著しくよろめいて、歩行を中断せざるを得ない。	

⑲ 補助用具使用状況

該当する数字にチェックをして、右のア・イいずれかの使用状況を選び、〔　〕内のリストから選択してください。

□ 1 〔　〕上肢補装具	□ 2 〔　〕下肢補装具
□ 3 〔　〕杖	□ 4 〔　〕松葉杖　（左・右）
□ 5 〔　〕車椅子	□ 6 〔　〕歩行車
□ 7 〔　〕その他　（具体的に　　　）	
レ 8 補助用具は使用していない	

（左・右）
ア 常時（起床より就寝まで）使用
イ 常時ではないが使用

使用状況を詳しく記入してください。

⑳ その他の精神・身体の障害の状態

両上肢のシビレ、疼痛は難治性であり、日常生活に制約を来す状態である。

㉑ 現症時の日常生活活動能力及び労働能力（必ず記入してください。）	（補助用具を使用しない状態で判断してください。） 身の回りの作業は自立しているが、就労は不能。ADLも一部介助が必要。
㉒ 予　後（必ず記入してください。）	改善・回復は困難である。
㉓ 備　考	

上記のとおり、診断します。　　平成 25 年 6 月 26 日

病院又は診療所の名称 ■■■■■■■　　　診療担当科名 脳外科

所在地 電話■■■■■■　　　医師氏名 ■■■■■

【医師照会の内容と回答書】

■■■■■ 様 　　　　　　　　　（様式 1-13）　　　　　　　　　　（照会番号）

　　　　　　　　　　　　　　　　　　　　　　　　　　　　　　　　■■ － ■■

　　　　　　　　　　　　　　　　　　　　　　　　　　　　　　■年■月■■日

障害給付　年金請求書にかかる照会事項について

　あなたから請求のありました「障害給付　年金請求書」を審査した結果、以下の事項について調査が必要となりましたので、■■■■■■■■■■■病院 脳外科■■■■■先生に記載してもらい、下記の提出先に返送して下さい。

　■■■■■■■■■■■■病院

　脳外科■■■■■先生

　平素より年金業務にご協力いただき感謝しております。さて、ご多忙中のところ誠に恐縮ですが、貴院受診の■■■■様から請求のありました「障害給付　年金請求書」の審査を進めるため、次の事項についてご教示願います。

　◎　脊髄空洞症の高位を教えて下さい。

　　（ご回答）

　　　第二頸椎レベル以下、胸椎まで

　なお、下記に署名・捺印も併せてお願いします。

　　平成25年10月　2日

　　医療機関名及び住所　■■■■■■■■■■■

　　　　　　　　　　　　■■■■■■■医院　医師の氏名

　　　　　　　　　　　　電話　■■■■■■■■　■■■■■■■■■■

※　ご不明な点がございましたら、■■年金事務所　お客様相談室までお問合せください。

　　　【提出先】〒■■■■■ － ■■　■■■■■■■■■■■■

　　　　　　日本年金機構　■■年金事務所　☎ ■■■■■■■■■■■■

肢体の病状と計測値を確認するために医師照会が行われた事例

▶ 医師の意見・所見   ▶ 障害状態

1 事例の概要

1）請求人は、50歳代女性。

2）腰部脊柱管狭窄症による肢体障害で、障害厚生年金を障害認定日請求した（提出した診断書は18ページ〜）。

3）障害認定日時点の計測値や病状経過等について医師照会が行われた。

4）審査の結果、障害認定日分は障害状態が確認できないとして却下処分とされたが、裁定請求日分は障害厚生年金2級で支給決定となった。

5）なお、却下処分に対しては不服申立てを行った（本稿執筆時点で不服申立ての結果は出ていない）。

2 この事例を理解するために必要な知識・情報

　本事例は、障害年金請求ができることを知らなかった請求人が約7年の遡及請求をしたものです。

　障害認定日当時は、当然、肢体可動域等の計測は行われておらず、診断書上の記載は不十分な状態でした。

　また、通常、腰部脊柱管狭窄症では下肢に障害が出現するところ、請求人には右上肢の痺れも出現しており、その原因は不明という状況でした。

3 提出書類の内容

　障害認定日時点　平成28年4月21日現症の診断書
　裁定請求日時点　令和5年6月26日現症の診断書
の2通を提出しています。

4 なぜ医師照会となったのか

1) 障害認定日時点の診断書 (18ページ)

　⑱欄の ADL は記載されているものの、関節可動域や筋力については計測値がなく、障害状態の認定には情報が十分ではない状態です。

　このような状態であったことから、障害認定日前後3か月くらいの範囲に計測値がないかどうかや診断書記載根拠となったカルテの該当部分の写しを求められました。

　また、障害認定日から4か月ほど後に受けた手術についても、病状経過等を把握する目的と思われますが、照会内容に含まれていました。

2) 裁定請求日時点の診断書 (20ページ)

　障害年金を請求するために計測をしてもらったので、計測データや診断書の記載内容は十分なものとなっています。

　しかし、右上肢の痺れについては、脊柱管狭窄症では説明が付かないため、その部分について照会が行われました。

5 医師照会の内容と回答書 (22ページ)

　障害認定日分に関しては、やはり当時の記録が少なく、残念ながら障害状態の認定には至りませんでした（却下処分）。

　裁定請求日分に関しては、上肢障害の原因は特定できていないものの腰部脊柱管狭窄症とは関係のない傷病という認定となり、下肢障害のみで障害等級の審査に進みました。

　結果として、裁定請求日分が、下肢障害2級と認定されました。

⑥ 本事例のポイントとまとめ

　計測値が必要な障害認定では、遡及請求がうまくできないことがあります。本事例でも過去の計測値がなく、結果的に医師照会を経ても却下処分となりました。

　障害状態を証明する資料や情報を集められるかがポイントとなりますが、なかなか難しいのが現状で、不服申立てでどこまで認めてもらえるかということになりそうです。

　また、裁定請求日時点の診断書で、上肢の障害が出現していた点についてですが、脊柱管狭窄症によって生じる症状なのかを予め医師に確認して診断書に記載してもらっておけば、照会項目が1つ減ったのではないかと思います。

【障害認定日時点の診断書（表面）】

（肢）	国 民 年 金 厚生年金保険	診 断 書	（肢体の障害用）

（フリガナ） 氏　名	■■■■	生年月日	昭和　44　年　7　月　■■日生（ 53 歳）性別　□男　☑女

住　所	住所地の郵便番号　■■-■■■	■■ 県　■■ 市　■■■■

① 障害の原因となった傷病名	下肢機能障害	② 傷病の発生年月日	平成　26　年　6　月　30　日	☑ 診療録で確認 □ 本人の申立て
		③ ①のため初めて医師の診療を受けた日	平成　26　年　8　月　22　日	☑ 診療録で確認 □ 本人の申立て

④ 傷病の原因又は誘因	腰部脊柱管狭窄症 初診年月日（　　　　平成　　26　年　8　月　22　日）	⑤既存障害		⑥既往症	

⑦ 傷病が治った（症状が固定して治療の効果が期待できない状態を含む。）かどうか。	傷病が治っている場合・・・・・・・・・・・・治った日　令和　3　年　2　月　16　日	□ 確　認 ☑ 推　定
	傷病が治っていない場合・・・・・・・・症状のよくなる見込　□有 ・ □無 ・ □不明	

⑧ 診断書作成医療機関における初診時所見 初診年月日 （　平成　26　年　8　月　22　日　）	右臀部、大腿後面、下腿外側の痛みや、趾先までのしびれによる歩行障害

⑨ 現在までの治療の内容、期間、経過、その他参考となる事項	症状強く平成26年8月22日～9月3日まで入院加療。 平成28年5月31日入院、6月1日手術施行、6月20日退院。 令和3年2月16日受診後、転医。 令和5年4月24日当院受診。	診療回数	年　間　　　5　回 月　平　均　　　　回

⑩ 計　測 （　平成　28　年　4　月　21　日計測	身　長　　158　cm 体　重　　60.85　kg	血　圧	最　高　　　　mmHg 最　低　　　　mmHg

障 害 の 状 態 （ 平成　28　年　4　月　21　日現症）

右　左　　　右　左　　　右　左

⑪ 切断又は離断・変形・麻痺

切断又は離断日 創面治ゆ日	平成・令和　年　月　日 平成・令和　年　月　日	■切断離断　×変形　▨感覚麻痺　▧運動麻痺

切断又は離断の場合の神経・運動障害	断端の痛み　□有・□無　　すぐ上の関節の異常　□有・□無　（有の場合は⑯欄に記入してください。）
外　　観	□弛緩性 ・ □痙直性 ・ □不随意運動性 ・ □失調性 ・ □強剛性 ・ □しんせん性
起 因 部 位	□脳性・☑脊髄性・□末梢神経性・□筋性・□その他（（ 心因性のものと思われる場合は、その旨を右に記入してください。 ） ）
種類及びその程度	☑感覚麻痺（ □脱失 ・ ☑鈍麻 ・ □過敏 ・ ☑異常 ）　　□運動麻痺

反　　射	右				左			
	上　肢	下　肢	バビンスキー反射	その他の病的反射	上　肢	下　肢	バビンスキー反射	その他の病的反射
	不詳	不詳	不詳	不詳	不詳	不詳	不詳	不詳

その他	排尿障害　□有 ・ □無　　排便障害　□有 ・ □無　　褥創又はその瘢痕　□有 ・ □無

⑫ 脊柱の障害	脊 柱 の 他 動 可 動 域						随伴する脊髄・根症状などの臨床症状
	部位	前屈	後屈	右側屈	左側屈	右回旋	左回旋	
	頸部							
	胸腰部							

⑬ 人工骨頭・人工関節の装着の状態	部　位 手　術　日　　平成・令和　　年　月　日	⑭ 握力	右　　　　kg	左　　　　kg

⑮ 手（足）の他動可動域指関節	部　位	母　指		示　指		中　指		薬　指		小　指	
		屈曲	伸展	屈曲	伸展	屈曲	伸展	屈曲	伸展	屈曲	伸展
	中手（足）指節関節（MP）　右										
	左										
	近位指節間関節（PIP）　右										
	（母指では指節間関節）　左										

本人の障害の程度及び状態に無関係な欄には記入する必要はありません。（無関係な欄は、斜線により抹消してください。）

医師照会事例

医師の意見・所見／障害状態

障 害 の 状 態 （ 平成 28 年 4 月 21 日 現症）													
㉚ 関節可動域及び筋力	部 位	運動の種類	右					左					
			関節可動域（角度）		筋 力			関節可動域（角度）		筋 力			
			強直肢位	他動可動域	正常 やや減 半減 著減 消失			強直肢位	他動可動域	正常 やや減 半減 著減 消失			
	肩関節	屈曲 伸展 内転 外転											
	肘関節	屈曲 伸展		未 計 測									
	前腕	回内 回外											
	手関節	背屈 掌屈											
	股関節	屈曲 伸展 内転 外転											
	膝関節	屈曲 伸展											
	足関節	背屈 底屈											

（お願い）関節可動域は、健側についても記入してください。

股関節屈曲値は次のどちらですか。
□ 膝関伸位
□ 膝屈展位

㉗ 四肢長及び四肢囲	右						左					
	上肢長	上腕囲	前腕囲	下肢長	大腿囲	下腿囲	上肢長	上腕囲	前腕囲	下肢長	大腿囲	下腿囲
	cm	cm	cm	cm	cm	cm	cm	cm	cm	cm	cm	cm

⑱ 日常生活における動作の障害の程度

補助用具を使用しない状態で判断してください。

一人でうまくできる場合には ……………「○」
一人でできてもやや不自由な場合には ……「○△」
一人でできるが非常に不自由な場合には …「△×」
一人で全くできない場合には ……………「×」

該当する記号をリストから選択してください。

日常生活における動作	右	左		日常生活における動作	右	左
a つ ま む （新聞紙が引き抜けない程度）			m 片足で立つ	×	×
b 握 る （丸めた週刊誌が引き抜けない程度）			n 座 る［正座、横すわり、あぐら、脚なげだし］		△×
c タオルを絞る （水をきれる程度）	両手		（このような姿勢を持続する）		
d ひもを結ぶ	両手		o 深くおじぎ（最敬礼）をする		△×
e さじで食事をする			p 歩く（屋内）		○△
f 顔を洗う （顔に手のひらをつける）			q 歩く（屋外）		△×
g 用便の処置をする （ズボンの前のところに手をやる）			r 立ち上がる		
h 用便の処置をする （尻のところに手をやる）			s 階段を上る		
i 上 衣 の 着 脱 （かぶりシャツを着て脱ぐ）			t 階段を下りる		
j 上 衣 の 着 脱 （ワイシャツを着てボタンをとめる）	両手				
k ズボンの着脱 （どのような姿勢でもよい）	両手 ○△				
l 靴下を履く （どのような姿勢でもよい）	両手 ○△				

r 立ち上がる：ア 支持なしでできる □ イ 支持があればできるがやや不自由 □ ウ 支持があればできるが非常に不自由 □ エ 支持があっても　できない
s 階段を上る：ア 手すりなしでできる □ イ 手すりがあればできるがやや不自由 □ ウ 手すりがあればできるが非常に不自由 □ エ 手すりがあっても　できない
t 階段を下りる：ア 手すりなしでできる □ イ 手すりがあればできるがやや不自由 □ ウ 手すりがあればできるが非常に不自由 □ エ 手すりがあっても　できない

平衡機能

1 閉眼での起立・立位保持の状態
□ ア 可能である。
□ イ 不安定である。
□ ウ 不可能である。

2 開眼での直線・10m歩行の状態
□ ア まっすぐ歩き通す。
□ イ 多少転倒しそうになったりよろめいたりするがどうにか歩き通す。
□ ウ 転倒あるいは著しくよろめいて、歩行を中断せざるを得ない。

3 自覚症状・他覚所見及び検査所見

⑲ 補助用具使用状況

該当する数字にチェックをして、右のア・イいずれかの使用状況を選び、[ ]内のリストから選択してください。

□ 1 [ ] 上肢補装具 □ 2 [ ] 下肢補装具 [□左・□右]
☑ 3 [ア] 杖（ T字杖 ） □ 4 [ ] 松葉杖 （□左・□右）
□ 5 [ ] 車椅子 □ 6 [ ] 歩行器
□ 7 [ ] その他 （具体的に ）
□ 8 補助用具は使用していない

ア 常時（起床より就寝まで）使用
イ 常時ではないが使用

使用状況を詳しく記入してください。

⑳ その他の精神・身体の障害の状態
特になし

㉑ 現症時の日常生活動能力及び労働能力（必ず記入してください。）
（補助用具を使用しない状態で判断してください。）
不詳（診察した医師が不在のため）

㉒ 予 後（必ず記入してください。）
症状固定

㉓ 備 考
特になし

上記のとおり、診断します。　　　　令和5 年 6 月 17 日

病院又は診療所の名称 ■■■■■■■■ 病院　　　診療担当科名 整形外科

所 在 地 ■■■■■■■■　　　　　医師氏名 ■■■■■■

障害状態確認届

年　月　日提出期限		年　月　日提出

※提出期限は年金事務所等に確認してください。

受給権者の欄

基礎年金番号	−	年金コード
住　所		
フリガナ		生　年　月　日
氏　名	様	
電話番号	−	−

● 誕生月までの間に医療機関を受診し、医師または歯科医師に診断書の記載を依頼してください。
● 提出期限までに、日本年金機構に到着するように提出してください。
《提出先》〒162-8799 日本郵便株式会社 牛込郵便局 私書箱145号 日本年金機構
● 提出期限までに診断書をご提出いただけない場合は、年金の支払いが一時止まることがあります。
● 提出期限を過ぎてからご提出いただく場合には、提出期限までにお近くの年金事務所へお問い合わせください。

〈これ以降は医師に記入していただき、切り離さないで提出してください。〉

国民年金・厚生年金保険・共済年金

診断書（肢体の障害用）

様式第120号の3

○本人の障害の程度及び状態に無関係な欄は、記入する必要はありません。（無関係な欄は、斜線により抹消してください。）

○裏面の「記入上の注意」をよく読んで記入してください。

（お願い）赤字の欄は、記入もれがないように記入してください。

①フリガナ 氏名（生年月日）	昭和 44 年 7 月 ■ 日生（ 53 歳）	性別 □男・レ女	②住所 ■ − ■

③傷病名	腰部脊柱管狭窄症	診療回数	年間 回、月平均 1 回

④最近一年間の治療の内容、期間、経過、その他参考となる事項	症状強く平成26年8月22日〜9月3日まで入院加療。平成28年5月31日入院、6月1日手術施行、6月20日退院。令和3年2月16日受診後、転医。令和5年4月24日当院受診。処方継続。

⑤計測（令和5 年 6 月 26 日計測）	身長 158 cm 体重 60.85 kg	血圧	最高 mmHg 最低 mmHg

障害の状態 （令和5 年 6 月 26 日現症）

※現症の日は、誕生月までの間に本人が診断を受けた日で、記入してください。

右　左　　右　左

右上下肢しびれあり

切断又は離断日	年 月 日	■切断離断 × 変形 ▨感覚麻痺 ▨運動麻痺
創面治ゆ日	年 月 日	

⑥切断又は離断・変形・麻痺

切断又は離断の場合の神経・運動障害	断端の痛み □有・レ無		すぐ上の関節の異常 □有・レ無	（有の場合は⑪欄に記入してください。）
外　観	□弛緩性 ・ □疼痛性 ・ □不随意運動性 ・ □失調性 ・ □強剛性 ・ □しんせん性			
起因部位	□脳性・レ脊髄性・□末梢神経性・□筋性・レその他（ 心因性のものと思われる場合は、その旨を右に記入してください。 右上肢しびれ原因不明 ）			
種類及びその程度	レ感覚麻痺（ □脱失 ・ レ鈍麻 ・ □過敏 ・ □異常 ） □運動麻痺			

反射	右				左			
	上肢	下肢	バビンスキー反射	その他の病的反射	上肢	下肢	バビンスキー反射	その他の病的反射
	＋	＋	−	−	＋	＋	−	−

その他	排尿障害 □有・□無	排便障害 □有・□無	褥創又はその瘢痕 □有・□無

⑦脊柱の障害

脊柱の他動可動域							随伴する脊髄・根症状などの臨床症状
部位	前屈	後屈	右側屈	左側屈	右回旋	左回旋	
頸部							
胸腰部							

⑧人工骨頭・人工関節の装着の状態

部位			⑨握力	右 10 kg	左 19 kg
手術日	年 月 日				

⑩手（足）の指関節の他動可動域

部位		母指		示指		中指		環指		小指	
		屈曲	伸展	屈曲	伸展	屈曲	伸展	屈曲	伸展	屈曲	伸展
中手（足）指節関節（MP）	右	60	0	80	30	80	30	90	40	90	40
	左	60	0	80	40	90	40	90	40	90	40
近位指節間関節（PIP）（母指では指節間関節）	右	80	0	90	0	90	0	90	0	90	0
	左	80	0	90	0	90	0	90	0	80	0

※	1 継続	2 増改	3 減改	4 停止	5 永固	6 三有	7 四有	8 三二有	9 二一有	10 一有	11 未固	医療専門役印	認定医員印	診断書コード 6

年金証書の基礎年金番号・年金コード	生年月日	診 上外	等級	傷病名	差引 有固	氏

	受発年月日	差止年月	経

コード番号 34	コード番号 35				レントゲンフィルムの添付 □有 □無 枚	レントゲンフィルム返送 年 月 日

【裁定請求日時点の診断書（裏面）】

〈お願い〉関節可動域は、健側についても記入してください。

※ 現症の日は、誕生月までの間に本人が診断を受けた日で、記入してください。

障 害 の 状 態 （ 令和5 年 6 月 26 日現症）

⑪ 関節可動域及び筋力

部　位	運動の種類	右 関節可動域（角度）		右 筋力						左 関節可動域（角度）		左 筋力					
		強直肢位	他動可動域	正常	やや減	半減	著減	消失		強直肢位	他動可動域	正常	やや減	半減	著減	消失	
肩関節	屈曲		160	レ							160	レ					
	伸展		30	レ							30	レ					
	内転		0	レ							0	レ					
	外転		160	レ							160	レ					
肘関節	屈曲		120	レ							120	レ					
	伸展		0	レ							0	レ					
前腕	回内			レ							90	レ					
	回外			レ							90	レ					
手関節	背屈		40	レ							60	レ					
	掌屈		60	レ							70	レ					
股関節	屈曲		80			レ					90			レ			
	伸展		10			レ					10			レ			
	内転		10			レ					10			レ			
	外転		20			レ					30			レ			
膝関節	屈曲		90			レ					110			レ			
	伸展		0			レ					0			レ			
足関節	背屈		20			レ					20			レ			
	底屈		40			レ					40			レ			

股関節屈曲値は次のどちらですか。
レ 膝関節屈曲位
□ 膝伸展位

⑫ 四肢長及び四肢囲

	右 上肢長	上腕囲	前腕囲	下肢長	大腿囲	下腿囲	左 上肢長	上腕囲	前腕囲	下肢長	大腿囲	下腿囲
	49 cm	31 cm	25.5 cm	77 cm	49 cm	39 cm	49 cm	30 cm	25.5 cm	77 cm	50 cm	39 cm

⑬ 日常生活における動作の障害の程度

補助用具を使用しない状態で判断してください。

一人でうまくできる場合には ……………「○」
一人でできてもやや不自由な場合には ……………「○△」
一人でできるが非常に不自由な場合には ……………「△×」
一人で全くできない場合には ……………「×」

該当する記号をリストから選択してください。

日常生活における動作	右	左		日常生活における動作	右	左
a つまむ（新聞紙が引き抜けない程度）	○△	○	m	片足で立つ	×	△×
b 握る（丸めた週刊誌が引き抜けない程度）	○△	○	n	座る［正座、横すわり、あぐら、脚なげだし］（このような姿勢を持続する）	×	
c タオルを絞る（水をきれる程度）	両手	○△				
d ひもを結ぶ	両手	○△	o	深おじぎ（最敬礼）をする	×	
e さじで食事をする	○△	○	p	歩く（屋内）	△×	
f 顔を洗う（顔に手のひらをつける）	○△	○	q	歩く（屋外）	△×	
g 用便の処置をする（ズボンのところに手をやる）	○△	○△	r	立ち上がる		
h 用便の処置をする（尻のところに手をやる）	×	×	s	階段を上る		
i 上衣の着脱（かぶりシャツを着て脱ぐ）	両手	○△	t	階段を下りる		
j 上衣の着脱（ワイシャツを着てボタンをとめる）	両手	○△				
k ズボンの着脱（どのような姿勢でもよい）	両手	△×				
l 靴下を履く（どのような姿勢でもよい）	両手	×				

r 立ち上がる: □ア 支持なしできる □イ 手すりがあればできるがやや不自由 レ ウ 支持があればできるが非常に不自由 □エ 支持があってもできない

s 階段を上る: □ア 手すりなしできる □イ 手すりがあればできるが不自由 レ ウ 手すりがあればできるが非常に不自由 □エ 手すりがあってもできない

t 階段を下りる: □ア 手すりなしできる □イ 手すりがあればできるが不自由 レ ウ 手すりがあればできるが非常に不自由 □エ 手すりがあってもできない

平衡機能

1 開眼での起立・立位保持の状態
□ア 可能である。
□イ 不安定である。
レ ウ 不可能である。

2 開眼での直線の10m歩行の状態
□ア まっすぐ歩き通す。
□イ 多少転倒しそうになったりよろめいたりするがどうにか歩き通す。
レ ウ 転倒あるいは著しくよろめいて、歩行を中断せざるを得ない。

3 自覚症状・他覚所見及び検査所見

⑭ 補助用具使用状況

該当する数字にチェックをして、右のア・イいずれかの状態を選び、〔 〕内のリストから選択してください。

□1 〔 〕 上肢補装具　　□2 〔 〕 下肢補装具　　（□左・□右）
レ 3 〔 ア 〕 杖（ T字杖 ）　□4 〔 〕 松葉杖　（□左・□右）
□5 〔 〕 車椅子　　□6 〔 イ 〕 歩行車
□7 〔 〕 その他　（具体的に　　　）
□8 補助用具は使用していない

ア 常時（起床より就寝まで）使用
イ 常時ではないが使用（　　　）

使用状況を詳しく記入してください。

⑮ その他の精神・身体の障害の状態
特になし

⑯ 現症時の日常生活活動能力及び労働能力（補助用具を使用しない状態で判断してください。）（必ず記入してください。）
杖のない状況では歩行に困難をきたす

⑰ 予後（必ず記入してください。）
症状固定

⑱ 備考
特になし

上記のとおり、診断します。　　令和5 年 7 月 5 日
病院又は診療所の名称　■■■■■病院
所在地　■■■■■
診療担当科名　整形外科
医師氏名　■■■■■

記入上の注意

1 障害状態確認届と診断書を切りはなした場合には、必ず障害状態確認届と診断書をいっしょに提出してください。
2 ■印欄には、記入しないでください。
3 ⑨欄には、障害の原因となった傷病名を記入のうえ、受給権者となった後に発生した傷病名を、⑩欄に記入してください。
4 「障害の程度」の欄は次のことに留意して記入してください。
(1) 本人の障害の程度及び状態に無関係の欄は、記入する必要はありません。（無関係の欄は、斜線により抹消してください。）なお、該当欄に記入しきれない場合には、別に紙片を付してそれに記入してください。
(2) ⑪の欄の「受傷部位の他動可動域」、⑬の欄の「手（足）指関節の他動可動域」及び⑫の欄の「関節可動域」の測定は、日本整形外科学会、日本足の外科学会及び日本リハビリテーション医学会で定めた方法によってください。
(3) ⑪の欄の「筋力」の程度を表す具体的な「程度」は、次のとおりです。
正常…検査者が手で加える十分な抵抗を排して自動可動な場合
やや減…検査者が手をおいた程度の抵抗を排して自動可動な場合
半減…検査者が加える抵抗に打ち勝ち得ないが、自分の体部分の重さに抗して自動可動な場合
著減…自分の体部分の重さに抗し得ないが、これを除けば自動可動な場合
消失…いかなる状態でも関節の自動が不能な場合
(4) ⑫の欄の上肢長は、肩峰先端より橈骨茎状突起まで、下肢長は上前腸骨棘以下脛骨内果実測までの距離を表示してください。また、上腕囲、前腕囲、下腿囲はその最大囲を、大腿囲は膝蓋上縁上10センチメートルの周囲径を測ってください。
(5) 脳血管障害などにより言語障害がある場合は、⑮欄に会話状態などを記入してください。
5 診断書の記載要領を日本年金機構のホームページに掲載していますのでご参照ください。

日本年金機構　診断書　検索
https://www.nenkin.go.jp/shinsei/jukyu/jukyu.html#cms800

【関節可動域測定参考図】

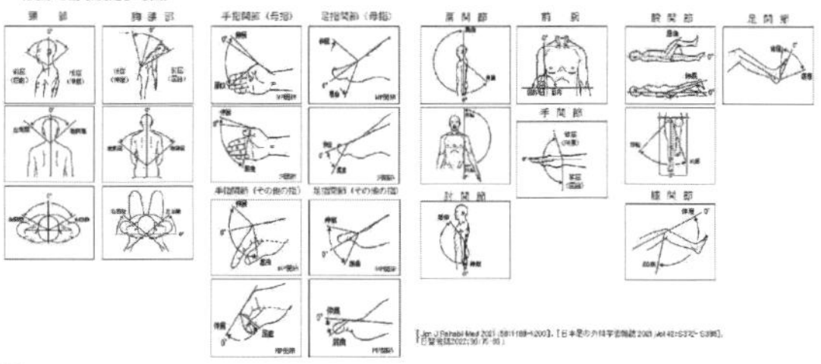

（縦書き右側：医師照会事例　医師の意見・所見／障害状態）

【医師照会の内容と回答書（1ページ目）】

（様式1）

（請求者）■■■■■様　　　　　　　　　　　　　　　　　　　　　　（照会受付番号）

（代理人）■■■■■■■■様　　　　　　　　　　　　　　　　　　　■■■■■■

令和5年9月■日

年金請求書にかかるご照会

先に請求がありました届書について、審査を進めた結果、下記の事項について確認が必要となりました。

つきましては、下記の医療機関・診療科・医師にご記載いただき、カルテの写しと併せて年金事務所に提出をお願いします。

届書　：　障害給付　年金請求書
医療機関名・診療科・医師名　：　■■■■■病院
整形外科
■■先生

提出先年金事務所：　■■■■■■■■■

■■■■■病院
整形外科
■■先生

平素より年金業務にご協力いただき、御礼申し上げます。さて、ご多忙のところ誠に恐縮ですが、貴院受診の■■様から請求がありました届書について審査を進めるため、次の事項についてご照会を申し上げます。

1. 貴院にて作成いただきました平成28年4月21日現症の診断書⑫欄が斜線にて抹消され、⑯欄は未計測とのことですが、平成28年4月21日現症に近い日付（現症日の前後3月以内程度）で検査を実施されておりますでしょうか。現症日に近い日付で検査実施されている場合は、下欄へ検査日および検査結果をご記載いただきますようお願いいたします。現症日に近い日付においても検査未実施の場合は、その旨を余白にご記載いただきますようお願いいたします。

（ご回答）

検査日：平成　年　月　日　　　　検査実施していません

⑫ 脊柱の障害	脊　柱　の　他　動　可　動　域							随伴する脊髄・根症状などの臨床症状
	部　位	前　屈	後　屈	右側屈	左側屈	右回旋	左回旋	
	頸　部							
	胸腰部							

⑯ 関節可動域及び筋力	部　位	運動の種類	右							左						
			関節可動域（角度）		筋力					関節可動域（角度）		筋力				
			強直肢位	他動可動域	正常	やや減	半減	著減	消失	強直肢位	他動可動域	正常	やや減	半減	著減	消失
	肩関節	屈　曲														
		伸　展														
		内　転														
		外　転														
	肘関節	屈　曲														
		伸　展														
	前　腕	回　内														
		回　外														
	手関節	背　屈														
		掌　屈														
	股関節	屈　曲														
		伸　展														
		内　転														
		外　転														
	膝関節	屈　曲														
		伸　展														
	足関節	背　屈														
		底　屈														

（お願い）関節可動域は、健側についても記入してください。

【医師照会の内容と回答書（2ページ目）】

2． 平成 28 年 4 月 21 日現症の診断書をご記載いただく際に、根拠とされたカルテの写しのご提出をお願いします。

別紙参照

3． 平成 28 年 4 月 21 現症の診断書⑨欄に記載されている「平成 28 年 6 月 1 日」に施行されている手術について、手術部位と手術の内容をご教示いただきますようお願いいたします。

（ご回答）

・手術部位：腰

・手術内容：L4/5、L5/S1　右側開窓術

4． 「腰部脊柱管狭窄症」について、随伴する神経根症状は認められますでしょうか。ご教示いただきますようお願いいたします。

（ご回答）

右殿部～足先へのしびれ

5． 令和 5 年 6 月 26 日現症の診断書では、障害の部位が「右上下肢」となっております。「腰部脊柱管狭窄症」の症状としては主に下肢に出現するものと思われますが、「右上肢のしびれ、感覚麻痺」の原因についてご教示いただきますようお願いいたします。

腰部（L1～L5）以外の脊柱に異常所見が認められますでしょうか。認められる場合は、部位とその所見についてご教示いただきますようお願いいたします。

（ご回答）

右上肢のしびれにつき、①手根管症候群や②頚椎症を疑った。

2023／5／26 の頚椎 MRI では C5／6 の軽度狭窄をみとめ②として矛盾はなかった。

①の可能性につき筋電図検査を勧めるも本人希望なく未実施。

令和 5 年 10 月 ■日

医療機関名及び住所

■■■■■■■■■■■■■■

■■■■■■■■病院

医師の氏名　■■■■■■■■■■

担当者名：■■■■■■■■■■■■■■■

提出先　：■■■■■■■■■■■■

【医師照会回答書のカルテ部分】

2016 年 3 月 31 日（木）　　　　　　　　　46 歳 8ヶ月

　医師記録 2016/3/31（木）
　S　3/25 右 L5NRB

　　右殿部痛が軽減した
　　右膝裏のつっぱり感は変わらず
　　腰のずーんとした感じは残る
　　症状が良くなるのであれば手術したい
　A　右 L5NRB effective
　P　L4/5 右開窓で手術予定を組み直す
　　6/1 申し込み
　　麻酔科、入院予約まだ
　　次回 4/21 診察
　＞　医師記録

2016 年 4 月 21 日（木）　　　　　　　　　46 歳 8ヶ月

　医師記録 2016/4/21（木）
　S　足をつくと右下腿外側が痛む
　　右臀部痛
　　腰が重い
　A　LCS（L4/5 椎間孔狭窄）
　　右 L5NRB effective
　P　5/21 麻酔科
　　5/31 入院
　　6/1 手術（L4/5 右開窓）
　＞　医師記録

当時の主治医は現在不在です。

線維筋痛症と慢性疲労症候群の混在を確認するために医師照会が行われた事例

▶ 医師の意見・所見　　▶ 障害状態

1 事例の概要

1）請求人は、30歳代女性。

2）線維筋痛症および慢性疲労症候群で、障害基礎年金を事後重症請求した。

3）傷病の混在状況について医師照会（以下「医師照会その1」）が行われた。

4）主治医に診断書に意見を追記してもらい提出した。

5）線維筋痛症の病状を確認するために再度医師照会（以下「医師照会その2」）が行われた。

6）主治医に照会票に記載をしてもらい提出した。

7）審査の結果、障害基礎年金2級で支給決定となった。

2 この事例を理解するために必要な知識・情報

　線維筋痛症と慢性疲労症候群の混在（合併）は珍しくありませんが、傷病が混在していると障害認定は難しくなる傾向です。

　明らかにどちらかが重篤であれば、いずれか一方のみで裁定請求することになりますが、どちらも相応に病状の程度が重い場合は、傷病混在状態で裁定請求することになります。

❸ 提出書類の内容

1）診断書（28ページ）

　線維筋痛症は診断書様式第120号の3（肢体の障害用）を提出するのが通常ですが、主治医が内科であったため肢体の診断書の取得が難しく、様式第120号の7（その他の障害用）を使用して病状を詳細に記載し、裁定請求をしました。

2）線維筋痛症の重症度分類（30ページ）

　「線維筋痛症の照会様式」を提出しています（ステージⅢ）。

3）慢性疲労症候群のＰＳ値（31ページ）

　「慢性疲労症候群の照会様式」を提出しています（PS 7）。

❹ なぜ医師照会となったのか

1）混在の状況を確認したい（医師照会その1）

　線維筋痛症と慢性疲労症候群との混在はよくあることだと保険者側の医師も承知していますが、「主傷病はどちらなのか」を把握したうえで認定したかったのだと思われます。また、「線維筋痛症の照会様式」（ステージⅢ：2級または3級相当）と「慢性疲労症候群の照会様式」（PS 7：2級相当）で、病状の程度の判定の差についても確認が行われました。

2）線維筋痛症によるADLを確認したい（医師照会その2）

　医師照会その1の結果、主傷病は線維筋痛症であるということになり、保険者側の医師としては、原則どおり、診断書様式第120号の3（肢体の障害用）の提出を求めたかったのだと思います。しかし、主治医が内科系専門であるため、肢体障害によるADL評価部分のみ回答するよう求めてきました。

❺ 医師照会の内容と回答書

1）医師照会その1の内容

・線維筋痛症と慢性疲労症候群はどちらが主傷病であるのかを診断書裏面⑱欄（備考欄）に記載してもらってください。

・ステージⅢとPS 7の判定の差について教えてください。

2）医師照会その1の回答書

診断書⑱欄（備考欄）に以下の内容を追記してもらいました。

> 痛みに加え、疲労感・脱力感の併存もあり、慢性疲労症候群の所見がある。現在のところ主傷病は線維筋痛症と考えられるが、慢性疲労症候群が原因である可能性も否定できない。線維筋痛症単独でみるとステージⅢ相当であるが、慢性疲労症候群まで含めて考えるとトータルでPS 7相当であると判断した。

3）医師照会その2の内容（32ページ）

・線維筋痛症の症状を確認するため、別添医師照会を主治医にお渡しいただき記載してもらってください。

4）医師照会その2の回答書（32ページ）

保険者より交付された照会票に肢体障害のADL評価（○△×）を記載してもらい提出しました。

6　本事例のポイントとまとめ

　線維筋痛症と慢性疲労症候群が混在する事例は珍しくありません。年金事務所では、マニュアル的に、「線維筋痛症は肢体の診断書」「慢性疲労症候群はその他障害の診断書」と説明されるかもしれませんが、どの診断書を提出すれば請求人の病状を正しく保険者に伝えられるかで決めることが大切なポイントです。

　本事例においては、裁定請求時に診断書様式第120号の3（肢体の障害用）を添付しておくという方法もあったと思いますが、主治医の専門科や本人の病状などを考慮して様式第120号の7（その他の障害用）のみで裁定請求をすることにしました。

　その後、1回目の更新時は診断書様式第120号の7（その他の障害用）のみ送付されてきましたが、ADL欄のみ記載した様式第120号の3（肢体の障害用）の添付をしたところ、2回目の更新時には、様式第120号の3と第120号の7の両方が送付されてくるようになりました。

　もちろん、様式第120号の3のほうは、ADL欄しか記載していませんが、これまでの経緯があるので、返戻になることはありません。

【診断書（表面）】

（他） 国民年金 / 厚生年金保険　**診　断　書**（血液・造血器 その他 の障害用）

| （フリガナ）氏　名 | ■■■■■■ | 生年月日 | 昭和 62 年 1 月 ■ 日生（29 歳） | 性別 □ 男 レ 女 |

住　所　住所地の郵便番号 ■■ － ■■■　■■■ 県　■■ 市　■■■■■■■■

① 障害の原因となった傷病名：線維筋痛症 / 慢性疲労症候群

② 傷病の発生年月日　平成 25 年 2 月 頃　□ 診療録で確認　レ 本人の申立て（28 年 5 月 20 日）

③ ①のため初めて医師の診療を受けた日　平成 25 年 3 月 25 日　□ 診療録で確認　レ 本人の申立て（28 年 5 月 20 日）

④ 傷病の原因又は誘因　初診年月日（　平成 25 年 3 月 25 日）

⑤ 既存障害　特になし

⑥ 既往症　特になし

⑦ 傷病が治った（症状が固定して治療の効果が期待できない状態を含む。）かどうか。
- 傷病が治っている場合 ……… 治った日　平成・令和　年　月　日　□ 確認・□ 推定
- 傷病が治っていない場合 ……… 症状のよくなる見込　□ 有・□ 無・レ 不明

⑧ 診断書作成医療機関における初診時所見　初診年月日　平成 27 年 7 月 13 日
2年前から首など全身の痛みにて日常生活に支障がでている状態。1年前に線維筋痛症の診断。リリカなどの内服治療中。当院受診前1ヵ月は安静時にも呼吸苦が生じ、喉が締めつけられる感じ。歩行による動悸を感じる状態。

⑨ 現在までの治療の内容、反応、期間、経過、その他の参考となる事項
リリカ、ロキソニン、ボルタレンなど試すも奏功せず。他院、トラムセット、サインバルタなど薬物治療に全く反応しない状態。専門医である東京■■■■■ 医療センター ■■ 先生に紹介　ブロック注射、漢方治療など併用するも奏功せず、慢性疲労症候群の合併も示唆される（H28年1月）

診療回数　年間 5 回、月平均 0.4 回
手術歴　特になし　手術名（　）　手術年月日（　年　月　日）

⑩ 現在の症状、その他参考となる事項
痛みに関しては変わらず、痛みどめはすべて中止して、デパス、テグレトールを試行中（H28 4/12処方）
全身の筋力の脱力も伴い、疲労感が極度にきている

⑪ 計測　平成・令和　年　月　日　測定
身長　cm　体重 健康時 kg　kg　握力 右 kg 左 kg　視力 右眼 裸眼/矯正 左眼 裸眼/矯正　矯正
視野　測距機能　右耳 左耳　聴力レベル 最良語音明瞭度 右 dB 左 dB ％　血圧 最大 mmHg 最小 mmHg

⑫ 一般状態区分表（平成 28 年 4 月 12 日）（該当するものを選んでどれか一つにチェックをしてください。）
- □ ア　無症状で社会活動ができ、制限を受けることなく、発病前と同等にふるまえるもの
- □ イ　軽度の症状があり、肉体労働は制限を受けるが歩行、軽い家事、事務などは可能なもの　例えば、軽い家事、事務など
- レ ウ　歩行や身のまわりのことはできるが、時に少し介助が必要なこともあり、軽労働はできないが、日中の50％以上は起居しているもの
- □ エ　身のまわりのある程度のことはできるが、しばしば介助が必要で、日中の50％以上は就床しており、自力では屋外への外出等がほぼ不可能となったもの
- □ オ　身のまわりのこともできず、常に介助を必要とし、終日就床を強いられ、活動の範囲がおおむねベッド周辺に限られるもの

障　害　の　状　態

⑬ 血液・造血器（平成・令和　年　月　日現症）

1 臨床所見

（1）自覚症状
易疲労感	無・有・著
動悸	無・有・著
息切れ	無・有・著
発熱	無・有・著
紫斑	無・有・著
月経過多	無・有・著
関節症状	無・有・著

（2）他覚所見
易感染性	無・有・著
リンパ節腫脹	無・有・著
出血傾向	無・有・著
血栓傾向	無・有・著
肝　腫	無・有・著
脾　腫	無・有・著

（3）検査成績
ア 末梢血液検査（平成・令和　年　月　日）※アの欄は、診療を行った行頃の日付、検査数値を記入してください。
- ヘモグロビン濃度（　） g/dL
- 血小板（　）万/μL
- 網赤血球（　）万/μL
- 白血球（　）/μL
- 好中球（　）/μL
- リンパ球（　）/μL
- 病的細胞（　）％

イ 凝固系検査（平成・令和　年　月　日）※イの欄は、最も適切に病状が把握できる検査数値及びその日付を記入してください。
- 凝固因子活性（第　因子）（　）％
- vWF活性（　）％
- インヒビター（□ 無・□ 有）
- APTT（　）秒（基準値　秒）
- PT（　）秒（基準値　秒）

ウ その他の検査
- 画像検査（検査名　）（　平成・令和　年　月　日）所見（　）
- 他の検査（検査名　）（　平成・令和　年　月　日）所見（　）

2 治療状況
- 赤血球輸血（月　回）　血小板輸血（月　回）
- 補充療法（月　回）　新鮮凍結血漿（月　回）
- 造血幹細胞移植（□ 無・□ 有）有の場合（　年　月　日）
- 慢性GVHD（□ 無・□ 有）有の場合（□ 軽症・□ 中等症・□ 重症）
- 所見

3 その他の所見

本人の障害の程度及び状態に無関係な欄には記入する必要はありません。（無関係な欄は、斜線により抹消してください。）

欄外（右縦書き）：診療録で確認または本人の申立てのどちらかにチェックをして、本人の申立ての場合は、それを聴取した年月日を記入してください。

欄外（左縦書き）：（お願い）臨床所見等は、診療録に基づいてわかる範囲で記入してください。（お願い）太文字の欄は、記入漏れがないように記入してください。

【診断書（裏面）】

⑭ 免疫機能障害 （ 平成・令和 　年 　月 　日現症）

1 検査成績

検査項目	検査日	単位			平均値
CD4陽性Tリンパ球数		/μL			

（ 現症以上以前の4週間以上の間隔をおいて実施した連続する直近2回の検査結果を記入し、一番右の欄にはその平均値を記入してください。）

検査項目	検査日	単位	・	・	・
白 血 球 数		/μL			
ヘモグロビン量		g/dL			
血 小 板 数		万/μL			
HIV−RNA量		コピー/mL			

（ 現症以上以前の4週間以上の間隔をおいて実施した連続する直近2回の検査結果を記入してください。）

2 身体症状等

① 1日1時間以上の安静臥床を必要とするほどの強い倦怠感及び易疲労感が月に7日以上ある　□有 ・ □無

② 病態の進行のため、健常時に比し10％以上の体重減少がある　□有 ・ □無

③ 月に7日以上の不定の発熱（38℃以上）が2ヶ月以上続く　□有 ・ □無

④ 1日に3回以上の泥状ないし水様下痢が月に7日以上ある　□有 ・ □無

⑤ 1日に2回以上の嘔吐あるいは30分以上の嘔気が月に7日以上ある　□有 ・ □無

⑥ 動悸や息苦しくなる症状が毎日のように出現する　□有 ・ □無

⑦ 抗HIV療法による日常生活に支障が生じる副作用がある（①〜⑥の症状を除く）（抗HIV療法を実施している場合）　□有 ・ □無

⑧ 生鮮食品品の摂取禁止等の日常生活活動上の制限が必要である　□有 ・ □無

⑨ 1年以内に口腔内カンジダ症、帯状疱疹、単純ヘルペスウイルス感染症、伝染性軟属腫、尖圭コンジローム等の日和見感染症の既往がある　□有 ・ □無

⑩ 医学的な理由により抗HIV療法ができない状態である　□はい ・ □いいえ

3 現在持続している副作用の状況

□代謝異常　□リポアトロフィー　□肝障害　□腎障害　□精神障害　□神経障害
□その他（薬剤名、服薬状況及び副作用の状況）

4 エイズ発症の既往の有無　□有 ・ □無

5 回復不能なエイズ合併症のため介助なくしては日常生活がほとんど不可能な状態である　□はい ・ □いいえ

6 肝炎の状況 （□薬剤性・□B型・□C型・□その他（　　　）） （肝炎を発症している場合は必ず記載してください。）

(1) 検査所見

検査項目	検査日	単位	・	・	・
血清アルブミン		g/dL			
AST（GOT）					
ALT（GPT）					
プロトロンビン		％			
時間		延長秒			
総ビリルビン（※）		mg/dL			

(2) 臨床所見

食道静脈瘤　□無・□有（□内視鏡による、□X線造影による、□その他（　　））
肝 硬 変　□無・□有（□代償性 、　□非代償性）
肝細胞癌　□無・□有
肝性脳症　□無・□有（1年以内に発症したことがある）
腹　水　□無・□有著
消化管出血　□無・□有（1年以内に発症したことがある）
（※ビリルビン値の上昇をきたす薬剤の使用　□無・□有）

⑮ その他の障害 （ 平成 　28 年 4 月 12 日現症）

1 症 状

(1) 自覚症状

・頸部、後頭部、頸周囲、背部、腰部、下肢すべてに刺されるような激痛、脊髄に沿って痛む
・頸部は熱を持ったように痛む
・ストレートネックも併存し、首を支えるだけで痛み困難。起居動作にて呼吸困難となる
・痛みは移動し、胃腸への痛みも生じる。
・疲労、便秘、ドライアイ、息苦しさが慢性化し、集中力がなくなっている状態
・めまい、耳鳴り、聴覚過敏、まぶたのけいれん。視界不安定
・手指のけいれん、振戦、冷え、立ちくらみ
・顔面筋、表情筋の緊張にて呂律がまわらない
・全身の痛みと息苦しさで抑うつ感、イライラ感あり
・仰向けでしか寝られない。（寝返りができないため）

(2) 他覚所見

鎮痛薬の奏効が全くなくなく、安定剤の処方も気休め程度の効果
ブロック注射も奏功せず、注射跡から痛みが広がり、現在も治らない
座る姿勢も維持が難しい様子。筋力低下顕著、呼吸筋にも影響あり、常に息苦しさの訴えあり。

2 検査成績

(1) 血液・生化学検査

検査項目	検査日	単位	施設基準値	・	・	・
赤 血 球 数		万/μL				
ヘモグロビン濃度		g/dL				
ヘマトクリット		％				
血 清 総 蛋 白		g/dL				
血 清 アルブミン		g/dL				

(2) その他の検査成績

3 人工臓器等

(1) 人工肛門造設　□無・□有　造設年月日： 平成・令和　年　月　日　(4) 自己導尿の常時施行　□無・□有　開始年月日： 平成・令和　年　月　日
　　　　　　　　　　　　　閉鎖年月日： 平成・令和　年　月　日　　　　　　　　　　　　　　　　　終了年月日： 平成・令和　年　月　日

(2) 尿路変更術　□無・□有　造設年月日： 平成・令和　年　月　日　(5) 完全尿失禁状態　□無・□有（カテーテル留置： 平成・令和　年　月　日）
　　　　　　　　　　　閉鎖年月日： 平成・令和　年　月　日

(3) 新膀胱造設　□無・□有　造設年月日： 平成・令和　年　月　日　(6) その他の手術　□無・□有（　　　）平成・令和　年　月　日

⑯ 現症時の日常生活動能力及び労働能力（必ず記入してください）	座っていても横になっても一日中ずっと痛む。息苦しい 首が締めつけられる。軽いものも持とうとすると激痛が走る 座る姿勢を維持するだけで背中・腰が痛くなる 手を上げると痛く洗髪ができない トイレも常に手すりを持ちながらでないと座位が保てない 食事も顎の筋肉が痛くなる 箸も疲れる 嚥下も怪しいことがある 電車の揺れだけでも激痛が走る ほとんどの時間を横になって（医療用マットレス）過ごしている→日常生活動能力は極めて低く、自力での生活は困難 労働は不能である
⑰ 予 後（必ず記入してください）	有効な治療法がない限り改善は見込めず、予後不良
⑱ 備 考	

上記のとおり、診断します。　　　　平成28 年 5 月 28 日

病院又は診療所の名称 ████

所　在　地 ████クリニック

診療担当科名　内科・循環器内科

医師氏名 ████

【線維筋痛症の照会様式】

（線維筋痛症　照会様式）

■■■■■■■■■ 様

障害年金の請求にかかる照会について

　あなた様より請求のありました障害年金につきまして審査したところ、次の事項について調査が必要となりましたので、　病院　科　先生に記載してもらい提出してください。

◎　線維筋痛症の重症度分類について該当するステージに〇をつけてください。

　図　米国リウマチ学会の診断基準と特徴的な圧痛点

| 1 | 3カ月以上続く上半身、下半身を含めた対側性の広範囲の疼痛と頸部、前胸部、胸椎のいずれかの疼痛、いわゆる axial skeletal pain が存在。 |
| 2 | 全身 18 カ所の圧痛点のうち 11 カ所以上に圧痛が存在する。 |

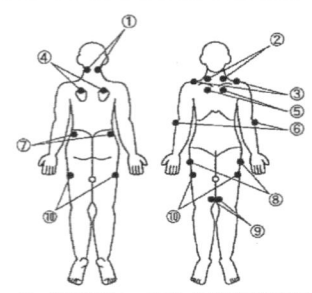

① 後頭部	両側後頭下筋の腱付着部
② 下部頸椎	第5〜7頸椎間の前方
③ 僧帽筋	上縁の中央部
④ 棘上筋	起始部、内縁に近いところで肩甲骨棘部の上
⑤ 第二肋骨	第二肋骨－助軟骨結合部、結合部のすぐ外側
⑥ 外側上顆	上顆から7〜8cm遠位、3〜4cm内側
⑦ 臀部	臀部の4半上外側部
⑧ 大転子	転子突起の後部
⑨ 膝	内側や上部のふっくらした部分
⑩ 大腿四頭筋外側部	ほとんど全例で圧痛を認める（西岡ら）

①〜⑨は米国リウマチ学会の診断基準の圧痛点

【平成 28 年 4 月 12 日現症】

表 1　線維筋痛症の重症度分類試案（厚生労働省研究班）

ステージ I	米国リウマチ学会診断基準の 18 カ所の圧痛点のうち 11 カ所以上で痛みがあるが、日常生活に重大な影響を及ぼさない。
ステージ II	手足の指など末端部に痛みが広がり、不眠、不安感、うつ状態が続く。日常生活が困難。
ステージ III	激しい痛みが持続し、爪や髪への刺激、温度・湿度変化など軽微な刺激で激しい痛みが全身に広がる。自力での生活は困難。
ステージ IV	痛みのため自力で身体を動かせず、ほとんど寝たきりの状態に陥る。自分の体重による痛みで、長時間同じ姿勢で寝たり座ったりできない。
ステージ V	激しい全身の痛みとともに、膀胱や直腸の障害、口の渇き、目の乾燥、尿路感染など全身に症状が出る。普通の日常生活は不可能。

下記に署名と捺印も併せてお願いします。

平成 28 年 5 月 28 日　■■■■■■■■■■

医療機関名・住所　■■■■■　クリニック

医師の氏名　　　　　■■■■■■■■■

提出先：日本年金機構

【慢性疲労症候群の照会様式】

（慢性疲労症候群　照会様式）

■■■■■■■■■■■■■■■■ 様

障害年金の請求にかかる照会について

　あなた様より請求のありました障害年金につきまして審査したところ、次の事項について調査が必要となりましたので、　病院　科　先生に記載してもらい提出してください。

◎　下記の該当する番号（PS値）に○をつけてください。

　Performance status　による疲労/倦怠の程度

（厚生省特別研究事業、本邦による Chronic Fatigue Syndrome＝慢性疲労症候群の実態調査ならびに病因、病態に関する研究＝平成 3 年度研究実績報告書）

【平成 28 年 4 月 12 日現症】

PS0	倦怠感がなく平常の社会（学校）生活ができ、制限を受けることなく行動できる。
PS1	通常の社会（学校）生活ができ、労働（勉強）も可能であるが、疲労感を感ずるときがしばしばある。
PS2	通常の社会（学校）生活ができ、労働（勉強）も可能であるが、全身倦怠感のため、しばしば休息が必要である。
PS3	全身倦怠感のため、月に数日は社会（学校）生活や労働（勉強）ができず、自宅にて休養が必要である。
PS4	全倦怠感のため、週に数日は社会（学校）生活や労働（勉強）ができず、自宅にて休養が必要である。
PS5	通常の社会（学校）生活や労働（勉強）は困難である。軽作業は可能であるが、週のうち数日は自宅にて休息が必要である。
PS6	調子のよい日には軽作業は可能であるが週のうち 50％以上は自宅にて休息が必要である。
(PS7)	身の回りのことはでき、介助も不要であるが、通常の社会（学校）生活や軽労働（勉強）は不可能である。
PS8	身の回りのある程度のことはできるが、しばしば介助がいり、日中の 50％以上は就床している。
PS9	身の回りのこともできず、常に介助がいり、終日就床を必要としている。

下記に署名と捺印も併せてお願いします

平成 28 年 5 月 28 日	■■■■■■■■■■
医療機関名・住所	■■■■■クリニック
医師の氏名	■■■■■■■■

提出先：日本年金機構

【医師照会その２の内容と回答書】

平成 28 年 12 月 2 日

■■■■■■■■ クリニック
内科・循環器内科
■■■■■ 先生
（照会番号　　　■■■■ ）

「国民年金障害基礎年金　診断書」にかかる照会について（依頼）

日本年金機構■■■事務センター

　平素より国民年金・厚生年金保険事業につきまして、ご理解・ご協力をいただき厚く御礼申し上げます。

　さて、貴院を受診されている■■■■■■様からご提出いただいた「国民年金障害基礎年金診断書」ですが、下記項目が審査に必要なため、下記事項についてご教示ください。

　お忙しいところ、誠に恐縮ですがご協力のほどよろしくお願い申し上げます。

氏名 ■■■■■■　　生年月日　昭和 62 年 1 月■日
住所 ■■■■■■■■■■■■

| ⑱ 日常生活における動作の障害の程度 | 補助用具を使用しない状態で判断してください。 | 一人でうまくできる場合には …………「○」　一人でできてもやや不自由な場合には ……「○△」　一人でできるが非常に不自由な場合には ……「△×」　一人で全くできない場合には …………「×」 | 鈜当する記号をリストから選択してください。 |

日常生活における動作	右	左		日常生活における動作	右	左
a つ ま む（新聞紙が引き抜けない程度）	○△	○△	m 片足で立つ	△×	△×
b 握 る（丸めた週刊誌が引き抜ける程度）	△×	△×	n 座 る（正座、横すわり、あぐら、脚なげだし）（このような姿勢を持続する）		△×
c タオルを絞る（水をきれる程度）	両手	○△	o 深くおじぎ（最敬礼）をする		×
d ひもを結ぶ	両手	×	p 歩く（屋内）		△×
e さじで食事をする	△×	△×	q 歩く（屋外）		△×
f 顔を洗う（顔に手のひらをつける）	△×	△×	r 立ち上がる		
g 用便の処置をする（ズボンの前のところに手をやる）	○△	○△	s 階段を上る		
h 用便の処置をする（尻のところに手をやる）	△×	△×	t 階段を下りる		
i 上衣の着脱（かぶりシャツを着て脱ぐ）	両手	○△			
j 上衣の着脱（ワイシャツを着てボタンをとめる）	両手	△×			
k ズボンの着脱（どのような姿勢でもよい）	両手	△×			
l 靴下を履く（どのような姿勢でもよい）	両手	△×			

r 立ち上がる：☐支持なしでできる　☐支持があればできるがやや不自由　☑支持があればできるが非常に不自由　☐支持があってもできない
s 階段を上る：☐手すりなしでできる　☐手すりがあればできるがやや不自由　☐手すりがあればできるが非常に不自由　☐手すりがあってもできない
t 階段を下りる：☐手すりなしでできる　☐手すりがあればできるがやや不自由　☑手すりがあればできるが非常に不自由　☐手すりがあってもできない

平衡機能	1 閉眼での起立・立位保持の状態	2 開眼での直線の10m歩行の状態	3 自覚症状・他覚所見及び検査所見
	☐ア　可能である。	☐ア　まっすぐ歩き通す。	電車や車の揺れでめまい、嘔気が生じる
	☑イ　不安定である。	☑イ　多少動揺しそうになったりよろめいたりするがどうにか歩き通す。	
	☐ウ　不可能である。	☐ウ　転倒あるいは著しくよろめいて、歩行を中断せざるを得ない。	

⑲ 使用補助用具状況	該当する数字にチェックをして、右のア・イいずれかの使用状況を選び、[ ]内のリストから選択してください。	使用状況を詳しく記入してください。
	☐1 [ ] 上肢補装具　　☐2 [ ] 下肢補装具	
	☑3 [イ] 杖　　　　　☐4 [ ] 松葉杖 [左・右]	外出時必須
	☐5 [ ] 車椅子　　　☐6 [ ] 歩行車	自宅内でも時々使用
	☐7 [ ] その他（具体的に　　）	
	☐8 補助用具は使用していない	

ア 常時（起床より就寝まで）使用
イ 常時ではないが使用

下記に署名・捺印を併せてお願いします。

平成 28 年 12 月 15 日

医療機関名及び住所	■■■■■■■■■■■■　■■■■ クリニック　■■■■■■■■■■■■
医師の氏名	■■■■■

【問い合わせ】日本年金機構　■■■事務センター担当　■■■　Tel(■■■■■■■■■)

下肢障害の状態を確認するために医師照会が行われた事例

▶ 医師の意見・所見　　▶ 障害状態

1 事例の概要

1）請求人は、50歳代男性。

2）下肢障害（裁定請求時は診断未確定であったが、その後、多発性硬化症で確定診断された）で、障害厚生年金を障害認定日請求した。

3）障害認定日の診断書および裁定請求日の診断書に対して病状確認のため医師照会が行われた。

4）各主治医に照会回答をもらい提出した。

5）障害認定日は「却下処分（障害状態の確認ができない）」、裁定請求日は障害厚生年金2級で支給決定となった。

6）その後、審査請求にて障害認定日は障害厚生年金3級の容認決定となった。

2 この事例を理解するために必要な知識・情報

1）この裁定請求の背景

　難病等の場合、確定診断が付かず、障害年金用診断書の作成をするための検査や計測等が十分でないことがあります。

　本事例でも、確定診断が付いておらず、十分な計測データもないなか可能な範囲で診断書の作成をしてもらったという背景があります。

２）本事例の初診日、障害認定日および裁定請求日

初診日：平成14年12月10日（厚生年金保険）

認定日：平成16年６月10日

請求日：平成22年11月１日

3 提出書類の内容

１）障害認定日の診断書（37ページ）

傷病名「右下肢筋力低下」、現症日「平成16年５月25日」となっており、障害認定日より少し前の現症日となっています。

関節可動域は正常で、右下肢の筋力低下が ADL 低下の要因と考えられる診断書記載内容です。

なお、診断書㉓欄（備考欄）（※１）に、障害認定日も同じ状態であると推測できる旨のコメントを記載してもらいました。

（※１）本事例においては、以下、平成22年当時の診断書様式を現在の様式に読み替えて解説しています。

２）裁定請求日の診断書（39ページ）

傷病名「脊髄障害」とされており、病名は未確定であるものの、記載された病状としては障害認定日時点から悪化傾向でおおむね２級相当（一下肢の２関節以上の筋力が著減）であることがわかります。

4 なぜ医師照会となったのか

１）障害認定日の診断書（37ページ）

診断書①欄（障害の原因となった傷病名）に「右下肢筋力低下」としか記載されていないことから、「原疾患は何なのか」、そして「本当にこのような ADL になるのか」といった、根本的な部分から確認をしたいと保険者側の医師が考えたものと思われます。

出現している症状が筋力低下だけであったので、「詐病（本当は病気ではないのに本人が病気を装っている）」の可能性を疑った可能性も否定はできません。

2）裁定請求日の診断書（39ページ）

障害認定日の診断書のこともあり、脊髄の障害部位を確認することで、障害が出現する部位や症状を推定し、診断書内容や病歴経過の整合性を確認したかったのだと推察されます。

また、筋力レベルの評価に疑義があったようで、照会項目に含まれていました。

5 医師照会の内容と回答書

1）障害認定日分の照会内容（41ページ）

照会票のとおり、記載根拠とカルテの提出を求められました。

2）障害認定日分の回答書（41ページ）

回答項番「1」「2」双方にマルが付され、筋力計測の記録がある部分のカルテの写しとともに提出しました。

これにより、障害認定日の診断書は、主要な部分の一部（筋力レベル）はカルテに基づいて記載したものの、その他の部分（ADL評価など）は傷病の経過や記憶に基づいて記載されたことがわかります。

この回答書で、障害状態の認定審査に進むことが可能となりましたが、本事例では、現症日が障害認定日以後3か月以内ではなかったため結果的に「却下処分（障害状態を確認できない）」となりました（※2）。

（※2）その後、審査請求で障害認定日3級が認められています。

3）裁定請求日分の照会内容（42ページ）

①脊髄の異常所見の詳細、②可動域と筋力レベル、③歩行状態の3点について診断書から読み取れない事項について照会が行われました。

4）裁定請求日分の回答書（42ページ）

① 脊髄障害の所見にかかる回答によって、「下肢障害の病状の出現に医学的な矛盾はない」と認められたと考えられます。
② 可動域、筋力レベルについては、可動域は正常とされているものの、筋力レベルは「右腸腰筋、前脛骨筋はMMTで2」と回答されており、股関節と膝関節の筋力が著減相当であることが証明されました。
③ 歩行状態は「エ」が選択され、診断書内容との整合性もとれていることから、

最終的な等級判定が2級になったものと考えられます。

6 本事例のポイントとまとめ

　診断書の記載内容が不十分である場合（不十分にならざるを得ない事情がある場合を含む）、医学的な整合性の確認や記載根拠の確認が求められることがありますので、事前に主治医に病状経過を確認したり、カルテ内容を確認したりしておくことが大切なポイントです。

　本事例では、事前に医師と面談して診断書の取得をしており、医師照会が来ても資料提出や協力が得られるように準備をしていました。その結果、医師照会への対応も比較的スムーズかつ的確に行え、支給決定に至ったといえます。

　なお、本事例で、障害認定日分だけカルテの提出が求められ、裁定請求日分は求められなった理由は、謎のままです。

【障害認定日の診断書（表面）】

肢　国民年金　厚生年金保険　　**診　断　書**　（肢体の障害用）

| （フリガナ）氏　名 | ■■■■■ | 生年月日 | 昭和 26 年 1 月 ■ 日生（　歳） | 性別 ☑男 □女 |

| 住　所 | 住所地の郵便番号 ■■ － ■■ | 都道府県 ■■■ | 区 ■■■ |

| ① 障害の原因となった傷病名 | 右下肢筋力低下 | ② 傷病の発生年月日 | 平成 6 年 頃 日 | ☑診療録で確認 □本人の申立て 年 月 日 |
| ③ ①のため初めて医師の診察を受けた日 | 平成 14 年 12 月 10 日 | ☑診療録で確認 □本人の申立て |

「診療録で確認」または「本人の申立て」のどちらかを選択し、本人の申立ての場合は、それを聴取した年月日を記入してください。

| ④ 傷病の原因又は誘因 | 不明 | 初診年月日（ 平成 16 年 4 月 22 日） | ⑤ 既存障害 | なし | ⑥ 既往症 | なし |

| ⑦ 傷病が治った（症状が固定して治療の効果が期待できない状態を含む。）かどうか。 | 傷病が治っている場合‥‥‥‥‥‥治った日 平成・令和 年 月 日 | □確　認 □推　定 |
| | 傷病が治っていない場合‥‥‥‥‥症状のよくなる見込 | □有 ・ □無 ・ ☑不明 |

| ⑧ 診断書作成医療機関における初診時所見 初診年月日（ 平成 16 年 4 月 22 日） | 右下肢筋力低下、腱反射亢進、バビンスキー徴候陽性 |

| ⑨ 現在までの治療の内容、期間、経過、その他参考となる事項 | 入院外来精査希望されず 平成18年4月10日以降来院されず | 診療回数 | 年 間 0 回 / 月平均 0 回 |

| ⑩ 計　測 （ 平成・令和 年 月 日計測） | 身長 cm / 体重 kg | 血圧 | 最高 mmHg / 最低 mmHg |

障　害　の　状　態　（ 平成 16 年 5 月 25 日現症）

右　左　　右　左

⑪ 切断又は離断・変形・麻痺

| 切断又は離断日 | 平成・令和 年 月 日 |
| 創面治ゆ日 | 平成・令和 年 月 日 |

■切断・離断　　×変形　　▨感覚麻痺　　▨運動麻痺

切断又は離断の場合の神経・運動障害	断端の痛み □有・□無	すぐ上の関節の異常 □有・□無	（有の場合は⑱欄に記入してください。）
外　　観	□弛緩性 ・ □痙直性 ・ □不随意運動性 ・ □失調性 ・ □強剛性 ・ □しんせん性
起　因　部　位	□脳性・☑脊髄性・□末梢神経性・□筋性・□その他（（ 心因性のものと思われる場合は、その旨を右に記入してください。 　　　　　））
種類及びその程度	□感覚麻痺（ □脱失 ・ □鈍麻 ・ □過敏 ・ □異常 ）　☑運動麻痺

反　　射	右				左			
	上　肢	下　肢	バビンスキー反射	その他の病的反射	上　肢	下　肢	バビンスキー反射	その他の病的反射
	正常	亢進	＋		正常	正常	－	－

| その他 | 排尿障害 □有・☑無 | 排便障害 □有・☑無 | 褥創又はその瘢痕 □有・☑無 |

⑫ 脊柱の障害	脊柱の他動可動域	随伴する脊髄・母症状などの臨床症状
部位	前屈	後屈	右側屈	左側屈	右回旋	左回旋	
頸部							
胸腰部							

| ⑬ 人工骨頭・人工関節の装着の状態 | 部　位 手術日 平成・令和 年 月 日 | ⑭ 握力 | 右 kg | 左 kg |

⑮ 手（足）指の他動可動域・指関節	部　位	母　指		示　指		中　指		環　指		小　指	
		屈曲	伸展	屈曲	伸展	屈曲	伸展	屈曲	伸展	屈曲	伸展
中手（足）指節関節（MP）	右										
	左										
近位指節間関節（PIP）（母指では指節間関節）	右			正常							
	左										

本人の障害の程度及び状態に無関係な欄には記入する必要はありません。（無関係な欄は、斜線により抹消してください。）

医師照会事例

医師の意見・所見／障害状態

【障害認定日の診断書（裏面）】

⑯ 関節可動域及び筋力（お願い）関節可動域は、健側についても記入してください。

障　害　の　状　態　（　平成　16　年　5　月　25　日　現症）

部　位	運動の種類	右 関節可動域（角度） 強直肢位	右 他動可動域	右 筋力 正常	やや減	半減	著減	消失	左 関節可動域（角度） 強直肢位	左 他動可動域	左 筋力 正常	やや減	半減	著減	消失
肩関節	屈曲			レ							レ				
	伸展			レ							レ				
	内転			レ							レ				
	外転			レ							レ				
肘関節	屈曲			レ							レ				
	伸展			レ							レ				
前腕	回内	正　常		レ					正　常		レ				
	回外			レ							レ				
手関節	背屈			レ							レ				
	掌屈			レ							レ				
股関節	屈曲				レ							レ			
	伸展				レ							レ			
	内転				レ							レ			
	外転				レ							レ			
膝関節	屈曲				レ							レ			
	伸展				レ							レ			
足関節	背屈			レ							レ				
	底屈			レ							レ				

股関節屈曲値は次のどちらですか。
□ 膝屈曲位
□ 膝伸展位

⑰ 四肢長及び四肢囲

	右 上肢長	上腕囲	前腕囲	下肢長	大腿囲	下腿囲	左 上肢長	上腕囲	前腕囲	下肢長	大腿囲	下腿囲
	㎝	㎝	㎝	㎝	㎝	㎝	㎝	㎝	㎝	㎝	㎝	㎝

⑱ 日常生活における動作の障害の程度

補助用具を使用しない状態で判断してください。

- 一人でうまくできる場合には ……………「○」
- 一人でできてもやや不自由な場合には ……「○△」
- 一人でできるが非常に不自由な場合には ……「△×」
- 一人で全くできない場合には ……「×」

該当する記号をリストから選択してください。

日常生活における動作	右	左	日常生活における動作	右	左
a つ ま む（新聞紙が引き抜けない程度）	○	○	m 片足で立つ	△×	○△
b 握 る（丸めた週刊誌が引き抜けない程度）	○	○	n 座 る〔正座、横すわり、あぐら、脚なげだし〕（このような姿勢を持続する）	△×	
c タオルを絞る（水をきれる程度）	両手	○			
d ひもを結ぶ	両手	○	o 深くおじぎ（最敬礼）をする	○	
e さじで食事をする	○	○	p 歩く（屋内）	△×	
f 顔を洗う（顔に手のひらをつける）	○	○	q 歩く（屋外）	△×	
g 用便の処置をする（ズボンの前のところに手をやる）	○	○	r 立ち上がる	□ア 支持なしでできる　□イ 支持があればできるがやや不自由　レ ウ 支持があればできるが非常に不自由　□エ 支持があっても できない	
h 用便の処置をする（尻のところに手をやる）	○	○			
i 上衣の着脱（かぶりシャツを着て脱ぐ）	両手	○	s 階段を上る	□ア 手すりなしでできる　□イ 手すりがあればできるがやや不自由　レ ウ 手すりがあればできるが非常に不自由　□エ 手すりがあっても できない	
j 上衣の着脱（ワイシャツを着てボタンをとめる）	両手	○			
k ズボンの着脱（どのような姿勢でもよい）	両手	△×	t 階段を下りる	□ア 手すりなしでできる　□イ 手すりがあればできるがやや不自由　レ ウ 手すりがあればできるが非常に不自由　□エ 手すりがあっても できない	
l 靴下を履く（どのような姿勢でもよい）	両手	△×			

平衡機能

1 閉眼での起立・立位保持の状態	2 開眼での直線の10m歩行の状態	3 自覚症状・他覚所見及び検査所見
□ア 可能である。	□ア まっすぐ歩き通す。	
レ イ 不安定である。	レ イ 多少転倒しそうになったりよろめいたりするがどうにか歩き通す。	
□ウ 不可能である。	□ウ 転倒あるいは著しくよろめいて、歩行を中断せざるを得ない。	

⑲ 補助用具使用状況

該当する数字にチェックをして、右のア・イいずれかの使用状況を選び、〔　〕内のリストから選択してください。

- □1 〔　〕 上肢補装具
- □2 〔　〕 下肢補装具（□左・□右）
- □3 〔　〕 杖（　　）
- □4 〔　〕 松葉杖（□左・□右）
- □5 〔　〕 車椅子
- □6 〔　〕 歩行車
- □7 〔　〕 その他（具体的に　　　　　　　　　　　　　）
- レ 8 補助用具は使用していない

ア 常時（起床より就寝まで）使用
イ 常時ではないが使用

使用状況を詳しく記入してください。

⑳ その他の精神・身体の障害の状態

特になし

㉑ 現症時の日常生活活動能力及び労働能力（必ず記入してください。）
（補助用具を使用しない状態で判断してください。）

軽い労働は可能

㉒ 予後（必ず記入してください。）

不明

㉓ 備考

平成16年6月10日の障害の状態は平成16年5月25日と同じであると推定する

上記のとおり、診断します。　　平成22　年　9　月　27　日

病院又は診療所の名称　■■■■■■■大学医学部附属病院　　診療担当科名　神経内科

所在地　■■■■■■■■■■■　　医師氏名　■■■■■■■

【裁定請求日の診断書（表面）】

様式第120号の3

㊞ 肢

国民年金
厚生年金保険　　**診 断 書**　（肢体の障害用）

（フリガナ）氏　名	■■■■	生年月日	昭和　26　年　1　月　■　日生（59 歳）性別 ☑男 □女

住　所	住所地の郵便番号 ■■■ - ■■■	■■■■都道府県 ■■■■区 ■■■■

① 障害の原因となった傷病名	脊髄障害	② 傷病の発生年月日	平成　6　年　頃月　日 □診療録で確認 ☑本人の申立て（ 22 年 9 月 30 日）
		③ ①のため初めて医師の診療を受けた日	平成　14　年　12　月　10　日 □診療録で確認 ☑本人の申立て（ 22 年 9 月 30 日）

④ 傷病の原因又は誘因（初診年月日　昭和・平成・令和　年　月　日） 不詳	⑤ 既存障害	なし	⑥ 既往症	なし

⑦ 傷病が治った（症状が固定して治療の効果が期待できない状態を含む。）かどうか。	傷病が治っている場合・・・・・・・・・・治った日 平成・令和　年　月　日 □確認 □推定
	傷病が治っていない場合・・・・・・・・症状のよくなる見込 □有 ・ ☑無 ・ □不明

⑧ 診断書作成医療機関における初診時所見 初診年月日（ 平成 22 年 9 月 30 日）	Brown-Sequard症候群を呈し、右下肢機能全廃

⑨ 現在までの治療の内容、期間、経過、その他参考となる事項	他院で治療（内容不詳）現在経過観察。	診療回数	年　間　　　　回　　月平均　　　　回

⑩ 計　測（ 平成・令和　年　月　日計測）	身長　　　　cm　体重　　　　kg	血圧	最高　　　　mmHg　最低　　　　mmHg

障　害　の　状　態　（　平成　22　年　9　月　30　日現症）

⑪ 切断又は離断・変形・麻痺	右　　　　左　　　　右　　　　左

（お願い）障害の状態は、診療録に基づいてわかる範囲で記入してください。

切断又は離断日	平成・令和　年　月　日
創面治ゆ日	平成・令和　年　月　日

■ 切断・離断　× 変形　▨ 感覚麻痺　▨ 運動麻痺

切断又は離断の場合の神経・運動障害	切端の痛み □有・□無　　すぐ上の関節の異常 □有・□無　（有の場合は⑯欄に記入してください。）
外　観	□弛緩性 ・ ☑硬直性 ・ □不随意運動性 ・ □失調性 ・ □強剛性 ・ □しんせん性
起因部位	□脳性・☑脊髄性・□末梢神経性・□筋性・□その他（（心因性のものと思われる場合は、　　　　　　　　その旨を右に記入してください。　　　　　）　　　　）
種類及びその程度	□感覚麻痺（ □脱失 ・ □鈍麻 ・ □過敏 ・ □異常 ）　☑運動麻痺

（お願い）太文字の欄は、記入漏れがないように記入してください。

反　射	右				左			
	上肢	下肢	バビンスキー反射	その他の病的反射	上肢	下肢	バビンスキー反射	その他の病的反射
	正常	亢進	＋	－	正常	正常	－	－

その他	排尿障害 □有 ・ ☑無　　排便障害 □有 ・ ☑無　　褥創又はその瘢痕 □有 ・ ☑無

⑫ 脊柱の障害	脊柱の他動可動域						随伴する脊髄・根症状などの臨床症状
	部位	前屈	後屈	右側屈	左側屈	右回旋	左回旋
	頸部						
	胸腰部						

⑬ 人工骨頭・人工関節の装着の状態	部　位			⑭ 握力	右　　　　左
	手術日	平成・令和　年　月　日			kg　　　　kg

⑮ 手（足）の他動可動域指関節	部　位		母　指		示　指		中　指		環　指		小　指	
			屈曲	伸展	屈曲	伸展	屈曲	伸展	屈曲	伸展	屈曲	伸展
	中手（足）指節関節（MP）	右										
		左										
	近位指節間関節（PIP）（母指では指節間関節）	右	正常									
		左										

本人の障害の程度及び状態に無関係な欄には記入する必要はありません。（無関係な欄は、斜線により抹消してください。）

| | 障　害　の　状　態 | | （平成 22 年 9 月 30 日現症） | |

（お願い）関節可動域は、健側についても記入してください。

⑯ 関節可動域及び筋力

部　位	運動の種類	右							左						
		関節可動域（角度）		筋　力					関節可動域（角度）		筋　力				
		強直肢位	他動可動域	正常	やや減	半減	著減	消失	強直肢位	他動可動域	正常	やや減	半減	著減	消失
肩 関 節	屈　曲			レ							レ				
	伸　展			レ							レ				
	内　転			レ							レ				
	外　転			レ							レ				
肘 関 節	屈　曲			レ							レ				
	伸　展			レ							レ				
前　腕	回　内			レ							レ				
	回　外			レ							レ				
手 関 節	背　屈	正常		レ					正常		レ				
	掌　屈			レ							レ				
股 関 節	屈　曲					レ							レ		
	伸　展					レ							レ		
	内　転					レ							レ		
	外　転					レ							レ		
膝 関 節	屈　曲					レ							レ		
	伸　展					レ							レ		
足 関 節	背　屈					レ							レ		
	底　屈					レ							レ		

股関節屈曲値は次のどちらですか。
□ 膝屈曲位
□ 膝伸展位

⑰ 四肢長及び四肢囲

	右						左					
	上肢長	上腕囲	前腕囲	下肢長	大腿囲	下腿囲	上肢長	上腕囲	前腕囲	下肢長	大腿囲	下腿囲
	cm	cm	cm	cm	cm	cm	cm	cm	cm	cm	cm	cm

⑱ 日常生活における動作の障害の程度

補助用具を使用しない状態で判断してください。

一人でうまくできる場合には ……………「○」
一人でできてもやや不自由な場合には ……「○△」
一人でできるが非常に不自由な場合には ……「△×」
一人で全くできない場合には ……………「×」

該当する記号をリストから選択してください。

日常生活における動作	右	左	日常生活における動作	右	左
a つ ま む （新聞紙が引き抜けない程度）	○	○	m 片足で立つ	×	○△
b 握 る （丸めた週刊誌が引き抜けない程度）	○	○	n 座 る[正座、横すわり、あぐら、脚なげだし]		
c タオルを絞る （水をきれる程度）	両手		（このような姿勢を持続する）	△×	
d ひもを結ぶ	両手	○	o 深くおじぎ（最敬礼）をする	○	
e さじで食事をする	○	○	p 歩く（屋内）	△×	
f 顔 を 洗 う （顔に手のひらをつける）	○	○	q 歩く（屋外）	△×	
g 用便の処置をする （ズボンの前のところに手をやる）	○	○	r 立ち上がる		
h 用便の処置をする （尻のところに手をやる）	○	○			
i 上衣の着脱 （かぶりシャツを着て脱ぐ）	両手	○	s 階段を上る		
j 上衣の着脱 （ワイシャツを着てボタンをとめる）	両手	○			
k ズボンの着脱 （どのような姿勢でもよい）	両手	△×	t 階段を下りる		
l 靴 下 を 履 く （どのような姿勢でもよい）	両手	△×			

r 立ち上がる：ア 支持なしでできる □／イ 支持があればできるがやや不自由 □／ウ 支持があればできるが非常に不自由 レ／エ 支持があってもできない □
s 階段を上る：ア 手すりなしでできる □／イ 手すりがあればできるがやや不自由 □／ウ 手すりがあればできるが非常に不自由 レ／エ 手すりがあってもできない □
t 階段を下りる：ア 手すりなしでできる □／イ 手すりがあればできるがやや不自由 □／ウ 手すりがあればできるが非常に不自由 レ／エ 手すりがあってもできない □

平衡機能	1 閉眼での起立・立位保持の状態	2 開眼での直線の10m歩行の状態	3 自覚症状・他覚所見及び検査所見
	□ ア 可能である。	□ ア まっすぐ歩き通す。	
	レ イ 不安定である。	□ イ 多少転倒しそうになったりよろめいたりするがどうにか歩き通す。	
	□ ウ 不可能である。	□ ウ 転倒あるいは著しくよろめいて、歩行を中断せざるを得ない。	

⑲ 補助用具使用状況

該当する数字にチェックをして、右のア・イいずれかの使用状況を選び、〔　〕内のリストから選択してください。

□ 1 〔　〕 上肢補装具
□ 3 〔　〕 杖（　　）
□ 5 〔　〕 車椅子
□ 7 〔　〕 その他 （具体的に
□ 8 補助用具は使用していない

□ 2 〔　〕 下肢補装具　〔左・右リスト〕
□ 4 〔　〕 松葉杖 （　〔左・右〕）
□ 6 〔　〕 歩行器

ア 常時（起床より就寝まで）使用
イ 常時ではないが使用

使用状況を詳しく記入してください。

⑳ その他の精神・身体の障害の状態

特になし

㉑ 現症時の日常生活動能力及び労働能力（必ず記入してください。）

（補助用具を使用しない状態で判断してください。）
座位での軽作業は可

㉒ 予　　後 （必ず記入してください。）

改善の可能性は低い

㉓ 備　　考

上記のとおり、診断します。　平成22 年 10 月 7 日

病院又は診療所の名称 ███████████
所　在　地 ███████████

診療担当科名 神経内科
医師氏名 ███████████

【障害認定日分の照会内容と回答書】

　　　　■■■■■■■　様

　　　　　　　　　　　　　　　　　　　　　　　　　　　　平成 23 年 2 月 8 日

「障害給付　年金請求書」にかかる照会事項について

　あなたから請求のありました「障害給付　年金請求書」を審査した結果、以下の事項について調査が必要となりましたので、■■大学医学部附属病院神経内科　■■■　先生に記載してもらい、下記の提出先に返送してください。

　　■■大学医学部附属病院
　　　神経内科　　　■■■■■■　先生

　　平素より年金業務にご協力いただき感謝しております。さて、ご多忙中のところ誠に恐縮ですが、貴院受診の　■■■■■　様から請求のありました「障害給付　年金請求書」の審査を進めるため、次の事項についてご教示願います。

◎　平成 16 年 5 月 25 日現症の診断書の内容は、その根拠として、診療録（リハビリ、看護記録などを含む）などの記載に準拠して書かれたものでしょうか？　あるいは、記憶などに基づく推定によって書かれたものでしょうか？　下記に○をつけてください。診療録などに基づく場合、お手数をかけて申し訳ありませんが、カルテの病名などが記載された初診部分、および診断書記載の根拠となった記録のある部分の、コピーを拝借させてください。

　　（ご回答）

　　①．自動関節可動域、ＡＤＬなどの主な部分は、診療録に基づいて記載した。

　　②．傷病の経過、記憶に基づく推測である。

　　なお、下記に署名・捺印も併せてお願いします。

平成 23 年　2 月　17 日	
医療機関名及び住所　■■■■■■■■■	
■■■■■■■■　　医師の氏名　■■■■	
■■　大学医学部附属病院　　神経内科	

※　ご不明な点がございましたら、障害年金業務部　参事役 ■■ までお問合せください。

　　【提出先】〒168−8505　東京都杉並区高井戸西 3-5-24　☎直通（■）■■■■■■■

　　　　　　日本年金機構　障害年金業務部

　　　　　　　　■■■■■■　様

平成 23 年 2 月 8 日

「障害給付　年金請求書」にかかる照会事項について

　あなたから請求のありました「障害給付　年金請求書」を審査した結果、以下の事項について調査が必要となりましたので、■■大学病院附属■■病院神経内科■■■■■先生に記載してもらい、下記の提出先に返送してください。

　　■■大学病院附属■■病院
　　神経内科　　■■■■■先生

　　平素より年金業務にご協力いただき感謝しております。さて、ご多忙中のところ誠に恐縮ですが、貴院受診の　■■■■■　様から請求のありました「障害給付　年金請求書」の審査を進めるため、次の事項についてご教示願います。

１．　現在、血液検査、画像診断などで得られている陽性所見がありましたら、お教え下さい。

　　（ご回答）　　脊髄 MRI において　　上部胸髄に異常信号を認める

２．　診断書⑯欄右下肢関節可動域は正常とされていますので、MMT（筋力）は、３前後あると

　　考えてよろしいでしょうか。もし、正常な可動域が自動で得られない関節がありましたら、

　　お教え下さい。

　　（ご回答）　　他動的可動域に問題ありませんが、

　　　　　　　　右腸腰筋、前脛骨筋は MMT で２です。

３．　歩行状態についてお教え下さい。

　　（ご回答）　　Ｔ字杖使用可で短距離の歩行ができる状態

　　ア　歩行速度および持久性は、同年代の人と比べて、やや劣る程度。

　　イ　日常行動における屋外移動などは可能であるが、安定感および持久性は明らか

　　　　に低下している

　　ウ　安定性にも少し不安が見られるが、同伴者無しでも、屋外歩行は可能である。

　　㋔　安定性にかなり不安があり、支え、介助などの必要性が高いため、移動動作は

　　　　大幅に制限されている。

　　オ　転倒などの危険性が大きく、屋外移動には介助者が必須

　　カ　最大限 10ｍくらいの短距離をやっと移動できる程度

　　キ　装具、手すりなど使っても移動不能（車椅子あるいは常時ベッド上）

　　なお、下記に署名・捺印も併せてお願いします。

　　平成 23 年　　2 月　　22 日

　　医療機関名及び住所　■■■■■■■■■■

　　　　　　　　　　■■■■■■■■　　　医師の氏名　　■■■■■■

　　　　　　　　　■■■■ 大学病院附属 ■ 病院神経内科

※　ご不明な点がございましたら、障害年金業務部　参事役■■■までお問合せください。

　　【提出先】〒168－8505　東京都杉並区高井戸西 3-5-24　☎直通（■）■■■■■■

　　　　　　　日本年金機構　障害年金業務部

診断書の記載内容の整合性を確認するために医師照会が行われた事例

▶ 医師の意見・所見　　▶ 障害状態

1　事例の概要

1）請求人は、50歳代男性。

2）遺伝性痙性対麻痺による肢体障害で、障害厚生年金3級を受給していたが、病状が進行してきたことから額改定請求をした。

3）診断書裏面の関節可動域および筋力と日常生活における動作の障害の程度の整合性について医師照会が行われた。

4）審査の結果、再照会等はなく、無事障害厚生年金2級への額改定が認められた。

2　この事例を理解するために必要な知識・情報

1）病気の概要

　痙性対麻痺とは、両下肢の筋緊張が亢進して（突っ張って）運動麻痺（自分で動かせない）がある状態のこと。遺伝性痙性対麻痺は症状が徐々に進行し筋力低下が進んでいきます。治療方法は現状、リハビリテーションをはじめとする対症療法が中心となります。

（国立精神・神経医療研究センターHPより作成：https://www.ncnp.go.jp/hospital/patient/disease30.html）

2）認定審査で使用する障害認定基準（下肢の障害）のポイント

　下肢の障害は関節可動域の制限がどのくらいあるか、筋力の低下がどのくらいあるか、その程度で等級が決まります。筋力だけに着目すると、1下肢の3大関節中

２関節の筋力が『著減』であれば２級になると考えられます。また、両下肢の３大関節中１関節の筋力が『著減』であれば２級になると考えられます。

❸ 提出書類の内容

肢体の障害用診断書（裏面）（46ページ）の要点を摘記すると以下のとおりです。

> ・⑯欄　両下肢の関節可動域にやや制限があり、筋力は著減である
> ・⑱欄　p 歩く（屋内）△×、q 歩く（屋外）△×、
> 　　　　r 立ち上がる（ウ）、s 階段を上る（ウ）、t 階段を下りる（ウ）

❹ なぜ医師照会となったのか

診断書を冷静に眺めて、請求人の日常生活を想像してみると、記載内容にやや不自然に感じる点がありました。足には３つの大きな関節（股関節・膝関節・足関節）がありますが、診断書には、両足ともすべての筋力が『著減』となっていました。このような方が多少なりとも歩くことが可能なのだろうかということです。筋力が『著減』とは、「国民年金・厚生年金保険　障害認定基準」（以下、障害認定基準」という）40ページの記載のとおり『著減…自分の体部分の重さに抗し得ないが、それを排するような体位では自動可能な場合』であって、自分の身体を支えられない程に筋力が低下している状態をいいます。こうした点から診断書の記載内容の整合性に疑義が生じたものと推測されます。

❺ 医師照会の内容と回答書 （47ページ）

医師照会により、主治医に診断書の記載内容について（診断書⑱「日常生活における動作の障害の程度」の記載事項について）確認が行われました。主治医は保険者の指摘のとおり、診断書に誤記があったことを認め、診断書の両股関節の筋力の判断を『半減』に訂正しました。この回答により、診断書の記載内容の整合性について疑義はなくなり障害認定に進んだものと考えられます。

6 本事例のポイントとまとめ

　読者の皆様は、医師の診断書から、障害状態が何級に該当しそうかを障害認定基準で確認してから請求手続を行っていると思います。著者も当時、「この診断書の記載内容であれば、2級で間違いないであろう」と考えました。ですが、診断書の記載内容の整合性についてまで深く考えることができていませんでした。

　医師照会となって初めて、診断書の内容を冷静に眺めてみること、そして、請求人の日常生活を想像してみることが大切だと気付きました。ただ、私達請求代理人は、医師の診断書の記載内容に疑問を感じたとしても、医学的な判断に介入することはできません。私達が行えるのは、あくまでも記載内容の確認までです。診断書の内容に疑問等があれば、ご家族・ご本人から主治医に確認してもらう等の方法を検討することがよいかもしれません。

	障　害　の　状　態　（　平成　30　年　6　月　25　日　現症）														

⑯ 関節可動域及び筋力

（お願い）関節可動域は、健側についても記入してください。

部　位	運動の種類	右 関節可動域（角度）		右 筋力					左 関節可動域（角度）		左 筋力				
		強直肢位	他動可動域	正常	やや減	半減	著減	消失	強直肢位	他動可動域	正常	やや減	半減	著減	消失
肩　関　節	屈曲		170	レ						170	レ				
	伸展		40	レ						40	レ				
	内転	レ	0						レ	0					
	外転		150	レ						150	レ				
肘　関　節	屈曲		145	レ						145	レ				
	伸展		0	レ						0	レ				
前　　腕	回内		80	レ						80	レ				
	回外		80	レ						80	レ				
手　関　節	背屈		70	レ						70		レ			
	掌屈		80	レ						80		レ			
股　関　節	屈曲		90		レ					90			レ		
	伸展		10		レ					10			レ		
	内転		10		レ					10			レ		
	外転		20		レ					20			レ		
膝　関　節	屈曲		135		レ					135			レ		
	伸展		0		レ					0			レ		
足　関　節	背屈		5		レ					5			レ		
	底屈		20		レ					20			レ		

股関節屈曲値は次のどちらですか。

☑ 膝関節伸位
☐ 膝関節屈位

⑰ 四肢長及び四肢囲

	右						左					
	上肢長	上腕囲	前腕囲	下肢長	大腿囲	下腿囲	上肢長	上腕囲	前腕囲	下肢長	大腿囲	下腿囲
	cm	cm	cm	cm	cm	cm	cm	cm	cm	cm	cm	cm

⑱ 日常生活における動作の障害の程度

補助用具を使用しない状態で判断してください。

- 一人でうまくできる場合には　　　　　　　　　　　…………「〇」
- 一人でできてもやや不自由な場合には　　　　　…………「〇△」
- 一人でできるが非常に不自由な場合には　　　　…………「△×」
- 一人で全くできない場合には　　　　　　　　　　　…………「×」

該当する記号をリストから選択してください。

日常生活における動作	右	左	日常生活における動作	右	左
a つ　ま　む（新聞紙が引き抜けない程度）	〇	〇	m 片足で立つ	×	×
b 握　　る（丸めた週刊誌が引き抜けない程度）	〇	〇	n 座　る〔正座、横すわり、あぐら、脚なげだし〕	△×	
c タオルを絞る（水をきれる程度）	両手	〇	（このような姿勢を持続する）		
d ひもを結ぶ	両手	〇	o 深くおじぎ（最敬礼）をする	〇△	
e さじで食事をする	〇	〇	p 歩く（屋内）	〇△	
f 顔を洗う（顔に手のひらをつける）	〇	〇	q 歩く（屋外）	△×	
g 用便の処置をする（ズボンの前のところに手をやる）	〇	〇	r 立ち上がる	☐ア 支持なしでできる　☐イ 支持があればできるがやや不自由　☑ウ 支持があればできるが非常に不自由　☐エ 支持があってもできない	
h 用便の処置をする（尻のところに手をやる）	〇	〇			
i 上衣の着脱（かぶりシャツを着て脱ぐ）	両手	〇	s 階段を上る	☐ア 手すりなしでできる　☐イ 手すりがあればできるがやや不自由　☑ウ 手すりがあればできるが非常に不自由　☐エ 手すりがあってもできない	
j 上衣の着脱（ワイシャツを着てボタンをとめる）	両手	〇			
k ズボンの着脱（どのような姿勢でもよい）	両手	△×	t 階段を下りる	☐ア 手すりなしでできる　☐イ 手すりがあればできるがやや不自由　☑ウ 手すりがあればできるが非常に不自由　☐エ 手すりがあってもできない	
l 靴下を穿く（どのような姿勢でもよい）	両手	△×			

平衡機能

1 閉眼での起立・立位保持の状態
- ☐ア 可能である。
- ☑イ 不安定である。
- ☐ウ 不可能である。

2 開眼で直線の10m歩行の状態
- ☐ア まっすぐ歩き通す。
- ☑イ 多少転倒しそうになったりよろめいたりするがどうにか歩き通す。
- ☐ウ 転倒あるいは著しくよろめいて、歩行を中断せざるを得ない。

3 自覚症状・他覚所見及び検査所見

歩行時のふらつき、痙性歩行

⑲ 補助用具使用状況

該当する数字にチェックをして、右のア・イいずれかの使用状況を選び、〔　〕内のリストから選択してください。

- ☐1 〔　〕上肢補装具
- ☑3 〔ア〕杖　　1本杖
- ☐5 〔　〕車椅子
- ☐7 〔　〕その他　　（具体的に　　　　　　）
- ☐2 〔　〕下肢補装具　☐左・右
- ☐4 〔　〕松葉杖　　☐左・右
- ☐6 〔　〕歩行車
- ☐8 補助用具は使用していない

ア 常時（起床より就寝まで）使用
イ 常時ではないが使用

使用状況を詳しく記入してください。

日常的に杖を使用している

⑳ その他の精神・身体の障害の状態

特記なし

㉑ 現症時の日常生活活動能力及び労働能力（必ず記入してください。）

（補助用具を使用しない状態で判断してください。）

下肢の痙性、筋力低下のため、労働に著しい制限を要する

㉒ 予　後（必ず記入してください。）

今後も下肢症状は緩徐に進行することが予想される

㉓ 備　考

上記のとおり、診断します。　　平成30　年　6　月　25　日

病院又は診療所の名称　▮▮▮▮▮病院　　　　診療担当科名　脳神経内科

所　在　地　▮▮▮▮▮　　　　　　　　　　医師氏名　▮▮▮▮▮

【医師照会の内容と回答書】

■■■■■■様

（照会番号）

額改－■■■■

平成 30 年 7 月 ■ 日

「障害給付 額改定請求書」にかかる照会事項について

あなた様から請求のありました「障害給付 額改定請求書」を審査した結果、
以下の事項について調査が必要となりましたので、■■■■■■■■■■病院
脳神経内科 ■■先生 に記載していただき、下記の提出先に返送願います。

■■■■■■■■病院

脳神経内科 ■■■先生

平素より年金業務にご協力いただき感謝しております。さて、ご多忙中のところ誠に恐縮ですが、
貴院受診の ■■■■■■様から請求のありました「障害給付 額改定請求書」
の審査を進めるため、次の事項についてご教示願います。

※ 照会事項

○ 平成 30 年 6 月 25 日現症診断書⑱「日常生活における動作の障害の程度」記載事項について
伺います。下肢筋力から判断すると、歩行不能と考えられますので、
杖、補助装具なしで、p【歩く（屋内）】、q【歩く（屋外）】は「×（1人で全くできない）」、
r（立ち上がる）、s（階段を上る）、t（階段を下りる）は「エ（支持、手すりがあってもできない）」
の評価と考えます。
今回記載いただいた評価についてご説明願います。

（ご回答）

御指摘の通り、筋力と症状に乖離があるため、診断書を
訂正しました

なお、下記に署名・捺印も併せてお願いします。

平成 30 年 10 月 ■■ 日	診療担当科名 脳神経内科
医療機関名及び住所 ■■■■■■■■■■■■	
■■■■■■■■ 医院	医師の氏名 ■■■■■■
電話 ■■■■■■■■■	

※ ご不明な点がございましたら、障害年金センター再認定グループ ■■までお問合せください。

【提出先】〒■■■■ － ■■■ ■■■■■■■■■■■■■

日本年金機構 障害年金センター再認定グループ ☎ 直通 （■■）■■■■■■

【訂正後の診断書（裏面）】

| 障　害　の　状　態 | | | | | 平成 | 30 | 年 | 6 | 月 | 25 | 日 現症） | | |

⑯ 関節可動域及び筋力

（お願い）関節可動域は、健側についても記入してください。

部　位	運動の種類	右							左							
		関節可動域（角度）		筋　力					関節可動域（角度）		筋　力					
		強直肢位	他動可動域	正常	やや減	半減	著減	消失	強直肢位	他動可動域	正常	やや減	半減	著減	消失
肩　関　節	屈　曲		170	レ						170	レ				
	伸　展		40	レ						40	レ				
	内　転		0	レ						0	レ				
	外　転		150	レ						150	レ				
肘　関　節	屈　曲		145	レ						145	レ				
	伸　展		0	レ						0	レ				
前　腕	回　内		80	レ						80	レ				
	回　外		80	レ						80	レ				
手　関　節	背　屈		70	レ						70		レ			
	掌　屈		80	レ						80		レ			
股　関　節	屈　曲		90		レ					90		レ			
	伸　展		10		レ					10		レ			
	内　転		10		レ					10		レ			
	外　転		45		レ					45		レ			
膝　関　節	屈　曲		135			レ				135			レ		
	伸　展		0			レ				0			レ		
足　関　節	背　屈		5			レ				5			レ		
	底　屈		20			レ				20			レ		

股関節屈曲値は次のどちらですか。
レ 膝屈曲位　　□ 膝伸展位

⑰ 四肢長及び四肢囲

	右						左					
	上肢長	上腕囲	前腕囲	下肢長	大腿囲	下腿囲	上肢長	上腕囲	前腕囲	下肢長	大腿囲	下腿囲
	cm	cm	cm	cm	cm	cm	cm	cm	cm	cm	cm	cm

⑱ 日常生活における動作の障害の程度

補助用具を使用しない状態で判断してください。

- 一人でうまくできる場合には ………………「○」
- 一人でできてもやや不自由な場合には ………「○△」
- 一人でできるが非常に不自由な場合には ……「△×」
- 一人で全くできない場合には ………………「×」

該当する記号をリストから選択してください。

日常生活における動作	右	左	日常生活における動作	右	左
a つ ま む （新聞紙が引き抜けない程度）	○	○	m 片足で立つ	×	×
b 握 る （丸めた週刊誌が引き抜けない程度）	○	○	n 座 る〔正座、横すわり、あぐら、脚なげだし〕	△×	
c タオルを絞る （水をきれる程度）	両手	○	（このような姿勢を持続する）		
d ひもを結ぶ	両手	○	o 深くおじぎ（最敬礼）をする	○△	
e さじで食事をする	○	○	p 歩く（屋内）	△×	
f 顔を洗う （顔に手のひらをつける）	○	○	q 歩く（屋外）	△×	
g 用便の処置をする （ズボンの前のところに手をやる）	○	○	r 立ち上がる	□ア 支持なしでできる　□イ 支持があればできるがやや不自由　レウ 支持があればできるが非常に不自由　□エ 支持があってもできない	
h 用便の処置をする （尻のところに手をやる）	○	○			
i 上 衣 の 着 脱 （かぶりシャツを着て脱ぐ）	両手	○	s 階段を上る	□ア 手すりなしでできる　□イ 手すりがあればできるがやや不自由　レウ 手すりがあればできるが非常に不自由　□エ 手すりがあってもできない	
j 上 衣 の 着 脱 （ワイシャツを着てボタンをとめる）	両手	○			
k ズボンの着脱 （どのような姿勢でもよい）	両手	△×	t 階段を下りる	□ア 手すりなしでできる　□イ 手すりがあればできるがやや不自由　レウ 手すりがあればできるが非常に不自由　□エ 手すりがあってもできない	
l 靴 下 を 履 く （どのような姿勢でもよい）	両手	△×			

平衡機能	1 閉眼での起立・立位保持の状態	2 開眼での直線の10m歩行の状態	3 自覚症状・他覚所見及び検査所見
	□ア 可能である。	□ア まっすぐ歩き通す。	歩行時のふらつき、痙性歩行
	レイ 不安定である。	レイ 多少転倒しそうになったりよろめいたりするがどうにか歩き通す。	
	□ウ 不可能である。	□ウ 転倒あるいは著しくよろめいて、歩行を中断せざるを得ない。	

⑲ 補助用具使用状況

該当する数字にチェックをして、右のア・イいずれかの使用状況を選び、〔 〕内のリストから選択してください。

- □ 1 〔　　〕 上肢補装具
- □ 2 〔　　〕 下肢補装具　　　□左・□右
- レ 3 〔ア〕杖　1本杖　　□ 4 〔　　〕 松葉杖　　□左・□右
- □ 5 〔　　〕 車椅子　　□ 6 〔　　〕 歩行器
- □ 7 〔　　〕 その他　（具体的に　　　　　　）
- □ 8 　補助用具は使用していない

ア 常時（起床より就寝まで）使用
イ 常時ではないが使用

使用状況を詳しく記入してください。

日常的に杖を使用している

⑳ その他の精神・身体の障害の状態

特記なし

㉑ 現症時の日常生活動能力及び労働能力（必ず記入してください。）

（補助用具を使用しない状態で判断してください。）

下肢の痙性、筋力低下のため、労働に著しい制限を要する

㉒ 予　後（必ず記入してください。）

今後も下肢症状は緩徐に進行することが予想される

㉓ 備　考

上記のとおり、診断します。　　平成30 年 10 月 22 日

病院又は診療所の名称　███████████ 病院　　　診療担当科名　脳神経内科

所　在　地　█████████　　　医師氏名　███████

再請求の際、廃用が疑われたことから確認のために医師照会が行われた事例

▶ 医師の意見・所見　　▶ 障害状態

1 事例の概要

1）請求人は、30歳代男性。
2）脳幹梗塞による肢体障害で、2年前に障害基礎年金を障害認定日請求したが、障害認定日時点、請求日時点いずれも障害状態に該当していないとして不支給となった。
3）支援者らから当職に繋がり、再度、障害基礎年金の事後重症請求をした。
4）2年前の障害状態と乖離があることから、廃用の可能性を確認するために医師照会が行われた。
5）審査の結果、認定することはできない（認定不能）とされ、却下処分となった。現在、不服申立てを行っている。

2 この事例を理解するために必要な知識・情報

1）脳幹梗塞とは

　脳幹の血管に血栓や狭窄が起きて詰まることで脳に障害がおきる病気です。

　脳幹は上から中脳、橋、延髄という部分に分けられます。脳幹は大脳、小脳、脊髄の中継点であるとともに、脳神経が出る場所として重要です。12種類ある脳神経のうち10種類が脳幹にあり、首から上の運動や感覚に関係しています。脳神経は脳幹のいろいろな部分から出ているので、梗塞の場所によって症状もさまざまです。脳幹梗塞では、物が二重に見える、めまい、顔面の運動・感覚の異常、ろれつの回りにくさ、手足の運動・感覚障害などがみられます。

（『六訂版 家庭医学大全科』（髙久史麿ほか総合監修、法研、2010年10月）より作成）

2）廃用症候群とは

　廃用症候群とは、病気やけがで安静にすることで体を動かす時間・強さが減り、体や精神にさまざまな不都合な変化が起こった状態をいいます。介護が必要な高齢者や脳卒中などで寝たきりになった人に多く起こります。また、大きな病気や手術により、もともと元気な大人や子どもでも起こることがあります。

（メディカルノート HP より作成：https://medicalnote.jp/）

　脳卒中の後遺症で肢体障害になった場合、6か月経過後に症状固定となる可能性があることを障害年金の請求にあたってプラスに捉えている方が多いと思います。しかし、一方で、保険者は症状が固定すればその後に悪化することはない、悪化することがあるとすればそれは廃用によるものだと判断してしまう場合もあることを認識しておく必要があります。

3　提出書類の内容

> １）2年前に請求した際に提出した肢体の障害用診断書（52ページ）
> ２）再請求した際に提出した肢体の障害用診断書（53ページ）

4　なぜ医師照会となったのか

　2年前に請求した際に提出した診断書と再請求した際に提出した診断書の記載内容を比較すると、左上下肢の筋力低下およびADLが低下していることから、これが廃用によるものと考えられるかどうかの確認のために、医師照会となりました。

　2年前にご家族が行った障害認定日請求では、身体の測定が十分に行われておらず、請求人の障害状態の実態を示した診断書の提出はされませんでした（当時、ご家族がそれを判断することはできませんでした）。再請求にあたっては、同病院にて理学療法士による詳細な測定が行われ診断書が作成されました。

5　医師照会の内容と回答書 （54ページ）

　医師照会により、診断書作成医に障害状態の変化は「廃用によるものなのか」の確認が行われました。

　医師は、「定期的・継続的な経過観察を行っておらず、症状の変化・生活状況の把握が十分でない為、ADLの低下が廃用の進行によるものかは判断が出来ません。」と

回答しました。

　そもそもご家族と医師との関係が良好ではなかったこと、2年前に診断書を作成した際にしっかり測定が行われていないことも影響してか、診断書内容が相違している理由を「運動を少し控えた影響からか」と注記するなどしています。

　医師照会に対しては、保険者に請求人の今までの生活状況や現在の症状をよく知ってもらうために、就労支援事業所施設長の上申書を追加で提出しました。

　しかし、結果は却下処分となりました。認定調書（55ページ）を開示したところ、現在の障害状態は日常生活に著しい支障があるにもかかわらず、「筋力・ADL の低下が請求傷病によるものと判断することができないため認定不能」とされています。

6　本事例のポイントとまとめ

　脳卒中の後遺症の肢体麻痺に関して、保険者は、いったん症状が固定した障害状態は悪化することはないと考えているようです。つまり、初回の請求手続で認定された結果は変わらないので、初回請求手続が非常に重要になるということです。

　請求人は2級認定されてもおかしくない状態であるにもかかわらず、初回請求がきちんと行われていなかったことが、後になって大きな影響を及ぼす事態となりました。

　脳卒中による後遺症の方の診断書の作成を依頼するにあたっては、症状固定後は病院を受診していない方や、内科で服薬管理のみを行っている方も多いため、非常に困難なことが多いと思います。

　脳卒中の後遺症で請求手続を行う際は、症状固定、廃用症候群について注意して進めていく必要があると思います。

（お願い）関節可動域は、健側についても記入してください。

⑯ 関節可動域及び筋力

障　害　の　状　態　（　令和　2　年　2　月　■　日現症）

部　位	運動の種類	右 関節可動域（角度） 強直肢位	右 関節可動域（角度） 他動可動域	右 筋力 正常	右 筋力 やや減	右 筋力 半減	右 筋力 著減	右 筋力 消失	左 関節可動域（角度） 強直肢位	左 関節可動域（角度） 他動可動域	左 筋力 正常	左 筋力 やや減	左 筋力 半減	左 筋力 著減	左 筋力 消失
肩　関　節	屈　曲														
	伸　展														
	内　転														
	外　転														
肘　関　節	屈　曲														
	伸　展														
前　腕	回　内	*問題無し							*問題無し						
	回　外														
手　関　節	背　屈														
	掌　屈														
股　関　節	屈　曲														
	伸　展														
	内　転														
	外　転														
膝　関　節	屈　曲														
	伸　展														
足　関　節	背　屈									10					
	底　屈									40					

股関節屈曲値は次のどちらですか。
□ 膝屈曲位
□ 膝伸展位

⑰ 四肢長及び四肢囲

	右 上肢長	右 上腕囲	右 前腕囲	右 下肢長	右 大腿囲	右 下腿囲	左 上肢長	左 上腕囲	左 前腕囲	左 下肢長	左 大腿囲	左 下腿囲
	31 cm	32 cm	30 cm	80 cm	48 cm	41 cm	51 cm	30 cm	27 cm	80 cm	41 cm	38 cm

⑱ 日常生活における動作の障害の程度

補助用具を使用しない状態で判断してください。

- 一人でうまくできる場合には …………「○」
- 一人でできてもやや不自由な場合には ……「○△」
- 一人でできるが非常に不自由な場合には ……「△×」
- 一人で全くできない場合には ……「×」

該当する記号をリストから選択してください。

日常生活における動作	右	左
a　つ　ま　む（新聞紙が引き抜けない程度）	○	△×
b　握　る（丸めた週刊誌が引き抜けない程度）	○	△×
c　タオルを絞る（水をきれる程度）	両手	△×
d　ひもを結ぶ	両手	△×
e　さじで食事をする	○	△×
f　顔を洗う（顔に手のひらをつける）	○	△×
g　用便の処置をする（ズボンの前のところに手をやる）	○	○△
h　用便の処置をする（尻のところに手をやる）	○	○△
i　上衣の着脱（かぶりシャツを着て脱ぐ）	両手	○△
j　上衣の着脱（ワイシャツを着てボタンをとめる）	両手	△×
k　ズボンの着脱（どのような姿勢でもよい）	両手	○△
l　靴下を履く（どのような姿勢でもよい）	両手	○△

日常生活における動作	右	左
m　片足で立つ	△×	×
n　座　る（正座、横すわり、あぐら、脚なげだし）（このような姿勢を持続する）	○	
o　深くおじぎ（最敬礼）をする	○	
p　歩く（屋内）	○	
q　歩く（屋外）	△×	

r　立ち上がる	□ア 支持なしでできる	レ イ 支持があればできるが自由	□ウ 支持があればできるが非常に不自由	□エ 支持があっても困難
s　階段を上る	□ア 手すりなしでできる	レ イ 手すりがあればできるがやや不自由	□ウ 手すりがあればできるが非常に不自由	□エ 手すりがあってもできない
t　階段を下りる	□ア 手すりなしでできる	レ イ 手すりがあればできるがやや不自由	□ウ 手すりがあればできるが非常に不自由	□エ 手すりがあってもできない

平衡機能	1 開眼での起立・立位保持の状態	2 開眼での直線の10m歩行の状態	3 自覚症状・他覚所見及び検査所見
	□ア 可能である。	□ア まっすぐ歩き通す。	
	レ イ 不安定である。	□イ 多少転倒しそうになったりよろめいたりするがどうにか歩き通す。	
	□ウ 不可能である。	□ウ 転倒あるいは著しくよろめいて、歩行を中断せざるを得ない。	

⑲ 補助用具使用状況

該当する数字にチェックをして、右のア・イいずれかの使用状況を選び、[ ]内のリストから選択してください。

- □1 [ ] 上肢補装具
- □2 [ ] 下肢補装具［左・右］
- □3 [ ] 杖（ ）
- □4 [ ] 松葉杖 （ ［左・右］
- □5 [ ] 車椅子
- □6 [ ] 歩行車
- □7 [ ] その他（具体的に ）
- レ 8 補助用具は使用していない

ア 常時（起床より就寝まで）使用
イ 常時ではないが使用

使用状況を詳しく記入してください。

⑳ その他の精神・身体の障害の状態

㉑ 現症時の日常生活動能力及び労働能力（必ず記入してください。）

（補助用具を使用しない状態で判断してください。）

左半身不全麻痺、右半身感覚障害が残存している為、労働に制限あり。

㉒ 予　後（必ず記入してください。）

不変。

㉓ 備　考

上記のとおり、診断します。　　令和2　年　2　月　■　日

病院又は診療所の名称　■■■■■■■ 病院　　　　　診療担当科名　内科

所　在　地　■■■■■■■■　　　　　医師氏名　■■■■■■■

| 障 害 の 状 態 （ 令和 4 年 8 月 ■ 日 現症） |

（お願い）関節可動域は、健側についても記入してください。

⑯ 関節可動域及び筋力

部　位	運動の種類	右								左							
		関節可動域（角度）		筋　力						関節可動域（角度）		筋　力					
		強直肢位	他動可動域	正常	やや減	半減	著減	消失		強直肢位	他動可動域	正常	やや減	半減	著減	消失	
肩関節	屈曲		130°		レ						100		レ				
	伸展				レ								レ				
	内転				レ								レ				
	外転		100			レ					60			レ			
肘関節	屈曲			レ									レ				
	伸展			レ									レ				
前腕	回内			レ									レ				
	回外			レ									レ				
手関節	背屈			レ									レ				
	掌屈			レ									レ				
股関節	屈曲			レ									レ				
	伸展			レ									レ				
	内転			レ									レ				
	外転			レ									レ				
膝関節	屈曲			レ									レ				
	伸展			レ									レ				
足関節	背屈			レ									レ				
	底屈			レ									レ				

股関節屈曲値は次のどちらですか。
□ 腰垂直位
レ 腰伸展位

⑰ 四肢長及び四肢囲

	右						左					
	上肢長	上腕囲	前腕囲	下肢長	大腿囲	下腿囲	上肢長	上腕囲	前腕囲	下肢長	大腿囲	下腿囲
	53.0 cm	30.0 cm	17.0 cm	81.0 cm	48.5 cm	39.5 cm	53.0 cm	28.5 cm	16.5 cm	81.0 cm	42.5 cm	37.0 cm

⑱ 日常生活における動作の障害の程度

補助用具を使用しない状態で判断してください。

一人でうまくできる場合には・・・・・・・・・・・・「○」
一人でできてもやや不自由な場合には・・・・・・「○△」
一人でできるが非常に不自由な場合には・・・・「△×」
一人で全くできない場合には・・・・・・・・・・・・「×」

該当する記号をリストから選択してください。

日常生活における動作	右	左		日常生活における動作	右	左
a つ ま む（新聞紙が引き抜けない程度）	○	×		m 片足で立つ	×	×
b 握 る（丸めた週刊誌が引き抜けない程度）	○	△×		n 座 る（正座、横すわり、あぐら、脚なげだし）	△×	
c タオルを絞る（水をきれる程度）	両側	×		（このような姿勢を持続する）		
d ひもを結ぶ	両手	×		o 深くおじぎ（最敬礼）をする	○△	
e さじで食事をする	○	×		p 歩く（屋内）	△×	
f 顔を洗う（顔に手のひらをつける）	○	×		q 歩く（屋外）	△×	
g 用便の処置をする（ズボンの前のところに手をやる）	○	△×		r 立ち上がる	□ア 支持なしでできる　レイ 支持があればできるがやや不自由　□ウ 支持があればできるが非常に不自由　□エ 支持があっても全くできない
h 用便の処置をする（尻のところに手をやる）	○	△×			
i 上衣の着脱（かぶりシャツを着て脱ぐ）	両手	△×		s 階段を上る	□ア 手すりなしでできる　□イ 手すりがあればできるがやや不自由　レウ 手すりがあればできるが非常に不自由　□エ 手すりがあっても全くできない
j 上衣の着脱（ワイシャツを着てボタンをとめる）	両手	△×			
k ズボンの着脱（どのような姿勢でもよい）	両手	△×		t 階段を下りる	□ア 手すりなしでできる　□イ 手すりがあればできるがやや不自由　レウ 手すりがあればできるが非常に不自由　□エ 手すりがあっても全くできない
l 靴下を履く（どのような姿勢でもよい）	両手	△×			

平衡機能	1 閉眼での起立・立位保持の状態	2 閉眼で直線の10m歩行の状態	3 自覚症状・他覚所見及び検査所見
	□ア 可能である。	□ア まっすぐ歩き通す。	
	レイ 不安定である。	□イ 多少動揺しそうになったりよろめいたりするがどうにか歩き通す。	
	□ウ 不可能である。	□ウ 転倒あるいは著しくよろめいて、歩行を中断せざるを得ない。	

⑲ 補助用具使用状況

該当する数字にチェックをして、右のア・イいずれかの使用状況を選び、[ ]内のリストから選択してください。

□ 1 [ ] 上肢補装具　　□ 2 [ ] 下肢補装具（ □左・□右 ）
レ 3 [ア] 杖（ T字 ）　□ 4 [ ] 松葉杖（ □左・□右 ）
□ 5 [ ] 車椅子　　□ 6 [ ] 歩行車
レ 7 [ ] その他（具体的に 壁、手すり ）
□ 8 補助用具は使用していない

ア 常時（起床より就寝まで）使用
イ 常時ではないが使用

使用状況を詳しく記入してください。

屋外では常に杖が必要
屋内では伝い歩きをしている。

⑳ その他の精神・身体の障害の状態

㉑ 現症時の日常生活活動能力及び労働能力（必ず記入してください。）

（補助用具を使用しない状態で判断してください。）

左半身不全麻痺、右半身感覚障害が残存している為、労働に一定の制限がある。

㉒ 予 後（必ず記入してください。）

リハビリ終了後、やっていた運動を少し控えた影響からか、前回（R2.2.■）よりADLは低下している。

㉓ 備 考

上記のとおり、診断します。　　　R4 年 8 月 ■ 日

病院又は診療所の名称　■■■■■病院

所 在 地　■■■■■

診療担当科名　内科・総合診療科

医師氏名　■■■■■

【医師照会の内容と回答書】

（請求者）██████ 様 　　　　　　　（様式1）　　　　　　　　　（照会受付番号）

（代理人）社会保険労務士　██████ 様　　　　　　　　　　　██████

令和4年11月██日

年金請求書にかかるご照会

　先に請求がありました届書について、審査を進めた結果、下記の事項について確認が必要となりました。つきましては、下記の医療機関・診療科・医師にご記載いただき、障害年金センターに提出をお願いします。

　　　　　　　　　　　届書：障害基礎年金　年金請求書
　　医療機関名・診療科・医師名：██████ 病院
　　　　　　　　　　　　　　　　内科・総合診療科
　　　　　　　　　　　　　　　　██████ 先生
　　　　　　　　　　提出先：障害年金センター

██████ 病院
内科・総合診療科
██████ 先生
　平素より年金業務にご協力いただき、御礼申し上げます。さて、ご多忙のところ誠に恐縮ですが、貴院受診の ██████ 様から請求がありました届書について審査を進めるため、次の事項についてご照会を申し上げます。
◎　貴院にて作成いただいた令和4年8月██日現症の診断書につきまして、別添の令和2年2月██日現症の診断書の状態と比較し、左上下肢の筋力低下および ADL が低下している理由についてご教示願います。診断書㉒欄に「リハビリ終了後、当初やっていた運動を少し控えた影響からか、前回（R2.2.██）より ADL は低下している」とありますことから、廃用によるものと考えられますでしょうか。
　　（ご回答）

R4年8月██日作成の診断書にも記載したとおり、今回（R4.8.██）は診断書作成の目的で受診されました。前回の受診は、R2年2月██日で、2年6ヵ月前ですが、やはり診断書作成目的で近医より紹介された経緯があります。また、前々回の受診は H30年7月██日、肝機能障害/脂肪肝疑い　脂質コントロール不良　高尿酸血症　高血圧症/頻脈　に関してのもので、肢体の障害についてではありません。

ご本人のご希望により、R4年8月██日診療後　担当部署で計測を実施の上、事実を記載したつもりですが、H30年7月██日以降は、診断書作成のために2回受診されたのみで、定期的・継続的な経過観察を行っておらず、症状の変化・生活状況の把握が十分ではない為、ADL の低下が廃用の進行によるものかは、判断が出来ません。

令和4年11月██日
医療機関名及び住所

██████ 病院　　　　　　　　　　　医師の氏名　██████
電話 ██████

担当者名：██████

提出先　：〒162-8799　　日本郵便株式会社　牛込郵便局　私書箱145号
　　　　　障害年金センター　外部障害第1グループ　　　電話番号：██████

【認定調書】

認定調書　障害基礎年金　　（新規裁定）

傷病名	ア．脳幹梗塞　左椎骨動脈解離 イ．	病名区分	脳幹

基礎年金番号： ■■■■		■■■ 年金事務所
請求者氏名： ■■■■	生年月日： 平成 2 年 12 月 ■日	

グループ長	グループ代理

初診日	平成 26 年 3 月 ■日 （23 歳）

付記1		付記2	

障害認定日	平成 27 年 9 月 ■日

請求事由	事後重症
診断書種別	肢体

医療専門役	認定医

請求日	令和 4 年 9 月 ■日 （31 歳）

【認定医記入欄】　審査日　5 年　2 月　■日

障害認定日の障害の程度を次のとおり認定する。

区分	b：1 年 6 ヵ月

	人工		部位等	
	臓器等		部位等	

a 国年令別表・厚年令別表第1の	1 級・2 級・3 級	号該当	非該当
b 厚年令別表第2（障害手当金）	年　　月　　日固定		

		未経過	
現症日	障害認定日		
	請求日	令和 4 年 8 月 ■日	

症状固定状況	永久	5年	4年	3年	2年	1年	未固定

適用する認定基準（節）	074	不適

【認定医からの障害の程度の評価・事務連絡等】

※具体的な等級判定理由、不支給・却下とした理由をご記入ください

認定不能
筋力・ADLの低下が、請求傷病によるものと判断出来ないため

請求日（受付日直近の診断書）の障害の程度を次のとおり認定する。

a 国民令別表・厚年令別表第1の	1 級・2 級・3 級	号該当	非該当
b 厚年令別表第2（障害手当金）	年　　月　　日固定		

※総合認定の場合は下記にご記入ください

級	号	症状固定状況	年

【照会項目】
照会・追記事項等ございましたらご記入ください
1．日常生活や就労に関する状況について
2．その他（具体的にご記入をお願いします）

【事務連絡】
※前回、同一傷病で請求日不該当とされています。（肢体：3級 12号；非該当）
※医師照会回答が新たに追加されましたので再度認定をお願いいたします。

	認定日	請求日
目安		
事前確認	認定不能	

請求事跡	【有の場合】上記参照 有・無

症状固定状況	永久	5年	4年	3年	2年	1年	未固定

特に考慮した事項の番号（精神の場合） 別5つまで記載可能

受給権発生日	障害認定日	請求日	別2（1）	年　月　日	改定日	年　月　日	1級・2級・3級　号・不該当

永・		年・未

傷病コード	1	2	3	4	5	6	7	8	9	10	11	12	13	14	15	16	17	18	19	20	21	22	23	24	25	26	27	28	管理者	担当者

診断書コード	1.永久固定	2.呼吸器	3.循環器	4.聴力・口腔・言語	5.眼	6.肢体	7.精神	8.腎・肝・糖	9.血液・造血器・その他

認定調書　（新規裁定）　（続紙）

基礎年金番号	■■■■	生年月日	平成 2 年 12 月 ■日
氏　名	■■■■		
住　所	■■■■		

請求事由	認定日年齢	請求時年齢
事後重症		31
診断書種別		
肢体		

【事務連絡】事務連絡担当・確認事項

医師照会の結果、診断書作成医療機関への受診は診断書作成目的でのものであることから、継続的な受診をしておらず筋力・ADL低下の理由について判断ができないとの回答があり。
請求傷病は症状が固定するものであって症状が悪化するものではないことから筋力・ADLの低下が請求傷病によるものと判断することができないため認定不能と判断。
また身体障害者手帳はH26に交付されており前回の診断書現症日よりも前の状態であることから、上記理由を確認できる有効な参考資料とはならない。

認定医に確認済

【認定医記入欄】障害認定審査員意見

障害状態の確認のために医師照会が行われた事例

▶ 医師の意見・所見　　▶ 障害状態

1 事例の概要

> 1）請求人は、20歳代男性。
> 2）強直性脊椎炎による肢体障害で、家族が障害基礎年金を事後重症請求したが、不支給とされ当職に相談依頼があった。
> 3）新たに診断書を取得し、障害基礎年金事後重症再請求したが、障害状態が著しく悪化した理由について医師照会が行われた。
> 4）審査の結果、再照会等はなく、障害基礎年金2級で支給決定となった。

2 この事例を理解するために必要な知識・情報

【病気の概要】

「強直性脊椎炎とは、脊椎や骨盤の仙腸関節に炎症が引き起こされる病気です。免疫作用が過剰にはたらいて自身の組織などを攻撃してしまう "自己免疫疾患" のひとつであり、男性に起こりやすく、10歳代後半から20歳代で好発し、40歳以降の発症は少ないとされています。発症すると、炎症が生じた部位に痛みが生じるようになります。症状の現れ方は人によって異なりますが、多くは腰やお尻の痛みから始まり、次第に背中や首、胸、四肢の大きな関節に症状が広がっていくとされています。進行すると背中を曲げることができなくなり、日常生活に大きな支障をきたすことも少なくありません。そのほかにも発熱や体重減少、倦怠感などの症状やぶどう膜炎と呼ばれる目の病気を併発することもあります。」

（出典：メディカルノートHP（https://medicalnote.jp/））

3 提出書類の内容

1）初回請求（請求日）の診断書（59ページ）

要点を摘記すると以下のとおりです。

- ⑨欄　項背部、腰部、両膝等に疼痛が高度である。
- ⑯欄　筋力はほぼ「やや減」、関節可動域の制限はほとんどない。
- ⑱欄　四肢全体のほとんどが○または○△である。

2）再請求（請求日）の診断書（61ページ）

要点を摘記すると以下のとおりです。

- ⑨欄　全身痛、こわばり（特に起床時に強いこわばり）が高度である。
- ⑯欄　筋力低下や関節可動域の制限がみられる。
- ⑱欄　四肢全体に著しい障害（△×、×）がある。
- ㉓欄　関節可動域（ROM）、ADL は病状を考慮し再測定した旨記載してある。

---

4 なぜ医師照会となったのか

初回請求（請求日）の診断書と再請求（請求日）の診断書を比較すると、関節可動域、筋力、ADL が著しく悪化していたため、保険者が悪化の理由を明らかにする必要があると判断したのだと推測されます。

5 医師照会の内容と回答書（63ページ）

「関節可動域、筋力、ADL」が著しく悪化した理由として、『高度の加療を行っているにもかかわらず、病状が進行していること』、また、『強直性脊椎炎患者の場合、病状変動が著しく、病態的特徴を理解し ADL の聞取りを行っていること』等の医師の回答書を取得し提出しました。

6 本事例のポイントとまとめ

　本事例においては、再請求（請求日）の診断書の障害状態が前回提出した初回請求（請求日）の診断書と比べて関節可動域、筋力、ADL が悪化した理由と症状について齟齬がないことが確認され、障害認定に進んだものと考えられます。

　再請求の場合、初回請求時の障害状態と明らかに異なるのであれば、医師に確認のうえ、備考欄等に医師の所見の記載をお願いすることが必要かと思われます。

様式第120号の3

㈼	国民年金 厚生年金保険	診 断 書	（肢体の障害用）		

| （フリガナ）
氏　名 | ███████ | 生年月日 | 平成　11 年 ■ 月 ■ 日生（ 21 歳） | 性別 | ☑男 □女 |

| 住　所 | 住所地の郵便番号 ███ － ███ | 都道
府県 ████████ | 市 ████████ |

① 障害の原因
となった
傷病名：**強直性脊椎炎**

② 傷病の発生年月日　平成 22 年 1 月　　日　☑ 診療録で確認／本人の申立て

③ ①のため初めて医師の診療を受けた日　平成 27 年 9 月 ■ 日　☑ 診療録で確認／本人の申立て

④ 傷病の原因
又は誘因：**不詳**　初診年月日（ 昭和・平成・令和　　年　　月　　日）

⑤ 既存障害

⑥ 既往症

⑦ 傷病が治った（症状が固定して治療の効果が期待できない状態を含む。）かどうか。

傷病が治っている場合・・・・・・・・・・治った日　平成／令和　年　月　日　□確認 □推定

傷病が治っていない場合・・・・・・・・症状のよくなる見込　□有　・　☑無　・　□不明

⑧ 診断書作成医療機関における初診時所見　初診年月日（ 平成　27 年　9 月 ■ 日）

2010年、項背部のこわばりと疼痛が出現し、2012年、腰痛が出現した。
2015年8月から項背部痛が高度となり、9月■日当科初診。
多発性付着部炎（両肩関節、前胸部関節、骨盤帯関節、仙腸関節、両膝蓋靭帯、両アキレス腱、脊椎棘突起などの圧痛）を認めた。

⑨ 現在までの治療の内容、期間、経過、その他参考となる事項

ステロイド投与を行い、2016年1月よりヒュミラを開始し、効果がみられていたが、症状増悪し、項背部腰部両膝痛が高度であったことから、2次無効が考えられ、2018年6月レミケードへ変更した。その後疼痛増悪傾向であり、レミケード増量したが、疼痛継続し、中止。2020年8月よりコセンティクス開始した。

診療回数	年　間	21 回
	月　平均	回

⑩ 計測（ **令和　3 年　7 月 20 日計測**）

| 身長 | 183 | cm |
| 体重 | 54.3 | kg |

| 血圧 | 最高 | 123 | mmHg |
| | 最低 | 84 | mmHg |

障害の状態（ 令和　3 年　8 月　5 日現症）

| | 右 | 左 | 右 | 左 |

切断又は離断日　平成／令和　　年　　月　　日
創面治ゆ日　平成／令和　　年　　月　　日

■切断／離断　　×変形　　疼痛障害／感覚麻痺　　運動麻痺

⑪ 切断又は離断・変形・麻痺

切断又は離断の場合の神経・運動障害

断端の痛み □有・□無　　すぐ上の関節の異常 □有・□無　　（有の場合は⑯欄に記入してください。）

外　観：□弛緩性　・　□痙直性　・　□不随意運動性　・　□失調性　・　□強剛性　・　□しんせん性

起因部位：□脳性・□脊髄性・□末梢神経性・□筋性・□その他（（　　心因性のものと思われる場合は、その旨を右に記入してください。　　　））

種類及びその程度：□感覚麻痺（ □脱失 ・ □鈍麻 ・ □過敏 ・ □異常 ）　　□運動麻痺

反射	右				左			
	上 肢	下 肢	バビンスキー反射	その他の病的反射	上 肢	下 肢	バビンスキー反射	その他の病的反射

その他：排尿障害 □有・□無　　排便障害 □有・□無　　褥創又はその瘢痕 □有・□無

⑫ 脊柱の障害：脊柱の他動可動域　随伴する脊髄・根症状などの臨床症状

部位	前屈	後屈	右側屈	左側屈	右回旋	左回旋
頸部	60	60	45	45	40	40
胸腰部	20	20	30	30	30	40

⑬ 人工骨頭・人工関節の装着の状態

| 部　位 | | |
| 手　術　日　平成・令和　　年　　月　　日 | | |

⑭ 握力	右	左
	32.9 kg	37.2 kg

⑮ 手（足）の他の指関節の可動域

部　位		母　指		示　指		中　指		環　指		小　指	
		屈曲	伸展	屈曲	伸展	屈曲	伸展	屈曲	伸展	屈曲	伸展
中手（足）指節関節（ＭＰ）	右	65	0	80	10	80	10	90	10	100	10
	左	70	0	80	20	80	20	90	35	100	20
近位指節間関節（ＰＩＰ） （母指では指節間関節）	右	65	10	80	0	90	0	80	0	80	0
	左	80	0	80	-10	90	-5	80	0	80	0

本人の障害の程度及び状態に無関係な欄には記入する必要はありません。（無関係な欄は、斜線により抹消してください。）

（お願い）障害の状態は、診療録に基づいてわかる範囲で記入してください。

（お願い）太文字の欄は、記入漏れがないように記入してください。

「診療録で確認」または「本人の申立て」のどちらかを選択し、「本人の申立て」の場合は、それを聴取した年月日を記入してください。

医師照会事例

医師の意見・所見／障害状態

【令和３年８月５日現症の診断書（裏面）】

（お願い）関節可動域は、健側についても記入してください。

⑯ 関節可動域及び筋力

障害の状態（令和３年８月５日現症）

部位	運動の種類	右 強直肢位	右 他動可動域	右 正常	右 やや減	右 半減	右 著減	右 消失	左 強直肢位	左 他動可動域	左 正常	左 やや減	左 半減	左 著減	左 消失
肩関節	屈曲		170	レ						170	レ				
	伸展		40	レ						40	レ				
	内転		0	レ						0	レ				
	外転		170	レ						170	レ				
肘関節	屈曲		160	レ						160	レ				
	伸展		0	レ						0	レ				
前腕	回内		90	レ						90	レ				
	回外		90	レ						90	レ				
手関節	背屈		80	レ						80	レ				
	掌屈		80	レ						80	レ				
股関節	屈曲		100	レ						100	レ				
	伸展		20	レ						20	レ				
	内転		20			レ				20				レ	
	外転		20			レ				20				レ	
膝関節	屈曲		120	レ						120	レ				
	伸展		0	レ						0	レ				
足関節	背屈		10	レ						10	レ				
	底屈		40	レ						40	レ				

股関節屈曲値は次のどちらですか。
レ 膝屈曲位　□ 膝伸展位

⑰ 四肢長及び四肢囲

	右 上肢長	右 上腕囲	右 前腕囲	右 下肢長	右 大腿囲	右 下腿囲	左 上肢長	左 上腕囲	左 前腕囲	左 下肢長	左 大腿囲	左 下腿囲
cm	63.0	21.5	22.5	98.0	39.0	31.0	63.0	22.5	21.5	98.0	38.0	30.5

⑱ 日常生活における動作の障害の程度

補助用具を使用しない状態で判断してください。

- 一人でうまくできる場合には　……………「○」
- 一人でできてもやや不自由な場合には　………「○△」
- 一人でできるが非常に不自由な場合には　……「△×」
- 一人で全くできない場合には　…………「×」

該当する記号をリストから選択してください。

日常生活における動作	右	左
a つまむ（新聞紙が引き抜けない程度）	○	○
b 握る（丸めた週刊誌が引き抜けない程度）	○	○
c タオルを絞る（水をきれる程度）	両手	△×
d ひもを結ぶ	両手	○
e さじで食事をする	○	
f 顔を洗う（顔に手のひらをつける）	○	
g 用便の処置をする（ズボンの前のところに手をやる）	○	
h 用便の処置をする（尻のところに手をやる）	○	
i 上衣の着脱（かぶりシャツを着て脱ぐ）	両手	
j 上衣の着脱（ワイシャツを着てボタンをとめる）	両手	
k ズボンの着脱（どのような姿勢でもよい）	○	
l 靴下を履く（どのような姿勢でもよい）	両手	

日常生活における動作	右	左
m 片足で立つ	○△	△×
n 座る〔正座、横すわり、あぐら、脚なげだし〕（このような姿勢を持続する）	○△	
o 深くおじぎ（最敬礼）をする	×	
p 歩く（屋内）	○△	
q 歩く（屋外）	×	
r 立ち上がる	□ア 支持なしでできる　レ イ 支持があればできるがやや不自由　□ウ 支持があればできるが非常に不自由　□エ 支持があってもできない	
s 階段を上る	□ア 手すりなしでできる　レ イ 手すりがあればできるがやや不自由　□ウ 手すりがあればできるが非常に不自由　□エ 手すりがあってもできない	
t 階段を下りる	□ア 手すりなしでできる　レ イ 手すりがあればできるがやや不自由　□ウ 手すりがあればできるが非常に不自由　□エ 手すりがあってもできない	

平衡機能

1 閉眼での起立・立位保持の状態
□ア 可能である。
レ イ 不安定である。
レ ウ 不可能である。

2 閉眼での直線の10m歩行の状態
□ア まっすぐ歩ける
□イ 多少転倒しそうになったりよろめいたりするがどうにか歩き通す
レ ウ 転倒あるいは著しくよろめいて、歩行を中断せざるを得ない。

3 自覚症状・他覚所見及び検査所見

⑲ 補助用具使用状況

該当する数字にチェックをして、右のア・イいずれかの使用状況を選び、〔〕内のリストから選択してください。

- □1〔　〕上肢補装具
- □2〔　〕　□左・□右
- □3〔　〕杖
- □4〔　〕松葉杖　□左・□右
- レ5〔ア〕車椅子
- レ6〔ア〕歩行器
- □7〔　〕その他（具体的に　　　　　　）
- □8　補助用具は使用していない

ア 常時（起床より就寝まで）使用
イ 常時ではないが使用

使用状況を詳しく記入してください。

自宅内歩行器、屋外は車椅子（介助）

⑳ その他の精神・身体の障害の状態

・偏頭痛のため、救急受診をすることがあり、■■病院脳神経内科へ紹介の予定。
・線維筋痛症

㉑ 現症時の日常生活活動能力及び労働能力（必ず記入してください。）

（補助用具を使用しない状態で判断してください。）
室内は歩行器歩行。外出時は車椅子（介助）にて移動している。日常生活動作は移動に関すること以外はある程度自力しているが、疼痛のため、十分な行動が難しい。

㉒ 予後（必ず記入してください。）

徐々に増悪する可能性がある。

㉓ 備考

上記のとおり、診断します。　令和３年　９月　６日

病院又は診療所の名称　■■■■病院
所在地　■■■■
診療担当科名　リウマチ科
医師氏名　■■■■

様式第120号の3

<table>
<tr><td>（肢）</td><td>国民年金
厚生年金保険</td><td colspan="2">診　断　書</td><td>（肢体の障害用）</td></tr>
</table>

| （フリガナ）
氏　　名 | ■■■■■ | | 生年月日 | 平成 11 年 ■ 月 ■ 日生（22 歳） | 性別 ☑男 □女 |
| 住　　所 | 住所地の郵便番号 ■■■■ | 都道
府県 ■■■■ | 郡市
区 | | |

| ① 障害の原因
となった
傷病名 | 強直性脊椎炎 | ② 傷病の発生年月日 | 平成 22 年 1 月 ■ 日 | ☑診療緑で確認
□本人の申立て（　　年　　月　　日） |
| | | ③ ①のため初めて医師の診療を受けた日 | 平成 27 年 9 月 ■ 日 | ☑診療緑で確認
□本人の申立て（　　年　　月　　日） |

| ④傷病の原因
又は誘因 | 不詳
初診年月日（ 昭和・平成・令和　　年　　月　　日） | ⑤既存
障害 | | ⑥既往症 | |

| ⑦ 傷病が治った（症状が固定し
て治療の効果が期待できない
状態を含む。）かどうか。 | 傷病が治っている場合・・・・・・・・・・治った日 | 平成
令和 年　　月　　日 | □確　認
□推　定 |
| | 傷病が治っていない場合・・・・・・・・症状のよくなる見込 | □有 ・ ☑無 ・ □不明 | |

| ⑧ 診断書作成医療機関
における初診時所見
初診年月日
（ 平成 27 年 9 月 ■ 日） | 2010年、項背部のこわばりと疼痛が出現し、2012年、腰痛が出現した。2015年8月から項背部痛が高度となり、9月■日当科初診。多発性付着部炎（両肩関節、前胸部関節、骨盤帯関節、仙腸関節、両膝蓋靱帯、両アキレス腱、脊椎棘突起などの圧痛）を認めた。 |

| ⑨ 現在までの治療の
内容、期間、経過、
その他参考となる
事項 | ステロイド投与を行い、2016年1月よりヒュミラを開始し、効果がみられていたが、症状愚化し、項背部腰部両膝痛が高度であったことから、2次無効が考えられ、2018年6月レミケードへ変更した。その後疼痛増悪傾向であり、レミケード増量したが、疼痛継続し、中止。2020年8月よりコセンティクス開始した。全身痛、こわばり（特に起床時に強いこわばりあり）が高度で、2022年1月より、コセンティクス倍量した。 | 診療回数 | 年間
9 回
月平均　　回 |

| ⑩ 計　　測
（ 令和 4 年 3 月 9 日計測） | 身　長 | 183 | cm | 血圧 | 最高 | 126 | mmHg |
| | 体　重 | 54.3 | kg | | 最低 | 76 | mmHg |

障害の状態（令和 4 年 4 月 6 日現症）

切断又は離断日　平成・令和　　年　　月　　日
創面治ゆ日　平成・令和　　年　　月　　日

■切断離断　×変形　▨感覚麻痺　▨運動麻痺

切断又は離断の場合の 神経・運動障害	断端の痛み □有・□無	すぐ上の関節の異常 □有・□無	（有の場合は⑯欄に記入してください。）
外　　観	□弛緩性 □痙直性 □不随意運動性 □失調性 □強剛性 □しんせん性		
起　因　部　位	□脳性 □脊髄性 □末梢神経性 □筋性 □その他（（ 心因性のものと思われる場合は、その旨を右に記入してください。 ））		
種類及びその程度	□感覚麻痺（ □脱失 □鈍麻 □過敏 □異常 ） □運動麻痺		

| 反　　射 | 右 | | | | 左 | | | |
| | 上　肢 | 下　肢 | バビンスキー反射 | その他の病的反射 | 上　肢 | 下　肢 | バビンスキー反射 | その他の病的反射 |

| その他 | 排尿障害 □有・□無 | 排便障害 □有・□無 | 褥創又はその瘢痕 □有・□無 |

⑫ 脊柱の障害

脊柱の他動可動域　　随伴する脊髄・根症状などの臨床症状

部　位	前屈	後屈	右側屈	左側屈	右回旋	左回旋
頚　部	10	0	10	10	5	10
胸腰部	10	5	10	10	10	10

| ⑬ 人工骨頭・人
工関節の装着
の状態 | 部　位 | | ⑭ 握力 | 右 | 左 |
| | 手　術　日 平成・令和　　年　　月　　日 | | | 6.5 kg | 4.8 kg |

⑮ 手（足）指関節の他動可動域

部　位		母　指		示　指		中　指		薬　指		小　指	
		屈曲	伸展	屈曲	伸展	屈曲	伸展	屈曲	伸展	屈曲	伸展
中手（足）指節関節（ＭＰ）	右	40	0	20	-10	25	-10	20	-5	20	-5
	左	60	0	20	-10	30	-10	20	-5	20	-5
近位指節間関節（ＰＩＰ） （母指では指節間関節）	右	40	0	90	0	90	0	90	-15	90	0
	左	50	0	90	0	90	0	90	5	90	0

本人の障害の程度及び状態に無関係な欄には記入する必要はありません。（無関係な欄は、斜線により抹消してください。）

【令和４年４月６日現症の診断書（裏面）】

左側縦書き：（お願い）関節可動域は、健側についても記入してください。

			障　害　の　状　態　（　令和　4　年　4　月　6　日現症）															
	部　　位	運動の種類	右							左								
			関節可動域（角度）		筋　力					関節可動域（角度）		筋　力						
			強直肢位	他動可動域	正常	やや減	半減	著減	消失	強直肢位	他動可動域	正常	やや減	半減	著減	消失		
⑯ 関節可動域及び筋力	肩 関 節	屈　曲		90		レ					90		レ					
		伸　展		10		レ					10		レ					
		内　転		0		レ					0		レ					
		外　転		40		レ					40		レ					
	肘 関 節	屈　曲		80		レ					90		レ					
		伸　展		0		レ					0		レ					
	前　　腕	回　内		70		レ					70		レ					
		回　外		60		レ					60		レ					
	手 関 節	背　屈		15		レ					20		レ					
		掌　屈		15		レ					40		レ					
	股 関 節	屈　曲		80			レ				80			レ				
		伸　展		0			レ				0			レ				
		内　転		5			レ				5			レ				
		外　転		10			レ				15			レ				
	膝 関 節	屈　曲		85			レ				85			レ				
		伸　展		0			レ				0			レ				
	足 関 節	背　屈		0			レ				0			レ				
		底　屈		20			レ				15			レ				

右側注記：股関節屈曲値は次のどちらですか。
レ　膝屈曲位
　　膝伸展位

⑰ 四肢長及び四肢囲	右						左					
	上肢長	上腕囲	前腕囲	下肢長	大腿囲	下腿囲	上肢長	上腕囲	前腕囲	下肢長	大腿囲	下腿囲
	63.0	21.0	22.0	98.0	38.5	30.0	63.0	22.0	21.0	98.0	37.0	30.0
	cm	cm	cm	cm	cm	cm	cm	cm	cm	cm	cm	cm

⑱ 日常生活における動作の障害の程度

補助用具を使用しない状態で判断してください。

- 一人でうまくできる場合には　……………「○」
- 一人でできてもやや不自由な場合には　……「○△」
- 一人でできるが非常に不自由な場合には　…「△×」　［該当する記号をリストから選択してください。］
- 一人で全くできない場合には　…………「×」

日常生活における動作	右	左		日常生活における動作	右	左
a つ ま む（新聞紙が引き抜けない程度）	△×	△×	m	片足で立つ	×	×
b 握 る（丸めた週刊誌が引き抜けない程度）	△×	△×	n	座 る［正座、横すわり、あぐら、脚なげだし］（このような姿勢を持続する）	×	
c タオルを絞る（水をきれる程度）	両手	△×	o	深くおじぎ（最敬礼）をする	×	
d ひもを結ぶ	両手	△×	p	歩く（屋内）	×	
e さじで食事をする	△×	△×	q	歩く（屋外）	×	
f 顔を洗う（顔に手のひらをつける）	△×	△×				
g 用便の処置をする（ズボンの前のところに手をやる）	△×	△×	r	立ち上がる		
h 用便の処置をする（尻のところに手をやる）	△×	△×				
i 上衣の着脱（かぶりシャツを着て脱ぐ）	両手	△×	s	階段を上る		
j 上衣の着脱（ワイシャツを着てボタンをとめる）	両手	△×				
k ズボンの着脱（どのような姿勢でもよい）	両手	△×	t	階段を下りる		
l 靴下を履く（どのような姿勢でもよい）	両手	△×				

r 立ち上がる：□ア 支持なしでできる　□イ 支持があればできるが やや不自由　□ウ 支持があれば立てるが非常に不自由　□エ 支持があっても立てない

s 階段を上る：□ア 手すりなしでできる　□イ 手すりがあればできるが やや不自由　□ウ 手すりがあれば上れるが非常に不自由　レ エ 手すりがあっても上れない

t 階段を下りる：□ア 手すりなしでできる　□イ 手すりがあればできるが やや不自由　□ウ 手すりがあれば下りるが非常に不自由　レ エ 手すりがあっても下りられない

平衡機能	1 開眼での起立・立位保持の状態	2 開眼での直線の10m歩行の状態	3 自覚症状・他覚所見及び検査所見
	□ア 可能である。	□ア まっすぐ歩ける。	
	□イ 不安定である。	□イ 多少転倒しそうになったりよろめいたりするがどうにか歩き通す。	
	レ ウ 不可能である。	レ ウ 転倒あるいは著しくよろめいて、歩行を中断せざるを得ない。	

⑲ 補助用具使用状況

該当する数字にチェックをして、右のア・イいずれかの使用状況を選び、［　］内のリストから選択してください。

□1 〔　〕上肢補装具	□2 〔　〕下肢補装具（　□左・□右）
□3 〔　〕杖(　　　)	□4 〔　〕松葉杖（　□左・□右）
レ 5 〔ア〕車椅子	□6 〔ア〕歩行車
□7 〔ア〕その他（具体的に　　　　　　　　　　　）	
□8 補助用具は使用していない	

ア 常時（起床より就寝まで）使用
イ 常時ではないが使用

使用状況を詳しく記入してください。

⑳ その他の精神・身体の障害の状態

- 偏頭痛のため、救急受診をすることがある。毎日痛みがあり、酷い時は一日中痛みがある。天気や気圧、気温などの変化でひどくなる。
- 線維筋痛症（重症度分類）：重症度Ⅰないし、増悪時にはⅡ程度。

㉑ 現症時の日常生活動作力及び労働能力（必ず記入してください。）	（補助用具を使用しない状態で判断してください。）全身の痛み、全身のこわばり等により1日の半分以上を臥床して過ごしている。1人では十分に身の回りのことを行うことができない。日常生活を送るうえで家族の多大なサポートを必要とする。1人では外出困難。
㉒ 予　後（必ず記入してください。）	徐々に増悪する可能性がある。
㉓ 備　考	ADL、ROM測定については、病状を考慮し、再測定した。関節可動域の制限は高度ではないが、巧緻性、俊敏性、耐久性がないため、日常生活に著しい支障がある。

上記のとおり、診断します。　　　　令和4　年　4　月　14　日

病院又は診療所の名称　　███████████ 病院　　　　診療担当科名　リウマチ科

所　　在　　地　　████████　　　　　　　　医師氏名　███████████

年金請求書にかかるご照会

１．診断書の㉓欄に『ADL、ROM測定については、症状を考慮し、再測定した』との記載がありますが、前回診断書現症の令和３年８月５日から今回診断書現症の令和４年４月６日の間に関節可動域、筋力、ADLが著しく悪化した理由について、症状も含めてご教示いただきますようお願いいたします。

（ご回答）

高度の加療を行っているにもかかわらず、病状が進行しております。前回に比してADL、ROMの低下が進行しています。強直性脊椎炎（AS）患者の場合、病状の変動が著しく、ASの病態的特徴を深く理解して、ADL聴取を行い、ROM測定では患者の疼痛発現状況を慎重に感知して、測定せねばならないことを痛感しております。この患者の場合、ASに線維筋痛症を合併しているため、各種生物学的製剤に対する反応は十分でなく、最近はレミケード、コセンティクスを投与しているにもかかわらず、多発性付着部炎が高度であり、ADLの低下を来していると考えられます。

令和４年８月25日

医療機関名及び住所：

　　　　　　　　　　　　　　病院

診療担当科名：リウマチ科

医師の氏名：

複合性局所疼痛症候群（CRPS）の確定診断の有無や症状確認のために医師照会が行われた事例

▶ 医師の意見・所見　　▶ 障害状態

1 事例の概要

1）請求人は、40歳代男性。
2）右正中神経損傷・複合性局所疼痛症候群による肢体障害で、障害厚生年金を事後重症請求した。
3）複合性局所疼痛症候群（CRPS）の確定診断の有無や症状について医師照会が行われた。
4）審査の結果、再照会等はなく、障害厚生年金3級で支給決定となった。

2 この事例を理解するために必要な知識・情報

【病気の概要】

「複合性局所疼痛症候群（CRPS）は、慢性の神経障害性疼痛であり、焼けるような痛みまたはうずくような痛みの持続に加え、痛みと同じ部位にある種の異常を伴うことを特徴とします。

この異常としては、発汗の増加または減少、むくみ、皮膚の色や温度の変化、皮膚の損傷、脱毛、爪の割れや肥厚、筋萎縮と筋力低下、骨量の減少などがあります。」

（出典：「MSD マニュアル家庭版」HP（https://www.msdmanuals.com/ja-jp/））

3 提出書類の内容

診断書（66ページ）の要点を摘記すると以下のとおりです。

- ①欄　右正中神経損傷・複合性局所疼痛症候群とされている。
- ④欄　仕事中にワイヤーが刺さったことが原因で初診とされている。
- ⑪欄　右上肢に感覚麻痺や運動麻痺が生じており、起因部位については末梢神経性に✓のほか、その他に✓で複合性局所疼痛症候群であるとされている。
- ⑯欄　右上肢の筋力が「やや減」に低下している。
- ⑱欄　右上肢の日常生活における動作が困難である。

4 なぜ医師照会となったのか

　複合性局所疼痛症候群（CRPS）の症状である痛みは、目に見えず計測や確定診断も困難であることから、医師の詳細な所見や画像による確認を要するために医師照会による医師の意見やレントゲンフィルムおよび写真の提供を求められたものと推察されます。

5 医師照会の内容と回答書 （68ページ）

　回答書に医師の詳細な所見が示されましたが、厚生労働省CRPS研究班などの診断基準や臨床所見などに照らして複合性局所疼痛症候群（CRPS）と確定診断できるか否かについては確定診断と断定まではできないという回答となりました。また、レントゲンフィルムや両手（患側および健側）の写真も提出しましたが、画像でも骨萎縮や関節拘縮等の変化は見られないことが確認されたものと思われます。

6 本事例のポイントとまとめ

　本事例から、複合性局所疼痛症候群（CRPS）には特有の他覚所見があることや、そのために審査のうえで画像が大きな意味を持つことがわかります。医師と相談のうえで予め医師の詳細な所見を診断書に記載いただくことや、レントゲンフィルムや写真等の画像を提出しておくことにより審査がスムーズに進む可能性があると思われます。また、本事例では医師の回答書において確定診断はできないと記載されていますが、等級の認定自体は行われています。画像からは骨萎縮等の変化が見られないことから、主症状は痛みと考えられて2級ではなく3級と認定されたものと思われますが、確定診断に至っていなくても認定は行われることがわかる事例です。

【診断書（表面）】

国民年金・厚生年金保険　**診　断　書**　（肢体の障害用）

㉟ 肢

（フリガナ） 氏　名	▮▮▮▮▮	生年月日	☑昭和 ☐平成 ☐令和 **52** 年 **7** 月 ■ 日生（ **43** 歳）性別 ☑男 ☐女

住　所	住所地の郵便番号 ▮▮▮—▮▮▮	都道府県 ▮▮▮	郡市区 ▮▮▮

「診療録で確認」または「本人の申立て」のどちらかを選択し、本人の申立ての場合は、それを聴取した年月日を記入してください。

① 障害の原因となった傷病名	右正中神経損傷 複合性局所疼痛症候群（右上肢）	② 傷病の発生年月日	☐昭和 ☑平成 ☐令和 **30** 年 **3** 月 **30** 日	☑診療録で確認 ☐本人の申立て 　年　月　日
		③ ①のため初めて医師の診療を受けた日	☐昭和 ☑平成 ☐令和 **30** 年 **3** 月 **31** 日	☑診療録で確認 ☐本人の申立て 　年　月　日

④ 傷病の原因又は誘因	仕事中にワイヤーが右手掌に刺さった 初診年月日（☐昭和・☑平成・☐令和 **30** 年 **3** 月 **31** 日）	⑤既存障害		⑥既往症	

⑦ 傷病が治った（症状が固定して治療の効果が期待できない状態を含む。）かどうか。	傷病が治っている場合‥‥‥‥‥治った日 ☐平成 ☐令和 　年　月　日 ☐確認 ☐推定
	傷病が治っていない場合‥‥‥‥症状のよくなる見込 ☐有 ・ ☐無 ・ ☑不明

⑧ 診断書作成医療機関における初診時所見 初診年月日 ☐昭和 ☑平成 ☐令和 **30** 年 **3** 月 **31** 日	右手掌2、3指間にワイヤー刺創部に痛み、圧痛あり。2、3指尖部感覚麻痺を認める。握力右5Ｋｇ左36Ｋｇ、X-Pにて骨傷なし、異物なし

⑨ 現在までの治療の内容、期間、経過、その他参考となる事項	平成30年3月31日初診。安静・投薬加療。4月11日リハビリ開始。しかしなかなか改善しないため令和2年2月12日ペインクリニックへ	診療回数	年　間 **12** 回
			月平均 **1** 回

⑩ 計測 （☐平成・☑令和 **3** 年 **7** 月 **15** 日計測）	身長 **167.2** cm	血圧	最高 **139** mmHg
	体重 **70.5** kg		最低 **97** mmHg

障　害　の　状　態　（☐平成・☑令和 **3** 年 **7** 月 **15** 日現症）

（お願い）障害の状態は、診療録に基づいてわかる範囲で記入してください。

右　　左　　　　右　　左

感覚鈍麻 動きも鈍い

切断又は離断日	☐平成 ☐令和 　年　月　日
創面治ゆ日	☐平成 ☐令和 　年　月　日

■ 切断・離断　　× 変形　　▨ 感覚麻痺　　▨ 運動麻痺

⑪ 切断又は離断・変形・麻痺

切断又は離断の場合の神経・運動障害	断端の痛み ☐有・☐無	すぐ上の関節の異常 ☐有・☐無	（有の場合は⑱欄に記入してください。）	
外　観	☐弛緩性 ・ ☐痙直性 ・ ☐不随意運動性 ・ ☐失調性 ・ ☐強剛性 ・ ☐しんせん性			
起因部位	☐脳性・☐脊髄性・☑末梢神経性・☐筋性・☑その他（（ 心因性のものと思われる場合は、その旨を右に記入してください。 ） 複合性局所疼痛症候群			
種類及びその程度	☑感覚麻痺（ ☐脱失・☑鈍麻・☐過敏・☐異常） ☐運動麻痺			

反　射	右				左			
	上　肢	下　肢	バビンスキー反射	その他の病的反射	上　肢	下　肢	バビンスキー反射	その他の病的反射
	正常	正常		なし	正常	正常		なし

その他	排尿障害 ☐有 ・ ☐無	排便障害 ☐有 ・ ☐無	褥創又はその瘢痕 ☐有 ・ ☐無

⑫ 脊柱の障害	**脊　柱　の　他　動　可　動　域** 随伴する脊髄・根症状などの臨床症状					
	部位	前屈	後屈	右側屈	左側屈	右回旋	左回旋
	頸部						
	胸腰部						

⑬ 人工骨頭・人工関節の装着の状態	**部　位** **手　術　日** ☐平成・☐令和 　年　月　日	⑭ 握力	右 **0** kg	左 **38** kg

⑮ 手（足）の他動可動域 指関節	部　位		母　指		示　指		中　指		環　指		小　指	
			屈曲	伸展	屈曲	伸展	屈曲	伸展	屈曲	伸展	屈曲	伸展
	中手（足）指節関節（ＭＰ）	右	70	0	90	0	90	0	90	0	90	0
		左	60	0	90	0	90	0	90	0	90	0
	近位指節間関節（ＰＩＰ）（母指では指節間関節）	右	70	0	90	0	90	0	90	0	90	0
		左	90	0	90	0	90	0	90	0	90	0

本人の障害の程度及び状態に無関係な欄には記入する必要はありません。（無関係な欄は、斜線により抹消してください。）

（お願い）太文字の欄は、記入漏れがないように記入してください。

【診断書（裏面）】

（お願い）
関節可動域は、健側についても記入してください。

⑯ 障害の状態

部位	運動の種類	関節可動域（角度）			筋力					関節可動域（角度）			筋力				
		強直肢位	他動可動域	自動可動域	正常	やや減	半減	著減	消失	強直肢位	他動可動域		正常	やや減	半減	著減	消失
肩 関節	屈曲		170			✓					170			✓			
	伸展		30			✓					30			✓			
	内転		0			✓					0			✓			
	外転		170			✓					170			✓			
肘 関節	屈曲		145			✓					145			✓			
	伸展		5			✓					5			✓			
前腕	回内		90			✓					90			✓			
	回外		90			✓					90			✓			
手 関節	背屈		80			✓					80			✓			
	掌屈		90			✓					90			✓			
股関節	屈曲																
	伸展																
膝関節	屈曲																
	伸展																
足関節	背屈																
	底屈																

（□平成・☑令和 3 年 7 月 15 日現症）

⑰ 四肢長及び四肢囲

	上肢長	前腕囲	大腿長	下腿長	下腿囲
右	52	33	47	82	35 cm
左	52	33	47	82	36 cm

補助用具を使用しない状態で判断してください。

一人でうまくできる場合には ……………… 「〇」
一人でできてもやや不自由な場合には …… 「△」
一人でできるが不自由な場合には ………… 「〇×」
一人ではまったく不自由な場合には ……… 「×」
一人では全くできない場合には …………… 「×」

⑱ 日常生活における動作

	日常生活における動作	右	左		日常生活における動作	右	左
a	つまむ（新聞紙が引き抜けない程度）	×	×	m	片足で立つ		
b	握る（丸めた週刊誌が引き抜けない程度）	×	×	n	椅（丸正座、横すわり、あぐら、脚なげだし）	〇	
c	タオルを絞る（水をきれる程度）	両手		o	床にあぐらをかく	〇	
d	ひもを結ぶ	×	×	p	歩く（屋内）	〇	
e	さじで食事をする	〇	×	q	歩く（屋外）	〇	
f	顔を洗う（顔に手のひらをつける）	両手		r	立ち上がる	〇	
g	用便の処置をする（ズボンの前のところに手をやる）	×		s	階段を上る	〇	
h	用便の処置をする（尻のところに手をやる）	両手		t	階段を下る	〇	
i	上衣の着脱（ワイシャツを着てボタンをとめる）	両手					
j	上衣の着脱（どのような状態でもよい）	両手					
k	ズボンの着脱（どのような状態でもよい）	両手					
l	靴下をはく	両手					

1 関節での左右・立位保持が可能
☑ ア 可能である。
□ イ 不安定である。
□ ウ 不可能である。

2 閉眼での左右・片手の歩行
☑ ア まっすぐに歩き通せる。
□ イ 多少転倒しそうになったりよろめいたりするが何とか歩き通せる。
□ ウ 転倒あるいは歩行中断で5m位までしか歩けない。

⑲ 平衡機能

該当する数字に✓を付し、右のスペースにその状態を選び、（）内の×印を選択してください。

□ 1 上肢補助具
□ 2
□ 3 車椅子
□ 4 松葉杖
□ 5 単杖
□ 6
□ 7 その他（具体的に　）
☑ 8 補助用具は使用していない

⑳ その他の精神・身体の障害の状態

3 自覚症状・他覚所見及び検査所見

☑ 支障なくできる
□ 手がかかる
☑ 支障なくできる
□ 手がかかる
☑ 支障なくできる
□ 手がかかる

（右）
（左）
（右）
（左）
（右）
（左）

使用状況を詳しく記入してください。

右手全般で右手が使えず、身の回りの事も介助が必要だったり、時間がかかったりしている。時々、横すわり、あぐら、脚上げなどこのような変換を持続する。発症すると難治性の事が多く、投薬、リハビリ、ペインクリニック等に受診しても改善は見込めなかった。

② 現症時の日常生活動作・労働能力（必ず記入してください。）

（補助用具を使用しない状態で判断してください。）
生活全般で右手が使えず、身の回りの事も介助が必要だったり、仕事も今までの仕事は全く出来ず、今後について不安を感じている。

② 予後（必ず記入してください。）

今後、症状の改善は見込めない。

㉓ 備考

軽微な外傷による複合性局所疼痛症候群（CRPS）は発症すると難治性の事が多く、投薬、リハビリ、ペインクリニック等に受診しても改善は見込めなかった。

上記のとおり、診断します。　令和 3 年 7 月 15 日

病院又は診療所の名称　■■■■■病院

所在地　■■■■■

診療担当科名　整形外科

医師氏名　■■■■■

（請求者）　■■■■　様　　　　　　（様式１）　　　　　　　　（照会受付番号）

（代理人）　■■■■■■■■■　様　　　　　　　　　　　　　　■■■■■■■■■

令和４年１月 17 日

年金請求書にかかるご照会

　先に請求がありました届書について、審査を進めた結果、下記の事項について確認が必要となりました。つきましては、下記の医療機関・診療科・医師にご記載いただき、検査結果の写しおよびレントゲンフィルム、写真等が添付されている場合は併せて障害年金センターに提出をお願いします。

届書：障害給付　年金請求書

医療機関名・診療科・医師名：■■病院

整形外科

■■先生

提出先：障害年金センター

■■病院

整形外科

■■■■先生

　平素より年金業務にご協力いただき、御礼申し上げます。さて、ご多忙のところ誠に恐縮ですが、貴院受診の　■■■■　様から請求がありました届書について審査を進めるため、次の事項についてご照会を申し上げます。

1．　この方で明らかに確認できた CRPS の症状に○を付けて、その発生部位をご教示ください。

　　（ご回答）

　　⑦　アロディニアといわれる特異な疼痛

　　　　（部位、範囲：**右手～肘**　　　　　　　　　　　　　　　　　　　）

　　④　左右非対称な腫脹、発赤

　　　　（部位、範囲：**右手背**　　　　　　　　　　　　　　　　　　　　）

　　⑨　左右非対称な発汗

　　エ　左右非対称な皮膚温の変化

　　△才　皮膚の萎縮、光沢の変化　　爪の変化（**爪の変化はない**）

　　カ　顕著な部分的骨委縮（X－P で確認できる）

　　キ　診察時の疼痛忌避ではない、医学的に確認できる強固（永続的）な関節拘縮

2．　この方に行った、通常の鎮痛消炎剤投与以外の薬剤使用、神経ブロック、脊髄電気刺激などの治療があればご教示ください。

　　（ご回答）　**薬剤**　　ノイロトロピン　　　　神経ブロック

　　　　　　　　　　　　　トラムセット

　　　　　　　　　　　　　リリカ　　　　　　　　麻酔科に依頼す

　　　　　　　　　　　　　プレドニゾロン

　　　　　　　　　　　　　メコバラミン

　　　　　　　　　　　　　トコフェロール

　　　　　　　　　　　　　オパルモン

3. 骨シンチグラフィー、サーモグラフィーなどの検査をされていましたら、検査結果の所見をご教示ください。

また、できましたら検査結果の写しを添付くださるようお願いいたします。

（ご回答）

A　施行している　　　　　Ⓑ　行っていない

［検査結果所見：　　］

4. 骨委縮の状態を確認するために、患部のなるべく新しいレントゲンフィルムをご提出願います。比較できる健側のものもありましたら併せてご提出をお願いいたします。

また、患部の発赤、腫脹、皮膚の萎縮、爪の変形などの写真がありましたら、認定上大きな判断材料になります。

※　当機構におきましては個人情報保護を確保する観点から、原則として、電子媒体（CD,DVD 等）の郵送を禁止しているため、電子媒体の返却はできません。

つきましては、おそれいりますが、紙媒体に出力のうえご提供くださいますようお願いいたします。

なお、レントゲンフィルムでご提供いただいた場合は　██████様を通して返却させていただきます。

5. 厚生労働省 CRPS 研究班などのいくつかの診断基準、および上記していただいた各種臨床所見の顕著さなどに照らして、CRPS が医学的に明確に診断できるかどうかについて、以下ご教示ください。

（ご回答）

イ　CRPS と確定診断できる

Ⓛ　機序を説明しにくい強い痛みが持続しているが、他覚所見からは CRPS と断定まではできない

ハ　その他（具体的にご教示ください）

令和 4 年 1 月 17 日

医療機関名及び住所　██████████

██████病院　　医師の氏名　██████████

担当者名：██████████

提出先　：〒162-8790　日本郵便株式会社　牛込郵便局　私書箱 145 号

障害年金センター　審査・認定第 2 グループ　██████████

医師照会事例

医師の意見・所見／障害状態

ガンによる ADL 評価のために
医師照会が行われた事例

▶ 医師の意見・所見　　▶ 障害状態

1 事例の概要

1）請求人は、30歳代男性。
2）右大腿悪性軟部腫瘍・類上皮肉種によるその他の障害で、障害基礎年金を障害認定日（遡及）請求した。
3）障害認定日時点および裁定請求日時点の ADL 評価について、Performance Status（Karnofsky のグレードを参考としたもの）による医師照会が行われた。
4）審査の結果、再照会等はなく、障害認定日は不支給とされ、裁定請求日は障害基礎年金2級で支給決定となった。

2 この事例を理解するために必要な知識・情報

【Karnofsky Performance Status について】

Karnofsky Performance Status（カルノフスキー　パフォーマンス　ステータス）は、悪性腫瘍疾患の患者が日常生活においてどの程度の活動能力があるかを測定するために分類された指標です。100％（正常）〜0％（死）の11段階に分類され、数字が下がるほどに重篤であるとされています。

なお、本事例では、Performance Status（Karnofsky のグレードを『参考』としたもの）とされ、100％〜0％の数値は掲載されず、全身状態の11段階評価について、いずれかにマルを求められたものが保険者から送られました。

同じような指標で有名なものに、例えば ECOG（Eastern Cooperative Oncology Group：米国東海岸癌臨床試験グループ）が作成した Performance Status もありますが、保険者が返戻時に利用する指標としては、前者の Karnofsky Performance

Status のグレードを参考にしたものが一般的に利用されているように見受けられます。

3 提出書類の内容

診断書の要点を摘記すると以下のとおりです。

1）障害認定日時点の診断書（令和3年9月7日現症）（73ページ）

- ①欄　右大腿悪性軟部腫瘍、類上皮肉種である。
- ⑫欄　一般状態区分表は「エ」にチェックがある。
- ⑮欄　仙骨、胸椎、大腿骨転移、肺転移がある。
- ⑯欄　重労働は困難であるが軽負荷の労働はなんとか可能である。

2）裁定請求日時点の診断書（令和4年10月11日現症）（75ページ）

- ①欄　右大腿悪性軟部腫瘍、類上皮肉種である。
- ⑫欄　一般状態区分表は「エ」にチェックがある。
- ⑮欄　仙骨、胸椎、大腿骨転移、肺転移、胸膜播種、小腸転移があり、自覚症状や他覚所見も障害認定日頃よりも悪化している。
- ⑯欄　中～重労働は困難であり、短時間程度の労働も困難な傾向がある。

4 なぜ医師照会となったのか

　診断書の記載内容についての整合性の確認が生じたことにより、医師照会が行われたものと推察されます。例えば、障害認定日時点の診断書⑫欄は「エ」にチェックとされていますが、同診断書の⑯欄には「軽負荷の労働はなんとか可能である」とされています。そのために、5段階評価の一般状態区分よりもさらに細かく11段階に分類されている Performance Status（Karnofsky のグレードを参考としたもの）による確認を行うという判断となったものと推察されます。

5 医師照会の内容と回答書（77ページ）

　回答書には、障害認定日時点の診断書の現症日（令和3年9月7日）と、裁定請求日時点の診断書現症日（令和4年10月11日）のそれぞれについて、Performance

Status（Karnofsky のグレードを参考としたもの）の11段階中のどの分類に該当するかについての回答が示されました。

それぞれの回答は以下のとおりです。

1）令和３年９月７日現症日時点の全身状態

分類４に該当・・・自分に必要なことはできるが、時に介助が必要

2）令和４年10月11日現症日時点の全身状態

分類６に該当・・・あまり動けず、適切な医療および看護が必要

6 本事例のポイントとまとめ

本事例では、障害認定日時点は２級不該当とされて、裁定請求日時点は２級と認定されました。障害認定日時点は、診断書記載内容と医師照会の回答書の評価との比較や確認が行われ、総合的に３級程度と考えられたものと思われます。一方で、裁定請求日時点は、診断書記載内容と回答書の評価に特段のズレがないものと考えられて２級と認定されたものと思われます。

本事例は、診断書内の記載内容における整合性が大切であることがわかる事例です。必要に応じて診断書内の整合性について診断書作成医への確認を行い、所見に基づいた追記や修正等が行われることで、審査結果までの時間的なロスを生むことなく結果が届くようにすることができる可能性があるものと思われます。

ガンによる裁定請求の ADL 確認のための返戻には、Performance Status（Karnofsky のグレードを参考としたもの）が利用されることが多いようですが、果たして障害認定基準に記載のない指標をあえて用いる必要はあるのかという疑問を感じます。障害認定基準にない指標を用いることが行政裁量の逸脱となっている可能性はないでしょうか。ガンの障害状態の認定が現行の診断書様式で困難であることが多いようであれば、ガンの障害認定基準の整備や、それに伴う診断書様式自体の整備についても行ってよいのではないかと考えます。

様式第120号の7

（他）国民年金
厚生年金保険 　　　**診 断 書**（血液・造血器 の障害用）
　　　　　　　　　　　　　　　　　　　　　　　　　その他

（フリガナ） 氏　名	■■■■	生年月日	☑昭和 □平成 □令和 **60** 年 ■ 月 ■ 日生（ **38** 歳）性別 ☑男 □女

住　所	住所地の郵便番号 ■■■－■■■■	都道府県 ■■■	郡市区 ■■■

① 障害の原因となった傷病名

右大腿悪性軟部腫瘍、類上皮肉種

② 傷病の発生年月日　□昭和 □平成 □令和 **元** 年 **12** 月 **12** 日　診療録で確認・本人の申立て（　年　月　日）

③ ①のため初めて医師の診療を受けた日　□昭和 □平成 ☑令和 **元** 年 **12** 月 **26** 日　診療録で確認・本人の申立て（　年　月　日）

④ 傷病の原因又は誘因　**不詳**　初診年月日（□昭和 □平成 □令和　年　月　日）

⑤ 既存障害

⑥ 既往症

⑦ 傷病が治った（症状が固定して治療の効果が期待できない状態を含む。）かどうか。
傷病が治っている場合 ……… 治った日 □平成・□令和　年　月　日 □確認・□推定
傷病が治っていない場合 ……… 症状のよくなる見込 □有・□無・☑不明

⑧ 診断書作成医療機関における初診時所見
初診年月日
□昭和 ☑平成 **2** 年 **4** 月 **7** 日 □令和

前医MRIにて第12胸椎、仙骨部に骨病変と右大腿内側広筋内に軟部病変を指摘され、当科へ紹介受診。
胸椎病変は血管腫所見、仙骨・大腿病変は腫瘍性の所見あり。

⑨ 現在までの治療の内容、反応、期間、経過、その他の参考となる事項

令和2年4月21日CT、5月28日CTガイド下生検にて類上皮肉種疑い。6月9日生検で類上皮肉種の診断。仙骨転移がありステージ4と診断。6月24日化学療法実施。7月9日仙骨部照射、7月21日化学療法実施。令和2年8月19日抗がん剤治療。令和2年9月7日胸椎病変照射 令和3年1月4日胸腔鏡下肺悪性腫瘍摘出術。8月13日PETにて肺転移（＋）右大腿骨に病変あり。

診療回数　年間 **12** 回、月平均 **1** 回
手術歴 手術名 **胸腔鏡下肺悪性腫瘍摘出術**（部分切除）
手術年月日 **令和3年 1月 4日**

⑩ 現在の症状、その他参考となる事項

⑪ 計測
□平成 □令和　年　月　日測定

身長 **166** cm　体重 現在 **46.3** kg／健康時　kg　握力 右　kg 左　kg　視力 右眼裸眼 矯正 左眼裸眼 矯正

視野　調節機能　聴力レベル 右耳　dB 左耳　dB　最良語音明瞭度　％　血圧 最大　mmHg 最小　mmHg

⑫ 一般状態区分表　（□平成 ☑令和 **3** 年 **9** 月 **7** 日）（該当するものを選んでどれか一つにチェックしてください。）

□ ア 無症状で社会活動ができ、制限を受けることなく、発病前と同等にふるまえるもの
□ イ 軽度の症状があり、肉体労働は制限を受けるが歩行、軽労働や座業はできるもの　例えば、軽い家事、事務など
□ ウ 歩行や身のまわりのことはできるが、時に少し介助が必要なこともあり、軽労働はできないが、日中の50％以上は起居しているもの
☑ エ 身のまわりのある程度のことはできるが、しばしば介助が必要で、日中の50％以上は就床しており、自力では屋外への外出等がほぼ不可能となったもの
□ オ 身のまわりのこともできず、常に介助を必要とし、終日就床を強いられ、活動の範囲がおおむねベッド周辺に限られるもの

障　害　の　状　態

⑬ 血液・造血器　（□平成 □令和　年　月　日現在）

1 臨床所見

(1) 自覚症状
易疲労感 □無・□有・□著
動　悸 □無・□有・□著
息切れ □無・□有・□著
発　熱 □無・□有・□著
紫斑等 □無・□有・□著
月経過多 □無・□有・□著
関節症状 □無・□有・□著

(2) 他覚所見
易感染性 □無・□有・□著
リンパ節腫脹 □無・□有・□著
出血傾向 □無・□有・□著
血栓傾向 □無・□有・□著
肝　腫 □無・□有・□著
脾　腫 □無・□有・□著

(3) 検査成績
ア 末梢血液検査（□平成・□令和　年　月　日）
※アの欄は、治療を行う前の日付、検査数値を記入してください。
ヘモグロビン濃度（　）g/dL
血　小　板（　）万/μL
網赤血球（　）万/μL
白血球（　）/μL
好中球（　）/μL
リンパ球（　）/μL
病的細胞（　）％

イ 凝固系検査（□平成・□令和　年　月　日）
※イの欄は、最も適切に病状が把握できる検査数値及びその日付を記入してください。
凝固因子活性（第　因子）（　）％
vWF活性（　）％
インヒビター（□無・□有）
APTT（　）秒（基準値　秒）
PT（　）秒（基準値　秒）

ウ その他の検査
画像検査（検査名　）□平成・□令和　年　月　日
所見（
他の検査名（検査名　）□平成・□令和　年　月　日
所見（

2 治療状況
赤血球輸血（月　回）　血小板輸血（月　回）
補充療法（月　回）　新鮮凍結血漿（月　回）
造血幹細胞移植（□無・□有）有の場合（　年　月　日）
慢性GVHD（□無・□有）有の場合（□軽症・□中等症・□重症）
所見

3 その他の所見

本人の障害の程度及び状態に無関係な欄には記入する必要はありません。（無関係な欄は、斜線により抹消してください。）

⑭ 免疫機能障害　（□平成 □令和　　年　　月　　日現症）

1　検査成績

検査項目＼検査日	単位	・	・	・	平均値
CD4陽性Tリンパ球数	/μL				

（現在日以前の4週間以上の間隔をおいて実施した連続する直近2回の検査結果を記入し、一番右の欄にはその平均値を記入してください。）

検査項目＼検査日	単位	・	・	・	
白 血 球 数	/μL				
ヘモグロビン量	g/dL				
血 小 板 数	万/μL				
HIV-RNA量	コピー/mL				

（現在日以前の4週間以上の間隔をおいて実施した連続する直近2回の検査結果を記入してください。）

2　身体症状等

① 1日1時間以上の安静臥床を必要とするほどの強い倦怠感及び易疲労感が月に7日以上ある　（□有・□無）
② 病態の進行のため、健常時に比し10%以上の体重減少がある　（□有・□無）
③ 月に7日以上の不定の発熱（38℃以上）が2ヶ月以上続く　（□有・□無）
④ 1日に3回以上の泥状ないし水様下痢が月に7日以上ある　（□有・□無）
⑤ 1日に2回以上の嘔吐あるいは30分以上の嘔気が月に7日以上ある　（□有・□無）
⑥ 動悸や息苦しくなる症状が毎日のように出現する　（□有・□無）
⑦ 抗HIV療法による日常生活に支障が生じる副作用がある（①〜⑥の症状を除く）（抗HIV療法を実施している場合）（□有・□無）
⑧ 生鮮食品の摂取禁止等の日常生活活動上の制限が必要である　（□有・□無）
⑨ 1年以内に口腔内カンジダ症、帯状疱疹、単純ヘルペスウイルス感染症、伝染性軟属腫、尖圭コンジローム等の日和見感染症の既往がある　（□有・□無）
⑩ 医学的な理由により抗HIV療法ができない状態である　（□はい・□いいえ）

3　現在持続している副作用の状況

□代謝異常　□リポアトロフィー　□肝障害　□腎障害　□精神障害　□神経障害
□その他（薬剤名、服薬状況及び副作用の状況）

4　エイズ発症の既往の有無

□有　・□無

5　回復不能なエイズ合併症のため介助なくしては日常生活がほとんど不可能な状態である

□はい　・□いいえ

6　肝炎の状況　（□薬剤性・□B型・□C型・□その他（　　　　　））（肝炎を発症している場合は必ず記載してください。）

(1)検査所見

検査項目＼検査日	単位	・	・	・
血清アルブミン	g/dL			
AST（GOT)				
ALT（GPT)				
プロトロンビン	%			
時間	延長秒			
総ビリルビン（※)	mg/dL			

(2)臨床所見

食道静脈瘤　□無・□有　（□内視鏡による、□X線造影による、□その他（　　　　　））
肝 硬 変　□無・□有　（□代償性、□非代償性）
肝 細 胞 癌　□無・□有
肝 性 脳 症　□無・□有（1年以内に発症したことがある）
腹 水　□無・□有・□著
消化管出血　□無・□有（1年以内に発症したことがある）
（※ビリルビン値の上昇をきたす薬剤の使用 □無・□有）

⑮ その他の障害　（□平成 ☑令和 3 年 9 月 7 日現症）

1　症　状

(1)自覚症状
易疲労感
殿部痛
腰痛
嘔気
不眠
下痢

(2)他覚所見
殿部腫瘤
気胸が頻回に発生している

2　検査成績

(1)血液・生化学検査

検査項目＼検査日	単位	施設基準値	R3・9・7	・	・
赤 血 球 数	万/μL		3 7 9		
ヘモグロビン濃度	g/dL		1 3.0		
ヘマトクリット	%		4 0.6		
血 清 総 蛋 白	g/dL		7.0		
血 清 アルブミン	g/dL		4.2		

(2)その他の検査成績
仙骨、胸椎、大腿骨転移あり
肺転移あり

3　人工臓器等

(1)人工肛門造設　□無・□有　造設年月日：□平成・□令和　　年　　月　　日
　　　　　　　　　　　　　　　　閉鎖年月日：□平成・□令和　　年　　月　　日
(2)尿路変更術　□無・□有　造設年月日：□平成・□令和　　年　　月　　日
　　　　　　　　　　　　　　　　閉鎖年月日：□平成・□令和　　年　　月　　日
(3)新膀胱造設　□無・□有　手術年月日：□平成・□令和　　年　　月　　日
(4)自己導尿の常時施行　□無・□有　開始年月日：□平成・□令和　　年　　月　　日
　　　　　　　　　　　　　　　　　　終了年月日：□平成・□令和　　年　　月　　日
(5)完全尿失禁状態　□無・□有（カテーテル留置：□平成・□令和　　年　　月　　日）
(6)その他の手術　□無・□有（　　）□平成・□令和　　年　　月　　日

⑯ 現症時の日常生活動能力及び労働能力（必ず記入してください）

疼痛や倦怠感、嘔気、胸部症状が強いため日常生活に制限が生じている。
重労働は困難であるが軽負荷の労働はなんとか可能である。

⑰ 予　後（必ず記入してください）

現時点では年単位の予後を見込むが重要臓器に転移が生じた場合、もう少し短い予後になる可能性がある。

⑱ 備　考

上記のとおり、診断します。　　　　令和4 年 10 月 18 日

病院又は診療所の名称　████████████病院
所　在　地　████████
診療担当科名　整形外科
医師氏名　████████

様式第120号の7

（他）　国民年金　厚生年金保険　**診　断　書**（血液・造血器　その他　の障害用）

| （フリガナ）氏　名 | ■■■■ | 生年月日 | ☑昭和 平成 令和 | 60 年 ■ 月 ■ 日生（38 歳） | 性別 | ☑男 □女 |

| 住　所 | 住所地の郵便番号 ■■■ － ■■■■ | 都道府県 ■■■■ | 郡市区 ■■■■ |

① 障害の原因となった傷病名：右大腿悪性軟部腫瘍、類上皮肉腫

② 傷病の発生年月日　□昭和 □平成 ☑令和　元 年 12 月 12 日生　☑診療録で確認 □本人の申立て（　年　月　日）

③ ①のため初めて医師の診療を受けた日　□昭和 □平成 ☑令和　元 年 12 月 26 日　☑診療録で確認 □本人の申立て（　年　月　日）

④ 傷病の原因又は誘因　不詳　初診年月日（□昭和 □平成 □令和　年　月　日）

⑤ 既存障害

既往症

⑦ 傷病が治った（症状が固定して治療の効果が期待できない状態を含む。）かどうか。
傷病が治っている場合 ……… 治った日 □平成・□令和　年　月　日 □確認・□推定
傷病が治っていない場合 ……… 症状のよくなる見込 □有・□無・☑不明

⑧ 診断書作成医療機関における初診時所見
初診年月日 □昭和 □平成 ☑令和　2 年 4 月 7 日

前医MRIにて第12胸椎、仙骨部に骨病変と右大腿内側広筋内に軟部病変を指摘され、当科へ紹介受診。
胸椎病変は血管腫所見、仙骨・大腿病変は腫瘍性の所見あり。

⑨ 現在までの治療の内容、反応、期間、経過、その他の参考となる事項

6月9日生検で類上皮肉腫の診断。骨転転移がありステージ4と診断。6月24日化学療法実施。7月9日仙骨部照射。7月21日化学療法実施。令和2年8月19日抗がん剤治療。令和2年9月7日胸椎病変照射　令和3年1月4日胸腔鏡下肺悪性腫瘍摘出術。8月13日PETにて肺転移（＋）右大腿骨に病変あり。令和4年1月6日骨病変の活動性上昇、胸膜播種出現、両肺転移。9月13日MRIで仙骨病変増大。9月23日腹腔鏡下小腸切除術

診療回数　年間 12 回、月平均 1 回
手術歴　手術名（胸腔鏡下悪性腫瘍摘出術（部分切除）／腹腔鏡下小腸切除術（その他のもの））
手術年月日（令和03 年 1 月 4 日／令和04 年 1 月 23 日）

⑩ 現在の症状、その他参考となる事項

殿部、腹部等の疼痛のため体動困難になっています。

⑪ 計　測
□平成 □令和　年　月　日測
身長 166 cm　体重 現在 46.3 kg 健康時　kg
握力 右　kg 左　kg　視力 右眼 裸眼 矯正 左眼 裸眼 矯正
視野　調節機能　右耳　dB 左耳　dB　聴力レベル 最良語音明瞭度 右　% 左　%　血圧 最大　mmHg 最小　mmHg

⑫ 一 般 状 態 区 分 表（□平成 ☑令和　4 年 10 月 11 日）（該当するものを選んでどれか一つにチェックをしてください。）

- □ ア　無症状で社会活動ができ、制限を受けることなく、発病前と同等にふるまえるもの
- □ イ　軽度の症状があり、肉体労働は制限を受けるが歩行、軽労働や座業はできるもの　例えば、軽い家事、事務など
- □ ウ　歩行や身のまわりのことはできるが、時に少し介助が必要なこともあり、軽労働はできないが、日中の50%以上は起居しているもの
- ☑ エ　身のまわりのある程度のことはできるが、しばしば介助が必要で、日中の50%以上は就床しており、自力では屋外への外出等がほぼ不可能となったもの
- □ オ　身のまわりのこともできず、常に介助を必要とし、終日就床を強いられ、活動の範囲がおおむねベッド周辺に限られるもの

障　害　の　状　態

血液・造血器（□平成 □令和　年　月　日現症）

1 臨床所見

(1)自覚症状
易疲労感　□無・□有・□著
動　悸　□無・□有・□著
息切れ　□無・□有・□著
発　熱　□無・□有・□著
月経過多　□無・□有・□著
関節症状　□無・□有・□著

(2)他覚所見
易感染性　□無・□有・□著
リンパ節腫脹　□無・□有・□著
出血傾向　□無・□有・□著
血栓傾向　□無・□有・□著
肝　腫　□無・□有・□著
脾　腫　□無・□有・□著

(3)検査成績
ア 末梢血液検査（□平成 □令和　年　月　日）
※カの欄は、治療を行う直前の日付、検査数値を記入してください。
ヘモグロビン濃度（　）g/dL
血 小 板（　）万/μL
網赤血球（　）万/μL
白 血 球（　）/μL
好 中 球（　）/μL
リンパ球（　）/μL
病的細胞（　）%

イ 凝固系検査（□平成 □令和　年　月　日）
※カの欄は、最も適切に病状が把握できる検査数値及びその日付を記入してください。
凝固因子活性（第　因子）（　）%
vWF活性（　）%
インヒビター（□無・□有）
ＡＰＴＴ（　）秒（基準値　秒）
Ｐ　Ｔ（　）秒（基準値　秒）

ウ その他の検査
画像検査（検査名　）（　）（□平成・□令和　年　月　日）
所見（　）
他の検査（検査名　）（　）（□平成・□令和　年　月　日）
所見（　）

2 治療状況
赤血球輸血（月　回）　血小板輸血（月　回）
補充療法（月　回）　新鮮凍結血漿（月　回）
造血幹細胞移植（□無・□有）有の場合（　年　月　日）
慢性GVHD（□無・□有）有の場合（□軽症・□中等症・□重症）
所見

3 その他の所見

本人の障害の程度及び状態に無関係な欄には記入する必要はありません。（無関係な欄は、斜線により抹消してください。）

⑭ 免疫機能障害　（□平成□令和　　年　　月　　日現症）

1 検査成績

検査Ⅰ	単位				平均値
CD4陽性Tリンパ球数	/μL				

（現症日以前の4週間以上の間隔をおいて実施した連続する直近2回の検査結果を記入し、一番右の欄にはその平均値を記入してください。）

検査Ⅱ	単位	・	・	・	
白 血 球 数	/μL				
ヘモグロビン量	g/dL				
血 小 板 数	万/μL				
HIV-RNA量	コピー/mL				

（現症日以前の4週間以上の間隔をおいて実施した連続する直近2回の検査結果を記入してください。）

2 身体症状等

① 1日1時間以上の安静臥床を必要とするほどの強い倦怠感及び易疲労感が月に7日以上ある	（□有・□無）	
② 病態の進行のため、健常時に比し10%以上の体重減少がある	（□有・□無）	
③ 月に7日以上の不定の発熱（38℃以上）が2ヶ月以上続く	（□有・□無）	
④ 1日に3回以上の泥状ないし水様下痢が月に7日以上ある	（□有・□無）	
⑤ 1日に2回以上の嘔吐あるいは30分以上の嘔気が月に7日以上ある	（□有・□無）	
⑥ 動悸や息苦しくなる症状が毎日のように出現する	（□有・□無）	
⑦ 抗HIV療法による日常生活に支障が生じる副作用がある（①～⑥の症状を除く）（抗HIV療法を実施している場合）	（□有・□無）	
⑧ 生鮮食料品の摂取禁止等の日常生活活動上の制限が必要である	（□有・□無）	
⑨ 1年以内に口腔内カンジダ症、帯状疱疹、単純ヘルペスウイルス感染症、伝染性軟属腫、尖圭コンジローム等の日和見感染症の既往がある	（□有・□無）	
⑩ 医学的な理由により抗HIV療法ができない状態である	（□はい・□いいえ）	

3 現在持続している副作用の状況

□代謝異常　□リポアトロフィー　□肝障害　□腎障害　□精神障害　□神経障害
□その他（薬剤名、服薬状況及び副作用の状況）

4 エイズ発症の既往の有無

□有　・　□無

5 回復不能なエイズ合併症のため介助なくしては日常生活がほとんど不可能な状態である

□はい　・　□いいえ

6 肝炎の状況　（□薬剤性・□B型・□C型・□その他（　　　　　　　　　　　））（肝炎を発症している場合は必ず記載してください。）

(1) 検査所見

検査項目	単位	・	・	・
血清アルブミン	g/dL			
AST（GOT）				
ALT（GPT）				
プロトロンビン	％			
時間	延長秒			
総ビリルビン（※）	mg/dL			

(2) 臨床所見

食道静脈瘤　□無・□有（□内視鏡による、□X線造影による、□その他（　　　））
肝 硬 変　□無・□有（□代償性 、□非代償性 ）
肝 細 胞 癌　□無・□有
肝 性 脳 症　□無・□有（1年以内に発症したことがある）
腹 水　□無・□著
消化管出血　□無・□有（1年以内に発症したことがある）
（※ビリルビン値の上昇をきたす薬剤の使用　□無・□有）

⑮ その他の障害　（□平成 ☑令和　4 年 10 月 11 日現症）

1 症状

(1) 自覚症状

易疲労感
殿部痛
腰痛
嘔気、下痢
胸部周囲の知覚低下
意識障害

(2) 他覚所見

殿部腫瘤
貧血
低栄養
筋力低下
下肢浮腫
意識障害

2 検査成績

(1) 血液・生化学検査

検査項目	単位	施設基準値	R4・10・11	・	・
赤 血 球 数	万/μL		295		
ヘモグロビン濃度	g/dL		8.4		
ヘマトクリット	％		27.8		
血 清 総 蛋 白	g/dL		6.9		
血清アルブミン	g/dL		3.1		

(2) その他の検査成績

仙骨、胸椎、大腿骨転移あり
肺転移、胸膜播種あり
小腸転移あり

3 人工臓器等

(1) 人工肛門造設　□無・□有　造設年月日：□平成・□令和　　年　　月　　日
(2) 尿路変更術　□無・□有　造設年月日：□平成・□令和　　年　　月　　日
　　閉鎖年月日：□平成・□令和　　年　　月　　日
(3) 新膀胱造設　□無・□有　手術年月日：□平成・□令和　　年　　月　　日
(4) 自己導尿の常時施行　□無・□有　開始年月日：□平成・□令和　　年　　月　　日
　　終了年月日：□平成・□令和　　年　　月　　日
(5) 完全尿失禁状態　□無・□有（カテーテル留置　□平成・□令和　　年　　月　　日）
(6) その他の手術　□無・□有（　　　）□平成・□令和　　年　　月　　日

⑯ 現症時の日常生活動能力及び労働能力（必ず記入してください）

疼痛や倦怠感が強いため日常生活に制限が生じている。
中～重労働は困難である。体調に波があり調子がよい時なら短時間程度の労働を休憩を取りながら行うことは可能と思われるが最近はこれも困難になっている。

⑰ 予後（必ず記入してください）

照射等を行っており疼痛はもう少し改善する可能性はあるが照射や抗がん剤が効果なかった場合、疼痛の改善は困難になる。
現時点で年単位の予後を見込むが重要臓器に転移が生じた場合、もう少し短い予後になる可能性がある。

⑱ 備考

上記のとおり、診断します。　　　　　　　令和4　年　10 月 18 日

病院又は診療所の名称　■■■■病院　　　　診療担当科名　　整形外科
所　　在　　地　■■■■■■　　　　　　　医師氏名　　　■■■■■

（請求者） ■■■■ 様　　　　　（様式1）　　　　　　　（照会受付番号）

（代理人） ■■■■ 様　　　　　　　　　　　　　　　　　■■■■■■■■

令和5年2月14日

年金請求書にかかるご照会

　先に請求がありました届書について、審査を進めた結果、下記の事項について確認が必要となりました。つきましては、下記の医療機関・診療科・医師にご記載いただき、障害年金センターに提出をお願いします。

届書：障害基礎年金　年金請求書
医療機関名・診療科・医師名：■■病院
整形外科
■■先生
提出先：障害年金センター

■■■■■　病院
整形外科
■■■■　先生

　平素より年金業務にご協力いただき、御礼申し上げます。さて、ご多忙のところ誠に恐縮ですが、貴院受診の ■■■■ 様から請求がありました届書について審査を進めるため、次の事項についてご照会を申し上げます。

1. 令和3年9月7日現症日時点の全身状態は、ADL評価上どの程度でしょうか。下記の分類から該当する番号を○で囲んでください。

（ご回答）

【令和3年9月7日現症】

悪性腫瘍疾患における Performance Status（Karnofsky のグレードを参考）

0	正常、臨床所見なし	正常な活動可能。とくに看護する必要なし。
1	軽い臨床所見はあるが、正常の活動可能	
2	常に臨床所見があるが、努力して正常の活動可能	
3	自分自身の世話はできるが、正常の活動、労働することは困難	軽労働や座業は可能、家庭で療養可能。
④	自分に必要なことはできるが、時に介助が必要	日常の行動において、病状に応じての介助が必要。
5	病状を考慮した看護および定期的な医療および看護が必要	
6	あまり動けず、適切な医療及び看護が必要	自分自身のことをすることが困難か不可能。入院治療が必要、疾患が速やかに進行してゆく時期。
7	まったく動けず入院が必要だが死はさしせまっていない	
8	非常に重症、入院が必要で精力的な治療が必要	
9	死期が切迫している	
10	死	

※その他、病状・状態等、障害の程度を評価するうえで参考となる事がありましたらご教示ください。

【医師照会の内容と回答書（2ページ目)】

2．令和4年10月11日現症日時点の全身状態は、ADL評価上どの程度でしょうか。下記の分類から該当する番号を○で囲んでください。

（ご回答）

【令和4年10月11日現症】

悪性腫瘍疾患における Performance Status（Karnofsky のグレードを参考)

0	正常、臨床所見なし	正常な活動可能。とくに看護する必要なし。
1	軽い臨床所見はあるが、正常の活動可能	
2	常に臨床所見があるが、努力して正常の活動可能	
3	自分自身の世話はできるが、正常の活動、労働することは困難	軽労働や座業は可能、家庭で療養可能。
4	自分に必要なことはできるが、時に介助が必要	日常の行動において、病状に応じての介助が必要。
5	病状を考慮した看護および定期的な医療および看護が必要	
⑥	あまり動けず、適切な医療および看護が必要	自分自身のことをすることが困難か不可能。入院治療が必要、疾患が速やかに進行してゆく時期。
7	まったく動けず入院が必要だが死はさしせまっていない	
8	非常に重症、入院が必要で精力的な治療が必要	
9	死期が切迫している	
10	死	

※その他、病状・状態等、障害の程度を評価するうえで参考となる事がありましたらご教示ください。

転移による痛みが強く、日常生活において介助が必要なことが多い。

令和5年　3月　7日

医療機関名及び住所

████████████████

████████████ 病院

医師の氏名　████████

担当者名　：████████

提出先　　：〒162-8799　　　　　　　　日本郵便株式会社　牛込郵便局　私書箱145号

日本年金機構　障害年金センター　内部障害グループ　電話番号：████████

知的障害が生来性か否かを確認する ために医師照会が行われた事例

▶ カルテの提出要求   ▶ 記載根拠

1 事例の概要

1）請求人は、30歳代女性。
2）過去に2回、うつ病による精神障害で、障害基礎年金を事後重症請求したが、いずれも保険料納付要件を満たさずに不支給処分を受けていた。
3）その後の検査で軽度知的障害があることがわかったため、検査結果を添付のうえ、軽度知的障害・うつ病による知的障害・精神障害で、20歳前の傷病による障害基礎年金を事後重症請求した。
4）知的障害が生来性か否かを確認するために医師照会が行われた。
5）審査の結果、再照会等はなく、障害基礎年金2級で支給決定となった。

2 この事例を理解するために必要な知識・情報

【知的障害の初診日の取扱いについて】

初診日とは、障害の原因となった傷病について、はじめて医師または歯科医師の診療を受けた日とされていますが、「生来性の知的障害（精神遅滞）は出生日」として取り扱われています。そのために、知的障害で障害等級の認定を受ける場合には、20歳前の傷病による障害基礎年金を裁定請求することになりますので、保険料納付要件は問われません。

3 提出書類の内容

診断書（82ページ）の要点を摘記すると以下のとおりです。

- ①欄　軽度知的障害である。
- ②欄　発病日は請求人の生年月日である。
- ⑦欄　軽度知的障害に関する成育歴等がわかる。
- ⑨欄　軽度知的障害に関する成育歴等がわかる。
- ⑩欄　軽度知的障害が認められることやその程度がわかる。

4 なぜ医師照会となったのか

　請求人は療育手帳を保有しておらず、学生時代の通知表等の保管もなかったため、知的障害が生来性であることを示す客観的な資料が乏しい状況でした。例えば、IQの低下は成人後の事故等による頭部の外傷等によっても起こり得るため、審査としては生来性の知的障害であるか否かを慎重に確認する必要が生じたものと推察されます。

　また、過去の裁定請求で保険料納付要件を満たさずに不支給処分を受けていたことによっても疑義が生じた可能性があるものと推察されます。

5 医師照会の内容と回答書（84ページ）

　医師照会によりカルテの写しの提出と軽度知的障害の診断に至った経過等についての診断書作成医の回答を求められました。カルテの写しと回答書により、請求人は生来性の知的障害があることが認められました。

6 本事例のポイントとまとめ

　生来性の知的障害の診断に至った所見が回答書に記載されたことが認定可否の大きなポイントであったものと思われます。

　回答書には、以前より請求人には生来の知的障害がある可能性が考えられていたことや、うつ病が生来の知的障害による生きづらさを背景に二次的に生じたものである旨が記載されています。さらに、父親からヒアリングを行ったうえで確定診断に至ったことも記載されており、提出したカルテの令和4年2月の受診日欄にもその旨が記載されていました。

請求人のように小学校〜高校まで普通学級を卒業しており、療育手帳を保持していないが障害年金の等級に該当する程度の知的障害を持つ方や、知的障害があるにもかかわらず、20歳前障害ではない精神障害等で保険料納付要件を満たさずに受給に至らなかった方もいらっしゃると思います。

　そのようなケースでは慎重に審査が進められる可能性が高いと思われます。しかしながら、医師照会等の返戻があったとしても、医師の所見等に基づいて生来性の知的障害であるという事実が審査に耐え得る形で保険者に伝わることで認定される可能性があることがわかる事例です。

（精）	国民年金 厚生年金保険	診　断　書 （精神の障害用）	様式第120号の4

| （フリガナ）
氏　名 | ■■■■■ | 生年月日 | ☑昭和
□平成
□令和 | 62 年 ■ 月 ■ 日生（34 歳） | 性別 | □男 ☑女 |

| 住　所 | 住所地の郵便番号
■■ － ■■■■ | 都道
府県 ■■■ | 都市
区 ■■■ |

診断録で確認または本人の申立てのどちらかにチェックをして、本人の申立ての場合は、それを聴取した年月日を記入してください。

| ①
障害の原因と
なった傷病名 | ①軽度知的障害
②うつ病 | ② 傷病の発生年月日 | ☑昭和
□平成
□令和 62 年 ■ 月 ■ 日 | □診療録で確認
☑本人の申立て
（H26 年 2 月 26 日） | 本人の発病
時の職業 | |
| | ICD－10コード（ ①F70
②F33 ） | ③ ①のため初めて医師
の診療を受けた日 | ☑昭和
□平成
□令和 62 年 ■ 月 ■ 日 | □診療録で確認
☑本人の申立て
（H26 年 2 月 26 日） | ④ 既存障害 | |

| ⑥傷病が治った（症状が固定した
状態を含む。）かどうか。 | □平成
□令和 年 月 日 □確認
□推定 | 症状のよくなる見込…☑有・□無・□不明 | ⑤ 既往症 | |

| ⑦
発病から現在までの病歴
及び治療の経過、内容、
就学・就労状況等、期間、
その他参考となる事項 | 陳述者の氏名 ■■■■■ 請求人との統柄 **本人・父親** 聴取年月日 R4 年 6 月 29 日

乳幼児の頃、母と父に抱かれると大声で泣く状態あり。保育園入園後も周囲に馴染めず一人で遊んでいることが多かった。小学校入学後、計算が苦手で指を使った数の数え方が出来なかった。中学入学前には算数に全くついていくことができなかった。中学生になっても1人で美容院や医療機関などに行くことができず、両親の付き添いが必要であった。偏差値が低く、定員割れになっている高校に入学したが、勉強に全くついていけず、対人関係にも難が多く孤立していた。高校卒業後はスーパーに就職して棚卸しやレジ打ち業務を行うも仕事が覚えられない、臨機応変な対応ができないなどから同僚から孤立し、1年足らずで退職となった。この頃より不安や抑うつ気分が出現。平成17年11月■医院、平成19年7月■診療所を受診。平成26年2月26日より当院通院加療中である。 |

| ⑧
診断書作成医療機関
における初診時所見
初診年月日
□昭和
☑平成 26 年 2 月 26 日
□令和 | 抽象的な理解ができない。計算もできず、会計時に所持金が足りないなど多くの特性を認める。
不安や抑うつ気分を認め、抑うつ状態を呈していた。 |

| ⑨
これまでの発育・養育歴等
（出生から発育の状況や
教育歴及びこれまでの
職歴をできるだけ詳しく
記入してください。 | ア 発育・養育歴
幼少期に身近で見た花火の音に驚き、その後は物音に過敏となった。周囲に馴染めず、孤立傾向。数字に弱く計算に難あり。 | イ 教育歴
乳児期
□幼稚園 ・ ☑就学猶予
小学校 □普通学級 ・ □特別支援学級 ・ □特別支援学校
中学校 □普通学級 ・ □特別支援学級 ・ □特別支援学校
高 校 ☑普通学級 ・ □特別支援学級 ・ □特別支援学校
その他 | ウ 職歴
スーパーマーケットに就職するも1年足らずで辞め、その後は無職。 |

エ 治療歴（書ききれない場合は⑬「備考」欄に記入してください。）（※ 同一医療機関の入院・外来は分けて記入してください。）

医療機関名	治療期間	入院・外来	病　名	主 な 療 法	転帰（軽快・悪化・不変）
■■ 医院	H17 年 11 月 ～ H19 年 3 月	□入院・☑外来	うつ病	薬物療法	悪化
■■ 診療所	H19 年 7 月 ～ H24 年 1 月	□入院・☑外来	うつ病	薬物療法	不変
当院	H26 年 2 月 ～ 年 月	□入院・☑外来	軽度知的障害・うつ病	薬物療法	悪化
	年 月 ～ 年 月	□入院・□外来			
	年 月 ～ 年 月	□入院・□外来			

⑩ 　障　害　の　状　態　（□平成 ☑令和 4 年 6 月 29 日 現症）

ア 現在の病状又は状態像（該当のローマ数字、英数字にチェックしてください。）

前回の診断書の記載時との比較　（前回の診断書を作成している場合は記入してください。）
□1 変化なし　　□2 改善している　　□3 悪化している　　□4 不明

I 抑うつ状態
□1 思考・運動制止　□2 刺激性、興奮　☑3 憂うつ気分 □4 自殺企図　□5 希死念慮　□7 その他（ ）

II そう状態
□1 行為心迫　□2 多弁・多動　□3 気分（感情）の異常な高揚・刺激性 □4 観念奔逸　□5 易怒性・被刺激性亢進　□6 誇大妄想 □7 その他（ ）

III 幻覚妄想状態　等
□1 幻覚　□2 妄想　□3 させられ体験　□4 思考形式等の障害 □5 著しい奇異な行為　□6 その他（ ）

IV 精神運動興奮状態及び昏迷の状態
□1 興奮　□2 昏迷　□3 拒絶・拒食　□4 滅裂思考 □5 衝動行為　□6 自傷　□7 無動・無反応 □8 その他（ ）

V 統合失調症等残遺状態
□1 自閉　□2 感情の平板化　□3 意欲の減退 □4 その他（ ）

VI 意識障害・てんかん
□1 意識混濁　□2 （夜間）せん妄　□3 もうろう　□4 錯乱 □5 てんかん発作　□6 不機嫌症　□7 その他（ ） ・てんかん発作の状態　※発作のタイプは記入上の注意参照 　1 てんかん発作のタイプ（□A・□B・□C・□D） 　2 てんかん発作の頻度（年間　回、月平均　回、週平均　回 程度）

VII 知能障害等
☑1 知的障害　☑ア 軽度　□イ 中等度　□ウ 重度　□エ 最重度 □2 認知症　□ア 軽度　□イ 中等度　□ウ 重度　□エ 最重度 □3 高次脳機能障害 　□ア 失行　□イ 失認 　□ウ 記憶障害　□エ 注意障害　□オ 遂行機能障害　□カ 社会的行動障害 □4 学習障害　□ア 読み　□イ 書き　□ウ 計算　□エ その他（ ） □5 その他（ ）

VIII 発達障害関連症状
□1 相互的な社会関係の質的障害　□2 言語コミュニケーションの障害 □3 限定した常同的で反復的な関心と行動　□4 その他（ ）

IX 人格変化
□1 欠陥状態　□2 無関心　□3 無為 □4 その他の症状状態（ ）

X 乱用、依存等（薬物等名： ）
□1 乱用　□2 依存

XI その他（ ）

イ 左記の状態について、その程度・症状・処方薬等を具体的に記載してください。

生活のあらゆる場面で適応が困難であり、周囲の支援を要する。
抑うつ気分、不眠、焦燥が出現する。
対人不安や緊張あり、ひきこもり状態で経過。
自殺念慮も出現する。

処方内容
　（略）

本人の障害の程度及び状態に無関係な欄には記入する必要はありません。（無関係な欄は、斜線により抹消してください。）

（お願い）臨床所見等は、診療録に基づいてわかる範囲で記入してください。

（お願い）太文字の欄は、記入漏れがないように記入してください。

【診断書（裏面）】

ウ　日常生活状況

1　家庭及び社会生活についての具体的な状況
（ア）現在の生活環境（該当するもの一つを選んでチェックしてください。）
□入院・□入所・☑在宅・□その他（　　　　　）
（施設名　　　　　　　　　　　　　　　　）
同居者の有無（☑有・□無）

（イ）全般的状況（家族及び家族以外の者との対人関係についても
具体的に記入してください。）

> コミュニケーションに支障が生じている。

2　日常生活能力の判定（該当するものにチェックしてください。）
（判断にあたっては、単身で生活するとしたら可能かどうかで判断してください。）

（1）適切な食事 ― 配膳などの準備も含めて適当量をバランスよく摂ることがほぼできるなど。
□できる　□自発的にできるが時には助言や指導を必要とする　☑自発的かつ適正に行うことはできないが助言や指導があればできる　□助言や指導をしても　できない若しくは行わない

（2）身辺の清潔保持 ― 洗面、洗髪、入浴等の身体の衛生保持や着替え等ができる。また、自室の清掃や片付けができるなど。
□できる　□自発的にできるが時には助言や指導を必要とする　☑自発的かつ適正に行うことはできないが助言や指導があればできる　□助言や指導をしても　できない若しくは行わない

（3）金銭管理と買い物 ― 金銭を独力で適切に管理し、やりくりがほぼできる。また、一人で買い物が可能であり、計画的な買い物がほぼできるなど。
□できる　□おおむねできるが時には助言や指導を必要とする　□助言や指導があればできる　☑助言や指導をしてもできない若しくは行わない

（4）通院と服薬（要・不要）― 規則的に通院や服薬を行い、病状等を主治医に伝えることができるなど。
□できる　□おおむねできるが時には助言や指導を必要とする　☑助言や指導があればできる　□助言や指導をしてもできない若しくは行わない

（5）他人との意思伝達及び対人関係 ― 他人の話を聞く、自分の意思を相手に伝える、集団的行動が行えるなど。
□できる　□おおむねできるが時には助言や指導を必要とする　□助言や指導があればできる　☑助言や指導をしてもできない若しくは行わない

（6）身辺の安全保持及び危機対応 ― 事故等の危険から身を守る能力がある、通常と異なる事態となった時に他人に援助を求めるなどを含めて、適正に対応することができるなど。
□できる　□おおむねできるが時には助言や指導を必要とする　☑助言や指導があればできる　□助言や指導をしてもできない若しくは行わない

（7）社会性 ― 銀行での金銭の出し入れや公共施設等の利用が一人で可能。また、社会生活に必要な手続きが行えるなど。
□できる　□おおむねできるが時には助言や指導を必要とする　☑助言や指導があればできる　□助言や指導をしてもできない若しくは行わない

3　日常生活能力の程度（該当するもの一つにチェックしてください。）
※日常生活能力の程度を記載する際には、状態をもっとも適切に記載できる（精神障害）又は（知的障害）のどちらかを使用してください。

（精神障害）
□（1）精神障害（病的体験・残遺症状・認知障害・性格変化等）を認めるが、社会生活は普通にできる。

□（2）精神障害を認め、家庭内での日常生活は普通にできるが、社会生活には、援助が必要である。
（たとえば、日常的な家事をこなすことはできるが、状況や手順が変化したりすると困難を生じることがある。社会行動や自発的な行動が適切に出来ないこともある。社会的な対人交流は保たれている場合など。）

□（3）精神障害を認め、家庭内での単純な日常生活はできるが、時に応じて援助が必要である。
（たとえば、習慣化した外出はできるが、家事をこなすために助言や指導を必要とする。社会的な対人交流は乏しく、自発的な行動に困難がある。金銭管理が困難な場合など。）

☑（4）精神障害を認め、日常生活における身のまわりのことも、多くの援助が必要である。
（たとえば、著しく適正を欠く行動が見受けられる。自発的な発言が少ない、あっても発言内容が不適切であったり不明瞭であったりする。金銭管理ができない場合など。）

□（5）精神障害を認め、身のまわりのこともほとんどできないため、常時の援助が必要である。
（たとえば、家庭内生活においても、食事や身のまわりのことを自発的にすることができない。また、在宅の場合に通院等の外出には、付き添いが必要な場合など。）

（知的障害）
□（1）知的障害を認めるが、社会生活は普通にできる。

□（2）知的障害を認め、家庭内での日常生活は普通にできるが、社会生活には、援助が必要である。
（たとえば、簡単な漢字は読み書きができ、会話も意思の疎通が可能であるが、抽象的なことは難しい。身辺生活も一人でできる程度）

□（3）知的障害を認め、家庭内での単純な日常生活はできるが、時に応じて援助が必要である。
（たとえば、ごく簡単な読み書きや計算はでき、助言などがあれば作業は可能である。具体的指示であれば理解ができ、身辺生活についてもおおむね一人でできる程度）

☑（4）知的障害を認め、日常生活における身のまわりのことも、多くの援助が必要である。
（たとえば、簡単な文字や数字は理解でき、保護的環境であれば単純作業は可能である。習慣化していることであれば言葉での指示を理解し、身辺生活についても部分的にできる程度）

□（5）知的障害を認め、身のまわりのこともほとんどできないため、常時の援助が必要である。
（たとえば、文字や数の理解力がほとんど無く、簡単な手伝いもできない。言葉による意思の疎通がほとんど不可能であり、身辺生活の処理も一人ではできない程度）

エ　現症時の就労状況
○勤務先　□一般企業　□就労支援施設　□その他（　　　　）
○雇用体系　□障害者雇用　□一般雇用　□自営　□その他（　　　　）
○勤続年数（　　年　　ヶ月）　○仕事の頻度（週に　　月に　　）日）
○ひと月の給与（　　　円程度）
○仕事の内容

○仕事場での援助の状況や意思疎通の状況

オ　身体所見（神経学的な所見を含む。）

カ　臨床検査（心理テスト・認知検査、知能障害の場合は、知能指数、精神年齢を含む。）

　　WAIS-Ⅳ　IQ61（令和3年12月1日当院実施）

キ　福祉サービスの利用状況（障害者総合支援法に規定する自立訓練、共同生活援助、居宅介護、その他障害福祉サービス等）

⑪ 現症時の日常生活動作能力及び労働能力（必ず記入してください。）	就労不能。家族から多くの支援を必要とする状態。
⑫ 予後（必ず記入してください。）	現状が改善することは難しい状況。
⑬ 備考	

上記のとおり、診断します。　　　令和4年6月29日

病院又は診療所の名称　■クリニック　　　診療担当科名　精神科

所　在　地　■■■■■■■　　　医師氏名　■■■■■■

【医師照会の内容と回答書】

（様式1）

（照会受付番号）

████████

████████ 様

（代理人）████████ 様

日本年金機構

年金請求書にかかるご照会

　先に請求がありました届書について、審査を進めた結果、下記の事項について確認が必要となりました。つきましては、下記の医療機関の担当医師にご記入いただき、カルテの写しと併せて障害年金センターにご提出をお願いします。

届書：障基年金請求１０７

医療機関名・診療科・医師名：████ クリニック

精神科

████ 先生

提出先年金事務所：機構本部

████ クリニック

精神科 ████ 先生

　平素より年金業務にご協力いただき、御礼申し上げます。

　さて、ご多忙のところ恐縮ですが、貴院受診者から請求がありました届書について審査を進めるため、下記の事項についてご照会を申し上げます。

１．　H31.1.16～R.4.7.29までのカルテの写しをご提出ください。

２．　米国知的発達障害学会によれば、『知的能力障害は、18歳までに現れる明らかな知的機能（推論、学習、問題解決能力）障害と適応障害（概念化能力、社会技能、生活を送る能力）の両方を伴う障害』と定義されていますが、令和3年12月1日に行った心理検査結果以外で、「軽度知的障害」の診断に至った経過やご事情について下記にご教示ください。

　　　当院初診時より診察を進めるうち、患者の対応や日常生活能力に関しての違和感あり、生来の知的障害の可能性を考えていた。知的障害により社会不適応となり2次的にうつ病を発症した可能性があると考え、令和4年2月の父からのヒアリング、令和3年12月の心理検査結果を踏まえて障害年金診断書の作成となった。

令和4年11月25日　████████

医療機関名及び所在地　████ クリニック　医師の氏名 ████████

TEL ████　　FAX ████

担当者名：████████

提出先　：〒162-8799　　日本郵便株式会社　牛込郵便局　私書箱145号

障害年金センター　精神障害第1グループ　████████

精神の障害等級を確認するために医師照会が行われた事例

▶ カルテの提出要求　　▶ 障害状態

１ 事例の概要

1）請求人は、50歳代男性。
2）躁うつ病による精神障害で、障害厚生年金を事後重症請求した。
3）障害状態の程度について医師照会が行われた。
4）審査の結果、再照会等はなく、障害厚生年金２級で支給決定となった。

２ この事例を理解するために必要な知識・情報

【精神障害にかかる等級判定ガイドラインについて】

　精神障害にかかる等級判定ガイドライン（以下「ガイドライン」という）は、精神障害（てんかんを除く）の等級判定の全国平準化を目的に新設されました（平成28年９月１日施行）。以下でそのポイントを紹介します（ガイドライン全文については巻末320ページをご参照ください）。

１）ガイドラインの構成

第１段階

　診断書の記載項目である「日常生活能力の程度」および「日常生活能力の判定」を数値化して組み合わせ（マトリックス表を使用する）、認定する等級の目安とする（小数点第２位以下切捨て）。

第２段階

> 障害認定医が、等級の目安を参考としつつ、その他の様々な要素を考慮して総合的に等級判定をする。
>
> **【考慮する５つの要素】**
>
> １．現在の病状又は状態像…診断書⑦欄、⑩ア・イ欄、⑪欄、⑫欄など
> ２．療養状況（入院・通院の状況、治療歴など）…診断書⑨エ、⑩イ欄など
> ３．生活環境（同居人の有無、福祉サービスの利用状況など）…診断書⑩ウ・キ欄など
> ４．就労状況…診断書⑩エ欄
> ５．その他（精神障害者保健福祉手帳の有無・等級など）

２）マトリックス表

程度 / 判定平均	（５）	（４）	（３）	（２）	（１）
3.5 〜 4.0	1級	1・2級			
3.0 〜 3.4	1・2級	2級	2級		
2.5 〜 2.9		2級	2・3級		
2.0 〜 2.4		2級	2・3級	3級・非該当	
1.5 〜 1.9			3級	3級・非該当	
1.0 〜 1.4				非該当	非該当

「判定平均」：「日常生活能力の判定」の４段階評価について、程度の軽い方から１
〜４の数値に置き換えて、その平均を算出したもの
「程　　度」：「日常生活能力の程度」の５段階評価を指す

３）考慮する５つの要素

　総合評価では、等級の目安を参考としつつ、その他の様々な要素を考慮して、総合的に等級判定することとされています。精神障害・知的障害・発達障害に共通してまたは障害ごとに、一般的に考慮することが妥当と考えられる要素の例（①現在の病状又は状態像、②療養状況、③生活環境、④就労状況、⑤その他）が示されています。

出典：『はじめて手続きする人にもよくわかる　障害年金の知識と請求手続ハンドブック　７訂版』（高橋裕典著、日本法令）

3 提出書類の内容

診断書（89ページ）の要点を摘記すると以下のとおりです。

- ⑩欄 – ウ – 1　生活状況は在宅・同居者有である。
- ⑩欄 – ウ – 2　日常生活能力の判定平均は、3.7である。
- ⑩欄 – ウ – 3　日常生活能力の程度は、最重度の（5）である。
- ⑩欄 – キ　　　福祉サービスの利用状況は「特記なし」である。
- ⑪欄　　　　　就労不能。日常生活に著しい支障があり、家族などから多くの支援が必要な状態である。

4 なぜ医師照会となったのか

　マトリックス表における等級の目安では1級となりますが、1級と認定できるか否かについて、保険者としては総合評価を行うために情報が必要であると判断したものと推察されます。

　障害認定基準では、1級の障害の程度は「常時の援助が必要」等と記載されており、診断書の記載を見ると、⑩–ウ欄では在宅であり、⑩欄–キでは福祉サービスの利用は特にしておらず、⑪欄の記載では具体的な支援の程度等が計り兼ねると考えられた可能性があります。

　ガイドラインには「「日常生活能力の程度」の評価と「日常生活能力の判定」の平均との整合性が低く、参考となる目安がない場合は、必要に応じて診断書を作成した医師に内容確認をするなどしたうえで、「日常生活能力の程度」及び「日常生活能力の判定」以外の診断書等の記載内容から様々な要素を考慮のうえ、総合評価を行う。」とあります。また、「診断書の記載内容に基づき個別の事案に即して総合的に評価した結果、目安と異なる等級になることもあり得るが、その場合は、合理的かつ明確な理由をもって判定する。」との記載があることからも、整合性や合理的かつ明確な理由の判定のためにカルテの写しの提出を求めたものと推察されます。

5 医師照会の内容と回答書

　医師照会により、診断書現症日の前後3か月のカルテの写しの提出を求められました。当該期間内のカルテの内容としては、常時支援を受けている状況の記載がなく、比較的落ち着いている状態である旨の記載となっていました。カルテ内容が確認されて1級の障害の程度とは認められないと判定されたものと推察されます。

6 本事例のポイントとまとめ

　ガイドラインのマトリックス表はあくまでも障害等級の目安を決めるものです。その点を留意のうえ、障害認定基準やガイドラインの考慮する要素の例についても確認し、万が一、事実と異なった記載（たとえば、入院中であるのに在宅となっている。利用している訪問看護等のサービスの種類やその頻度等の記載がされていない等々）があるのであれば、診断書作成医に確認のうえ、訂正を求めることも事実に基づいた適正な認定を受けるために必要になります。

　本事例においては、在宅生活であり、福祉サービスも受けていませんでしたが、同居の家族から常時の援助を受けている実態がありました。受診時や診断書作成依頼時等に、実際に受けている援助の状況等を具体的に医師に伝えるようにすることや、診断書⑪欄の記載とその他の記載との整合性について確認をするようにすることも必要であったと思われます。

【診断書（表面）】

（精）	国民年金 厚生年金保険	診 断 書 （精神の障害用）		様式第120号の4

（フリガナ） 氏 名　　　■■■■　　生年月日 ☑昭和 平成 令和　46 年 ■ 月 ■ 日生（50 歳）性別 ☑男 □女

住 所　住所地の郵便番号 ■■■ － ■■■　都道 府県 ■■■ 郡市 区 ■■■

① 障害の原因となった傷病名　躁うつ病
ICD－10コード（　F31　）

② 傷病の発生年月日　□昭和 ☑平成 □令和　24 年 1 月 ■ 日　□診療録で確認 ☑本人の申立て（R3 年 1 月 23日）　本人の発病時の職業　会社員

③ ①のため初めて医師の診療を受けた日　□昭和 ☑平成 □令和　24 年 3 月 10 日　□診療録で確認 ☑本人の申立て（R3 年 1 月 23日）　④ 既存障害

⑥ 傷病が治った（症状が固定した状態を含む。）かどうか。　□平成 □令和　年 月 日　□確認 □推定　症状のよくなる見込‥・□有・☑無・□不明　⑤ 既往症

⑦ 発病から現在までの病歴及び治療の経過、内容、就学・就労状況等、期間、その他参考となる事項

陳述者の氏名 ■■■■　請求人との続柄　本人　聴取年月日　R3 年 8 月 2 日

平成24年1月から不安、抑うつ気分が出現。徐々に増悪するため同年3月10日 ■■医院を受診。向精神薬による薬物療法を開始するも精神症状は動揺傾向で経過。時に多弁、多動や浪費傾向が出現するなど軽躁状態であった。令和3年1月23日当院に転院し加療するも状態は動揺傾向で経過している。

⑧ 診断書作成医療機関における初診時所見　初診年月日 □昭和 □平成 ☑令和 3 年 1 月 23 日

不安、抑うつ気分、不眠、焦燥感を認め、抑うつ状態を呈していた。

⑨ これまでの発育・養育歴等（出生から発育の状況や教育歴及びこれまでの職歴をできるだけ詳しく記入してください。）

ア 発育・養育歴

イ 教育歴
乳児期　□不就学・☑就学猶予
小学校 □普通学級・□特別支援学級・□特別支援学校
中学校 □普通学級・□特別支援学級・□特別支援学校
高 校 □普通学級・□特別支援学級・□特別支援学校
その他

ウ 職歴　主に製造業の作業員

エ 治療歴（書ききれない場合は⑬「備考」欄に記入してください。）（※ 同一医療機関の入院・外来は分けて記入してください。）

医療機関名	治療期間	入院・外来	病 名	主 な 療 法	転帰（軽快・悪化・不変）
■■医院	H24 年 3 月～ R2 年12月	□入院・☑外来	うつ病	薬物療法	悪化
当院	R3 年 1 月～ 年 月	□入院・☑外来	躁うつ病	薬物療法	悪化
	年 月～ 年 月	□入院・□外来			
	年 月～ 年 月	□入院・□外来			

⑩ 障 害 の 状 態（□平成 ☑令和 3 年 8 月 2 日 現症）

ア 現在の病状又は状態像（該当のローマ数字、英数字にチェックしてください。）

（前回の診断書を作成している場合は記入してください。）
前回の診断書の記載時との比較　□1 変化なし □2 改善している □3 悪化している □4 不明

I 抑うつ状態　☑1 思考・運動制止 □2 刺激性、興奮 ☑3 憂うつ気分 □4 自殺企図 □5 希死念慮 □6 その他（　）

II そう状態　□1 行為心迫 □2 多弁・多動 □3 気分（感情）の異常な高揚・刺激性 □4 観念奔逸 □5 易怒性・被刺激性亢進 □6 誇大妄想 □7 その他（　）

III 幻覚妄想状態 等　□1 幻覚 □2 妄想 □3 させられ体験 □4 思考形式の障害 □5 著しい奇異な行為 □6 その他（　）

IV 精神運動興奮状態及び昏迷の状態　□1 興奮 □2 昏迷 □3 拒絶・拒食 □4 滅裂思考 □5 衝動行為 □6 自傷 □7 無動・無反応 □8 その他（　）

V 統合失調症等残遺状態　□1 自閉 □2 感情の平板化 □3 意欲の減退 □4 その他（　）

VI 意識障害・てんかん　□1 意識混濁 □2 （夜間）せん妄 □3 もうろう □4 錯乱 □5 てんかん発作 □6 不機嫌症 □7 その他（　）
・てんかん発作の状態　※発作のタイプは記入上の注意参照
1 てんかん発作のタイプ（□A・□B・□C・□D）
2 てんかん発作の頻度（年間　回、月平均　回、週平均　回　程度）

VII 知能障害等　□1 知的障害 □ア 軽度 □イ 中等度 □ウ 重度 □エ 最重度
□2 認知症 □ア 軽度 □イ 中等度 □ウ 重度 □エ 最重度
□3 高次脳機能障害 □ア 失行 □イ 失認 □ウ 記憶障害 □エ 注意障害 □オ 遂行機能障害 □カ 社会的行動障害
□4 学習障害 □ア 読み □イ 書き □ウ 計算 □エ その他（　）
□5 その他（　）

VIII 発達障害関連症状　□1 相互的な社会関係の質的障害 □2 言語コミュニケーションの障害 □3 限定した常同的で反復的な関心と行動 □4 その他（　）

IX 人格変化　□1 欠陥状態 □2 無関心 □3 無為 □4 その他症状等（　）

X 乱用、依存等（薬物等名：　）□1 乱用 □2 依存

XI その他〔　〕

イ 左記の状態について、その程度・症状・処方薬等を記載してください。

強い不安、抑うつ気分、不眠、焦燥感を認め、時に自殺念慮が出現する。
意欲低下、集中困難あり、臥床傾向で経過することが多い。
最近は多弁多動など躁状態は認めない。

処方内容
（略）

本人の障害の程度及び状態に無関係な欄には記入する必要はありません。（無関係な欄は、斜線により抹消してください。）

（お願い）臨床所見等は、診療録に基づいてわかる範囲で記入してください。

（お願い）太文字の欄は、記入漏れがないように記入してください。

医師照会事例

カルテの提出要求／障害状態

診療録で確認または 本人の申立てのどちらかにチェックをして、本人の申立ての場合は、それを聴取した年月日を記入してください。

事例No.11　精神の障害等級の確認　89

【診断書（裏面）】

<table>
<tr><td>

ウ 日常生活状況
1 家庭及び社会生活についての具体的な状況
(ア) 現在の生活環境(該当するもの一つを選んでチェックしてください。)
□入院・□入所・☑在宅・□その他( )
(施設名)
同居者の有無 (☑有・□無)

(イ) 全般的状況(家族及び家族以外の者との対人関係についても
具体的に記入してください。)
適切な対人関係を築くことは困難。
家族の支援により生活が成り立っている。

2 日常生活能力の判定(該当するものにチェックしてください。)
(判断にあたっては、単身で生活するとしたら可能かどうかで判断してください。)

(1) 適切な食事 — 配膳などの準備も含めて適当量をバランスよく摂ることがほぼできるなど。

□できる □自発的にできるが時には助言や指導を必要とする □自発的かつ適正に行うことはできないが助言や指導があればできる ☑助言や指導をしてもできない若しくは行わない

(2) 身辺の清潔保持 — 洗面、洗髪、入浴等の身体の衛生保持や着替え等ができる。また、自室の清掃や片付けができるなど。

□できる □自発的にできるが時には助言や指導を必要とする □自発的かつ適正に行うことはできないが助言や指導があればできる ☑助言や指導をしてもできない若しくは行わない

(3) 金銭管理と買い物 — 金銭を独力で適切に管理し、やりくりがほぼできる。また、一人で買い物が可能であり、計画的な買い物がほぼできるなど。

□できる □おおむねできるが時には助言や指導を必要とする □助言や指導があればできる ☑助言や指導をしてもできない若しくは行わない

(4) 通院と服薬 (□要・☑不要) — 規則的に通院や服薬を行い、病状等を主治医に伝えることができるなど。

□できる □おおむねできるが時には助言や指導を必要とする □助言や指導があればできる ☑助言や指導をしてもできない若しくは行わない

(5) 他人との意思伝達及び対人関係 — 他人の話を聞く、自分の意思を相手に伝える、集団的行動が行えるなど。

□できる □おおむねできるが時には助言や指導を必要とする □助言や指導があればできる ☑助言や指導をしてもできない若しくは行わない

(6) 身辺の安全保持及び危機対応 — 事故等の危険から身を守る能力がある、通常と異なる事態となった時に他人に援助を求めるなどを含めて、適正に対応することができるなど。

□できる □おおむねできるが時には助言や指導を必要とする □助言や指導があればできる ☑助言や指導をしてもできない若しくは行わない

(7) 社会性 — 銀行での金銭の出し入れや公共施設等の利用が一人で可能。また、社会生活に必要な手続きが行えるなど。

□できる □おおむねできるが時には助言や指導を必要とする □助言や指導があればできる ☑助言や指導をしてもできない若しくは行わない

</td><td>

3 日常生活能力の程度(該当するもの一つにチェックしてください。)
※日常生活能力の程度を記載する際には、状態をもっとも適切に記載できる(精神障害)又は(知的障害)のどちらかを使用してください。

(精神障害)
□(1) 精神障害(病的体験・残遺症状・認知障害・性格変化等)を認めるが、社会生活は普通にできる。

□(2) 精神障害を認め、家庭内での日常生活は普通にできるが、社会生活には、援助が必要である。
(たとえば、日常的な家事をこなすことはできるが、状況や手順が変化したりすると困難を生じることがある。社会行動や自発的な行動が適切に出来ないこともある。金銭管理はおおむねできる場合など。)

□(3) 精神障害を認め、家庭内での単純な日常生活はできるが、時に応じて援助が必要である。
(たとえば、習慣化した外出はできるが、家事をこなすために助言や指導を必要とする。社会的な対人交流は乏しく、自発的な行動に困難がある。金銭管理が困難な場合など。)

□(4) 精神障害を認め、日常生活における身のまわりのことも、多くの援助が必要である。
(たとえば、著しく適正を欠く行動が見受けられる。自発的な発言が少ない、あっても発言内容が不適切であったり不明瞭であったりする。金銭管理ができない場合など。)

☑(5) 精神障害を認め、身のまわりのこともほとんどできないため、常時の援助が必要である。
(たとえば、家庭内生活においても、食事や身のまわりのことを自発的にすることができない。また、在宅の場合に通院等の外出には、付き添いが必要な場合など。)

(知的障害)
□(1) 知的障害を認めるが、社会生活は普通にできる。

□(2) 知的障害を認め、家庭内での日常生活は普通にできるが、社会生活には、援助が必要である。
(たとえば、簡単な漢字は読み書きができ、会話も意思の疎通が可能であるが、抽象的なことは難しい。身辺生活も一人でできる程度)

□(3) 知的障害を認め、家庭内での単純な日常生活はできるが、時に応じて援助が必要である。
(たとえば、ごく簡単な読み書きや計算はでき、助言などがあれば作業は可能である。具体的指示であれば理解ができ、身辺生活についてもおおむね一人でできる程度)

□(4) 知的障害を認め、日常生活における身のまわりのことも、多くの援助が必要である。
(たとえば、簡単な文字や数字は理解でき、保護的な環境であれば単純作業は可能である。習慣化していることであれば言葉での指示を理解し、身辺生活についても部分的にできる程度)

□(5) 知的障害を認め、身のまわりのこともほとんどできないため、常時の援助が必要である。
(たとえば、文字や数の理解力がほとんど無く、簡単な手伝いもできない。言葉による意思の疎通がほとんど不可能であり、身辺生活の処理も一人ではできない程度)

</td></tr>
<tr><td>

エ 現症時の就労状況
○ 勤務先 ○一般企業 ○就労支援施設 ○その他( )
○ 雇用体系 ○障害者雇用 ○一般雇用 ○自営 ○その他( )
○ 勤続年数 (年 ヶ月) ○ 仕事の頻度 (週に 月に 日)
○ ひと月の給与 (円程度)
○ 仕事の内容

○ 仕事場での援助の状況や意思疎通の状況

　　無職

</td><td>

オ 身体所見(神経学的な所見を含む。)

カ 臨床検査(心理テスト・認知検査、知能障害の場合は、知能指数、精神年齢を含む。)

キ 福祉サービスの利用状況(障害者総合支援法に規定する自立訓練、共同生活援助、居宅介護、その他障害福祉サービス等)

</td></tr>
<tr><td colspan="2">

⑪ 現症時の日常生活動能力及び労働能力
(必ず記入してください。)
就労不能。日常生活に著しい支障があり、家族などから多くの支援が必要である。

</td></tr>
<tr><td colspan="2">

⑫ 予 後
(必ず記入してください。)
不明

</td></tr>
<tr><td colspan="2">

⑬ 備 考

</td></tr>
</table>

上記のとおり、診断します。　　　　令和4 年 6 月 29 日

病院又は診療所の名称 ■ クリニック　　　診療担当科名 精神科
所 在 地 ■■■■■■■■■　　　医師氏名 ■■■■■

短期間での再請求のため、状態変化の有無が疑われ医師照会となった事例

▶ カルテの提出要求　　▶ 障害状態

1 事例の概要

1）請求人は、40歳代女性。
2）双極性感情障害、アルコール依存症で、障害基礎年金を事後重症請求したが、障害状態に該当していないとして不支給となった。
3）日常生活と就労状況に変化がみられたことから、約4か月後に再度の事後重症請求を行った。
4）短期間での障害状態の変化に疑義が生じ、カルテの写しの提出を求められた。
5）審査の結果、再照会等はなく、障害基礎年金2級で支給決定となった。

2 この事例を理解するために必要な知識・情報

【病気の概要】

　アルコール依存症とは、長期間にわたってアルコールを大量に摂取し続けることによって、アルコールを摂取しないといられなくなる状態に陥る病気で、日本での患者数は80万人以上いると推定されています。
　（メディカルノートHPより作成：https://medicalnote.jp/）
　アルコールは禁止されているものではありませんので、障害年金の給付が制限されるわけではありませんが、保険者は認定審査において、アルコールによる身体への影響、診断書に記載されている障害状態にアルコールによる症状が見られるのか等を詳しく確認していると思われます。そのため、断酒している期間等を診断書に明記していただくような工夫も必要になると思われます。

❸ 提出書類の内容

１）令和４年４月に請求した際に提出した精神の障害用診断書（94ページ）

要点を摘記すると以下のとおりです。

- ⑩欄　ウ　日常生活能力の判定平均2.8、日常生活能力の程度（３）。
- ⑩欄　エ　現症時の就労状況　勤務先　その他（パート）。
　　　　　　勤続年数６ヶ月、仕事の頻度週３日、ひと月の給与５万円程度
　　　　　　仕事の内容　小売店での補助業務
　　　　　　仕事場での援助の状況や意思疎通の状況：周囲と同じようにでき
　　　　　　ず、作業で混乱し退職を考えている。
- ⑪欄　「慢性的な抑うつ状態が続いている。対人不安、対人緊張が強く日常生
　　　　活に支障がある。就労継続は困難な状態である。」

２）令和４年７月に請求した際に提出した精神の障害用診断書（96ページ）

要点を摘記すると以下のとおりです。

- ⑩欄　ウ　日常生活能力の判定平均3.0、日常生活能力の程度（４）。
- ⑩欄　エ　現症時の就労状況　記載なし。
- ⑪欄　「慢性的な抑うつ状態が続いている。対人不安、対人緊張が強く日常生
　　　　活に著しい支障がある。就労は継続できず、一般就労は困難である。」

---

❹ なぜ医師照会となったのか

　約４か月という短期間で診断書に記載されているような障害状態の変化が本当に
あったのかどうかを確認するために行われたものと思われます。また、就労状況につ
いても再請求時の診断書内に記載がないことから、就労状況がどのように変化したの
か確認する意味もあり、カルテの写しの提出を求められたものと推測します。

5 医師照会の内容と回答書 （98ページ）

　2つの診断書現症日を含む期間（令和4年3月○日から令和4年7月△日）のカルテの写しの提出を求められました。

　カルテには、定期的な受診歴、アルバイト先での様子や家族との関わり・悩み、希死念慮等の症状が記載され、再請求に至る経過（障害状態の変化）が明らかになったことから、保険者は障害認定に進んだものと考えられます。

6 本事例のポイントとまとめ

　初回請求時からわずか4か月で再請求を行ったのには理由があります。それは、初回請求時、この方は就労ができているとはいえず、「精神の障害に係る等級判定ガイドライン」に当てはめても2級または3級であったことから、支給が認められるべきであったと思われたためです。

　4か月しか期間が空いていないことから、保険者がカルテの写しの提出を求める可能性は当初から予測していました。病院ソーシャルワーカーにはその旨を伝えたうえで再請求手続を進めていきました。請求人の障害状態をしっかり理解してもらうためには、再請求手続と並行して審査請求手続も必要であると考えて行いました。結果は、無事に再請求が認められ、審査請求を取り下げました。

　請求代理人が最善の手続きを行うためには、先を予測して進めること、病院ソーシャルワーカーと連携することが大切だと思います。

（精）	国民年金 厚生年金保険	診　断　書 （精神の障害用）	様式第120号の4

| （フリガナ）
氏　名 | ■■■■■ | 生年月日 | 昭和　51 年　6 月　■ 日生（ 45 歳） | 性別 | □男 ☑女 |

| 住　所 | 住所地の郵便番号
■■ － ■■■■ | ■■■■ | 都道府県 | ■■■ | 郡市区 | ■■■■ |

診療録で確認または本人の申立てのどちらかにチェックをして、本人の申立ての場合は、それを聴取した年月日を記入してください。

| ① 障害の原因となった傷病名 | 双極性感情障害
アルコール依存症

ICD－10コード（ F31 ） | ② 傷病の発生年月日 | 平成 16 年 頃 月 日 | ☑診療録で確認
□本人の申立て（　年　月　日） | 本人の発病時の職業 | |
| ③ ①のため初めて医師の診療を受けた日 | | 平成 16 年 8 月 ■ 日 | ☑診療録で確認
□本人の申立て（　年　月　日） | ④ 既存障害 | |

| ⑥ 傷病が治った（症状が固定した状態を含む。）かどうか。 | 年　月　日 | □確認 □推定 | 症状のよくなる見込‥☑有・☑無・□不明 | ⑤ 既往症 | |

| ⑦ | 陳述者の氏名 ■■■■■ | 請求人との続柄　本人　聴取年月日 R4 年 3 月 ■ 日 |
| 発病から現在までの病歴及び治療の経過、内容、就学・就労状況等、期間、その他参考となる事項 | 20代ごろから気分が不安定で飲酒あり、精神科通院、入院を繰り返してきた。産後のうつ状態がひどく、飲酒が増え子どもを施設に預けていたこともある。気分の波が大きく、子育ての苦労が多かった。小売店で何度も就労を試みるが対人関係、気分の不安定さありなかなか継続しなかった。子どもにあたってしまうことも多く障害福祉サービスを利用している。服薬を継続している。 |

| ⑧ 診断書作成医療機関における初診時所見
初診年月日
〔 平成 27 年 11 月 ■ 日 〕 | アルコール依存症、市販の鎮痛薬の乱用として ■■ 病院より紹介された。３０歳ごろから異常酩酊あり、アルコール性のてんかんあり。過食嘔吐もあり薬物療法、相談をしつつ自助グループへの参加も検討。 |

| ⑨ これまでの発育・養育歴等（出生から発育の状況や教育歴及びこれまでの職歴をできるだけ詳しく記入してください。） | ア 発育・養育歴
小学校から教師や同級生からいじめをうけたが、あまり気にしていなかった。 | イ 教育歴
乳児期
□不就学・・☑就学猶予
小学校〔☑普通学級・□特別支援学級・□特別支援学校〕
中学校〔☑普通学級・□特別支援学級・□特別支援学校〕
高校〔☑普通学級・□特別支援学校〕
その他 | ウ 職歴
小売店で勤務するが、継続できず |

エ 治療歴（書ききれない場合は⑬「備考」欄に記入してください。）（※ 同一医療機関の入院・外来は分けて記入してください。）

医療機関名	治療期間	入院・外来	病　名	主な療法	転帰（軽快・悪化・不変）
■■ 病院	H27 年 11 月 ～ 現在	□入院 ☑外来	双極性感情障害	薬物・精神療法	不変
	年 月 ～ 年 月	□入院 □外来			
	年 月 ～ 年 月	□入院 □外来			
	年 月 ～ 年 月	□入院 □外来			

（お願い）臨床所見等は、診療録に基づいてわかる範囲で記入してください。

⑩ 障　害　の　状　態 （ 令和 4 年 3 月 ■ 日 現症）

ア 現在の病状又は状態像（該当のローマ数字、英数字にチェックしてください。）

前回の診断書の記載時との比較 （前回の診断書を作成している場合は記入してください。）
□1 変化なし　□2 改善している　□3 悪化している　□4 不明

I	抑うつ状態 □1 思考・運動制止　□2 興奮、焦燥　☑3 憂うつ気分 □4 自殺企図　　　□6 希死念慮
II	そう状態 □1 行為心迫　□2 多弁・多動　□3 気分（感情）の異常な高揚・刺激性 ☑4 観念奔逸　☑5 易怒性・被刺激性亢進　□6 誇大妄想 □7 その他
III	幻覚妄想状態 等 □1 幻覚　□2 妄想　□6 その他　□3 させられ体験　□4 思考形式等の障害
IV	精神運動興奮状態及び昏迷の状態 □1 興奮　□2 昏迷　□3 拒絶・拒食　□4 滅裂思考 □5 衝動行為　□6 自傷　□7 無動・無反応 □8 その他
V	統合失調症等残遺状態 □1 自閉　□2 感情の平板化　□3 意欲の減退 □4 その他
VI	意識障害・てんかん □1 意識混濁　□2 (夜間)せん妄　□3 もうろう　□4 錯乱 □5 てんかん発作　□6 不機嫌等　□7 その他（　） ・てんかん発作の状態　※発作のタイプは記入上の注意参照 　1 てんかん発作のタイプ □A・□B・□C・□D 　2 てんかん発作の頻度（年間　回、月平均　回、週平均　回 程度）
VII	知能障害等 □1 知的障害　□2 認知症〔ア 軽度・イ 中等度・ウ 重度・エ 最重度〕 □3 高次脳機能障害〔ア 軽度・イ 中等度・ウ 重度・エ 最重度〕 　□ア 失行　□イ 失認 　□ウ 記憶障害　□エ 注意障害　□オ 遂行機能障害　□カ 社会的行動障害 □4 学習障害〔ア 読み・イ 書き・ウ 計算・エ その他（　）〕 □5 その他（　）
VIII	発達障害関連症状 □1 相互的な社会関係の質的障害　☑2 言語コミュニケーションの障害 □3 限定した常同的で反復的な関心と行動　□4 その他（　）
IX	人格変化 □1 欠陥状態　□2 無関心　□3 無為 □4 その他症状等（　）
X	乱用、依存等（薬物等） □1 乱用　□2 依存
XI	その他〔　〕

イ 左記の状態について、その程度・症状・処方薬等を具体的に記載してください。

気分の波があり、抑うつ状態が持続している。

対人不安、緊張が強く周囲の視線が気になり、些細な刺激で感情が乱れコントロールできない。対人関係において器用に立ち振る舞えない。過食や過眠などの症状があり、日々疲れ果ててしまう。
消えてしまいたい衝動にかられる。

当院受診時より断酒を継続している。

（お願い）太文字の欄は、記入漏れがないように記入してください。

ウ 日常生活状況
1 家庭及び社会生活についての具体的な状況
 (ア) 現在の生活環境（該当するもの一つを選んでチェックしてください。）
  ☐入院・☐入所・☑在宅・☐その他（　　　　　　　　　　　）
  （施設名　　　　　　　）
  同居者の有無 （ ☑有 ・ ☐無 ）

 (イ) 全般的状況（家族及び家族以外の者との対人関係についても
   具体的に記入してください。）
  [家人以外との関係は乏しい。]

2 日常生活能力の判定（該当するものにチェックしてください。）
 （判断にあたっては、単身で生活するとしたら可能かどうかで判断してください。）

(1) 適切な食事 － 配膳などの準備も含めて適当量をバランスよく摂ることがほぼできるなど。
☐できる／自発的にできるが時☐には助言や指導を必要とする／自発的かつ適正に行うこ☑とはできないが助言や指導があればできる／助言や指導をしても☐できない若しくは行わない

(2) 身辺の清潔保持 － 洗面、洗髪、入浴等の身体の衛生保持や着替え等ができる。また、自室の清掃や片付けができるなど。
☐できる／自発的にできるが時☐には助言や指導を必要とする／自発的かつ適正に行うこ☑とはできないが助言や指☐導があればできる／助言や指導をしても☐できない若しくは行わない

(3) 金銭管理と買い物 － 金銭を独力で適切に管理し、やりくりがほぼできる。また、一人で買い物が計画的に買い物等がほぼできるなど。
☐できる／おおむねできるが時☐には助言や指導を必要とする／助言や指導があれば☑できる／助言や指導をしても☐できない若しくは行わない

(4) 通院と服薬（☑要・☐不要）－ 規則的に通院や服薬を行い、病状等を主治医に伝えることができるなど。
☐できる／おおむねできるが時☑には助言や指導を必要とする／助言や指導があれば☐できる／助言や指導をしても☐できない若しくは行わない

(5) 他人との意思伝達及び対人関係 － 他人の話を聞く、自分の意思を相手に伝える、集団的行動が行えるなど。
☐できる／おおむねできるが時☐には助言や指導を必要とする／助言や指導があれば☑できる／助言や指導をしても☐できない若しくは行わない

(6) 身辺の安全保持及び危機対応 － 事故等の危険から身を守る能力がある、通常と異なる事態となった時に他人に援助を求めるなどを含めて、適正に対応することができるなど。
☐できる／おおむねできるが時☐には助言や指導を必要とする／助言や指導があれば☑できる／助言や指導をしても☐できない若しくは行わない

(7) 社会性 － 銀行での金銭の出し入れや公共施設等の利用が一人で可能。また、社会生活に必要な手続きが行えるなど。
☐できる／おおむねできるが時☐には助言や指導を必要とする／助言や指導があれば☑できる／助言や指導をしても☐できない若しくは行わない

3 日常生活能力の程度（該当するもの一つにチェックしてください。）
 ※日常生活能力の程度を記載する際には、状態をもっとも適切に
  記載できる（精神障害）又は（知的障害）のどちらかを使用してく
  ださい。
（精神障害）
☐ (1) 精神障害（病的体験・残遺症状・認知障害・性格変化等）を認めるが、社会生活は普通にできる。

☐ (2) 精神障害を認め、家庭内での日常生活は普通にできるが、社会生活には、援助が必要である。
（たとえば、日常的な家事をこなすことはできるが、状況や手順が変化したりすると困難を生じることがある。社会行動や自発的な行動が適切に出来ないこともある。金銭管理はおおむねできる場合など。）

☑ (3) 精神障害を認め、家庭内での単純な日常生活はできるが、時に応じて援助が必要である。
（たとえば、習慣化した外出はできるが、家事をこなすために助言や指導を必要とする。社会的な対人交流は乏しく、自発的な行動に困難がある。金銭管理が困難な場合など。）

☐ (4) 精神障害を認め、日常生活における身のまわりのことも、多くの援助が必要である。
（たとえば、著しく適正を欠く行動が見受けられる。自発的な発言が少ない、あっても発言内容が不適切であったり不明瞭であったりする。金銭管理ができない場合など。）

☐ (5) 精神障害を認め、身のまわりのこともほとんどできないため、常時の援助が必要である。
（たとえば、家庭内生活においても、食事や身のまわりのことを自発的にすることができない。また、在宅の場合に通院等の外出には、付き添いが必要な場合など。）

（知的障害）
☐ (1) 知的障害を認めるが、社会生活は普通にできる。

☐ (2) 知的障害を認め、家庭内での日常生活は普通にできるが、社会生活には、援助が必要である。
（たとえば、簡単な漢字は読み書きができ、会話も意思の疎通が可能であるが、抽象的なことは難しい。身辺生活も一人でできる程度）

☐ (3) 知的障害を認め、家庭内での単純な日常生活はできるが、時に応じて援助が必要である。
（たとえば、ごく簡単な読み書きや計算はでき、助言などがあれば作業は可能である。具体的指示であれば理解ができ、身辺生活についてもおおむね一人でできる程度）

☐ (4) 知的障害を認め、日常生活における身のまわりのことも、多くの援助が必要である。
（たとえば、簡単な文字や数字は理解でき、保護的環境であれば単純作業は可能である。習慣化していることであれば言葉での指示を理解し、身辺生活について部分的にできる程度）

☐ (5) 知的障害を認め、身のまわりのこともほとんどできないため、常時の援助が必要である。
（たとえば、文字や数の理解力がほとんど無く、簡単な手伝いもできない。言葉による意思の疎通がほとんど不可能であり、身辺生活の処理も一人ではできない程度）

エ 現症時の就労状況
○ 勤務先 ☐一般企業 ☐就労支援施設 ☑その他（ パート ）
○ 雇用体系 ☐障害者雇用 ☐一般雇用 ☐自営 ☐その他（ ）
○ 勤続年数（ 年 ヶ月） ○ 仕事の頻度（ ☑週に ☐月に（ 3 ）日）
○ ひと月の給与（ 5万 円程度）
○ 仕事の内容
　　小売店での補助業務
○ 仕事場での援助の状況や意思疎通の状況
　　周囲と同じようにできず、作業で混乱し退職を考えている。

オ 身体所見（神経学的な所見を含む。）

カ 臨床検査（心理テスト・認知検査、知能障害の場合は、知能指数、精神年齢を含む。）

キ 福祉サービスの利用状況（障害者総合支援法に規定する自立訓練、共同生活援助、居宅介護、その他障害福祉サービス等）

⑪ 現症時の日常生活動能力及び労働能力（必ず記入してください。）	慢性的な抑うつ状態が続いている。対人不安、対人緊張が強く日常生活に支障がある。就労継続は困難な状態である。
⑫ 予　後（必ず記入してください。）	不詳
⑬ 備　考	

上記のとおり、診断します。　　　　　　　　令和4 年 4 月 ■ 日
病院又は診療所の名称　■病院　　　　　診療担当科名 精神科
所　在　地　■■■■■■■■　　　　　医師氏名　■■■■

医師照会事例

カルテの提出要求／障害状態

（精）	国民年金 厚生年金保険	診 断 書 （精神の障害用）	様式第120号の4

（フリガナ） 氏 名	■■■■■■■■	生年月日	昭和 51 年 6 月 ■ 日生 （46 歳）	性別 □ 男 ☑ 女

住 所	住所地の郵便番号 ■■■ － ■■■■	■■■■■■	都道 府県	■■■■	郡市 区	■■■■■■

① 障害の原因となった傷病名：双極性感情障害／アルコール依存症　ICD－10コード（ F31 ）

② 傷病の発生年月日：平成 16 年 頃 月 ☑ 日　☑診療録で確認　□本人の申立て（ 年 月 日 ）

本人の発病時の職業

③ ①のため初めて医師の診察を受けた日：平成 16 年 8 月 ■ 日　☑診療録で確認　□本人の申立て（ 年 月 日 ）

④ 既存障害

⑥ 傷病が治った（症状が固定した状態を含む。）かどうか。　年 月 日　□確認 □推定

症状のよくなる見込・・□有・☑無・□不明

⑤ 既往症

⑦ 陳述者の氏名 ■■■■■■　請求人との続柄 本人　聴取年月日 年 月 日

発病から現在までの病歴及び治療の経過、内容、就学・就労状況等、期間、その他参考となる事項

20代ごろから気分が不安定で飲酒あり、精神科通院、入院を繰り返してきた。産後のうつ状態がひどく、飲酒が増え子どもを施設に預けていたこともある。気分の波が大きく、子育ての苦労が多かった。小売店で何度も就労を試みるが対人関係、気分の不安定さありなかなか継続しなかった。子どもにあたってしまうことも多く障害福祉サービスを利用している。服薬を継続している。

⑧ 診断書作成医療機関における初診時所見
初診年月日　平成 27 年 11 月 4 日

アルコール依存症、市販の鎮痛薬の乱用として ■■病院より紹介された。30歳ごろから異常酩酊あり、アルコール性のてんかんあり。過食嘔吐もあり薬物療法、相談をしつつ自助グループへの参加も検討。

⑨ これまでの発育・養育歴等（出生から発育の状況や教育歴及びこれまでの職歴をできるだけ詳しく記入してください。）

ア 発育・養育歴：小学校から教師や同級生からいじめをうけたが、あまり気にしていなかった。

イ 教育歴

	不就学	就学猶予		
乳児期				
小 学 校	□普通学級	□特別支援学級	□特別支援学校	
中 学 校	□普通学級	□特別支援学級	□特別支援学校	
高 校	☑普通学級	□特別支援学校		
その他				

ウ 職歴：小売店で勤務するが、継続できず

エ 治療歴（書ききれない場合は⑬「備考」欄に記入してください。）（※ 同一医療機関の入院・外来は分けて記入してください。）

医療機関名	治療期間	入院・外来	病 名	主 な 療 法	転帰（軽快・悪化・不変）
■■病院	H27 年 11 月 ～ 現在 年 月	□入院 ☑外来	双極性感情障害	薬物・精神療法	不変
	年 月 ～ 年 月	□入院 □外来			
	年 月 ～ 年 月	□入院 □外来			
	年 月 ～ 年 月	□入院 □外来			

⑩ 障 害 の 状 態 （ 令 記 4 年 7 月 ■ 日 現症）

ア 現在の病状又は状態像（該当のローマ数字、英数字にチェックしてください。）

前回の診断書作成時との比較（前回の診断書を作成している場合は記入してください。）
□1 変化なし □2 改善している □3 悪化している □4 不明

I 抑うつ状態
□1 思考・運動制止　☑2 刺激性、興奮　☑3 憂うつ気分
□4 自殺企図　☑5 希死念慮　□6 その他

II そう状態
□1 行為心迫　☑2 多弁・多動　□3 気分（感情）の異常な高揚・刺激性
□4 観念奔逸　□5 易怒性・被刺激性亢進　□6 誇大妄想
□7 その他

III 幻覚妄想状態　等
□1 幻覚　□2 妄想　□3 させられ体験　□4 思考形式の障害
□5 著しい奇異な行為　□6 その他

IV 精神運動興奮状態及び昏迷の状態
□1 興奮　□2 昏迷　□3 拒絶・拒食　□4 滅裂思考
□5 衝動行為　□6 自傷　□7 無動・無反応　□8 その他

V 統合失調症等残遺状態
□1 自閉　□2 感情の平板化　□3 意欲の減退
□4 その他

VI 意識障害・てんかん
□1 意識混濁　□2 (夜間)せん妄　□3 もうろう　□4 錯乱
□5 てんかん発作　□6 不機嫌症　□7 その他
・てんかん発作の状態　※発作のタイプは記入上の注意参照
　1 てんかん発作のタイプ（ □A ・ □B ・ □C ・ □D ）
　2 てんかん発作の頻度（ 年間 回 月平均 回、週平均 回 程度 ）

VII 知能障害等
□1 知的障害　□ア 軽度　□イ 中等度　□ウ 重度　□エ 最重度
□2 認知症　□ア 軽度　□イ 中等度　□ウ 重度　□エ 最重度
□3 高次脳機能障害
　□ア 失行　□イ 失語
　□ウ 記憶障害　□エ 注意障害　□オ 遂行機能障害　□カ 社会的行動障害
□4 学習障害　□ア 読み　□イ 書き　□ウ 計算　□エ その他（ ）
□5 その他

VIII 発達障害関連症状
□1 相互的な社会関係の質的障害　☑2 言語コミュニケーションの障害
□3 限定した常同的で反復的な関心と行動　□4 その他（ ）

IX 人格変化
□1 欠陥状態　□2 無関心　□3 無為
□4 その他症状等（ ）

X 乱用・依存等（薬物等名： ）
□1 乱用　□2 依存

XI その他 〔 〕

イ 左記の状態について、その程度・症状・処方薬等を具体的に記載してください。

気分の波があり、抑うつ状態が持続している。

対人不安、緊張が強く周囲の視線が気になり、些細な刺激で感情が乱れコントロールできない。対人関係において器用に立ち振る舞えない。
過食や過眠などの症状があり、日々疲れ果ててしまう。
消えてしまいたい衝動にかられる。

当院受診時より断酒を継続している。

ウ 日常生活状況
1 家庭及び社会生活についての具体的な状況
(ア) 現在の生活環境(該当するものの一つを選んでチェックしてください。)
☐入院・☐入所・☑在宅・☐その他(　　　　　　　　)
(施設名　　　　　　　　)
同居者の有無 (☑有 ・ ☐無)

(イ) 全般的状況(家族及び家族以外の者との対人関係についても
具体的に記入してください。)
家人以外との交流はほとんどない。

2 日常生活能力の判定(該当するものにチェックしてください。)
(判断にあたっては、単身で生活するとしたら可能かどうかで判断してください。)

(1) 適切な食事 — 配膳などの準備も含めて適当量をバランスよく摂ることがほぼできるなど。

☐できる	☑には助言や指導を必要とする	☐自発的かつ適正に行うことはできないが助言や指導があればできる	☐助言や指導をしてもできない若しくは行わない

(2) 身辺の清潔保持 — 洗面、洗髪、入浴等の身体の衛生保持や着替え等ができる。また、自室の清掃や片付けができるなど。

☐自発的にできる	☑には助言や指導を必要とする	☐自発的かつ適正に行うことはできないが助言や指導があればできる	☐助言や指導をしてもできない若しくは行わない

(3) 金銭管理と買い物 — 金銭を独力で適切に管理し、やりくりがほぼできる。また、一人で買い物が可能であり、計画的な買い物がほぼできるなど。

☐できる	☑おおむねできるが時には助言や指導を必要とする	☐助言や指導があればできる	☐助言や指導をしてもできない若しくは行わない

(4) 通院と服薬 (☑要 ・ ☐不要) — 規則的に通院や服薬を行い、病状等を主治医に伝えることができるなど。

☐できる	☑おおむねできるが時には助言や指導を必要とする	☐助言や指導があればできる	☐助言や指導をしてもできない若しくは行わない

(5) 他人との意思伝達及び対人関係 — 他人の話を聞く、自分の意思を相手に伝える、集団的行動が行えるなど。

☐できる	☑おおむねできるが時には助言や指導を必要とする	☐助言や指導があればできる	☐助言や指導をしてもできない若しくは行わない

(6) 身辺の安全保持及び危機対応 — 事故等の危険から身を守る能力がある、通常と異なる事態となった時に他人に援助を求めるなどを含めて、適正に対応することができるなど。

☐できる	☐おおむねできるが時には助言や指導を必要とする	☐助言や指導があればできる	☑助言や指導をしてもできない若しくは行わない

(7) 社会性 — 銀行での金銭の出し入れや公共施設等の利用が一人で可能。また、社会生活に必要な手続きが行えるなど。

☐できる	☑おおむねできるが時には助言や指導を必要とする	☐助言や指導があればできる	☐助言や指導をしてもできない若しくは行わない

エ 現症時の就労状況
○ 勤務先 ☐一般企業 ☐就労支援施設 ☐その他(　　　)
○ 雇用体系 ☐障害者雇用 ☐一般雇用 ☐自営 ☐その他(　　　)
○ 勤続年数 (　　年　　ヶ月) ○ 仕事の頻度 (週に　　月に(　　)日)
○ ひと月の給与 (　　　　円程度)
○ 仕事の内容
○ 仕事場での援助の状況や意思疎通の状況

3 日常生活能力の程度(該当するもの一つにチェックしてください。)
※日常生活能力の程度を記載する際には、状態をもっとも適切に記載できる(精神障害)又は(知的障害)のどちらかを使用してください。

(精神障害)
☐ (1) 精神障害(病的体験・残遺症状・認知障害・性格変化等)を認めるが、社会生活は普通にできる。

☐ (2) 精神障害を認め、家庭内での日常生活は普通にできるが、社会生活には、援助が必要である。
(たとえば、日常的な家事をこなすことはできるが、状況や手順が変化したりすると困難を生じることがある。社会行動や自発的な行動が適切に出来ないこともある。金銭管理はおおむねできる場合など。)

☐ (3) 精神障害を認め、家庭内での単純な日常生活はできるが、時に応じて援助が必要である。
(たとえば、習慣化した外出はできるが、家事をこなすために助言や指導を必要とする。社会的な対人交流は乏しく、自発的な行動に困難がある。金銭管理が困難な場合など。)

☑ (4) 精神障害を認め、日常生活における身のまわりのことも、多くの援助が必要である。
(たとえば、著しく適正を欠く行動が見受けられる。自発的な発言が少ない、あっても発言内容が不適切であったり不明瞭であったりする。金銭管理ができない場合など。)

☐ (5) 精神障害を認め、身のまわりのこともほとんどできないため、常時の援助が必要である。
(たとえば、家庭内生活においても、食事や身のまわりのことを自発的にすることができない。また、在宅の場合に通院等の外出には、付き添いが必要な場合など。)

(知的障害)
☐ (1) 知的障害を認めるが、社会生活は普通にできる。

☐ (2) 知的障害を認め、家庭内での日常生活は普通にできるが、社会生活には、援助が必要である。
(たとえば、簡単な漢字は読み書きができ、会話に意思の疎通が可能であるが、抽象的なことは難しい。身辺生活も一人でできる程度)

☐ (3) 知的障害を認め、家庭内での単純な日常生活はできるが、時に応じて援助が必要である。
(たとえば、ごく簡単な読み書きや計算はでき、助言などがあれば作業は可能である。具体的指示であれば理解ができ、身辺生活についてもおおむね一人でできる程度)

☐ (4) 知的障害を認め、日常生活における身のまわりのことも、多くの援助が必要である。
(たとえば、簡単な文字や数字は理解でき、保護的な環境であれば単純作業は可能である。習慣化していることであれば言葉での指示を理解し、身辺生活についても部分的にできる程度)

☐ (5) 知的障害を認め、身のまわりのこともほとんどできないため、常時の援助が必要である。
(たとえば、文字や数の理解力がほとんど無く、簡単な手伝いもできない。言葉による意思の疎通がほとんど不可能であり、身辺生活の処理も一人ではできない程度)

オ 身体所見(神経学的な所見を含む。)

カ 臨床検査(心理テスト・認知検査、知的障害の場合は、知能指数、精神年齢を含む。)

キ 福祉サービスの利用状況(障害者総合支援法に規定する自立訓練、共同生活援助、居宅介護、その他障害福祉サービス等)

⑪ 現症時の日常生活動能力及び労働能力 (必ず記入してください。)	慢性的な抑うつ状態が続いている。対人不安、対人緊張が強く日常生活に著しい支障がある。就労は継続できず、一般就労は困難である。
⑫ 予　　後 (必ず記入してください。)	不詳
⑬ 備　　考	

上記のとおり、診断します。　　　　令和4 年 7 月 ■ 日
病院又は診療所の名称 ■■病院　　　　診療担当科名 精神科
所　在　地 ■■■■■■■■　　　医師氏名 ■■■■■

医師照会事例

カルテの提出要求／障害状態

（様式 1）

（照会受付番号）

██████

令和 4 年 9 月 ■ 日

██████ 様

（代理人）██████ 様

日本年金機構

年金請求書にかかるご照会

先に請求がありました届書について、審査を進めた結果、下記の事項について確認が必要となりました。つきましては、下記の医療機関の担当医師にご記入いただき、カルテの写しと併せて提出をお願いします。

届書：障基年金請求１０７

医療機関名・診療科・医師名：██ 病院

精神科

██ 先生

提出先年金事務所：障害年金センター　精神障害第２Ｇ

██ 病院

精神科 ██████ 先生

平素より年金業務にご協力いただき、御礼申し上げます。

さて、ご多忙のところ恐縮ですが、貴院受診者から請求のありました届書について審査を進めるため、下記の事項についてご照会を申し上げます。

令和 4 年 3 月 ○ 日から令和 4 年 7 月 △ 日までのカルテの写しを添付願います。

████████

███████

██████

令和 4 年 11 月 ■ 日 ██████ **病 院**

医療機関名及び所在地 ████████ 　　　医師の氏名 ██████

TEL ██████ 　FAX ██████

担当者名 ：

提出先 ：〒

障害年金センター　精神障害第２Ｇ

診断書記載根拠確認のために
医師照会が行われた事例

▶ カルテの提出要求　　▶ 記載根拠

1 事例の概要

> 1）請求人は、40歳代女性。
> 2）線維筋痛症による肢体障害だが、申し立てる初診日が認められるかわからなかった。
> 3）初診日特定のため、先に障害基礎年金の事後重症請求を行った。
> 4）事後重症請求で障害基礎年金2級認定後に障害認定日遡及請求を行った。
> 5）障害認定日の診断書に係るカルテの写しを求める医師照会が行われた。
> 6）審査の結果、再照会等はなく、障害認定日も2級で決定となった。

2 この事例を理解するために必要な知識・情報

【病気の概要】

　「「線維筋痛症」とは、3ヶ月以上の長期にわたって、身体のあちこちの広い範囲に痛みが持続したり、再発したりします。痛み以外に、身体の強いこわばりとともに、激しい疲労感、不眠、頭痛やうつ気分、物忘れなど多彩な症状を伴います。病気の原因はまだよくわかっていませんが、最近では神経炎症と免疫系からの検討が行われていますが、確定的ではありません。通常、さまざまな検査を行っても、患者さんに共通した特徴的な異常がみられないことから、わが国では線維筋痛症の診断が遅れることがしばしばです。この病気は、命にかかわる病気ではありませんが、現在のところ線維筋痛症を完治させる治療法がなかなかないため、日常生活への影響が大きく、しばしば社会生活が著しく困難となることが大きな問題となっています。」
　（出典：公益財団法人日本リウマチ財団リウマチ情報センターHP

(https://www.rheuma-net.or.jp/rheuma/illness/fm/))

3 提出書類の内容

先に行った事後重症の診断書（101ページ）および初診日が確定した後に行った障害認定日時点の診断書（103ページ）の要点を摘記すると以下のとおりです。記載内容はほぼ同じです。

- ⑧欄　全身の痛みと四肢のしびれあり。線維筋痛症分類基準による圧痛点18か所中17か所ある。
- ⑯欄　筋力は右左ともに「半減」、一部関節可動域の制限がみられる。
- ⑱欄　四肢全体に著しい障害（△×、×）がある。
- ㉓欄　線維筋痛症の重症度分類試案により、ステージⅢ。

4 なぜ医師照会となったのか

先に行った事後重症および後に行った障害認定日時点の診断書の記載内容がほぼ同じであることから、疑義が生じ、記載の根拠となるカルテの写しの提出を求められたものと推測されます。

5 医師照会の内容と回答書 （105ページ）

医師照会により、障害認定日時点の診断書の記載根拠となるカルテの写しを提出しました。カルテの内容から障害状態の確認がされ、障害認定に進んだものと考えられます。

6 本事例のポイントとまとめ

本事例では、請求日と障害認定日の診断書の障害状態は変わらず、診断書の記載内容がほぼ同じであったことから、保険者の医師照会があったものと思われます。障害状態の確認のために、保険者からカルテの写しの提出を求められる可能性があることを事前に診断書を作成いただく医師へお伝えしておくことがよいと思われます。また、初診日確定のため、先に事後重症請求を行ってから障害認定日請求を行うケースもあります。初診日が明確でない場合や障害認定日頃の診断書の取得に時間がかかる場合などでは、必要となる手続きであることを押さえておきましょう。

様式第120号の3

<table>
<tr><td colspan="2">⑱ 肢　国 民 年 金
厚 生 年 金 保 険</td><td colspan="2">診 断 書　（肢体の障害用）</td></tr>
</table>

（フリガナ） 氏　　名	■■■■	生年月日	☑昭和 ☐平成 ☐令和 47 年 12 月 ■ 日生（ 48 歳）	性別	☐男 ☑女

住　　所	住所地の郵便番号 ■■■-■■■■ ■■■■県 ■■■■市 ■■■■

① 障害の原因 となった 傷病名	線維筋痛症	② 傷病の発生年月日	☐昭和 ☑平成 ☐令和 27 年 頃	☐診療録で確認 ☑本人の申立て
		③ ①のため初めて医師の診療を受けた日	☐昭和 ☑平成 ☐令和 28 年 4 月 8 日	☑診療録で確認 ☐本人の申立て

④ 傷病の原因 又は誘因	不明 初診年月日（☐昭和・☐平成・☐令和　　年　　月　　日）	⑤既存 障害		⑥既往症	

⑦ 傷病が治った（症状が固定して治療の効果が期待できない状態を含む。）かどうか。	傷病が治っている場合・・・・・・・・・・治った日 ☐平成 ☐令和　　年　　月　　日 ☐確　認 ☐推　定
	傷病が治っていない場合・・・・・・・・・症状のよくなる見込 ☐有　・　☐無　・　☐不明

⑧ 診断書作成医療機関 における初診時所見 **初診年月日** ☑昭和 ☑平成 28 年 4 月 8 日 ☐令和	全身の痛みと四肢のしびれあり。線維筋痛症の圧痛点１７／１８

⑨ 現在までの治療の 内容、期間、経過、 その他参考となる 事項	平成28年4月13日、〇〇神経内科受診。仮面うつ病、線維筋痛症の疑いと診断。平成28年10月、△△脳神経内科受診。線維筋痛症の疑いと診断。以後当院にて加療。	診療回数	年　間　　8　回 月 平均　　　回

⑩ 計　測 （☐平成・☐令和　年　月　日計測）	身長　　　　　cm 体重　　　　　kg	血圧	最高　　　　mmHg 最低　　　　mmHg

障　害　の　状　態　　（☐平成・☑令和 3 年 12 月 3 日現症）

右　左　　　右　左

切断又は離断日	☐平成 ☐令和　年　月　日
創面治ゆ日	☐平成 ☐令和　年　月　日

■切断
離断　　×変形　　▨感覚麻痺　　▨運動麻痺

⑪ 切断又は離断・変形・麻痺

切断又は離断の場合の神経・運動障害	断端の痛み ☐有・☐無		すぐ上の関節の異常 ☐有・☐無		（有の場合は⑯欄に記入してください。）
外　観	☐弛緩性 ・ ☐痙直性 ・ ☐不随意運動性 ・ ☐失調性 ・ ☐強剛性 ・ ☐しんせん性				
起因部位	☐脳性 ・ ☐脊髄性 ・ ☐末梢神経性 ・ ☐筋性 ・ ☐その他 （（ 心因性のものと思われる場合は、 その旨を右に記入してください。 ））				
種類及びその程度	☐感覚麻痺（ ☐脱失 ・ ☐鈍麻 ・ ☐過敏 ・ ☐異常 ）		☐運動麻痺		

反　射	右				左			
	上 肢	下 肢	バビンスキー反射	その他の病的反射	上 肢	下 肢	バビンスキー反射	その他の病的反射

そ の 他	排尿障害 ☐有 ・ ☐無	排便障害 ☐有 ・ ☐無	褥創又はその瘢痕 ☐有 ・ ☐無

⑫ 脊柱の障害	脊柱の他動可動域					随伴する脊髄・根症状などの臨床症状	
	部位	前屈	後屈	右側屈	左側屈	右回旋	左回旋
	頚部						
	胸腰部						

⑬ 人工骨頭・人工関節の装着の状態	**部　位**		⑭ 握力	右	左
	手　術　日 ☐平成・☐令和　年　月　日			4.5 kg	8 kg

⑮ 手（足）の他動可動域指関節	部　位		母　指		示　指		中　指		環　指		小　指	
			屈曲	伸展	屈曲	伸展	屈曲	伸展	屈曲	伸展	屈曲	伸展
	中手（足）指節関節（MP）	右	90	0	90	0	90	0	80	0	90	0
		左	90	0	90	0	90	0	80	0	90	0
	近位指節間関節（PIP） （母指では指節間関節）	右	45	0	45	0	60	0	45	0	45	0
		左	45	0	45	0	60	0	45	0	45	0

本人の障害の程度及び状態に無関係な欄には記入する必要はありません。（無関係な欄は、斜線により抹消してください。）

医師照会事例

カルテの提出要求／記載根拠

（お願い）関節可動域は、健側についても記入してください。

障害の状態 （□平成・☑令和 3 年 12 月 3 日 現症）

⑯ 関節可動域及び筋力

部位	運動の種類	右 関節可動域(角度) 強直肢位	右 他動可動域	右 筋力	左 関節可動域(角度) 強直肢位	左 他動可動域	左 筋力
肩関節	屈曲		160	レ		160	レ
	伸展		20	レ		20	レ
	内転		10	レ		10	レ
	外転		90	レ		90	レ
肘関節	屈曲		120	レ		120	レ
	伸展		0	レ		0	レ
前腕	回内		90	レ		90	レ
	回外		45	レ		45	レ
手関節	背屈		60	レ		50	レ
	掌屈		60	レ		50	レ
股関節	屈曲		70	レ		70	レ
	伸展		0	レ		0	レ
	内転		5	レ		5	レ
	外転		20	レ		20	レ
膝関節	屈曲		90	レ		90	レ
	伸展		0	レ		0	レ
足関節	背屈		20	レ		20	レ
	底屈		40	レ		40	レ

（筋力欄：正常／やや減／半減／著減／消失）

股関節屈曲値は次のどちらですか。
□膝屈伸位　□膝伸展位

⑰ 四肢長及び四肢囲

	右 上肢長	上腕囲	前腕囲	下肢長	大腿囲	下腿囲	左 上肢長	上腕囲	前腕囲	下肢長	大腿囲	下腿囲
	51	32.5	26.5	70.5	60	37.5	47	30	26.5	70.3	60.7	37.4
	cm	cm	cm	cm	cm	cm	cm	cm	cm	cm	cm	cm

⑱ 日常生活における動作の障害の程度

補助用具を使用しない状態で判断してください。

- 一人でうまくできる場合には　…………「○」
- 一人でできてもやや不自由な場合には　………「○△」
- 一人でできるが非常に不自由な場合には　……「△×」
- 一人で全くできない場合には　…………「×」

該当する記号をリストから選択してください。

日常生活における動作	右	左
a つまむ （新聞紙が引き抜けない程度）	△×	△×
b 握る （丸めた週刊誌が引き抜けない程度）	×	×
c タオルを絞る （水をきれる程度）	両手	
d ひもを結ぶ	両手	×
e さじで食事をする	△×	△×
f 顔を洗う （顔に手のひらをつける）	△×	△×
g 用便の処置をする（ズボンの前のところに手をやる）	△×	△×
h 用便の処置をする（尻のところに手をやる）	×	△×
i 上衣の着脱（かぶりシャツを着て脱ぐ）	両手	△×
j 上衣の着脱（ワイシャツを着てボタンをとめる）	両手	×
k ズボンの着脱（どのような姿勢でもよい）	両手	△×
l 靴下を履く（どのような姿勢でもよい）	両手	△×

日常生活における動作	右	左
m 片足で立つ	△×	△×
n 座る［正座、横すわり、あぐら、脚なげだし］（このような姿勢を持続する）		△×
o 深くおじぎ（最敬礼）をする		△×
p 歩く（屋内）		△×
q 歩く（屋外）		△×
r 立ち上がる		□ア 支持なしでできる　□イ 支持があればできるがやや不自由　□ウ 支持があればできるが非常に不自由　☑エ 支持があっても不自由
s 階段を上る		□ア 手すりなしでできる　□イ 手すりがあればできるがやや不自由　☑ウ 手すりがあればできるが非常に不自由　□エ 手すりがあってもできない
t 階段を下りる		□ア 手すりなしでできる　□イ 手すりがあればできるがやや不自由　☑ウ 手すりがあればできるが非常に不自由　□エ 手すりがあってもできない

平衡機能

1 開眼での起立・立位保持の状態
　□ア 可能である。　☑イ 不安定である。　□ウ 不可能である。

2 開眼での直線の10m歩行の状態
　□ア まっすぐ歩き通す。　☑イ 多少転倒しそうになったりよろめいたりするがどうにか歩き通す。　□ウ 転倒あるいは著しくよろめいて、歩行を中断せざるを得ない。

3 自覚症状・他覚所見及び検査所見
全身の痛み、こわばり、四肢のしびれ、脱力感、疲労感など

⑲ 補助用具使用状況

該当する数字にチェックをして、右のア・イいずれかの使用状況を選び、[ ]内のリストから選択してください。

- □1 [ ] 上肢補助具　□2 [ ] 下肢補装具 [□左・□右]
- □3 [ ] 杖　（　）　□4 [ ] 松葉杖 [□左・□右]
- □5 [ ] 車椅子　☑6 [イ] 歩行車
- □7 [ ] その他　（具体的に　　）
- □8 補助用具は使用していない

ア 常時（起床より就寝まで）使用
イ 常時ではないが使用

使用状況を詳しく記入してください。
屋内は壁など支えになるものにつかまっている。
屋外はカートを使用している。

⑳ その他の精神・身体の障害の状態

㉑ 現症時の日常生活動能力及び労働能力（必ず記入してください。）（補助用具を使用しない状態で判断してください。）

日常生活に多くの支障があり周囲のサポートが必要。労働は不可能。

㉒ 予後（必ず記入してください。）

不明

㉓ 備考

線維筋痛症ステージⅢ

上記のとおり、診断します。　令和3 年 12 月 13 日

病院又は診療所の名称　■医院　　診療担当科名 リウマチ科

所在地　　医師氏名 ■■■■■

様式第120号の3

診断書 （肢体の障害用）

㊞ 肢 国民年金 厚生年金保険

| （フリガナ） 氏　名 | ■■■■ | 生年月日 | ☑昭和 平成 令和 | 47 年 12 月 ■ 日生（48 歳） | 性別 | □男 ☑女 |

| 住　所 | 住所地の郵便番号 ■■■ - ■■■ ■■■■県 ■■■■市 ■■■■ |

| ① 障害の原因となった傷病名 | 線維筋痛症 | ② 傷病の発生年月日 | □昭和 ☑平成 □令和 27 年 頃 | □診療録で確認 ☑本人の申立て （　年　月　日） |
| | | ③ ①のため初めて医師の診療を受けた日 | □昭和 ☑平成 □令和 28 年 4 月 8 日 | □診療録で確認 ☑本人の申立て （　年　月　日） |

| ④ 傷病の原因又は誘因 | 不明 初診年月日（□昭和・□平成・□令和　年　月　日） | ⑤既存障害 | | ⑥既往症 | |

| ⑦ 傷病が治った（症状が固定して治療の効果が期待できない状態を含む。）かどうか。 | 傷病が治っている場合・・・・・・・・・・治った日 | □平成 □令和 年 月 日 | □確認 □推定 |
| | 傷病が治っていない場合・・・・・・・・症状のよくなる見込 | □有 ・ □無 ・ ☑不明 |

| ⑧ 診断書作成医療機関における初診時所見 初診年月日 （□昭和 ☑平成 □令和 28 年 4 月 8 日） | 全身の痛みと四肢のしびれあり。線維筋痛症の圧痛点１７／１８ |

| ⑨ 現在までの治療の内容、期間、経過、その他参考となる事項 | 平成28年4月13日、○○神経内科受診。仮面うつ病、線維筋痛症の疑いと診断。平成28年10月、△△脳神経内科受診。線維筋痛症の疑いと診断。以後当院にて加療。 | 診療回数 | 年　間 8 回 月　平均 回 |

| ⑩ 計測 （□平成・□令和　年　月　日計測） | 身長 cm 体重 kg | 血圧 | 最高 136 mmHg 最低 85 mmHg |

（お願い）障害の状態は、診療録に基づいてわかる範囲で記入してください。

障害の状態 （☑平成・□令和 29 年 12 月 21 日現症）

右　　左　　右　　左

| 切断又は離断日 | 平成 令和 年 月 日 |
| 創面治ゆ日 | 平成 令和 年 月 日 |

■■■切断 離断　×変形　▨感覚麻痺　▤運動麻痺

切断又は離断の場合の神経・運動障害	断端の痛み □有・□無	すぐ上の関節の異常 □有・□無	（有の場合は⑯欄に記入してください。）
外　観	□弛緩性・□痙直性・□不随意運動性・□失調性・□強剛性・□しんせん性
起因部位	□脳性・□脊髄性・□末梢神経性・□筋性・□その他（（ 心因性のものと思われる場合は、その旨を右に記入してください。 ）
種類及びその程度	□感覚麻痺（ □脱失・□鈍麻・□過敏・□異常 ）　　□運動麻痺
反　射	右　上肢　下肢　バビンスキー反射　その他の病的反射	左　上肢　下肢　バビンスキー反射　その他の病的反射
その他	排尿障害 □有・□無	排便障害 □有・□無	褥創又は瘢痕 □有・□無

⑫ 脊柱の障害	脊柱の他動可動域		随伴する脊髄・根症状などの臨床症状
	部位 前屈 後屈 右側屈 左側屈 右回旋 左回旋
	頚部
	胸腰部

| ⑬ 人工骨頭・人工関節の装着の状態 | 部位 | | ⑭ 握力 | 右 4.5 kg | 左 8 kg |
| | 手術日 □平成・□令和 年 月 日 |

（お願い）太文字の欄は、記入漏れがないように記入してください。

⑮ 手（足）指関節の他動可動域	部位		母指 屈曲 伸展	示指 屈曲 伸展	中指 屈曲 伸展	環指 屈曲 伸展	小指 屈曲 伸展
	中手（足）指節関節（MP）	右	90　0	90　0	90　0	80　0	90　0
		左	90　0	90　0	90　0	80　0	90　0
	近位指節間関節（PIP）（母指では指節間関節）	右	45　0	45　0	60　0	45　0	45　0
		左	45　0	45　0	60　0	45　0	45　0

本人の障害の程度及び状態に無関係な欄には記入する必要はありません。（無関係な欄は、斜線により抹消してください。）

| 障　害　の　状　態 | | | （☑平成・☐令和　29　年　12　月　21　日　現症） | | | | | | | | | |

（お願い）関節可動域は、健側についても記入してください。

⑯ 関節可動域及び筋力

部　位	運動の種類	右							左						
		関節可動域（角度）		筋　力					関節可動域（角度）		筋　力				
		強直肢位	他動可動域	正常	やや減	半減	著減	消失	強直肢位	他動可動域	正常	やや減	半減	著減	消失
肩　関　節	屈　曲		160	レ						160	レ				
	伸　展		20	レ						20	レ				
	内　転		10	レ						10	レ				
	外　転		90	レ						90	レ				
肘　関　節	屈　曲		120	レ						120	レ				
	伸　展		0	レ						0	レ				
前　腕	回　内		90	レ						90	レ				
	回　外		45	レ						45	レ				
手　関　節	背　屈		60	レ						50	レ				
	掌　屈		60	レ						50	レ				
股　関　節	屈　曲		70	レ						70	レ				
	伸　展		0	レ						0	レ				
	内　転		5	レ						5	レ				
	外　転		20	レ						20	レ				
膝　関　節	屈　曲		90	レ						90	レ				
	伸　展		0	レ						0	レ				
足　関　節	背　屈		20	レ						20	レ				
	底　屈		40	レ						40	レ				

股関節屈曲値は次のどちらですか。
☐ 膝屈曲位
☐ 膝伸展位

⑰ 四肢長及び四肢囲

	右						左					
	上肢長	上腕囲	前腕囲	下肢長	大腿囲	下腿囲	上肢長	上腕囲	前腕囲	下肢長	大腿囲	下腿囲
	51 cm	32.5 cm	26.5 cm	70.5 cm	60 cm	37.5 cm	47 cm	30 cm	26.5 cm	70.3 cm	60.7 cm	37.4 cm

⑱ 日常生活における動作の障害の程度

補助用具を使用しない状態で判断してください。

一人でうまくできる場合には　……………「○」
一人でできてもやや不自由な場合には　……「○△」
一人でできるが非常に不自由な場合には　……「△×」
一人で全くできない場合には　…………「×」

該当する記号をリストから選択してください。

日常生活における動作	右	左	日常生活における動作	右	左
a　つ　ま　む（新聞紙が引き抜けない程度）	△×	△×	m　片足で立つ	△×	△×
b　握　る（丸めた週刊誌が引き抜けない程度）	×	×	n　座　る[正座、横すわり、あぐら、脚なげだし]	△×	
c　タオルを絞る（水をきれる程度）	両手	×	（このような姿勢を持続する）		
d　ひもを結ぶ	両手	×	o　深くおじぎ（最敬礼）をする	△×	
e　さじで食事をする	△×	△×	p　歩く（屋内）	△×	
f　顔　を　洗　う（顔に手のひらをつける）	△×	△×	q　歩く（屋外）	△×	
g　用便の処置をする（ズボンの前のところに手をやる）	△×	△×	r　立ち上がる	☐ ア 支持なしでできる　☐ イ 支持があればできるが非常に不自由　☑ ウ 支持があればできるが容易に不自由　☐ エ 支持があってもできない	
h　用便の処置をする（尻のところに手をやる）	△×	△×			
i　上衣の着脱（かぶりシャツを着て脱ぐ）	両手	△×	s　階段を上る	☐ ア 手すりなしでできる　☐ イ 手すりがあればできるが非常に不自由　☑ ウ 手すりがあればできるが容易に不自由　☐ エ 手すりがあってもできない	
j　上衣の着脱（ワイシャツを着てボタンをとめる）	両手	△×			
k　ズボンの着脱（どのような姿勢でもよい）	両手	△×	t　階段を下りる	☐ ア 手すりなしでできる　☐ イ 手すりがあればできるが非常に不自由　☑ ウ 手すりがあればできるが容易に不自由　☐ エ 手すりがあってもできない	
l　靴　下　を　履　く（どのような姿勢でもよい）	両手	△×			

平衡機能	1 閉眼での起立・立位保持の状態	2 閉眼での直線の10m歩行の状態	3 自覚症状・他覚所見及び検査所見
	☐ ア 可能である。	☐ ア まっすぐ歩き通す。	全身の痛み、こわばり、四肢のしびれ、脱力感、疲労感など
	☑ イ 不安定である。	☑ イ 多少転倒しそうになったりよろめいたりするがどうにか歩き通す。	
	☐ ウ 不可能である。	☐ ウ 転倒あるいは著しくよろめいて、歩行を中断せざるを得ない。	

⑲ 補助用具使用状況

該当する数字にチェックをして、右のア・イいずれかの使用状況を選び、〔　〕内のリストから選択してください。

☐ 1〔　〕上肢補装具　　☐ 2〔　〕下肢補装具（左・右）
☐ 3〔　〕杖　　　　　　☐ 4〔　〕松葉杖　（☐左・☐右）
☐ 5〔　〕車椅子　　　　☑ 6〔 イ 〕歩行車
☐ 7〔　〕その他　　（具体的に　　　　　　　　）
☐ 8　補助用具は使用していない

ア 常時（起床より就寝まで）使用
イ 常時ではないが使用

使用状況を詳しく記入してください。

屋内は壁など支えになるものにつかまっている。
屋外はカートを使用している。

⑳ その他の精神・身体の障害の状態

㉑ 現症時の日常生活活動能力及び労働能力（必ず記入してください。）

（補助用具を使用しない状態で判断してください。）

日常生活に多くの支障があり周囲のサポートが必要。労働は不可能。

㉒ 予　後（必ず記入してください。）

不明

㉓ 備　考

線維筋痛症ステージⅢ

上記のとおり、診断します。　　　　　令和4　年　9　月　11　日

病院又は診療所の名称　　　■■■ 医院　　　　　　診療担当科名　リウマチ科

所　在　地　　　　　　　　　　　　　　　医師氏名　■■■■■■

【医師照会と内容と回答書】

（様式1）

（照会受付番号）
■■■■■■

令和4年10月27日

■■■■■■ 様

日本年金機構

年金請求書にかかるご照会

　先に請求がありました届書について、審査を進めた結果、下記の事項について確認が必要となりました。つきましては、下記の医療機関の担当医師にご記入いただき、カルテの写しと併せて年金事務所に提出をお願いします。

届書：年金請求書（国民年金障害基礎年金）

医療機関名・診療科・医師名：■■■ 医院

リウマチ科

■■■ 先生

提出先年金事務所：障害年金センター　外部障害第1G

■■■ 医院

リウマチ科

■■■■■　先生

　平素より年金業務にご協力いただき、御礼申し上げます。

　さて、ご多忙のところ恐縮ですが、貴院受診の ■■■■■■ 様から請求がありました届書について審査を進めるため、下記の事項についてご照会を申し上げます。

◎ 令和4年9月11日に作成をいただきました、平成29年12月21日現症の診断書（肢体の障害用）の記載根拠となりましたカルテ等の写しについて、ご提出をいただきますようお願いいたします。

令和4年11月14日

医療機関名及び所在地

　　　　■■■■■■　　　　　　　　医師の氏名　■■■■■

　　　■■■ 医院

担当者名：■■■■■

提出先　：〒162-8790　　　日本郵便株式会社　牛込急便局　私書箱145号

　　　　　障害年金センター　　外部障害第1G　　■■■■■■

初診日を特定するために医師照会が行われた事例

▶ カルテの提出要求　　▶ 記載根拠

◼1 事例の概要

1）請求人は、30歳代女性。
2）うつ病による精神障害で、障害厚生年金を事後重症請求した。
　　なお、本件請求日は令和4年7月21日である。
3）受診状況等証明書について医師照会が行われた。
4）審査の結果、再照会等はなく、障害厚生年金2級で支給決定となった。

◼2 この事例を理解するために必要な知識・情報

【障害年金の初診日を明らかにすることができる書類を添えることができない場合の取扱いについて】

　平成27年10月1日より初診日認定の新たな基準の運用が始まりました（以下、「初診日通知」という。初診日通知の全文については巻末の332ページを参照）。

　初診日通知では、「請求の5年以上前に医療機関が作成した資料（診療録等）に請求者申立ての初診日が記載されている場合には、初診日と認めることができることとする。」と規定されています。

◼3 提出書類の内容

　受診状況等証明書（108ページ）の要点を摘記すると以下のとおりです。

- ⑤欄　「H22年中に●●医院に1回だけ受診」とあり、令和4年4月27日付の追記で、「●●医院の受診は不詳だが、本人の供述では当院初診の半年

前に受診したとのこと」とある。

⑤欄は初診時の診療録より記載したものとされている。

- ⑥欄 ●●クリニックの初診年月日は平成23年３月５日である。
- ⑩欄 診療録より記載したものとされている。

❹ なぜ医師照会となったのか

受診状況等証明書の⑤欄に追記された文面において、前医である●●医院受診時期について「本人の供述では」といった書きぶりから、当該追記内容が●●クリニックの診療録より記載したものであるか否かについて疑義が生じたものと推察されます。

❺ 医師照会の内容と回答書

医師照会により、問診票を含む●●クリニック初診時以降の全カルテの写しの提出を求められました。

カルテの写しを取得し、確認をしたところ、初診時の平成23年３月５日の問診票に「半年前に心療内科を１回だけ受診」と明記されていました。請求人の前医受診時期についての供述が、本件請求日の令和４年７月21日よりも５年以上前に行われていたことがカルテ上で確認することができたため、初診日通知に照らして初診日が認定されたものと思われます。

❻ 本事例のポイントとまとめ

受診状況等証明書の追記依頼は代理人が行ったものです。代理人が医療機関に問合わせを行い確認したところ、初診時の問診票には前医の受診時期が追記内容のとおりに記載されていることがわかったため、追記依頼を行いました。

追記依頼により前医受診時期をより明確に証明する必要があった理由は、請求人の年金加入記録にあります。請求人は平成22年中の１月〜３月までは国民年金加入期間中であり、同年４月〜12月までは厚生年金保険加入期間中でした。受診状況等証明書⑥欄に平成23年３月５日とあることから、半年前であれば厚生年金保険加入期間中となり、障害基礎年金よりも手厚い障害厚生年金を裁定請求することができます。

本事例においては、裁定請求時時点で追記部分に、例えば「本人の前医受診時期の供述は、当院初診時の問診票に記載されているものである。」とまで事実のとおりの具体的な記載をいただけていれば医師照会とならずに、請求人にもっと早く結果をお届けできていたと思われます。

【受診状況等証明書】

年金等の請求用

障害年金等の請求を行うとき、その障害の原因又は誘因となった傷病で初めて受診した医療機関の初診日を明らかにすることが必要です。そのために使用する証明書です。

受 診 状 況 等 証 明 書

① 氏　　　　　名　　■■■■■

② 傷　　病　　名　　摂食障害

③ 発 病 年 月 日　　昭和・(平成)・令和 ２２年頃　　月　　　日

④ 傷病の原因又は誘因　　　　　　不詳

⑤ 発病から初診までの経過
・前医からの紹介状はありますか。⇒　有　　(無)　（有の場合はコピーの添付をお願いします。）

H22年頃、就職活動で悩んでいたのがきっかけで過食が出現。その後過食、嘔吐に移行。H22年中に●●医院に１回だけ受診。H23年３月５日当院を初診した。

※診療録に前医受診の記載がある場合　　①　初診時の診療録より記載したものです。
右の該当する番号に○印をつけてください　　2　昭和・平成・令和　年　　月　　日の診療録より記載したものです。

⑥ 初 診 年 月 日　　昭和・(平成)・令和　２３年　３月　　　５日

⑦ 終 診 年 月 日　　昭和・(平成)・令和　２６年　１１月　１０日

⑧ 終診時の転帰（治癒・転医・(中止)）

R4.4.27 追記

●●医院の受診は不詳だが、本人の供述では当院初診の半年前に受診したとのこと

⑨ 初診から終診までの治療内容及び経過の概要

過食衝動が抑えられず、過食、嘔吐を繰り返す状態。抗うつ薬、安定剤、気分安定薬等の投与を行うが症状は安定しなかった。抑うつ気分、希死念慮等も認め、自殺企図も認められた。H26.11.10で中断した。

⑩次の該当する番号（1〜4）に○印をつけてください。
　複数に○をつけた場合は、それぞれに基づく記載内容の範囲がわかるように余白に記載してください。

　　上記の記載は　①　診療録より記載したものです。
　　　　　　　　　　2　受診受付簿、入院記録より記載したものです。
　　　　　　　　　　3　その他（　　　　）より記載したものです。
　　　　　　　　　　4　昭和・平成・令和　年　月　日の本人の申し立てによるものです。

⑪令和 4 年 4 月 18 日

医療機関名　■クリニック
所在地　　　〒■■■■　　　　　　　　　診療担当科名　精神科
　　　　　TEL　■■■■　　　　　　　　医師氏名　■■■■

（提出先）日本年金機構　　　　　　　　　　　　　　　（裏面もご覧ください。）

現症日に本人が受診したかを確認する目的で医師照会が行われた精神障害の事例

▶ カルテの提出要求　　▶ 受診日の確認

1 事例の概要

1）請求人は、30歳代男性。
2）強迫性障害により障害基礎年金の裁定請求をした。
3）本人受診日の確認のため医師照会となった。
4）保険者の指示に従い、医師に回答書を作成してもらい提出した。
5）審査の結果、障害基礎年金2級で支給決定となった。

2 この事例を理解するために必要な知識・情報

　いわゆる代理受診（本人に代わって家族等が病院に行く）は、原則として受診日とは認められない取扱いとなっています。

3 提出書類の内容

・平成29年4月1日現症の診断書

4 なぜ医師照会となったのか

　診断書内に「平成29年1月には8回デイ参加していた。徐々に参加できなくなり、2月は1回のみ、3月は0回になってしまった。デイに参加できるようになってから本人が受診することができていたが、この2か月以上、受診ができなくなっている」という記載があり、診断書現症日である平成29年4月1日に本人が本当に受診しているかを確認する必要があると判断されたものです。

5 医師照会の内容と回答書 （111ページ）

　保険者より交付された照会票を主治医に記載してもらい、本人が現症日である平成29年4月1日に受診していることが証明されました。

6 本事例のポイントとまとめ

　本事例では、審査担当者と障害認定医が診断書の内容をよく見ていたことがわかります。一方で、請求人（代理人含む）の診断書内容の確認が不十分であったともいえます。

　精神疾患では、家族代理受診も珍しくありませんので、診断書の作成依頼や内容確認の際は注意するようにしましょう。

【医師照会の内容と回答書】

平成２９年７月１０日

■■■■■ クリニック
精神科　医師　■■■■■様

日本年金機構　障害年金センター

診断書の照会・確認について

　平素より年金業務にご協力いただき厚くお礼申し上げます。

　貴院にて作成されました■■■様の診断書につきまして、障害基礎年金の認定をするにあたり下記内容を確認する必要がありますので、ご多用のところ誠に恐縮ですがご回答いただきたくお願い申し上げます。

記

○照会・確認事項

　診断書⑦に "H29.1月には8回デイ参加していた。徐々に参加できなくなり、2月は1回のみ、3月は0回になってしまった。デイに参加できるようになってから本人が受診することができていたが、この2か月以上、受診ができなくなっている。" との記載があり、ご本人の受診状況について確認が必要となりましたため、下記内容についてご回答をよろしくお願いいたします。

① 診断書現症日（平成29年4月1日）は、ご本人の受診がありましたでしょうか。
（※ご家族の代理受診は含みません。）

　　　　　【　　　あり　　　・　　　なし　　　】

　　※「なし」に○を記載いただいた場合は、②のご確認をお願いいたします。

② ①で「なし」に○を記載いただいた場合、下記の各月のご本人を診察いただいた日付をご記載お願いします。

平成29年1月	[	日 ／	日 ／	日 ／	日 ／	日]
平成29年2月	[	日 ／	日 ／	日 ／	日 ／	日]
平成29年3月	[	日 ／	日 ／	日 ／	日 ／	日]
平成29年4月	[	日 ／	日 ／	日 ／	日 ／	日]

回答日　　**平成29年7月24日**
医療機関名　■■■■■クリニック
診療担当科名　　**精　神　科**
医師名　　　■■■■■

お手数をおかけしますが、よろしくお願いいたします。

照会先：日本年金機構　障害年金センター
　　　　審査第■グループ　担当　■■■■■
　　　　TEL　■■■■■■

再審査請求時に障害状態の確認のため、厚生労働省年金局から医師照会がされた事例

▶ 年金局による照会   ▶ 障害状態

1 事例の概要

1）請求人は、30歳代女性。

2）クローン病による消化器管の障害で、20歳前障害基礎年金を障害認定日請求したが、20歳時、請求時ともに障害状態に該当しないとして不支給となった。

3）請求日時点の障害状態は少なくとも障害基礎年金2級であるとして審査請求に進んだが棄却となり、再審査請求を行った。

4）再審査請求時に厚生労働省年金局より、診断書作成医に対して、医師照会が行われた。

5）照会回答で保険者は処分を変えることはなかったが、公開審理を経て、社会保険審査会が障害基礎年金2級とする容認裁決を行った。

2 この事例を理解するために必要な知識・情報

1）クローン病について

　大腸及び小腸の粘膜に慢性の炎症または潰瘍をひきおこす原因不明の疾患で主として若年者にみられます。口腔にはじまり肛門にいたるまでの消化管のどの部位にも炎症や潰瘍が起こりえますが、小腸と大腸を中心として特に小腸末端部が好発部位です。腹痛や下痢、血便、体重減少などの症状が起こります。

（難病情報センター HP より作成：https://www.nanbyou.or.jp/entry/81）

　クローン病などの消化器官の障害について、障害認定基準には人工肛門造設等以外には明確な記載がなく、日常生活の支障をうまく伝えることが難しいことから、

２級認定の壁は厚いと日々感じています。

２）認定審査で使用する障害認定基準

障害認定基準「第18節／その他の疾患による障害」の「２　認定要領」には以下の記載があります（下線は著者による）。

（３）人工肛門・新膀胱
　　ア　人工肛門又は新膀胱を造設したもの若しくは尿路変更術を施したものは、３級と認定する。
　　　　なお、次のものは、２級と認定する。
　　⑺　人工肛門を造設し、かつ、新膀胱を造設したもの又は尿路更術を施したもの
　　⑻　人工肛門を造設し、かつ、完全排尿障害（カテーテル留置又は自己導尿の常時施行を必要とする）状態にあるもの
　　　　なお、全身状態、術後の経過及び予後、原疾患の性質、進行状況等により総合的に判断し、さらに上位等級に認定する。

私達請求代理人は、人工肛門造設は３級になると反射的に考えてしまいがちですが、上記下線部のように、２級となる可能性があることをしっかり覚えておく必要があります。本事例に関しては、保険者は人工肛門造設のみに着目して３級相当であると考えて認定審査をしたものと思われます。

❸ 提出書類の内容

請求時の障害状態を示したその他の障害用診断書（115ページ）の要点を摘記すると以下のとおりです。

- ⑩欄　「H30年11月●●日入院し、11月○日肛門狭窄に対し内視鏡的拡張術を行った。退院後は、外来で経過観察予定。」
- ⑫欄　一般状態区分表　（ウ）「歩行や身のまわりのことはできるが、時に少し介助が必要なこともあり、軽労働はできないが、日中の50％以上は起居しているもの」
- ⑯欄　「家庭内での日常生活は、家族のサポートが必要。社会での労働能力はない。」

---

4 なぜ医師照会となったのか

クローン病は寛解、再発を繰り返し、症状に変化があることから、一時的な入院治療によって改善されたとしても、それは単に対症療法（治療）を行ったものに過ぎず、根本的な日常生活の支障はなくなりません。

請求人は、何度も手術を受け、増悪時には入院して治療を継続してきました。診断書現症日時点においても、治療のため入院をしていました。入院治療の結果、どのような状態となって退院をしたのか確認が必要とされたものと推測されます。

5 医師照会の内容と回答書 （117ページ〜）

再審査請求時に厚生労働省年金局より診断書作成医に対して照会が行われ、退院した時の「退院時のサマリー（要約）」の写しの提出を求められました。サマリーには、『それ以外にクローンの活動性の所見は認められなかった。』、『【転帰】軽快』という記載がありました。

この照会回答を確認して、2級の障害の程度には該当しないという保険者意見書（121ページ）が出されました。

6 本事例のポイントとまとめ

本事例の争点は、人工肛門造設の方がどのような状態になれば2級になるのかという点です。障害認定基準には、「全身状態、術後の経過及び予後、原疾患の性質、進行状況等により総合的に判断」するとされていることから、日常生活での支障を具体的にまとめて提出し公開審理に臨み主張しました。結果、社会保険審査会が日常生活に著しい支障があると判断し、保険者の障害基礎年金を支給しない旨の処分を取り消し2級の裁決をしたものです。

「退院時のサマリー」には「【転帰】軽快」といった記載がありましたが、社会保険審査会は、軽快は一時的なものであるとし、請求人の障害状態の全体像を総合的に見てくれたものです。人工肛門造設の方でも上位等級になることを示してくれた事例です。

再審査請求段階でも保険者が医師照会を行うことがあります。最後まで諦めてはいけないことを気付かせてくれる事例だと思います。

【請求時の診断書（表面）】

様式第120号の7

㊉ 国民年金 厚生年金保険 **診断書**（血液・造血器 その他の障害用）

（フリガナ） 氏名	[redacted] [redacted]	生年月日	昭和 58 年 9 月 [redacted] 日生（ 35 歳）	性別	□男 ☑女
住所	住所地の郵便番号 [redacted] − [redacted]	[redacted] 都道府県 [redacted] 郡市区 [redacted]			

① 障害の原因となった傷病名	小腸大腸クローン病	② 傷病の発生年月日	平成 11 年 5 月 頃 日 □診療録で確認 ☑本人の申立て（ 27 年 4 月 8 日）
		③ ①のため初めて医師の診療を受けた日	平成 11 年 5 月 頃 日 □診療録で確認 ☑本人の申立て（ 27 年 4 月 8 日）

（診療録で確認）または「本人の申立て」のどちらかにチェックをして、本人の申立ての場合は、それを聴取した年月日を記入してください。

④ 傷病の原因又は誘因	不詳 初診年月日（ 昭和・平成・令和 年 月 日）	⑤ 既存障害	なし	⑥ 既往症	鉄欠乏性貧血

⑦ 傷病が治った（症状が固定して治療の効果が期待できない状態を含む。）かどうか。
- 傷病が治っている場合 ……… 治った日 平成・令和 年 月 日 □確認・□推定
- 傷病が治っていない場合 ……… 症状のよくなる見込 ☑有・□無・□不明

⑧ 診断書作成医療機関における初診時所見
初診年月日（ 平成 27 年 4 月 8 日 ）

右下腹部に腸管皮膚瘻あり。貧血あり。
腹部軟。右下腹部に色素沈着。
瘻孔自体は陥没しており腹壁の中に埋もれている。
上記傷病として、ヒュミラ注射実施した。

⑨ 現在までの治療の内容、反応、期間、経過、その他の参考となる事項

H11年発症の小腸大腸型クローン病、[redacted]センターで加療されていた。
H21年から[redacted]病院で加療開始、H26年1月からヒュミラ開始。
H27年回腸人工肛門造設後は水様性の下痢が続き時々脱水を起こしていた。脱水が高度になると腎不全、電解質異常が強くなり脱力やテタニー症状を呈することが頻回、その度に入院して補液による補正が必要です。

診療回数 年間 25 回、月平均 回
手術歴 手術名（ ） 手術年月日（ 年 月 日）

⑩ 現在の症状、その他参考となる事項

H30年11月●●日入院し、11月○日肛門狭窄に対し内視鏡的拡張術を行った。
退院後は、外来で経過観察予定。

⑪ 計測（ 平成 30 年 1 月 19 日測定 ）

身長	[redacted] cm	体重	現在 [redacted] kg 健康時 kg	握力	右 kg 左 kg	視力	右眼 裸眼 矯正 左眼 裸眼 矯正
視野		調節機能		聴力レベル 最良語音明瞭度	右耳 dB % 左耳 dB %	血圧	最大 mmHg 最小 mmHg

⑫ **一般状態区分表**（ 平成 30 年 11 月 [redacted] 日）（該当するものを選んでどれか一つにチェックをしてください。）

- □ア 無症状で社会活動ができ、制限を受けることなく、発病前と同等にふるまえるもの
- □イ 軽度の症状があり、肉体労働は制限を受けるが歩行、軽労働や座業はできるもの　例えば、軽い家事、事務など
- ☑ウ 歩行や身のまわりのことはできるが、時に少し介助が必要なこともあり、軽労働はできないが、日中の50%以上は起居しているもの
- □エ 身のまわりのある程度のことはできるが、しばしば介助が必要で、日中の50%以上は就床しており、自力では屋外への外出等がほぼ不可能となったもの
- □オ 身のまわりのこともできず、常に介助を必要とし、終日就床を強いられ、活動の範囲がおおむねベッド周辺に限られるもの

障害の状態

⑬ **血液・造血器**（ 平成・令和 年 月 日現症）

1 臨床所見

(1) 自覚症状
- 易疲労感（□無・□有・□著）
- 動悸（□無・□有・□著）
- 息切れ（□無・□有・□著）
- 発熱（□無・□有・□著）
- 紫斑（□無・□有・□著）
- 月経過多（□無・□有・□著）
- 関節症状（□無・□有・□著）

(2) 他覚所見
- 易感染性（□無・□有・□著）
- リンパ節腫張（□無・□有・□著）
- 出血傾向（□無・□有・□著）
- 血栓傾向（□無・□有・□著）
- 肝腫（□無・□有・□著）
- 脾腫（□無・□有・□著）

(3) 検査成績

ア 末梢血液検査（ 平成・令和 年 月 日）
※アの欄は、治療を行う前の日付、検査数値を記入してください。
- ヘモグロビン濃度（ ）g/dL
- 血小板（ ）万/μL
- 網赤血球（ ）万/μL
- 白血球（ ）/μL
- 好中球（ ）/μL
- リンパ球（ ）/μL
- 病的細胞（ ）%

イ 凝固系検査（ 平成・令和 年 月 日）
※イの欄は、最も適切に病状が把握できる検査数値及びその日付を記入してください。
- 凝固因子活性（(第 因子) ）%
- vWF活性（ ）%
- インヒビター（□無・□有）
- APTT（ ）秒（基準値 秒）
- PT（ ）秒（基準値 秒）

ウ その他の検査
- 画像検査(検査名)（ 平成・令和 年 月 日）
- 所見（ ）
- 他の検査(検査名)（ 平成・令和 年 月 日）
- 所見（ ）

2 治療状況
- 赤血球輸血（月 回）　血小板輸血（月 回）
- 補充療法（月 回）　新鮮凍結血漿（月 回）
- 造血幹細胞移植（□無・□有） 有の場合（ 年 月 日）
- 慢性GVHD（□無・□有） 有の場合（□軽症・□中等症・□重症）
- 所見

3 その他の所見

（お願い）臨床所見等は、診療録に基づいてわかる範囲で記入してください。

（お願い）太文字の欄は、記入漏れがないように記入してください。

本人の障害の程度及び状態に無関係な欄には記入する必要はありません。（無関係な欄は、斜線により抹消してください。）

【請求時の診断書（裏面）】

⑭ 免疫機能障害　（　平成・令和　　　年　　月　　日現症）

1 検査成績

検査項目	検査日	単位	・	・	・	平均値
CD4陽性Tリンパ球数		/μL				

（現症日以前の4週間以上の間隔をおいて実施する連続する直近2回の検査結果を記入し、一番右の欄にはその平均値を記入してください。）

検査項目	検査日	単位	・	・	・
白 血 球 数		/μL			
ヘモグロビン量		g/dL			
血 小 板 数		万/μL			
HIV－RNA量		コピー/mL			

（現症日以前の4週間以上の間隔をおいて実施した連続する直近2回の検査結果を記入してください。）

2 身体症状等

① 1日1時間以上の安静臥床を必要とするほどの強い倦怠感及び易疲労感が月に7日以上ある	（□ 有 ・ □ 無 ）
② 病態の進行のため、健常時に比し10%以上の体重減少がある	（□ 有 ・ □ 無 ）
③ 月に7日以上の不定の発熱（38℃以上）が2ヶ月以上続く	（□ 有 ・ □ 無 ）
④ 1日に3回以上の泥状ないし水様下痢が月に7日以上ある	（□ 有 ・ □ 無 ）
⑤ 1日に2回以上の嘔吐あるいは30分以上の嘔気が月に7日以上ある	（□ 有 ・ □ 無 ）
⑥ 動悸や息苦しくなる症状が毎日のように出現する	（□ 有 ・ □ 無 ）
⑦ 抗HIV療法による日常生活に支障が生じる副作用がある（①～⑥の症状を除く）(抗HIV療法を実施している場合)	（□ 有 ・ □ 無 ）
⑧ 生鮮食料品の摂取禁止等の日常生活活動上の制限が必要である	（□ 有 ・ □ 無 ）
⑨ 1年以内に口腔内カンジダ症、帯状疱疹、単純ヘルペスウイルス感染症、伝染性軟属腫、尖圭コンジローム等の日和見感染症の既往がある	（□ 有 ・ □ 無 ）
⑩ 医学的な理由により抗HIV療法ができない状態である	（□ はい ・ □ いいえ ）

3 現在持続している副作用の状況

□ 代謝異常　□ リポアトロフィー　□ 肝障害　□ 腎障害　□ 精神障害　□ 神経障害
□ その他（薬剤名、服薬状況及び副作用の状況）

4 エイズ発症の既往の有無

□ 有 ・ □ 無

5 回復不能なエイズ合併症のため介助なくしては日常生活がほとんど不可能な状態である

□ はい ・ □ いいえ

6 肝炎の状況　（□ 薬剤性 ・ □ B型 ・ □ C型 ・ □ その他（　　　　　　　　　））(肝炎を発症している場合は必ず記載してください。)

(1) 検査所見

検査項目	検査日	単位	・	・	・
血清アルブミン		g/dL			
AST（GOT）					
ALT（GPT）					
プロトロンビン時間		%			
		延長秒			
総ビリルビン（※）		mg/dL			

(2) 臨床所見

食道静脈瘤	□ 無 ・ □ 有	（□ 内視鏡による、 □ X線造影による、 □ その他（　　　　））
肝 硬 変	□ 無 ・ □ 有	（□ 代償性 、 □ 非代償性 ）
肝 細 胞 癌	□ 無 ・ □ 有	
肝 性 脳 症	□ 無 ・ □ 有	（1年以内に発症したことがある）
腹 水	□ 無 ・ □ 著	
消化管出血	□ 無 ・ □ 有	（1年以内に発症したことがある）

（※ビリルビン値の上昇をきたす薬剤の使用 □ 無 ・ □ 有）

---

⑮ その他の障害　（　平成　30 年 11 月 ■ 日現症）

1 症状

(1) 自覚症状

回腸ストマからの排液量が多く、経口摂取量が減ると腹水となり、
低K血症による脱力、低Cα血症によりテタニーが出現する。

又、クローン病に伴うと思われる四肢関節痛があり　痛み止めが必要な時もある。

(2) 他覚所見

回腸ストマとなっているため、経口摂取がわずかに滞っても容易に脱水症状となり易く、腎機能低下による腎不全となるため、低Mg血症、低Cα症となりBUN、Cre、尿酸の上昇がある。

十二指腸には活動性の潰瘍、残存回腸にはビランが多発している。

2 検査成績

(1) 血液・生化学検査

検査項目	検査日	単位	施設基準値	H30・10・■	H30・9・■	H30・7・■
赤 血 球 数		万/μL		■	■	■
ヘモグロビン濃度		g/dL		■	■	■
ヘマトクリット		%	33.0～45.0	■	■	■
血 清 総 蛋 白		g/dL		■	■	■
血 清 アルブミン		g/dL		■	■	■
尿 素 窒 素		mg/dl	8～21	■	■	■
クレアチニン		mg/dl	0.46～0.60	■	■	■

(2) その他の検査成績

検査項目	単位	施設基準値			
尿 酸	mg/dl	2.6～7.0	■	■	■
ナトリウム	mg/dl	135～147	■	■	■
カ リ ウ ム	mg/dl	3.5～5.0	■	■	■
カルシウム	mg/dl	8.7～10.5	■	■	■
マグネシウム	mg/dl	1.8～2.4	■	■	■

3 人工臓器等

(1) 人工肛門造設　□ 無 ・ □ 有　造設年月日：　平成　27 年 8 月 ■ 日
　　閉鎖年月日：　平成・令和　　年　　月　　日

(2) 尿路変更術　☑ 無 ・ □ 有　造設年月日：　平成・令和　　年　　月　　日
　　閉鎖年月日：　平成・令和　　年　　月　　日

(3) 新膀胱造設　☑ 無 ・ □ 有　手術年月日：　平成・令和　　年　　月　　日

(4) 自己導尿の常時施行　☑ 無 ・ □ 有　開始年月日：　平成・令和　　年　　月　　日
　　終了年月日：　平成・令和　　年　　月　　日

(5) 完全尿失禁状態　☑ 無 ・ □ 有　(カテーテル留置：　　　平成　27 年 8 月 ■ 日)

(6) その他の手術　□ 無 ・ ☑ 有（　前述　）　平成　27 年 11 月 ■ 日

---

⑯ 現症時の日常生活活動能力及び労働能力（必ず記入してください）

家庭内での日常生活は、家族のサポートが必要。
社会での労働能力はない。

⑰ 予後（必ず記入してください）

現状では　予後不良。

⑱ 備考

上記のとおり、診断します。　　　平成30 年 12 月 ■ 日

病院又は診療所の名称　■■■病院
所　在　地　■■■■■■

診療担当科名　消化器内科
医師氏名　■■■■

【医師照会文書 1】

令和 2 年 11 月 ■■■ 日

再審査請求人

　　■■■■　　様

再審査請求代理人

　　■■■■　　様

厚　生　労　働　省
年金局事業管理課
給　付　事　業　部

　　　　国民年金障害給付の再審査請求
　　　　に係る照会について

　標記について、審査のため調査が必要となりましたので、同封の照会文書につきまして、■■■病院よりご回答をいただくとともに、別添の書面に記入の上、令和 2 年 12 月 11 日（金）までに、別添の書面と照会文書（回答書）をご返送くださいますようお願い致します。なお、回答書については、直接、医療機関から当室宛てにご返送いただいても構いません。

　本件の照会は、国民年金法 107 条第 1 項「厚生労働大臣は、必要があると認めるときは、受給権者に対して・・・障害の状態・・・関する書類その他の物件を提出すべきことを命じ、又は当該職員をしてこれらの事項に関し受給権者に質問させることができる。」の規定に基づいて行っているものであります。

　そのため、照会にかかる費用は、全て請求人又は代理人にご負担していただくものとなりますので、ご承知おきください。

　また、照会に同意いただけない場合は、お手数ですが、別添の書面にその旨を記入の上、照会文書と併せて、ご返送いただきますようお願い致します。

　なお、回答をいただきましてから、再度、照会させていただくこともございますので、ご承知おきください。

担当：厚生労働省　年金局　事業管理課
　　　　　　給付事業室　年金審査係（■■■）
郵便番号：100-8916
所　在　地：東京都千代田区霞が関 1 － 2 － 2
電　　　話：■■■■■■（内線 ■■■）

【医師照会文書２】

令和 2 年 11 月 ■■■ 日

■■■■■■■■　病院

消化器内科

　　医師　■■■■■■　様

厚　生　労　働　省

年金局事業管理課

給　付　事　業　部

再審査請求に係る障害の状態に

係る照会について（依頼）

　平素より社会保険事業の円滑な運営につきまして、ご協力いただき、厚く御礼申し上げます。

　さて、下記の方から、国民年金法の障害給付に関する再審査請求があり、これを審査するにあたり、障害の状態を調査する必要があります。

　つきましては、ご多忙のところ誠に恐縮ですが、別紙の照会事項について、令和 2 年 12 月 11 日（金）までに当室に回答が届きますようご協力のほど、宜しくお願い致します。

記

氏　　　名：■■■■■■■　　　（■■■■■■■■）

生年月日：昭和 58 年 9 月 ■ 日

添付資料：■■■医師作成の診断書（平成 30 年 11 月 ■ 日現症）

　　　　　の写し

以上

担当：厚生労働省　年金局　事業管理課
　　　　　　　　給付事業室　年金審査係（■■■■■）
郵便番号：100－8916
所在地：東京都千代田区霞が関 1 － 2 － 2
電　　話：■■■■■■■■■■（内線■■■■■）

【医師照会の内容と回答書】

厚生労働省年金局事業管理課給付事業室の照会に対する回答書

【照会】
　　　■■■■■■様に係る診断書（平成 30 年 11 月 ■■ 日現症）において、⑩欄に「H30 年 11 月 ●● 日入院し、11 月 ○日肛門狭窄に対し内視鏡的拡張術を行った。退院後は、外来で経過観察予定。」と記載されておりますが、このときの退院時のサマリーの写しをご提出願います。

　その際、下記の該当する項目に○印をお願いします。

【回答】
　㋐　別添のとおり、提出する。

　㋑　提出できない
　　　（理由）

上記のとおり回答します。

　　　　　　　　　　　　　　　　　　　　令 和 2 年 12 月 ■ 日

　　　　　医 療 機 関 の 名 称　　　■■■■■病院
　　　　　所　　在　　地　　　　■■■■■■■
　　　　　診 療 担 当 科 名　　　消化器内科
　　　　　医 師 の 氏 名　　　■■■■■

【退院時のサマリー】

退院時サマリー

患者 ID：■■■■■■　　年　齢：35　性　別：女性　対象期間：2018/11/■12:22　～　　2018/11/■16:00
患者氏名：■■■■■　　　　　　　　　　　　　　入院日：2018/11/■12:22　　退院日：2018/11/■16:00
カナ氏名：■■■■■■
住　　所：　　　　　　　　　　　　　　　　　　TEL：■■■■■
診療科：消化器内科　　　主治医：■■■■■■　　　　　記載医：■■■■■■
病　　棟：■■■　　　　　担当医：
病　　室：■■■

【入院までの経過】
　　クローン病で小腸ストマ症例
　　結腸の内視鏡検査のため狭窄している肛門拡張を行ってから大腸内視鏡検査を行うため入院した。

【入院後臨床経過】
　　仙骨ブロックを試みたが痛みが取れず、腰椎麻酔とした。麻酔は外科 ■■ 医師が担当した。
　　肛門を 16 mm バルーンで拡張後 PCF-290Z の内視鏡を挿入した。便が粘土の様になっており視野が不良であっ
　　たが、洗浄しながらストマまで挿入した。部分切除の瘢痕が 2 カ所に認められたが、それ以外にクローンの
　　活動性の所見は認められなかった。
　　検査のあと 39 度の発熱があり、抗生物質の点滴を行い、退院時に内服の抗生物質を処方した。

【転帰】
　　軽快

Dr ■■■■■■■■
(Signature)

■■■■■■ 病院　　　　　　　　　　　1／1

【保険者意見書】

令和 2 年■月■日審理

社会保険審査会御中

年金局事業管理課給付事業室

保険者意見（平成元年（国）第○○号）

～　省略　～

　裁定請求日における障害の状態は、○○病院・消化器内科、○○医師作成の診断書（平成 30 年 11 月○日現症）によりますと、一般状態区分表は「ウ」とされ、その他の障害として、自覚症状は「回腸ストマからの排液量が多く、経口摂取量が減ると腹水となり、低 K 血症による脱力、低 Ca 血症によりテタニーが出現する。又、クローン病に伴うと思われる四肢関節痛があり痛み止めが必要な時もある。」、他覚所見は「回腸ストマとなっているため、経口摂取がわずかに滞っても容易に脱水となり易く、腎機能低下による腎不全となるため、低 Mg 血症、低 Ca 血症となり BUN、Cre、尿酸の上昇がある。十二指腸には活動性の潰瘍、残存回腸にはビランが多発している。」とされ、人工臓器等は、人工肛門造設が「有（造設年月日：平成 27 年 8 月○日）」とされています。

　しかしながら、現症時の日常生活活動能力及び労働能力は「家庭内での日常生活は、家族のサポートが必要。・・・」とされています。

　また、現在の症状、その他参考となる事項として「H30 年 11 月●●日入院し、11 月○日肛門狭窄に対し内視鏡的拡張術を行った。退院後は、外来で経過観察予定。」とされており、再審査請求時に、保険者が○○医師に対して、退院時のサマリーの写しの提出を求めたところ、退院時サマリーの入院後臨床経過として、「・・・部分切除の瘢痕が 2 カ所に認められたが、それ以外にクローンの活動性の所見は認められなかった・・・」とされています。

　以上のことから、裁定請求日における障害の状態は、家庭内での日常生活は、家族のサポートが必要であり、クローンの活動性の所見は認められなかったとされる状況等からすると、請求傷病は日常生活が著しい制限を受けるものに該当するとは認め難く、上記の認定要領により国民年金法施行令別表に定める 2 級の障害の程度には該当しません。

　したがって、平成３１年 2 月■日付け、障害基礎年金を支給しない旨の処分については、適法かつ相当なものであります。

～省略～

再審査請求時に障害状態の確認のため、社会保険審査会から医師照会がされた事例

▶ 審査会による照会　　▶ 障害状態

1 事例の概要

1）請求人は、50歳代女性。

2）乳がんで、障害厚生年金3級を受給していたが、骨転移・リンパ節転移があり障害状態悪化のため額改定請求をした。

3）2級への額改定は認められず審査請求に進んだ。審査請求時に追加資料として『悪性腫瘍疾患における PerformanceStatus』（128ページ）を追加提出したが棄却となり再審査請求に進んだ。

4）再審査請求時に社会保険審査会委員長から診断書作成医に対して照会が行われた。

5）照会回答によっても処分は変わらず、社会保険審査会は3級妥当として棄却する裁決を行った。日常生活は日中の50％以上臥床していた請求人のことを思うと非常に厳しい結果だった。

2 この事例を理解するために必要な知識・情報

1）乳がんとは

「乳がんは乳腺の組織にできるがんで、多くは乳管から発生しますが、一部は小葉から発生します。また、乳腺以外の乳房の組織から発生することもあります。進行すると、がん細胞は周りの組織を壊しながら増殖し、血液やリンパ液の流れなどに乗って転移することもあります。転移しやすい場所は乳房の近くのリンパ節、骨、肝臓、肺、脳などです。」

（出典：がん情報サービス HP（https://ganjoho.jp/public/cancer/breast/about.

html#anchor2)）

　機能的障害がないがん患者の方の障害認定審査において、2級認定のハードルは非常に高いと日々感じています。

2）認定審査で使用する障害認定基準

　障害認定基準「第16節／悪性新生物による障害」の「2　認定要領」には以下の記載があります（下線は著者による）。

(5)　悪性新生物による障害の程度は、基本的には認定基準に掲げられている障害の状態を考慮するものであるが、各等級に相当すると認められるものを一部例示すると次のとおりである。

障害の程度	障害の状態
1　級	著しい衰弱又は障害のため、一般状態区分表のオに該当するもの
2　級	衰弱又は障害のため、一般状態区分表のエ又はウに該当するもの
3　級	著しい全身倦怠のため、一般状態区分表のウ又はイに該当するもの

　2級の例示には、衰弱又は障害とあることから、保険者は、以下3点を重要と捉えて認定審査をしているようです。

　①るい痩（著しい体重減少）があるか、②貧血の症状があるか、③人工物の装着等があるか、です。ただ、①～③に該当しない方であっても、倦怠感や疲労感が酷く日常生活に著しい支障がある方も大勢いることから、お身体の状態をしっかり伝えていく必要があります。

3 　提出書類の内容

1）　3級に認定された際のその他の障害用診断書（126ページ）

　要点を摘記すると以下のとおりです。

- ⑫欄　一般状態区分表　（ウ）「歩行や身のまわりのことはできるが、時に少し介助が必要なこともあり、軽労働はできないが、日中の50%以上は起居しているもの」
- ⑯欄　「屋内での生活は可能だが、家事は困難。」

2）額改定請求した際のその他の障害用診断書（127ページ）

要点を摘記すると以下のとおりです。

- ⑫欄　一般状態区分表　（エ）「身のまわりのある程度のことはできるが、しばしば介助が必要で、日中の50％以上は就床しており、自力では屋外への外出等がほぼ不可能となったもの」
- ⑯欄　「病状の進行もあり、日中の半分以上臥床している状態で日常生活に著しい支障がある。家事労働も困難な状態である。」
- ⑰欄　「病状の進行あり、今後も進行していくことが予想されるため不良。」
- ⑱欄　「骨転移、リンパ節への転移あり、ステージⅣ」

4 なぜ医師照会となったのか

悪性新生物の障害については、障害認定基準の認定要領で、以下のように区分されています。

(3)　悪性新生物による障害は、次のように区分する。
    ア　悪性新生物そのもの（原発巣、転移巣を含む。）によって生じる局所の障害
    イ　悪性新生物そのもの（原発巣、転移巣を含む。）による全身の衰弱又は機能の障害
    ウ　悪性新生物に対する治療の効果として起こる全身衰弱又は機能の障害

上記ウの治療の副作用の程度や期間を確認するために行われたものと推測されます。

5 医師照会の内容と回答書（129ページ）

1）【質問事項1】全身状態と化学療法の施行の関係について
2）【質問事項2】化学療法の内容とスケジュールについて
3）【質問事項3】化学療法施行日ごとの全身状態の評価について
　診断書に記載されている障害状態（一般状態区分表（エ））がどのくらいの期間にわたって継続していたのか、化学療法の内容と治療のスケジュールも確認するという詳細な照会でした。

🔢 本事例のポイントとまとめ

　主治医は、化学療法施行期間の半分程度は一般状態区分（エ）の全身状態だと判断していましたが、細かく全身状態を確認した結果、日常生活に著しい支障があるとは判断されず再審査請求は棄却されました。

　この結果の1年後、請求人は障害状態がさらに悪化したため、再度、額改定請求を行いました。年金事務所で2級を確認しお知らせをすると、ご家族から先日亡くなられたことをお聞きしました。生前、ご本人から「なぜ国はわかってくれないのか」と何度も聞かれたことを思い出します。代理人として明確にお答えすることができませんでした。結果として、額改定請求後の2級としての4か月分しかお届けすることができませんでした。非常に残念に思うとともに厳しい認定審査について考えさせられる事例です。

【3級に認定された際の診断書（表面・裏面）】

⑩ 他	国民年金 厚生年金保険

診 断 書（血液・造血器 その他 の障害用）

（フリガナ）氏　名	████	生年月日	☑昭和 平成 □令和 42 年 1 月 ■日生（ 50 歳）	性別	□男 ☑女

住　所	住所地の郵便番号 ████ － ████	████ 都道府県	████ 郡市区

① 障害の原因となった傷病名	乳がん	② 傷病の発生年月日	□昭和 ☑平成 □令和 24 年 9 月　日	☑診療録で確認 □本人の申立て（ 年 月 日）
		③ ①のため初めて医師の診療を受けた日	□昭和 ☑平成 □令和 24 年 9 月 ■日	☑診療録で確認 □本人の申立て（ 年 月 日）

④ 傷病の原因又は誘因	不詳 初診年月日（□昭和 □平成 □令和 年 月 日）	⑤ 既存障害		⑥ 既往症

⑦ 傷病が治った（症状が固定して治療の効果が期待できない状態を含む。）かどうか。	傷病が治っている場合 ……… 治った日 □平成・□令和 年 月 日 □確認・□推定
	傷病が治っていない場合 ……… 症状のよくなる見込 □有・☑無・□不明

⑧ 診断書作成医療機関における初診時所見 初診年月日 □昭和 ☑平成 □令和 24 年 9 月 ■日	右乳腺腫瘍を認める。

〈お願い〉臨床所見等は、診療録に基づいて	現在までの治療の内容、反応、期間、軽過、その他の参考となる事項	組織診断で乳がん確定後、平成24年10月■日に乳房全摘術＋腋窩リンパ節郭清を施行。術後ホルモン療法を平成29年3月まで施行。病状は安定していたが1月頃から胸壁の症状出現。急速に腫瘍形成し、多発骨転移再発が確認された為ホルモン療法を再開した。	診療回数 年間 16 回、月平均 1〜2 回 手術名（ 乳房全摘＋腋窩郭清 ）手術年月日（ 平成24 年 10 月 ■日 ）
	⑨ 現在の症状、その他参考となる事項	嘔気、嘔吐、頭痛等の症状が著しく、状態が急激に悪化し、日常生活に制限が及んできた。	

	⑩ 計 測 □平成 ☑令和 29 年 10 月 ■日 測定	身長 ████ cm 視野	体重 現在 ████ kg 健康時 ████ kg 調節機能	握力 右 ████ kg 左 ████ kg 聴力レベル 右耳 ████ dB 左耳 ████ dB	視力 右眼 裸眼 ████ 矯正 ████ 左眼 裸眼 ████ 矯正 ████ 最良語音明瞭度 ████ ％ ████ ％ 血圧	矯正 ████ mmHg 矯正 ████ mmHg 最大 ████ mmHg 最小 ████ mmHg

⑪ 一 般 状 態 区 分 表 （☑平成 □令和 29 年 10 月 ■日） （該当するものを選んでどれか一つにチェックをしてください。）
□ ア　無症状で社会活動ができ、制限を受けることなく、発病前と同等にふるまえるもの
□ イ　軽度の症状があり、肉体労働は制限を受けるが歩行、軽労働や座業はできるもの　例えば、軽い家事、事務など
☑ ウ　歩行や身のまわりのことはできるが、時に少し介助が必要なこともあり、軽労働はできないが、日中の50％以上は起居しているもの
□ エ　身のまわりのある程度のことはできるが、しばしば介助が必要で、日中の50％以上は就床しており、自力では屋外への外出等がほぼ不可能となったもの
□ オ　身のまわりのこともできず、常に介助を必要とし、終日就床を強いられ、活動の範囲がおおむねベッド周辺に限られるもの

〈お願い〉太文字

---

⑫ その他の障害 （☑平成 □令和 29 年 10 月 ■日現症）

1　症状

(1) 自覚症状

嘔気、嘔吐、頭痛等にて体動に支障あり

(2) 他覚所見

胸壁に腫瘍形成、リンパ節腫脹を伴う

2　検査成績

(1) 血液・生化学検査

検査項目	単位	施設基準値	H29・10・■	・・・	・・・	・・・
赤 血 球 数	万/μL		████			
ヘモグロビン濃度	g/dL		████			
ヘマトクリット	％		████			
血 清 総 蛋 白	g/dL		████			
血清アルブミン	g/dL		████			

(2) その他の検査成績

ＰＥＴ－ＣＴにて右第5肋骨、右胸骨傍リンパ節転移を認める

3　人工臓器等

(1) 人工肛門造設 ☑無・□有	造設年月日 □平成 □令和 年 月 日 閉鎖年月日 □平成 □令和 年 月 日	(4) 自己導尿の常時施行 ☑無・□有　開始年月日 □平成 □令和 年 月 日　終了年月日 □平成 □令和 年 月 日
(2) 尿路変更術 ☑無・□有	造設年月日 □平成 □令和 年 月 日 閉鎖年月日 □平成 □令和 年 月 日	(5) 完全尿失禁状態 ☑無・□有（カテーテル留置 □平成 □令和 年 月 日）
(3) 新膀胱造設 ☑無・□有	手術年月日 □平成 □令和 年 月 日	(6) その他の手術 ☑無・□有（ ）□平成 □令和 年 月 日

⑯ 現症時の日常生活動能力及び労働能力（必ず記入してください）	屋内での生活は可能だが、家事は困難。
⑰ 予　　後（必ず記入してください）	不良（今後進行していくものと思われる）
⑱ 備　　考	

上記のとおり、診断します。　　　　　　　平成29 年 11 月 ■日

病院又は診療所の名称	████	診療担当科名	外科
所 在 地	████	医師氏名	████

【2級に額改定請求した際の診断書（表面・裏面)】

（他）	国民年金 厚生年金保険	診　断　書（血液・造血器 その他 の障害用）

（フリガナ） 氏　名	■■■■	生年月日	昭和　42　年　1　月　■　日生（　52　歳）性別　□男　レ女

住　所	住所地の郵便番号 ■■■ － ■■■	都道 府県 ■■■	郡市 区 ■■■■

① 障害の原因 となった 傷病名	乳がん	傷病の発生年月日	平成　24　年　9　月　　日	レ 診療録で確認 □ 本人の申立て
		③ ①のため初めて医師の診療を受けた日	平成　24　年　9　月　■　日	レ 診療録で確認 □ 本人の申立て □ 年　　月　　日

④ 傷病の原因 又は誘因	不詳 初診年月日（　昭和・平成・令和　年　月　日）	⑤ 既存 障害		⑥ 既往症	

⑦ 傷病が治った（症状が固定して治療の効果が期待できない状態を含む。）かどうか。	傷病が治っている場合 ……… 治った日　平成・令和　年　月　日　□確認・□推定
	傷病が治っていない場合 ……… 症状のよくなる見込　□有・レ無・□不明

診断書作成医療機関における初診時所見 初診年月日 平成　24　年　9　月　■　日	右乳腺腫瘤を認める。

⑨ 現在までの治療の内容、反応、期間、経過、その他の参考となる事項	組織診断で乳がん確定後、平成24年10月■日に右記手術を施行。 ホルモン療法にて定期通院。今年5月、CTにて骨転移増大を認め全身化学療法開始。	診療回数 年間　19　回、月平均　2　回 手術名（　乳房全摘、腋窩郭清　） 手術年月日（　平成24　年　10　月　■　日）

⑩ 現在の症状、その他参考となる事項	吐気、嘔吐、下痢、倦怠感著明。状態の著しい悪化あり。日常生活に支障をきたしている。

計測 令和　元　年　9　月　■　日 測　定	身長 ■■ cm	体重 現在 ■■ kg 健康時 ■■ kg	握力 右 ■■ kg 左 ■■ kg	視力 右眼 裸眼 ■■ 左眼 裸眼 ■■	矯正 ■■ 矯正 ■■
	視野 ■■	調節 機能 ■■	聴力レベル 最良語音明瞭度 右耳 ■■ dB ■■ % 左耳 ■■ dB ■■ %	血圧 最大 ■■ mmHg 最小 ■■ mmHg	

〈お願い〉臨床所見等は、診療録に基づいて■

⑫ 一般状態区分表（　　令和　元　年　9　月　■　日）（該当するものを選んでどれか一つにチェックしてください。）
□ア　無症状で社会活動ができ、制限を受けることなく、発病前と同等にふるまえるもの
□イ　軽度の症状があり、肉体労働は制限を受けるが歩行、軽労働や座業はできるもの　例えば、軽い家事、事務など
□ウ　歩行や身のまわりのことはできるが、時に少し介助が必要なこともあり、軽労働はできないが、日中の50％以上は起居しているもの
レエ　身のまわりのある程度のことはできるが、しばしば介助が必要で、日中の50％以上は就床しており、自力では屋外への外出等がほぼ不可能となったもの
□オ　身のまわりのこともできず、常に介助を必要とし、終日就床を強いられ、活動の範囲がおおむねベッド周辺に限られるもの

〈お願い〉太文字

---

⑬ その他の障害（　令和　元　年　9　月　■　日現症）

1　症状
(1) 自覚症状
著しい全身倦怠感、全身の関節痛、下痢等の消化器症状、右李肋部の痛みがあり日常生活に著しい制限がある。

2　検査成績
(1) 血液・生化学検査

検査名	単位	施設基準値	2019・9・■	2019・8・■	2019・7・■
赤血球数	万/μL		■■	■■	■■
ヘモグロビン濃度	g/dL		■■	■■	■■
ヘマトクリット	%		■■	■■	
血清総蛋白	g/dL				■■
血清アルブミン	g/dL				■■

(2) 他覚所見
免疫力低下による易感染性胸壁に腫瘤形成。リンパ節腫瘍がみられる。

(2) その他の検査成績

3　人工臓器等

(1) 人工肛門造設	レ無・□有	造設年月日：平成・令和　年　月　日	(4) 自己導尿の常時施行	□無・□有	開始年月日：平成・令和　年　月　日
		閉鎖年月日：平成・令和　年　月　日			終了年月日：平成・令和　年　月　日
(2) 尿路変更術	レ無・□有	造設年月日：平成・令和　年　月　日	(5) 完全尿失禁状態	□無・□有 (カテーテル留置） 平成・令和　年　月　日	
		閉鎖年月日：平成・令和　年　月　日			
(3) 新膀胱造設	レ無・□有	手術年月日：平成・令和　年　月　日	(6) その他の手術	□無・□有（　　　） 平成・令和　年　月　日	

⑮ 現症時の日常生活動能力及び労働能力 （必ず記入してください）	病状の進行もあり、日中の半分以上臥床している状態で日常生活に著しい支障がある。 家事労働も困難な状態である。

⑰ 予　後 （必ず記入してください）	病状の進行あり、今後も進行していくことが予想されるため不良。

⑱ 備　考	骨転移、リンパ節への転移あり、ステージⅣである。

上記のとおり、診断します。　　　　　令和元　年　9　月　■　日

病院又は診療所の名称　■■■■　　　　　診療担当科名　　　外科

所　在　地　■■■■　　　　　　　　医師氏名　■■■■

医師照会事例　審査会による照会／障害状態

【審査請求時の補足資料】

請求人（■■■■ 様）の診断書現症日（令和　元年　9月■日現症）の全身状態は、ADL 評価上　下記の分類の程度と評価し診断書記載内容に補足します。

○悪性腫瘍疾患における Performance Status(KPS:Karnofsky Performance Status のグレードを参考)

いずれかに○	患者の状態	評価	スコア
0	正常。臨床症状なし	正常の活動が可能。特別な看護が必要なし	100
1	軽い臨床症状はあるが、正常活動可能		90
2	常に臨床症状あるが、努力して正常の活動可能		80
3	自分自身の世話はできるが、正常の活動・労働することは困難	軽労働や座業は可能、家庭で療養可能	70
4	自分に必要なことはできるが、時に介助が必要	日常の行動において、病状に応じての介助が必要	60
⑤	病状を考慮した看護および定期的な医療および看護が必要		50
6	あまり動けず、適切な医療および看護が必要	自分自身のことをすることが困難か不可能、入院治療が必要、疾患が速やかに進行してゆく時期	40
7	まったく動けず入院が必要だが死はさしせまっていない		30
8	非常に重症、入院が必要で精力的な治療が必要		20
9	死期が切迫している		10
#	死		0

○その他、病状・状態像、障害の程度の評価するうえで参考となること

現在、大きな体重変動や貧血状態にはない。
しかし、全身倦怠感は著しく、日中活動可能な時間は
数時間で、日中の大半を臥床している。日常生活に著しい
支障が認められる状態で労働は不可能である。

令和 2 年 4 月■日
医療機関名及び住所　■■■■■■■■■

医師の氏名　■■■■■

電話　■■■■

【医師照会の内容と回答書1】

別紙

社会保険審査会委員長の照会に対する回答書

（請求人 ■■■■■ 氏　の再審査請求に係る照会）

【質問事項1】現症日（令和元年9月■日）頃の全身状態と化学療法の施行の関係についてお教えください。

【回答1】現症日頃の全身状態にあてはまるものに○をお付けください。

1.　　一般状態区分表「エ」の全身状態は、化学療法施行の有無に関わりなく継続して認められた。

②.　　一般状態区分表「エ」の全身状態は、化学療法施行後一時的なものであり、次の化学療法施行時にはPS5あるいはさらに良好な状態であった。

（補足）

　一般状態区分「エ」の全身状態が常に継続していたとは言いがたいが、化学療法施行後、次の施行日までの2週間のうち、7日程度、「エ」の全身状態を認めた。

【質問事項2】現症日頃に行われていた化学療法施行について、化学療法の内容、その計画されたスケジュール及び実際の施行日をお教えください。（内容の示された診療録の写しを添付していただいても構いません）。

・アブラキサン単剤療法（注射）
　2週ごと施行（2019　8/14　8/30　9/20　10/4　10/25）

・ランマーク（皮下注射）4週ごと
　2019.8.30～9.20は副作用にてchemoスキップ　自力通院できず、
　友人の送迎にて来院

【医師照会の内容と回答書2】

【質問事項3】現症日前後2か月程度の化学療法施行日ごとの化学療法の施行前の全身状態（PS）の評価についてお教えください（内容の示された診療録の写しを添付していただいても構いません）。

2019.8.14…PS4（KPS60）
2019.8.30…PS5（KPS50）
2019.9.20…PS5（KPS50）
2019.10.4…PS4（KPS60）
2019.10.25…PS3（KPS70）

回答年月日　　　**令和3年3月■日**
所在地　　　　　■■■■■■■■■
回答者氏名　　　■■■■■

令和2年（厚）第■■■■号

第2章

返戻事例

初診日の確認で返戻された糖尿病性腎症の事例

▶ 初診日　　▶ 初診日変更

1 事例の概要

1）請求人は、40歳代男性。
2）糖尿病性腎症（人工透析）の治療の起点となった平成22年10月1日を初診日として障害基礎年金の事後重症請求をした。
3）糖尿病の初診日（平成10年頃）確認のため返戻となった。
4）平成10年頃の受診について再調査したが医療機関や初診日の特定も証明もできず、「不明」として書類提出（連絡事項添付）した。
5）審査の結果、平成10年1月1日を初診日とする2級の障害基礎年金が支給決定となった。

2 この事例を理解するために必要な知識・情報

1）相当因果関係

糖尿病関連疾患は、糖尿病と相当因果関係が認められる取扱いとなっているため、初診日が遡り、その証明が難しくなることが多くあります。

また、糖尿病は初期症状が軽度で、通院や治療を自己中断してしまうことも多いため、初診の特定が非常に難しいという特徴があります。

2）初診日の証明ができないときの取扱い通知

「障害年金の初診日を明らかにすることができる書類を添えることができない場合の取扱いについて」（巻末資料332ページ参照）は、とても重要な通知で、本事例の返戻対応においても参照しています。

3 提出書類の内容

裁定請求時に提出した初診日関連の書類は以下のとおりです。

1）受診状況等証明書（135ページ）

平成10年代に糖尿病の治療を受けていたことが記載されているものの、その詳細は不明であり、平成22年10月１日を初診日として裁定請求をしました（平成22年までは普通に生活できていたという主張）。

2）病歴・就労状況等申立書（136ページ）

平成22年頃を発病として書きはじめ、最下段に平成10年からの枠を設けました。

3）「連絡事項」（137ページ）

請求の意図を伝えるための連絡事項を作成して添付しました。

4 返戻・照会の内容（抜粋）

****

審査の結果、請求傷病の初診日は受診状況等証明書より「平成10年代糖尿病の治療を受けていた」医療機関の初診日であると判断しました。

つきましては、下記の通り整備願います。

①上記医療機関の受診状況等証明書について確認の上、提出可能でしたら提出願います。

②受診状況等証明書が添付できない場合は、「受診状況等証明書が添付できない申立書」を作成し、受診にかかる参考資料を添付願います。

また、上記医療機関について、現在の資料（受診状況等証明書および病歴・就労状況等申立書）では、平成10年代に受診していたことしかわかりませんが、受診状況等証明書の提出ができない場合、初診日の検討にあたり申立初診日の「年月」まで確認が必要となりますので、再度初診日の確認をいただいた上で、書類の整備をお願いします。

****

5 なぜ返戻・照会になったのか

　平成10年代に糖尿病で受診したという記載内容から請求傷病（糖尿病性腎症）と相当因果関係があると判断されたものです。

6 返戻・照会への対応

　本事例では、初診日が平成22年10月1日でも、平成10年代でも国民年金第1号被保険者であり、保険料納付状況も問題なかったことから、返戻指示に従って以下のとおり書類整備をしましたが、平成10年代の保険料納付に問題がある等の事情があれば、「初診日は、平成22年10月1日である」という主張で返戻に応じないという選択肢も考えられます。

【返戻対応として提出した書類】

　①受診状況等証明書が添付できない申立書（138ページ）
　　医療機関名「不明」、医療機関の所在地「不明」で提出しています。
　②追加の連絡事項（139ページ）
　　今回の返戻に対応の意図を伝えるための連絡事項を作成して添付しました。

7 本事例のポイントとまとめ

　本事例では、糖尿病の初診日を明確に立証できる書類がありませんでしたが、初診日を明らかにすることができない場合でも、連絡事項等を作成し、その意図を保険者側に明確に伝えることで認定までたどり着けたといえます。

　はじめから平成10年初診で進めていけば、このような返戻はなかったかもしれませんが、返戻に対する連絡事項の作り方などを参考にしていただければと思います。

【受診状況等証明書】

年金等の請求用

> 障害年金等の請求を行うとき、その障害の原因又は誘因となった傷病で初めて受診した医療機関の初診日を明らかにすることが必要です。そのために使用する証明書です。

受 診 状 況 等 証 明 書

① 氏　　　　　名　■■■■■■■■■

② 傷　　病　　名　①高血圧症　糖尿病　②脂質異常症

③ 発 病 年 月 日　昭和・(平成)・令和　２３年　　月　　日

④ 傷病の原因又は誘因　不詳

⑤ 発病から初診までの経過

　　前医からの紹介状はありますか。⇒　　有　　(無)　（有の場合はコピーの添付をお願いします。）

　　H22 年転居し糖尿病の治療希望し受診
　　--
　　（H10 年代糖尿病の治療を受けていたが自己中断）
　　--
　　H22.10.4　HbA1c　10.1　グリミクロン開始
　　--
　　　　　　　BS 381

　　※診療録に前医受診の記載がある場合　　　1　初診時の診療録より記載したものです。
　　右の該当する番号に○印をつけてください　　2　昭和・平成・令和　　年　　月　　　日の診療録より記載したものです。

⑥ 初 診 年 月 日　昭和・(平成)・令和 ２２年 １０月　　１日

⑦ 終 診 年 月 日　昭和・(平成)・令和 ２４年　　７月　３０日

⑧ 終診時の転帰　　（治癒・転医・(中止)）

⑨ 初診から終診までの治療内容及び経過の概要

　　血糖高値、血圧も高値で糖尿病薬、降圧剤開始
　　--
　　その後 LDL コレステロール上昇ありスタチン薬を投与
　　--
　　H24.7.30　最後に来院なし
　　--

⑩ 次の該当する番号（1〜4）に○印をつけてください。
　　　　複数に○をつけた場合は、それぞれに基づく記載内容の範囲がわかるように余白に記載してください。
　　　　上記の記載は　(1)　診療録より記載したものです。
　　　　　　　　　　　　2　受診受付簿、入院記録より記載したものです。
　　　　　　　　　　　　3　その他（　　　　　　　　　　　　　）より記載したものです。
　　　　　　　　　　　　4　昭和・平成・令和　年　月　日の本人の申し立てによるものです。

⑪　令和　　3年　　4月　　26日
　　医療機関名　■■■■クリニック　　　診療担当科名　内科
　　所 在 地　■■■■　　　　　　　　医師氏名　■■■■■

（提出先）日本年金機構　　　　　　　　　　　　　　（裏面もご覧ください。）

【病歴・就労状況等申立書】

病歴・就労状況等申立書

No. 1 — 1 枚中

（請求する病気やけがが複数ある場合は、それぞれ用紙を分けて記入してください。）

病歴状況	傷病名	慢性腎臓病（糖尿病性腎症）
発病日	平成 22 年 頃 月 日	初診日　平成 22 年 10 月 1 日

記入する前にお読みください。
○ 次の欄には障害の原因となった病気やけがについて、発病したときから現在までの経過を年月順に期間をあけずに記入してください。
○ 受診していた期間は、通院期間、受診回数、入院期間、治療経過、医師から指示された事項、転医・受診中止の理由、日常生活状況、就労状況などを記入してください。
○ 受診していなかった期間は、その理由、自覚症状の程度、日常生活状況、就労状況などについて具体的に記入してください。
○ 健康診断などで障害の原因となった病気やけがについて指摘されたことも記入してください。
○ 同一の医療機関を長期間受診していた場合、医療機関を長期間受診していなかった場合、発病から初診までが長期間の場合は、その期間を3年から5年ごとに区切って記入してください。

	期間	状況
1	平成 22 年 10 月 1 日から 平成 24 年 7 月 30 日まで レ 受診した ・ □ 受診していない 医療機関名 ■クリニック	発病した時の状態と発病から初診までの間の状況（先天性疾患は出生時から初診まで） 食欲不振と疲れから仕事に支障がではじめ、平成22年10月1日、■■クリニックを受診。 血液検査の結果は、血糖値が異常に高く、投薬を中心とした治療を開始した。
2	平成 24 年 7 月 31 日から 平成 27 年 12 月 頃 日まで □ 受診した ・ レ 受診していない 医療機関名	左の期間の状況 薬により血糖値の値は落ち着き、仕事が忙しくなったため、治療を中断してしまった。平成26年頃、糖尿病性網膜症になり■■を受診。平成27年、両目を手術し、回復した。
3	平成 28 年 1 月 頃 日から 平成 28 年 6 月 頃 日まで レ 受診した ・ □ 受診していない 医療機関名 ■医院	左の期間の状況 心臓の不調を訴え受診した。検査の結果、糖尿病が悪化している事が分かった。更に、血清クレアチニンの値も悪く、腎障害をおこしていることも判明した。
4	平成 28 年 7 月 頃 日から 令和 2 年 9 月 頃 日まで レ 受診した ・ □ 受診していない 医療機関名 ■病院	左の期間の状況 腎障害の治療のため、■■病院の腎臓内科を受診した。糖尿病性腎症およびネフローゼ症候群と診断された。令和元年6月から令和2年9月までの血清クレアチニン値は、悪化の一途をたどった。尿蛋白量も異常な数値で推移した。
5	令和 2 年 10 月 頃 日から 令和 3 年 3 月 29 日まで レ 受診した ・ □ 受診していない 医療機関名 ■病院	左の期間の状況 紹介により転院した。腎不全末期との診断だった。令和3年1月、ヘモグロビン量が下がり輸血。貧血精査のため10日間入院した。2月、SPO2が下がり胸水のため緊急入院。緊急の血液透析を6回行った。2月19日、左前腕に内シャント造設。3月9日、うっ血性心不全を発症。血液透析導入した。
6	令和 3 年 3 月 30 日から 令和 現在 まで レ 受診した ・ □ 受診していない 医療機関名 ■クリニック	左の期間の状況 現在、外来で、週3回、1回4時間の透析を継続している。
7	平成 10 年 1 月 1 日から 平成 22 年 9 月 30 日まで レ 受診した ・ □ 受診していない 医療機関名 不明	左の期間の状況 病院名は忘れてしまったが、平成10年代に血糖値が高く、数回、通院した。しかし、食事や運動の指導を受けただけで、服薬や具体的な治療はなかった。自覚症状もなく、普通に生活ができていたので、通院を中断した。別途、添付しました『■様の裁定請求書に関して＜連絡事項＞』もご参照ください。

※裏面（署名欄）も記入してください。

【裁定請求時連絡事項】

令和 3 年 5 月 27 日

日本年金機構　ご担当者　様

■■様の裁定請求書に関して＜連絡事項＞

　日ごろよりお世話になっております。■■様（以下「請求人」という）の障害基礎年金裁定請求書の提出にあたり、下記連絡事項がございますので、よろしくご配慮願います。

記

本件請求は、初診日を平成 22 年 10 月 1 日とする事後重症請求です。

　受診状況等証明書に「H10 年代糖尿病の治療を受けていたが自己中断」と記載がありますが、数回の通院で、食事や運動の指導があった程度で、服薬や具体的な治療を受けていたわけではありません。自覚症状もなく、普通に生活をしていました。

　仮に、本件請求の初診日が平成 10 年 1 月 1 日（平成 10 年代の最初の日）で認定されるとしても、平成 10 年 1 月 1 日から■■クリニックの初診日（平成 22 年 10 月 1 日）までの間は、すべて国民年金の第 1 号被保険者であり、かつ、すべての月において保険料納付要件を満たしています。

以上

請求人：■■■■
代理人：■■■■

返戻事例

初診日／初診日変更

【受診状況等証明書が添付できない申立書】

年金等の請求用

受診状況等証明書が添付できない申立書

傷　病　名　　糖尿病

医療機関名　　不明

医療機関の所在地　　不明

受　診　期　間　　昭和・⦅平成⦆・令和 **10** 年 **1** 月 **1** 日 ～ 昭和・平成・令和　年　月　日

上記医療機関の受診状況等証明書が添付できない理由をどのように確認しましたか。
次の＜添付できない理由＞と＜確認方法＞の該当する□に✔をつけ、＜確認年月日＞に確認した日付を記入してください。
その他の□に✔をつけた場合は、具体的な添付できない理由や確認方法も記入してください。

＜添付できない理由＞　　　　　　　　　＜確認年月日＞ 平成・⦅令和⦆ **3** 年 **4** 月　**6** 日

- □ カルテ等の診療録が残っていないため
- □ 廃業しているため
- ☑ その他　　約 **20** 年前の受診で数回通院したのみであり、医療機関名を覚えていないため

＜確認方法＞　□ 電話　　　　□ 訪問　　　☑ その他（**本人記憶**　　　　　　　　　　）

上記医療機関の受診状況などが確認できる参考資料をお持ちですか。
お持ちの場合は、次の該当するものすべての□に✔をつけて、そのコピーを添付してください。
お持ちでない場合は、「添付できる参考資料は何もない」の□に✔をつけてください。

- □ 身体障害者手帳・療育手帳・
  精神障害者保健福祉手帳
- □ 身体障害者手帳等の申請時の診断書
- □ 生命保険・損害保険・
  労災保険の給付申請時の診断書
- □ 事業所等の健康診断の記録
- □ 母子健康手帳
- □ 健康保険の給付記録（レセプトも含む）

- □ お薬手帳・糖尿病手帳・領収書・診察券
  （可能な限り診察日や診療科が分かるもの）
- □ 小学校・中学校等の健康診断の記録や
  成績通知表
- □ 盲学校・ろう学校の在学証明・卒業証書
- □ 第三者証明
- ☑ その他（受診状況等証明書）
  （令和 3 年 4 月 26 日付 ■■■ クリニック作成）
- □ 添付できる参考資料は何もない

上記のとおり相違ないことを申し立てます。

令和 **3** 年 **7** 月 **13** 日

請　求　者　　　住　所 ■■■■■■■■■

　　　　　　　　氏　名 ■■■■■■■■■

代筆者氏名 ■■■■■　　　　　　　　　請求者との続柄 ■■■■■

（提出先）日本年金機構　　　　　　　　　　　　（裏面もご覧ください。）

【返戻時連絡事項】

令和 3 年 7 月 13 日

日本年金機構　ご担当者　様

■■ 様の裁定請求書に関して＜追加事項＞

　日頃よりお世話になっております。令和 3 年 5 月 27 日付けで裁定請求しました ■■ 様（以下「請求人」という）の年金請求書（国民年金障害基礎年金）の審査にあたり、先日ご照会のありました返戻（照会受付番号：■■■■■■■）に係る整備を行いましたので、ご確認いただきますようお願い申し上げます。

　なお、追加書類に関しまして下記連絡事項がございますので、よろしくお取り計らいくださいますようお願い申し上げます。

記

１．初診の医療機関

　ご照会のありました「H10 年代糖尿病の治療を受けていた」医療機関につきましては、約 20 年前に 20 代だった請求人が数回受診したのみであり、当時の記憶から医療機関名を覚えていないとのことでしたので、受診状況等証明書を添付することができません。

　そのため、「受診状況等証明書が添付できない申立書」を添付の上、医療機関名及び医療機関の所在地につきましては「不明」として提出いたします。

２．初診日

　「障害年金の初診日を明らかにすることができる書類を添えることができない場合の取扱いについて」（年管管発 0928 第 6 号、以下「初診日取扱通知」という）の第 3．1．「請求者の申立てに基づき医療機関が過去に作成した資料の取扱いについて」によれば、請求の 5 年以上前に医療機関が作成した資料（診療録等）に請求者申立ての初診日が記載されている場合には、初診日と認めることができるとされております。既に提出しております受診状況等証明書（令和 3 年 4 月 26 日付、■■ クリニック ■■ 医師作成）5 欄の「H10 年代糖尿病の治療を受けていた」との記載は、同クリニック初診日の平成 22 年 10 月 1 日から、終診日の平成 24 年 7 月 30 日までの診療録より記載されたものであるため、請求の 5 年以上前に医療機関が作成した資料に該当すると考えられます。ただし、同クリニックに確認しましたところ、診療録に記載されている前医に関する具体的な医療機関名や初診日は不明であり、紹介状もないとのことでしたので、請求者申立ての初診医療機関が記載されている同クリニック作成の受診状況等証明書を、受診にかかる参考資料として添付します。

　また、初診日取扱通知の第 2 の 1．及び 3．によれば、初診日を具体的に特定できなくても、参考資料により一定の期間内に初診日があると確認された場合であって、当該期間が同一の公的年金制度の加入期間となっており、かつ、当該期間中のいずれの時点においても、障害年金を支給するための保険料納付要件を満たしている場合は、当該期間中で請求者が申して立てた 初診日を認めることができることとされております。

　請求人の初診日は、上記参考資料により、平成 10 年 1 月 1 日から平成 22 年 9 月 30 日まで一定の期間内にあることが確認できます。また、裁定請求時の連絡事項においてご連絡しましたとおり、当該期間中は全て国民年金の加入期間のみであり、すべての月において保険料納付要件を満たしております。

　したがって、当該期間中で請求者が申し立てた初診日を認めることができると考えられるため、平成 10 年代の初日である「平成 10 年 1 月 1 日」を初診日として申し立てます。

　なお、平成 10 年 1 月 1 日を初診日とする平成 22 年 9 月 30 日までの病歴につきましては、既に提出しております病歴・就労状況等申立書の 7 段目に記載しておりますので、ご確認いただきますようお願い申し上げます。

以上

請求人：■■■■
代理人：■■■■
電話 ■■■■

別初診日が認定されたことによる裁定請求書の差替えで返戻された精神疾患の事例

▶ 初診日　　▶ 初診日変更

1 事例の概要

1）請求人は、20歳代男性。
2）広汎性発達障害による障害厚生年金の事後重症請求をした。
3）審査の結果、初診日は厚生年金保険（令和3年2月24日）ではなく、国民年金（平成29年6月26日）と認定された。
4）障害厚生年金から障害基礎年金への変更を求める返戻となった。
5）返戻に応じ、2級の障害基礎年金が支給決定となった。

2 この事例を理解するために必要な知識・情報

　請求人が初めて精神系の医療機関を受診したのは平成29年6月26日（国民年金）で、適応障害の診断でした。2か月ほどで回復し、以後通院はありません（受診状況等証明書提出済み）。

　その後、職場環境などの要因により精神的な不調を再び訴え、令和3年2月24日（厚生年金保険）に現在の医療機関を受診し、広汎性発達障害の診断で通院・治療を本格的に開始しました。

　最初の受診が、発達障害から生じたものなのか、一時的な精神不調なのか判然としないため、受給額が有利となる障害厚生年金（令和3年2月24日初診）で裁定請求することとしました。

　なお、初診日が平成29年6月26日で認定された場合、障害基礎年金での審査に変更となることについては、事前に請求人の了解を取っています。

③ 提出書類の内容 （142ページ）

令和5年5月30日現症の診断書を提出しました。

診断書③欄は「平成29年6月26日」とされ、診断書作成医は平成29年6月から一連の傷病であると判断していることがわかります。

④ 返戻・照会の内容 （抜粋）

＊＊＊＊＊＊＊＊＊＊＊＊＊＊＊＊＊＊＊＊＊＊＊＊＊＊＊＊＊＊＊＊＊＊＊＊＊＊

審査の結果、初診日が平成29年6月26日（国民年金）と認定されたので、障害基礎年金の裁定請求書を提出してください。

＊＊＊＊＊＊＊＊＊＊＊＊＊＊＊＊＊＊＊＊＊＊＊＊＊＊＊＊＊＊＊＊＊＊＊＊＊＊

⑤ なぜ返戻・照会になったのか

平成29年6月26日に受診したときの病状が、令和3年2月24日以降に受診したものと同一の傷病によるものであると判断されたためです。

⑥ 返戻・照会への対応

返戻指示に従い、障害基礎年金の裁定請求書を整備し、提出しました。

⑦ 本事例のポイントとまとめ

本事例では、最初に受診した医療機関の終診日から約3年半の期間があり、就労もできていたため再発初診や別傷病としての認定の余地はあると思います。

しかし、請求人に、障害厚生年金受給への強い希望がなかったこともあり、障害基礎年金での受給も視野に入れた裁定請求対応でした。

はじめから障害基礎年金の裁定請求書も提出していれば、返戻はなかったかもしれませんが、できれば障害厚生年金で認めてもらいたいという請求意図を伝えたかったというのが正直なところです。

【診断書（表面）】

（精）	国民年金 厚生年金保険	診 断 書 （精神の障害用）		様式第120号の4

診療録で確認または 本人の申立て（ ）のどちらかにチェックをして、本人の申立ての場合は、それを聴取した年月日を記入してください。

（フリガナ） ■■■■
氏　名 ■■■■■■

生年月日　平成　6　年　5　月　■　日生（28　歳）　性別　[レ]男　□女

住　所　住所地の郵便番号　■■■－■■■　■■■■都道府県　■■■郡市区　■■■■

① 障害の原因となった傷病名　**広汎性発達障害**
ICD－10コード（　F84　）

② 傷病の発生年月日　平成　6　年　5　月　■　日　[レ]診療録で確認　□本人の申立て（　　年　月）
③ ①のため初めて医師の診療を受けた日　平成　29　年　6　月　26　日　[レ]診療録で確認　□本人の申立て（　　年　月）

本人の発病時の職業　**不明**
④ 既存障害　**社会恐怖**

⑥ 傷病が治った（症状が固定した状態を含む。）かどうか。　**令和　5　年　5　月　　日**　□確認　[レ]推定
症状のよくなる見込‥‥□有・□無・[レ]不明
⑤ 既往症　**扁桃腺摘出**

⑦ 発病から現在までの病歴及び治療の経過、内容、就学・就労状況等、期間、その他参考となる事項

陳述者の氏名　■■■■　請求人との続柄　**本人**　聴取年月日　令和5年　4月　25日

同胞4名第3子として生育。幼少期より対人緊張、過敏性を認め人間関係で消耗することが多かった。環境変化への適応が困難で、感覚過敏を認めた。幼少期、学生時代にわたり姉弟や周囲との違和感を自覚し、専門学校卒業後も社会生活上困難を感じることが多く、呼吸苦、頭痛、倦怠感、消化器症状等の身体症状を呈することがあった。ストレス状態が持続し、2017年6月26日■■病院を初診し、適応障害の診断となった。その後は転職や職場環境の調整を反復するも抑うつ気分や不安感、自律神経症状が持続し2021年2月24日当院を初診し、診察や心理検査をもとに上記診断となった。その後も持続した職場の人間関係ストレスや将来の不安等にて不安感、焦燥感が高まり2021年10月24日自殺未遂を認め、激越を認め、2021年10月26日～2022年1月20日■■への入院加療を要した。その後も当院外来通院加療を継続している。

⑧ 診断書作成医療機関における初診時所見
初診年月日　**令和　3　年　2　月　24　日**

家族間における葛藤や社会生活における対人関係ストレス、現在の不安感、緊張感、自律神経症状について語る。表情は硬いが情緒は落ち着いている。
会話は冗長となりがちでコミュニケーションの質的偏倚や問題解決に向けた情報の取捨選択が困難と思われる。

⑨ これまでの発育・養育歴等（出生から発育の状況や教育歴及びこれまでの職歴をできるだけ詳しく記入してください。）
詳細不明

ア　発育・養育歴

イ　教育歴
乳児期　□不就学・□就学猶予
小学校（[レ]普通学級・□特別支援学級・□特別支援学校）
中学校（[レ]普通学級・□特別支援学級・□特別支援学校）
高　校（[レ]普通学級・□特別支援学校）
その他（　■■専門学校卒業　）

ウ　職歴
派遣社員、飲食等のアルバイト、給食調理、特養介護職正社員、介護スタッフパートタイマー、清掃等　短期間で転職を反復している．

エ　治療歴（書ききれない場合は⑬「備考」欄に記入してください。）（※　同一医療機関の入院・外来は分けて記入してください。）

医療機関名	治療期間	入院・外来	病名	主な療法	転帰（軽快・悪化・不変）
■■　病院	2017年6月～不明年　月	□入院[レ]外来	適応障害	精神療法、薬物療法	不変
■■クリニック	2021年2月～2021年10月	□入院[レ]外来	広汎性発達障害	精神療法、薬物療法	悪化
■■■■	2021年10月～2022年1月	[レ]入院□外来	広汎性発達障害	精神療法、薬物療法	軽快
■■クリニック	2022年1月～現在年　月	□入院[レ]外来	広汎性発達障害	精神療法、薬物療法	不変
	年　月～　年　月	□入院□外来			

（お願い）臨床所見等は、診療録に基づいてわかる範囲で記入してください。

⑩　**障　害　の　状　態　（　令和　5　年　5　月　30　日　現症）**

ア　現在の病状又は状態像（該当のローマ数字、英数字にチェックしてください。）

前回の診断書の記載時との比較　（前回の診断書を作成している場合は記入してください。）

I　□1 変化なし　□2 改善している　□3 悪化している　□4 不明
　抑うつ状態
　□1 思考・運動制止　[レ]2 刺激性、興奮　□3 憂うつ気分
　□4 自殺企図　□5 希死念慮
　□7 その他（　　）

II　そう状態
　□1 行為心迫　□2 多弁・多動　□3 気分（感情）の異常な高揚・刺激性
　□4 観念奔逸　□5 易怒性・被刺激性亢進　□6 特大妄想
　□7 その他（　　）

III　幻覚妄想状態　等
　□1 幻覚　□2 妄想　□3 させられ体験　□4 思考形式の障害
　□5 著しい奇異な行為　□6 その他（　　）

IV　精神運動興奮状態及び昏迷の状態
　□1 興奮　□2 昏迷　□3 拒絶・拒食　□5 滅裂思考
　□4 衝動行為　□6 自傷　□7 無動・無反応
　□8 その他（　　）

V　統合失調症等残遺状態
　□1 自閉　□2 感情の平板化　□3 意欲の減退
　□4 その他（　　）

VI　意識障害・てんかん
　□1 意識混濁　□2 （夜間）せん妄　□3 もうろう　□4 錯乱
　□5 てんかん発作　□6 křeč.嗜眠様　□7 その他（　　）
　・てんかん発作の状態　※発作は記入上の注意参照
　　1 てんかん発作のタイプ（□A・□B・□C・□D）
　　2 てんかん発作の頻度（年間）□月平均　回、週平均　回　程度

VII　知能障害等
　□1 知的障害　□ア 軽度　□イ 中等度　□ウ 重度　□エ 最重度
　□2 認知症　□ア 軽度　□イ 中等度　□ウ 重度　□エ 最重度
　□3 高次脳機能障害
　　□ア 失行　□イ 失語
　　□ウ 記憶障害　□エ 注意障害　□オ 遂行機能障害　□カ 社会的行動障害
　　□学習障害　□ア 読み　□イ 書き　□ウ 計算　□エ その他（　　）
　□5 その他（　　）

VIII　発達障害関連症状
　[レ]1 相互的な社会関係の質的障害　[レ]2 言語コミュニケーションの障害
　□3 限定した常同的で反復的な関心と行動　□4 その他（　　）

IX　人格変化
　□1 欠陥状態　□2 無関心　□3 無為
　□4 その他症状等（　　）

X　乱用、依存等（薬物等名：　　）
　□1 乱用　□2 依存

XI　その他（　　）

イ　左記の状態について、その程度・症状・処方薬等を具体的に記載してください。

社会性やコミュニケーションスキルが乏しく対人関係においてストレスを抱えやすい。時に社会性を欠く行動や衝動行為を認め、トラブルとなることがある。
想像力の乏しさや、被害的認知、二分思考等あり、現状の把握が困難であり、問題解決に至らない。
上記より抑うつ状態、不安感、自責感を認め、時に激越状態を呈する。

処方＞エビリファイ0.5mg　パロキセチン10mg
不眠時ルネスタ2mg　不穏時リスパダール1mg　不安時ロラゼパム0.5mg

（お願い）太文字の欄は、記入漏れがないように記入してください。

本人の障害の程度及び状態に無関係な欄には記入する必要はありません。（無関係な欄は、斜線により抹消してください。）

【診断書（裏面）】

ウ 日常生活状況

1 家庭及び社会生活についての具体的な状況

（ア）現在の生活環境（該当するもの一つを選んでチェックしてください。）
[ ]入院・[ ]入所・[ ]在宅・[レ]その他（独居　　　　　　　　　　　）
（施設名　　　　　　　　　　　　　　　　　）
同居者の有無（[ ]有・[レ]無）

（イ）全般的状況（家族及び家族以外の者との対人関係についても
具体的に記入してください。）

> 家族間対人関係においてもトラブルを抱え不安定である。

2 日常生活能力の判定（該当するものにチェックしてください。）
（判定にあたっては、単身で生活するとしたら可能かどうかで判断してください。）

(1) 適切な食事 － 配膳などの準備も含めて適当量をバランス良く摂ることがほぼできるなど。
[ ]できる／[レ]自発的にできるが時には助言や指導を必要とする／[ ]自発的かつ適正に行うことはできないが助言や指導があればできる／[ ]助言や指導をしても できない若しくは行わない

(2) 身辺の清潔保持 － 洗面、洗髪、入浴等の身体の衛生保持や着替え等ができる。また、自宅の清掃や片付けができるなど。
[ ]できる／[レ]自発的にできるが時には助言や指導を必要とする／[ ]自発的かつ適正に行うことはできないが助言や指導があればできる／[ ]助言や指導をしても できない若しくは行わない

(3) 金銭管理と買い物 － 金銭を独力で適切に管理し、やりくりがほぼできる。また、一人で買い物が可能であり、計画的な買い物がほぼできるなど。
[ ]できる／[ ]おおむねできるが時には助言や指導を必要とする／[レ]助言や指導があればできる／[ ]助言や指導をしても できない若しくは行わない

(4) 通院と服薬（[レ]要・[ ]不要）－ 規則的に通院や服薬を行い、病状等を主治医に伝えることができるなど。
[ ]できる／[レ]おおむねできるが時には助言や指導を必要とする／[ ]助言や指導があればできる／[ ]助言や指導をしても できない若しくは行わない

(5) 他人との意思伝達及び対人関係 － 他人の話を聞く、自分の意思を相手に伝える、集団的行動が行えるなど。
[ ]できる／[ ]おおむねできるが時には助言や指導を必要とする／[ ]助言や指導があればできる／[レ]助言や指導をしても できない若しくは行わない

(6) 身辺の安全保持及び危機対応 － 事故等の危険から身を守る能力がある、通常と異なる事態となった時に他人に援助を求めるなどを含めて、適正に対応することができるなど。
[ ]できる／[ ]おおむねできるが時には助言や指導を必要とする／[ ]助言や指導があればできる／[レ]助言や指導をしても できない若しくは行わない

(7) 社会性 － 銀行での金銭の出し入れや公共施設等の利用が一人で可能。また、社会生活に必要な手続きが行えるなど。
[ ]できる／[レ]おおむねできるが時には助言や指導を必要とする／[ ]助言や指導があればできる／[ ]助言や指導をしても できない若しくは行わない

3 日常生活能力の程度（該当するもの一つにチェックしてください。）

※日常生活能力の程度を記載する際には、状態をもっとも適切に記載できる（精神障害）又は（知的障害）のどちらかを使用してください。

（精神障害）

[ ]（1）精神障害（病的体験・残遺症状・認知障害・性格変化等）を認めるが、社会生活は普通にできる。

[ ]（2）精神障害を認め、家庭内での日常生活は普通にできるが、社会生活には、援助が必要である。
（たとえば、日常的な家事をこなすことはできるが、状況や手順が変化したりすると困難を生じることがある。社会行動や自発的な行動が適切に出来ないこともある。金銭管理はおおむねできる場合など。）

[ ]（3）精神障害を認め、家庭内での単純な日常生活はできるが、時に応じて援助が必要である。
（たとえば、習慣化した外出はできるが、家事をこなすために助言や指導を必要とする。社会的な対人交流は乏しく、自発的な行動に困難がある。金銭管理が困難な場合など。）

[レ]（4）精神障害を認め、日常生活における身のまわりのことも、多くの援助が必要である。
（たとえば、著しく適正を欠く行動が見受けられる。自発的な発言が少ない、あっても発言内容が不適切であったり不明瞭であったりする。金銭管理ができない場合など。）

[ ]（5）精神障害を認め、身のまわりのこともほとんどできないため、常時の援助が必要である。
（たとえば、家庭内生活においても、食事や身のまわりのことを自発的にすることができない。また、在宅の場合に通院等の外出には、付き添いが必要な場合など。）

（知的障害）

[ ]（1）知的障害を認めるが、社会生活は普通にできる。

[ ]（2）知的障害を認め、家庭内での日常生活は普通にできるが、社会生活には、援助が必要である。
（たとえば、簡単な漢字は読み書きができ、会話も意思の疎通が可能であるが、抽象的なことは難しい。身辺生活も一人でできる程度）

[ ]（3）知的障害を認め、家庭内での単純な日常生活はできるが、時に応じて援助が必要である。
（たとえば、ごく簡単な読み書きや計算はでき、助言などがあれば作業は可能である。具体的指示であれば理解ができ、身辺生活についてもおおむね一人でできる程度）

[ ]（4）知的障害を認め、日常生活における身のまわりのことも、多くの援助が必要である。
（たとえば、簡単な文字や数字は理解でき、保護的環境であれば単純作業は可能である。習慣化していることであれば言葉での指示を理解し、身辺生活についても部分的にできる程度）

[ ]（5）知的障害を認め、身のまわりのこともほとんどできないため、常時の援助が必要である。
（たとえば、文字や数の理解力がほとんど無く、簡単な手伝いもできない。言葉による意思の疎通がほとんど不可能であり、身辺生活の処理も一人ではできない程度）

エ 現症時の就労状況

○ 勤務先　［]一般企業・[レ]就労支援施設・[ ]その他（　　　）
○ 雇用体系　［]障害者雇用・[ ]一般雇用・[ ]自営・[ ]その他（　　　）
○ 勤続年数（　　年　　ヶ月）
○ ひと月の給与（　　　　円程度）
○ 仕事の頻度（[ ]週に［]月に（　　）日）
○ 仕事の内容

○ 仕事場での援助の状況や意思疎通の状況

オ 身体所見（神経学的な所見を含む。）

特記すべき所見なし

カ 臨床検査（心理テスト・知能検査、知能障害の場合は、知能指数、精神年齢を含む。）

全検査 IQ（FIQ）93　言語性　IQ（VIQ）82　動作性 IQ（PIQ）109

キ 福祉サービスの利用状況（障害者総合支援法に規定する自立訓練、共同生活援助、居宅介護、その他障害福祉サービス等）

就労支援施設通所中

---

⑪ 現症時の日常生活能力及び労働能力 （必ず記入してください。）	情動不安定、衝動性を認め、ストレス要因に反応し急激な症状の増悪を認めることがある。日常生活においても支援を要することがあり、定常的な就労は現時点では困難であると思われる。
⑫ 予　　後 （必ず記入してください。）	不明である。
⑬ 備　　考	

上記のとおり、診断します。　　　　　　　令和 5 年 5 月 31 日

病院又は診療所の名称　■■クリニック　　　　　診療担当科名　精神科
所　在　地　■■■■■■■■■■■　　　　　医師氏名　■■■■■■■■

【連絡事項】

令和 5 年 6 月 29 日

日本年金機構　ご担当者　様

■■様の裁定請求書に関して＜連絡事項＞

日ごろより大変お世話になっております。■■様（以下「請求人」という）の障害給付裁定請求書の提出にあたり、下記連絡事項がございますので、よろしくご配慮願います。

記

本件請求は、傷病名を「広汎性発達障害」、初診日を「令和 3 年 2 月 24 日」とする事後重症請求です。

＜初診日について＞

■■クリニックの診断書③欄には、初めて医師の診察を受けた日として「平成 29 年 6 月 26 日」、⑦欄に「2017 年 6 月 26 日■■病院を初診し」との記載があります。この時期に環境の変化があり 2 カ月間■■■■病院を受診しましたが、あくまでも一時的な精神不調にとどまり、その後の環境要因の改善により通常の社会生活が送れるようになりました。その後一般就労もでき通院・服薬もなく通常の社会生活・職業生活を送っていました。

よって本件では、薬物療法・精神療法などの継続的な治療を開始した、■■クリニックを受診した日（令和 3 年 2 月 24 日）を初診日とする障害厚生年金を請求いたします。

ただし、初診日に関して上記主張が認められず、平成 29 年 6 月 26 日の■■病院が初診日となる場合には障害基礎年金請求といたしますので返戻の処理をお願い申し上げます。

以上

請求人：■■■■■■■
代理人：■■■■■■■■■■
電話：■■■■■■■

初診日変更により返戻された肢体障害の事例

▶ 初診日　　▶ 初診日変更

1 事例の概要

1）請求人は、60歳代男性。
2）頚椎症性頚髄症で、障害厚生年金を事後重症請求した。
3）審査の結果、本人申立ての初診日は認められないとして返戻された。
4）保険者が判断した初診日に変更し、請求方法は障害認定日請求へ変更した。
5）審査の結果、障害厚生年金1級で支給決定となった。

2 この事例を理解するために必要な知識・情報

1）病気の概要（頚椎症性頚髄症）

「頚椎が加齢などにより変形する病気を頚椎症と呼び、この頚椎症によってトンネルの中を通る頚髄が圧迫される病気を「頚椎症性脊髄症（頚髄症）」と呼びます。」「脊髄症（頚髄症）は、首から手先にかけての痛みやしびれを引き起こします。筋力の低下や感覚の麻痺が起こることもあります。左右両側に症状を引き起こすことが珍しくなく、重症化した場合は下半身にまで症状が及び、歩くことが困難になることもあります。」

（出典：「腰痛の専門医による安心アドバイス」HP より一部抜粋（https://www.itoortho.jp/youtu_info/17.html））

2）請求人の受傷経過

請求人は、頚椎症性頚髄症の診断を受けるまでに2回転倒し、右大腿骨部骨折、左肩・右膝等に痛みが発生していました。主治医に確認したところ、2回の転倒は

頚椎症性頚髄症によるものであったことから、最初の転倒で右大腿骨頚部骨折した平成30年4月11日を初診日として、頚椎症性頚髄症で障害厚生年金の事後重症請求を行いました。

　しかし、保険者は、請求人が申し立てる平成30年4月11日の初診日は右大腿骨頚部骨折の初診日であり、提出された資料から、頚椎症性頚髄症の初診日は、MRI検査で精査を行った平成31年4月19日と判断したことから返戻となりました。

3 提出書類の内容

診断書（148ページ）の要点を摘記すると以下のとおりです。

- ③欄　平成30年4月11日　診療録で確認にチェック。
- ⑨欄　平成30年4月11日に階段で転倒、平成31年1月に雪道で転倒、平成31年4月19日、MRI検査で頚髄症と診断。

4 返戻・照会の内容（抜粋）

****
　本人申立ての平成30年4月11日は請求傷病「頚椎症性頚髄症」の初診日として認められませんでした。現在提出の資料からは、診断書⑨欄記載の平成31年4月19日を初診日と考えています。そのため、今後の処理について、下記の意向確認をお願いします。
１．初診日を訂正し請求する場合
　請求書⑭（3）欄の初診日を訂正し、請求事由（認定日請求）とするか判断してください。認定日請求を希望の際は（1）欄も併せて訂正してください。なお、現在提出の診断書は令和3年1月28日現症日であり、障害認定日後3か月と9日後の診断書であるため、障害認定日分として認定可能です。
２．初診日を訂正せずこのまま処分を希望する場合
　書面の空白部分にその旨を記載し再度提出してください。
****

5 なぜ返戻・照会になったのか

　本事例では、請求人の経過から、請求人が申し立てる平成30年4月11日は、頚椎症性頚髄症の症状と合致せず、あくまでも右大腿骨頚部骨折の初診日と判断されました。頚椎症性頚髄症の初診日は、MRI検査を行ったとみられる平成31年4月19日が妥当だと考えられ返戻されました。

6 返戻・照会への対応

　本事例において、当初の初診日が変更になることで、加入制度（厚生年金保険）に変更はないこと、また、障害厚生年金の額の計算の基礎となる被保険者期間の月数が増えることから、請求人にデメリットはないことを踏まえ、前記**4**より、「1．初診日を訂正し請求する場合」を選択しました。

　初診日が変更になったことで障害認定日も変更になりました（初診日：平成31年4月19日、認定日：令和2年10月19日）。障害認定日の診断書は、令和2年10月19日から3か月以内の現症日分が必要となりますが、前記**4**のとおり、提出した診断書の現症日は令和3年1月28日で認定日後3か月と9日後であり、乖離はあるものの障害認定日分として認定されました。

7 本事例のポイントとまとめ

　初診日が変更になるようなケースにおいては、どのようなメリット・デメリットが生じるのかを考え、判断することが大切です。初診日が変更になることでデメリットがある場合には、初診日を訂正せず審査を継続し、却下処分を受けて不服申立てへと進むことも場合によっては必要であると考えます。

　私達代理人はあらゆるケースを想定し、請求人にとって何が最善かを考え臨んでいくことが求められていると思います。

【診断書（表面）】

様式第120号の3

⑱ 肢	国民年金 厚生年金保険	診 断 書 （肢体の障害用）		

（フリガナ） 氏 名	■■■■■■	生年月日	昭和 32 年 6 月 ■ 日生（ 63 歳）	性別 ☑男 □女

住 所	住所地の郵便番号 ■■ ■■■■	都道 府県 ■■■■ 郡市 区 ■■■■		

① 障害の原因となった傷病名	頚椎症性頚髄症	② 傷病の発生年月日	平成 30 年 頃 月 日	☑診療録で確認 □本人の申立て 年 月 日
		③ ①のため初めて医師の診療を受けた日	平成 30 年 4 月 11 日	☑診療録で確認 □本人の申立て 年 月 日

④ 傷病の原因又は誘因	不詳 初診年月日（ 昭和・平成・令和 年 月 日）	⑤既存障害		⑥既往症 右大腿骨頚部骨折 （平成30年4月11日）

⑦ 傷病が治った（症状が固定して治療の効果が期待できない状態を含む。）かどうか。	傷病が治っている場合・・・・・・・・・・・治った日 平成 令和 ■ 年 ■ 月 ■ 日	□確 認 □推 定
	傷病が治っていない場合・・・・・・・・症状のよくなる見込 □有 ・ ☑無 ・ □不明	

⑧ 診断書作成医療機関における初診時所見 初診年月日 平成 30 年 4 月 11 日	右股関節痛 ROM制限あり

⑨ 現在までの治療の内容、期間、経過、その他参考となる事項	平成30年4月11日階段で転倒、右大腿骨頚部骨折。オペ施行。平成31年1月雪道で転倒、以来左肩、右膝に痛み強くその頃から左手の力なくなり生活に支障が生じはじめた。平成31年4月19日靱板損傷・拘縮のため左肩の運動制限と四肢の麻痺有りMRIで、C4/5の頚髄症と診断。7/25C4/5椎弓オペ施行。その後リハビリし、令和元年9月19日退院。その後自宅療養中。 上左上肢は肩の痛み筋力低下、しびれのため40度屈曲まで、握力はしびれ強く測定できず、振戦も有る為、手の機能としては廃用である。体幹障害のため歩行は60m程度。	診療回数	年 間 7 回 月平均 回

⑩ 計 測 （ 令和 3 年 1 月 28 日計測）	身長	172.0 cm	血圧	最高	154 mmHg
	体重	78.0 kg		最低	79 mmHg

障 害 の 状 態 （ 令和 3 年 1 月 28 日現症）

⑪ 切断又は離断・変形・麻痺

右 左 右 左 右 左

切断又は離断日	平成 令和	年 月 日	■ 切断 離断	× 変形	▨ 感覚麻痺	▨ 運動麻痺
創面治ゆ日	平成 令和	年 月 日				

切断又は離断の場合の神経・運動障害	断端の痛み □有・■無	すぐ上の関節の異常 □有・■無	（有の場合は⑨欄に記入してください。）

外 観	□ 弛緩性 ・ ☑ 痙直性 ・ □ 不随意運動性 ・ □ 失調性 ・ □ 強剛性 ・ □ しんせん性
起因部位	□ 脳性・☑ 脊髄性・□ 末梢神経性・□ 筋性・□ その他（（ 心因性のものと思われる場合は、その旨を右に記入してください。） ））
種類及びその程度	□ 感覚麻痺（ □ 脱失 ・ □ 鈍麻 ・ □ 過敏 ・ ☑ 異常 ） ・ □ 運動麻痺

反 射		右				左		
	上 肢	下 肢	バビンスキー反射	その他の病的反射	上 肢	下 肢	バビンスキー反射	その他の病的反射

そ の 他	排尿障害 □有 ・ ☑無	排便障害 □有 ・ ☑無	褥創又はその瘢痕 □有 ・ ☑無

⑫ 脊柱の障害

脊柱の他動可動域						随伴する脊髄・根症状などの臨床症状
部位	前屈	後屈	右側屈	左側屈	右回旋	左回旋
頚部						
胸腰部						

⑬ 人工骨頭・人工関節の装着の状態	部 位		⑭ 握力	右	左
	手 術 日 平成・令和 年 月 日			12.5 kg	2 kg

⑮ 手（足）指関節の他動可動域

部 位		母 指		示 指		中 指		環 指		小 指	
		屈曲	伸展	屈曲	伸展	屈曲	伸展	屈曲	伸展	屈曲	伸展
中手（足）指節関節（MP）	右	40	10	100	0	100	0	100	0	100	0
	左	20	10	90	0	90	0	90	0	90	0
近位指節間関節（PIP）（母指では指節間関節）	右	50	0	100	0	100	0	100	0	100	0
	左	60	-30	90	0	90	0	90	0	90	0

本人の障害の程度及び状態に無関係な欄には記入する必要はありません。（無関係な欄は、斜線により抹消してください。）

（お願い）障害の状態は、診療録に基づいてわかる範囲で記入してください。

（お願い）太文字の欄は、記入漏れがないように記入してください。

「診療録で確認」または「本人の申立て」のどちらかを選択し、「本人の申立て」の場合は、それを聴取した年月日を記入してください。

【診断書（裏面）】

⑯ 障害の状態

令和 3 年 1 月 28 日現症

（お願い）関節可動域は、他動運動によって測定し、筋側についても記入してください。

障害部位	運動の種類	右 関節可動域（角度）		右 筋力	左 関節可動域（角度）		左 筋力
		強直肢位	他動可動域		強直肢位	他動可動域	
肩関節	屈曲		180			70	
	伸展		30			0	
	内転		0			0	
	外転		140			60	
肘関節	屈曲		120			100	
	伸展		0			0	
前腕	回内		90			90	
	回外		70			60	
手関節	背屈		50			30	
	掌屈		90			90	
股関節	屈曲		70			15	
	伸展		10			20	
	内転		40			40	
	外転		-10			120	
膝関節	屈曲		0			0	
	伸展						
足関節	背屈		30			40	
	底屈						

股・膝関節は、次の図に曲げてもらってからです。

⑰ 四肢長及び四肢囲

⑱ 日常生活における動作

補助用具を使用しない状態で判断してください。

一人でうまくできる場合には　○
一人でできるが非常に不自由な場合には　△
一人でできるが多少不自由な場合には　△×
一人で全くできない場合には　×

該当する記号をリストから選択してください　………〔○〕………〔○△〕………〔△×〕………〔×〕

日常生活における動作

		右	左
a	つまむ（新聞紙が引き抜けない程度）	△×	×
b	握る（丸めた週刊誌が引き抜けない程度）	△×	×
d	タオルを絞る（水を切れる程度）	両手	両手
e	さじで食事をする	両手	両手
f	顔を洗う（顔に手のひらをつける）	△×	×
g	用便の処置をする（ズボンの前のところに手をやる）	△×	×
h	用便の処置をする（尻のところに手をやる）	△×	×
j	上衣の着脱（ワイシャツを着てボタンをとめる）	両手	両手
k	ズボンの着脱（どのような姿勢でもよい）	両手	両手

		右	左
m	片足で立つ	×	×
n	座る（正座、横すわり、あぐら、脚なげだし）	△△	
p	深くおじぎ（最敬礼）をする	△×	
q	歩く（屋内）		
	歩く（屋外）		
r	立ち上がる		
s	階段を上る		
t	階段を下る		

平衡機能　⑦ 可能である。　⑦ 不安定である。　⑦ 不可能である。
（該当する番号にチェックをつけ、右のア〜ウいずれかの使用状況を選び（ ）内のリスクから選択してください。）

両眼での視力又は両眼での視野が10m歩行中の状態
⑦ まっすぐ歩く通す。
⑦ イ 多少転倒しそうになったりよろめいたりするがなんとか歩き通す。
⑦ ウ 転倒あるいは著しくよろめいて、歩行を中断せざるを得ない。

⑲ 補助用具使用状況（必ず記入してください。）
補助用具　□1 ［ ］上肢補装具　□2 ［ ］装具　□3 ［ ］杖　□4 ［ ］下肢補装具　□5 ［ ］松葉杖　□6 ［ ］車いす　□7 ［ ］歩行車　□8 その他の精神・身体の障害の状態（具体的に）

3 自覚症状・他覚所見及び検査所見

使用状況を具体的に記入してください。
屋外ではT字杖を常時使用しているが、屋内は壁や支えになるものがないと歩行困難。日常生活において不安定になる。就労は困難である。
スカが不安定になる。
家屋内では壁や支えになるものを使用。

⑳ 現症時の日常生活活動能力及び労働能力（必ず記入してください。）
著しい四肢の筋力低下があり、屋内は壁や支えになるものがないと歩行困難。日常生活において着て着る支障があり、周囲の援助が多く必要であり、就労は困難である。

㉑ 予後（必ず記入してください。）
改善は望めない。

㉒ 備考　身障手帳　1種 1級 2級に認定

上記のとおり、診断します。　R3 年 2 月 10 日

病院名 ■■■■
所在地 ■■■■

診療担当科名　リハビリテーション科
医師氏名　■■■■

初診日が認められないと
返戻された難病の事例

▶ 初診日　　　▶ 初診日変更

■ 事例の概要

1）請求人は、50歳代女性。

2）線維筋痛症で、障害基礎年金を事後重症請求した。

3）審査の結果、本人申立ての初診日は認められないとして返戻された。

4）保険者が判断した初診日は認定日未到来のため取下げを求められたが、引き続き審査を希望した。

5）再び返戻があり、追加書類を提出したが、本人申立ての初診日は認められず、保険者が判断した日が初診日とされた。

6）認定日未到来による不支給決定を受けて不服申立てを行った。

7）不服申立て手続き中に保険者が判断した初診日による障害認定日が到来し、障害基礎年金の障害認定日請求を行い2級の決定となった。

8）不服申立ては審査請求・再審査請求ともに棄却された。

■ この事例を理解するために必要な知識・情報

1）線維筋痛症の初診日の取扱い

　線維筋痛症は原因が不明とされる難病の1つです。専門医が少なく、線維筋痛症と診断されるまでに内科、整形外科、精神科など多数の診療科を受診することも少なくありません。確定診断までにかなりの期間を要することも多いため、初診日を特定することが困難なことがあります。発病から確定診断日まで長きにわたり症状に苦しまれてきたような事案で本人が申し立てる初診日が認められず、確定診断日が初診日と判断され、確定診断日から1年6か月を経過しないと請求できないこと

が問題視されてきました。このことから、令和3年8月24日付で厚生労働省年金局より事務連絡「線維筋痛症等に係る障害年金の初診日の取扱いについて」の通知（巻末資料340ページ参照）が出され、審査において提出された診断書等から、本人が申し立てる初診日が線維筋痛症に係る一連の診療のうち初めての診療日であると認められる場合には、本人が申し立てる初診日を認めるとする取扱いが明文化されました。

2）線維筋痛症とは

第1章事例№.13（99ページ）をご参照ください。

3）本事例の病歴経過

・平成31年2月○日　Aクリニック「両側坐骨神経痛」
　　　　　　　　　　　（裁定請求時に受診状況等証明書取得）
・平成31年3月○日　B整形外科「慢性腰痛症、右変形膝関節症、右足関節外側靭帯損傷、腰部脊柱管狭窄症、左膝外側半月板損傷、左膝内側半月板損傷、左変形性膝関節症、腰椎すべり症」
　　　　　　　　　　　（返戻対応で受診状況等証明書取得）
・令和2年12月○日　Cセンター「慢性腰痛症」
　　　　　　　　　　　【セカンドオピニオンとして心療内科への勧めあり】
　　　　　　　　　　　（返戻対応で受診状況等証明書取得）
・令和3年1月○日　D医院「線維筋痛症」確定診断
　※審査の結果、初診日は、令和2年12月○日で認定されました。

③ 提出書類の内容

【裁定請求時に提出した書類】

1）Aクリニックの受診状況等証明書（155ページ）

要点を摘記すると以下のとおりです。

- ②欄　両側坐骨神経痛。
- ③欄　平成31年1月頃。
- ⑤欄　両側臀部から下肢に痛みを自覚。症状から神経痛と考えられた。
- ⑥欄　初診日　平成31年2月○日。

- ⑨欄　内服治療（リリカ）で症状改善せず整形外科を受診。右下肢しびれや左膝痛も出現したため、内服治療中止、経過観察。

2）D医院の診断書（156ページ）

要点を摘記すると以下のとおりです。

- ①欄　線維筋痛症。
- ②欄　平成31年1月頃　診療録で確認にチェック。
- ③欄　平成31年2月○日　診療録で確認にチェック。

４ 返戻・照会の内容（抜粋）

****
1）1回目の返戻

審査の結果、現在提出の資料から申立て初診日は認められず、D医院を受診した令和3年1月○日が初診と判断されました。
①取下げされる場合は、「取下げ申出書」を提出してください。
②現状での決定を希望される場合は、その旨お知らせください。

2）2回目の返戻

再度審査した結果、線維筋痛症の経過や受診の経緯を含め、B整形外科およびCセンターの受診状況等証明書が必要になりました（「本人が疼痛を訴えた部位の変遷と時期」を確認するため）。

****

５ なぜ返戻・照会になったのか

1）1回目の返戻について

本事例において、坐骨神経痛（Aクリニック）には、線維筋痛症でみられる全身痛や特に上肢の痛みを含む症状がないことから、本人が申し立てる初診日（Aクリニック）は認められず、D医院を受診し確定診断された令和3年1月○日が初診日と判断され返戻となったと推測されます。

2）2回目の返戻について

　Ａクリニックの後に受診したＢ整形外科またはＣセンターが初診日になる可能性があるのかどうか、精査が必要だと判断され、返戻になったと思われます。

⑥ 返戻・照会への対応

　1回目の返戻に対して、初診日はＡクリニック（平成31年2月○日）である旨補足説明を提出し、審査継続を希望しました。その後、2回目の返戻があり、発病から初診までの経過および疼痛を訴えた部位の変遷と時期確認のため、Ｂ整形外科およびＣセンターの受診状況等証明書を求められ提出しました。

　その結果、Ａクリニックの症状の部位は両下肢のみ、Ｂ整形外科の症状の部位は、「脊椎、膝関節、足関節」であることから、線維筋痛症の症状である「身体の広範囲に及ぶ慢性疼痛」には該当しないとされ、本人が申し立てる初診日（Ａクリニック）は認められず、保険者は、Ｃセンターを受診し、痛みは精神的なものとして心療内科的なアプローチを勧められた、令和2年12月○日を初診日とするのが相当であると判断しました。

【返戻時に提出した書類】

1）Ｂ整形外科の受診状況等証明書（158ページ）

　要点を摘記すると以下のとおりです。

- ②欄　慢性腰痛症、右変形膝関節症、右足関節外側靭帯損傷、腰部脊柱管狭窄症、左膝外側半月板損傷、左膝内側半月板損傷、左変形性膝関節症、腰椎すべり症。
- ⑤欄　平成31（2019）年1月から両大腿〜下肢の痛みとしびれを自覚。同年3月○日にＢ整形外科初診。レントゲン検査で第四腰椎の前方すべり、足関節の内・外くるぶしに骨棘形成が認められた。
- ⑥欄　平成31年3月○日。
- ⑨欄　第四腰椎すべり症でリハビリ治療したが改善なし。2019年8月から右足関節疼痛。令和1年12月から左膝疼痛増悪。検査で変形性膝関節症および半月板損傷を確認。次第に下肢症状強くなり歩行困難。令和2年12月○日、本人希望でＣセンターへ転院。

2） Cセンターの受診状況等証明書（159ページ）

要点を摘記すると以下のとおりです。

- ②欄　慢性腰痛症。
- ⑤欄　記載なし。
- ⑥欄　令和２年12月○日
- ⑨欄　セカンドオピニオンとして心療内科的なアプローチをお勧めして終診とした。

⬛7 本事例のポイントとまとめ

　本事例では、AクリニックからD医院までの診療経過で出現した症状は一連のものであることを主張しましたが、初診日はAクリニックではなくCセンターとなりました。結果的に、保険者が判断したCセンターの初診日から１年６か月経過日における障害基礎年金の障害認定日請求を行い、２級の決定となりました。保険者も認定にあたり、初診日の判断に相当悩んだものと思われます。

　なお、不服申立ては審査請求・再審査請求ともに棄却でしたが、不服申立て時に提出したD医院の医師の意見書（160ページ）を返戻の指示があった際から提出していたら、結果は変わっていたものになっていたかもしれません。返戻時の対応の大切さを痛感する事例です。

【不服申立て時に提出した書類】

D医院の医師の意見書（160ページ）

　要点を摘記すると以下のとおりです。

- Aクリニックの両側坐骨神経痛の症状と現在の線維筋痛症の症状に医学的な因果関係があると考えられること。
- B整形外科の第四腰椎すべり症、腰部脊柱管狭窄症の症状と現在の線維筋痛症の症状に医学的な因果関係があると十分に考えられること。
- 請求人の一連の診療経過から、Aクリニックを受診した平成31年２月○日が線維筋痛症の初診日であると考えられること。

【Aクリニックの受診状況等証明書】

障害年金等の請求を行うとき、その障害の原因又は誘因となった傷病で初めて受診した医療機関の初診日を明らかにすることが必要です。そのために使用する証明書です。

受 診 状 況 等 証 明 書

① 氏　　　　　名　　　████████████

② 傷　　病　　名　　　両側坐骨神経痛

③ 発 病 年 月 日　　　昭和・(平成)・令和　31年　1月　頃日

④ 傷病の原因又は誘因　不明

⑤ 発病から初診までの経過

　　前医からの紹介状はありますか。⇒　　有　　(無)　(有の場合はコピーの添付をお願いします。)

　　両側臀部から下肢にかけての痛みを自覚するようになったとの訴えあり、

　　痛みの症状から神経痛と考えられた

　　※診療録に前医受診の記載がある場合　　(1)　初診時の診療録より記載したものです。
　　右の該当する番号に○印をつけてください　　2　昭和・平成・令和　　年　　月　　日の診療録より記載したものです。

⑥ 初 診 年 月 日　　　昭和・(平成)・令和　31年　2月　　○日

⑦ 終 診 年 月 日　　　昭和・(平成)・令和　2年　1月　　○日

⑧ 終診時の転帰　　（治癒・転医・(中止)）

⑨ 初診から終診までの治療内容及び経過の概要

　　神経痛と考えられたため内服治療を開始した　症状の改善はみられず、整形外科を受診している。

　　右下肢のしびれや左膝の痛みも出現したことからリリカを中止して経過観察とした

⑩ 次の該当する番号（1〜4）に○印をつけてください。

　　複数に○をつけた場合は、それぞれに基づく記載内容の範囲がわかるように余白に記載してください。

　　　上記の記載は　(1)　診療録より記載したものです。
　　　　　　　　　　2　受診受付簿、入院記録より記載したものです。
　　　　　　　　　　3　その他（　　　　）より記載したものです。
　　　　　　　　　　4　昭和・平成・令和　年　月　日の本人の申し立てによるものです。

⑪　令和　　3年　　1月　　23日

　　医療機関名　Aクリニック　　　　　　　診療担当科名　脳神経外科

　　所在地　████████　　　　　　　　医師氏名　████████

（提出先）日本年金機構　　　　　　　　　　　　　　　　（裏面もご覧ください。）

返戻事例

初診日／初診日変更

様式第120号の3

㊦ 肢	国 民 年 金 厚 生 年 金 保 険	診 断 書	（肢体の障害用）

（フリガナ） 氏 名	■

生年月日 昭和 39 年 ■ 月 ■ 日生（ 56 歳）性別 □男 ☑女

住 所	住所地の郵便番号 ■－■ ■ 県 ■ 市 ■

① 障害の原因 となった 傷病名	線維筋痛症	② 傷病の発生年月日	平成 31 年 1 月頃日	☑診療録で確認 □本人の申立て （ 年 月 日）
		③ ①のため初めて医師の診察を受けた日	平成 31 年 2 月○日	☑診療録で確認 □本人の申立て

④ 傷病の原因 又は誘因	不詳 初診年月日（ 昭和・平成・令和 年 月 日）	⑤既存 障害		⑥既往症	

⑦ 傷病が治った（症状が固定して治療の効果が期待できない状態を含む。）かどうか。	傷病が治っている場合‥‥‥‥‥‥治った日	平成 令和 年 月 日	□確 認 □推 定
	傷病が治っていない場合‥‥‥‥症状のよくなる見込	□有 ・ □無 ・ ☑不明	

⑧ 診断書作成医療機関における初診時所見 初診年月日 （ 令和 3 年 1 月○日）	全身の痛み、四肢筋力低下の為、歩行困難。線維筋痛症圧痛点18／18

⑨ 現在までの治療の内容、期間、経過、その他参考となる事項	他院にて薬物治療が施行されたが無効または副作用出現の為継続できなかったことから、当院では経頭蓋磁気治療を開始した。現時点ではまだ治療効果なし	診療回数	年 間 月 平 均	1か月3 回 3 回

⑩ 計 測 （ 令和 3 年 2 月 1 日計測）	身 長	測定不可 cm	血圧	最高	120 mmHg
	体 重	kg		最低	70 mmHg

障 害 の 状 態 （ 令和 3 年 2 月○日現症）

右 左　　　　右 左

切断又は離断日	平成 令和 年 月 日	■ 切断 離断	× 変形	感覚麻痺	運動麻痺
創面治ゆ日	平成 令和 年 月 日				

切断又は離断の場合の神経・運動障害	断端の痛み □有・□無	すぐ上の関節の異常 □有・□無 （有の場合は⑱欄に記入してください。）
外 観	□弛緩性 ・ □痙直性 ・ □不随意運動性 ・ □失調性 ・ □強剛性 ・ □しんせん性	
起 因 部 位	□脳性・□脊髄性・□末梢神経性・□筋性・□その他（ 心因性のものと思われる場合は、その旨を㊦に記入してください。 ）	
種類及びその程度	□感覚麻痺（ □脱失 ・ □過敏 ・ □異常 ）	□運動麻痺

反 射	右				左			
	上 肢	下 肢	バビンスキー反射	その他の病的反射	上 肢	下 肢	バビンスキー反射	その他の病的反射

その他	排尿障害 □有・□無	排便障害 □有・□無	褥創又はその瘢痕 □有・□無

⑫ 脊柱の障害	脊柱の他動可動域						随伴する脊髄・根症状などの臨床症状
	部 位	前屈	後屈	右側屈	左側屈	右回旋	左回旋
	頸 部						
	胸腰部						

⑬ 人工骨頭・人工関節の装着の状態	部 位 手 術 日 平成・令和 年 月 日	⑭ 握 力	右	左
			5 kg	5 kg

⑮ 手（足）指関節	部 位 その他の可動域	母 指		示 指		中 指		環 指		小 指	
		屈曲	伸展	屈曲	伸展	屈曲	伸展	屈曲	伸展	屈曲	伸展
	中手（足）指節関節（ＭＰ） 右										
	左										
	近位指節間関節（ＰＩＰ） 右										
	左										
	（母指では指節間関節）										

本人の障害の程度及び状態に無関係な欄には記入する必要はありません。（無関係な欄は、斜線により抹消してください。）

【D医院の令和３年２月○日現症の診断書（裏面）】

（お願い）関節可動域は、健側についても記入してください。

障　害　の　状　態　　（　令和　３　年　２　月　○　日現症）															
				右						左					
部　　位	運動の種類	関節可動域（角度）		筋　力				関節可動域（角度）		筋　力					
		強直肢位	他動可動域	正常	やや減	半減	著減	消失	強直肢位	他動可動域	正常	やや減	半減	著減	消失
⑯ 関節可動域及び筋力	肩関節	屈曲				レ							レ		
		伸展				レ							レ		
		内転				レ							レ		
		外転				レ							レ		
	肘関節	屈曲	痛みの為測定不可			レ							レ		
		伸展				レ							レ		
	前腕	回内				レ							レ		
		回外				レ							レ		
	手関節	背屈				レ							レ		
		掌屈				レ							レ		
	股関節	屈曲				レ							レ		
		伸展				レ							レ		
		内転				レ							レ		
		外転				レ							レ		
	膝関節	屈曲				レ							レ		
		伸展				レ							レ		
	足関節	背屈				レ							レ		
		底屈				レ							レ		

股関節屈曲値は次のどちらですか。
□ 膝屈曲位
□ 膝伸展位

⑰ 四肢長及び四肢囲	右						左					
	上肢長	上腕囲	前腕囲	下肢長	大腿囲	下腿囲	上肢長	上腕囲	前腕囲	下肢長	大腿囲	下腿囲
	㎝	㎝	㎝	㎝	㎝	㎝	㎝	㎝	㎝	㎝	㎝	㎝

⑱ 日常生活における動作の障害の程度

補助用具を使用しない状態で判断してください。

一人でうまくできる場合には ・・・・・・・・・・・・「○」
一人でできてもやや不自由な場合には ・・・・・・・「○△」
一人でできるが非常に不自由な場合には ・・・・・「△×」
一人で全くできない場合には ・・・・・・・・・・・・「×」

該当する記号をリストから選択してください。

日常生活における動作	右	左		日常生活における動作	右	左
a　つ　ま　む　（新聞紙が引き抜けない程度）	○△	○△		m 片足で立つ	×	×
b　握　　る　（丸めた週刊誌が引き抜けない程度）	○△	○△		n 座　る〔正座、横すわり、あぐら、脚なげだし〕	×	
c　タオルを絞る　（水をきれる程度）	両手	△×		（このような姿勢を持続する）		
d　ひもを結ぶ	両手	○△		o 深くおじぎ（最敬礼）をする	○△	
e　さじで食事をする	○△	○△		p 歩く（屋内）	×	
f　顔を洗う　（顔に手のひらをつける）	○△	○△		q 歩く（屋外）	×	
g　用便の処置をする　（ズボンの前のところに手をやる）	○△	○△		r 立ち上がる		
h　用便の処置をする　（尻のところに手をやる）	○△	○△				
i　上衣の着脱　（かぶりシャツを着て脱ぐ）	両手	○△		s 階段を上る		
j　上衣の着脱　（ワイシャツを着てボタンをとめる）	両手	○△				
k　ズボンの着脱　（どのような姿勢でもよい）	両手	△×		t 階段を下りる		
l　靴下を履く　（どのような姿勢でもよい）	両手	△×				

r 立ち上がる：□ア 支持なしでできる　□イ 支持があればできるがやや不自由　☑ウ 支持があればできるが非常に不自由　□エ 支持があってもできない

s 階段を上る：□ア 手すりなしでできる　□イ 手すりがあればできるがやや不自由　□ウ 手すりがあればできるが非常に不自由　☑エ 手すりがあってもできない

t 階段を下りる：□ア 手すりなしでできる　□イ 手すりがあればできるがやや不自由　□ウ 手すりがあればできるが非常に不自由　☑エ 手すりがあってもできない

平衡機能
1 閉眼での起立・立位保持の状態
□ア 可能である。
□イ 不安定である。
☑ウ 不可能である。

2 開眼での直線の10m歩行の状態
□ア まっすぐ歩き通す。
□イ 多少転倒しそうになったりよろめいたりするがどうにか歩き通す。
☑ウ 転倒あるいは著しくよろめいて、歩行を中断せざるを得ない。

3 自覚症状・他覚所見及び検査所見
全身の痛み、四肢のしびれ
筋力低下

⑲ 補助用具使用状況

該当する数字にチェックをして、右のア・イいずれかの使用状況を選び、〔　〕内のリストから選択してください。

□1　〔　〕　上肢補装具
□2　〔　〕　下肢補装具（□左・□右）
☑3　〔ア〕　杖
□4　〔　〕　松葉杖（□左・□右）
☑5　〔イ〕　車椅子
□6　〔　〕　歩行車
□7　〔　〕　その他　（具体的に　　　　）
□8　補助用具は使用していない

ア 常時（起床より就寝まで）使用
イ 常時ではないが使用

使用状況を詳しく記入してください。
外出時、車イス使用（家族の付添い必要）

⑳ その他の精神・身体の障害の状態

㉑ 現症時の日常生活活動能力及び労働能力
（必ず記入してください。）
（補助用具を使用しない状態で判断してください。）
全身の疼痛が継続している。日常生活に多くの支障があり、周囲のサポートが必要。労働は不可能。

㉒ 予後
（必ず記入してください。）
不明

㉓ 備考
線維筋痛症はステージⅢ

上記のとおり、診断します。　　2021 年 2 月 2 日

病院又は診療所の名称　　D 医院
所在地　■■■■■■

診療担当科名　内科・リウマチ科
医師氏名　■■■■■■

返戻事例

初診日／初診日変更

【B整形外科の受診状況等証明書】

受 診 状 況 等 証 明 書

① 氏　　　　　名　■■■■■■■■

② 傷　　病　　名　慢性腰痛症、右変形膝関節症、右足関節外側靭帯損傷、腰部脊柱管狭窄症、左膝外側半月板損傷、左膝内側半月板損傷、左変形性膝関節症、腰椎すべり症

③ 発 病 年 月 日　昭和・⟨平成⟩・令和　31年　1月　　　日

④ 傷病の原因又は誘因　不明

⑤ 発病から初診までの経過

　　前医からの紹介状はありますか。⇒　　有　　⟨無⟩　（有の場合はコピーの添付をお願いします。）

　　以前から慢性的な腰痛があった。2019年1月から両大腿〜下肢の痛みやしびれを自覚。近医内科でリリカ

　　（150mg/日）処方受けたが改善せず。2019年3月○日当院初診。腰椎背屈での症状悪化を認め、XPにて

　　第4腰椎前方すべりを認めた。足関節は内顆外顆の骨棘形成を認めた。下肢筋力低下なし。

　　［※診療録に前医受診の記載がある場合　　①初診時の診療録より記載したものです。

　　右の該当する番号に○印をつけてください　　2　昭和・平成・令和　　年　　月　　日の診療録より記載したものです。］

⑥ 初 診 年 月 日　昭和・⟨平成⟩・令和　31年　3月　　○日

⑦ 終 診 年 月 日　昭和・⟨平成⟩・令和　2年　12月　　○日

⑧ 終診時の転帰　（ 治癒・⟨転医⟩・中止 ）

⑨ 初診から終診までの治療内容及び経過の概要

　　すべり症に対しリハビリ開始したが改善せず。2019年8月より右足関節の疼痛がありリハビリ。

　　2019年12月から左膝疼痛悪化あり。XP、MRIで変形膝関節症および半月板損傷確認。その後次第

　　に下肢症状強くなり歩行困難。外用鎮痛剤、薬物治療行うも除痛困難。仙骨部ブロック注射により改善

　　したが3日しか持たず。令和2年12月○日、本人希望によりCセンター転院。

⑩ 次の該当する番号（1〜4）に○印をつけてください。

　　複数に○をつけた場合は、それぞれに基づく記載内容の範囲がわかるように余白に記載してください。

　　　上記の記載は　①　診療録より記載したものです。

　　　　　　　　　　2　受診受付簿、入院記録より記載したものです。

　　　　　　　　　　3　その他（　　　　　　　　　　　　）より記載したものです。

　　　　　　　　　　4　昭和・平成・令和　年　月　日の本人の申し立てによるものです。

令和　3年　6月　12日	
医療機関名及び住所　B整形外科　■■■■■■	医師の氏名　■■■■■■■

担当者名：

提出先　：〒162-8790　　　　日本郵便株式会社　牛込郵便局　私書箱145号

　　　　　障害年金センター　審査・認定第2グループ　電話番号：■■■■■

【Cセンターの受診状況等証明書】

（ご回答）

受 診 状 況 等 証 明 書

① 氏　　　　名　■■■■■■

② 傷　病　名　慢性腰痛症

③ 発 病 年 月 日　昭和・平成・⦅令和⦆　2年　9月　頃日

④ 傷病の原因又は誘因　不明

⑤ 発病から初診までの経過

前医からの紹介状はありますか。⇒　⦅有⦆　　無　（有の場合はコピーの添付をお願いします。）

┌───┐
│※診療録に前医受診の記載がある場合　　1　初診時の診療録より記載したものです。
│右の該当する番号に○印をつけてください　2　昭和・平成・令和　　年　　月　　日の診療録より記載したも
│　　　　　　　　　　　　　　　　　　　　　のです。
└───┘

⑥ 初 診 年 月 日　昭和・平成・⦅令和⦆　2年　12月　○日

⑦ 終 診 年 月 日　昭和・平成・⦅令和⦆　2年　12月　○日

⑧ 終診時の転帰　（治癒・転医・⦅中止⦆）

⑨ 初診から終診までの治療内容及び経過の概要

セカンドオピニオンとして心療内科的なアプローチをお勧めして終診とした。

⑩ 次の該当する番号（1～4）に○印をつけてください。

　　複数に○をつけた場合は、それぞれに基づく記載内容の範囲がわかるように余白に記載してください。

　　上記の記載は　⦅1⦆　診療録より記載したものです。
　　　　　　　　　　2　受診受付簿、入院記録より記載したものです。
　　　　　　　　　　3　その他（　　　　　　　　　　　　　）より記載したものです。
　　　　　　　　　　4　昭和・平成・令和　年　月　日の本人の申し立てによるものです。

┌───┐
│　　令和　　3年　　5月　　31日
│　医療機関名及び住所　■■■■■■　　　　　　医師の氏名　■■■■■
│　　　　　　Cセンター
└───┘

担当者名：
提出先　：〒162-8790　　　　　日本郵便株式会社　牛込郵便局　私書箱145号
　　　　　障害年金センター　審査・認定第2グループ　電話番号：■■■■

【D医院の医師の意見書】

　私、■■■■■は、代理人を立て、これから障害年金の審査請求手続きを行います。その手続きにおいて必要ですので、下記質問事項について、■■先生のお考えをお教えください。

質問1
　私が、平成 31 年 2 月〇日に A クリニックで診療を受けた「両側坐骨神経痛」（両側臀部から下肢にかけての痛み）の症状と、現在の「線維筋痛症」の症状に医学的な因果関係はありますか？

質問 1 に対するご回答（下記に〇をお願いいたします）
①　相当因果関係がある　もしくは　あると思われる
2．相当因果関係はない

　坐骨神経痛という診断名は、痛みの原因がはっきりしない場合に用いられる一般病名である。単純な坐骨神経痛であれば、投薬治療などである程度の改善は見られるはずであるが、■■様の場合、痛みの改善が全く見られていないことから、この当時の両下肢の痛みが、線維筋痛症に関係している可能性は十分に考えられる。

質問2
　私が、平成 31 年 3 月〇日～令和 2 年 12 月〇日まで B 整形外科で診療を受けていた「第四腰椎すべり症、腰部脊柱管狭窄症」の症状と、現在の「線維筋痛症」の症状に医学的な因果関係はありますか？

質問 2 に対するご回答（下記に〇をお願いいたします）
①．相当因果関係がある　もしくは　あると思われる
2．相当因果関係はない

　診療経過において、痛みの強さ、持続性、治療抵抗性など、腰椎すべり症、腰部脊柱管狭窄症の診断のみでは、説明のつかない痛みと思われることから、当時の痛みも線維筋痛症が関係していた可能性は十分に考えられる。

質問3
　私の線維筋痛症の初診日は、一連の診療経過から、A クリニックを受診した平成 31 年 2 月〇日と考えられますか？

質問 3 に対するご回答（下記に〇をお願いいたします）
①．考えられる
2．考えられない

　質問 1 で記載した通り、単純な坐骨神経痛とは考えにくく、線維筋痛症由来の神経痛である可能性が疑われる。よって線維筋痛症初診日は A クリニックを受診した日と考えられる。

署名・捺印をお願いいたします。
令和　3 年 11 月　1 日
医療機関名および所在地　■■■■■■■
　　　　　　　　　　　　　D　医　院
医師の氏名　　　　　　■■■■■

相当因果関係が否定されたことによる初診日関係書類再整備依頼で返戻された難病の事例

▶ 初診日　　▶ 相当因果関係

❶ 事例の概要

1）請求人は、40歳代男性。

2）マルファン症候群による人工弁挿入置換（令和4年10月）で障害厚生年金の事後重症請求をした。

3）審査の過程で、最初に出現した病状（肺のう胞）と請求傷病の相当因果関係が認められないとの理由により返戻となった。

4）病歴経過を精査し、あらたな受診状況等証明書を提出し、その日が初診日（厚生年金保険）と判断された。

5）審査の結果、3級の障害厚生年金が支給決定となった。

❷ この事例を理解するために必要な知識・情報

1）マルファン症候群

「全身の結合組織（細胞と細胞をつなぐ組織）の働きが生まれつき弱いために、骨格の症状（高身長・細く長い指・背骨が曲がる・胸の変形など）、眼の症状（水晶体がずれる・強い近視など）、心臓血管の症状（動脈がこぶのようにふくらみ裂ける、心臓の弁がうまく閉じないなど）などを起こす病気です。」

（出典：難病情報センター HP より引用：https://www.nanbyou.or.jp/entry/4792）

2）本事例の確定診断までの病歴経過

　　平成24年12月7日　　A病院　「右肺巨大のう胞」の指摘
　　　　　　　　　　　　　　　（カルテ破棄）

平成24年12月14日　　B病院　A病院の紹介で受診
　　　　　　　　　　（裁定請求時に受診状況等証明書取得）
平成27年１月７日　　C病院　「マルファン症候群」確定診断
　　　　　　　　　　（返戻対応で受診状況等証明書取得）
※審査の結果、初診日は、平成27年１月７日で認定されました。

３　提出書類の内容

１）　B病院の受診状況等証明書（裁定請求時に提出）（164ページ）

A病院からの紹介で平成24年12月14日にB病院を受診したことがわかります。
なお、A病院の紹介状が添付されており、A病院の初診日は平成24年12月７日
（前医の経過なし）でした。

２）　C病院の受診状況等証明書（返戻指示により取得し、提出）（165ページ）

B病院からC病院呼吸器外科に転院し、その後C病院内で循環器内科に紹介とい
う経過であり、保険者からの求めに応じてC病院循環器内科の受診状況等証明書を
取得しました。
傷病名は「Marfan 症候群」、初診日は「平成27年１月７日」とされています。

４　返戻・照会の内容（抜粋）

****
審査の結果、請求傷病「マルファン症候群」「大動脈弁基部拡張症」「大動脈弁閉鎖
不全症」は、すべて相当因果関係があり、「右肺巨大のう胞」は相当因果関係がない
と判断しました。
つきましては、以下について整備をお願いいたします。
①C病院（循環器内科）の受診状況等証明書または受診状況等証明書を添付できな
　い申立書を整備してください。
②C病院の受診状況等証明書が添付できない場合は、次に受診したD病院の受診状
　況等証明書を整備してください。
****

5 なぜ返戻・照会になったのか

　審査の結果、呼吸器症状（右肺巨大のう胞）との相当因果関係が否定され、循環器症状で受診したＣ病院循環器内科からの受診内容等を確認するために返戻が行われました。

6 返戻・照会への対応

　返戻指示に従い、Ｃ病院循環器内科で受診状況等証明書を取得し、提出しました。

7 本事例のポイントとまとめ

　今回は、マルファン症候群という多彩な症状が出現する病気であるため、初診日の特定が難しいものでした。このように、初診日認定が難しいもの（初診日候補が複数あるような病歴経過のもの）は、まず一番古い初診日候補のもので裁定請求を組み立てていくのがセオリーです。本事例では、呼吸器症状を初診として裁定請求を組み立てましたが、認定の結果、循環器症状での受診日が初診日と認定されました。

　ある程度、返戻があることを想定し、キーとなる受診医療機関の受診状況等証明書を予め取得しておくのも１つの方法ですが、事後重症請求の場合は所要時間との関係もありますので、対応方法は請求人とよく相談しながら進めてください。

　なお、初診日が変わる可能性があるということは、初診日における加入年金制度や保険料納付要件の判定も変わるということになりますので、入念にシミュレーションすることも重要です。

【B病院の受診状況等証明書】

年金等の請求用

> 障害年金等の請求を行うとき、その障害の原因又は誘因となった傷病で初めて受診した医療機関の初診日を明らかにすることが必要です。そのために使用する証明書です。

受 診 状 況 等 証 明 書

① 氏　　　　　名　　██████████████████████

② 傷　　病　　名　　右肺巨大のう胞

③ 発 病 年 月 日　　不詳　　　　　　　　年　　　月　　　日

④ 傷病の原因又は誘因　　不明

⑤ 発病から初診までの経過

　　　前医からの紹介状はありますか。⇒　　有　　（無）　（有の場合はコピーの添付をお願いします。）

　　　A病院で右肺巨大のう胞を指摘され、加療目的に平成24年12月14日当科紹介受診となった。

　　　※診療録に前医受診の記載がある場合　　（1）初診時の診療録より記載したものです。
　　　右の該当する番号に〇印をつけてください　　2　昭和・平成・令和　　年　　　月　　　日の診療録より記載したものです。

⑥ 初 診 年 月 日　　昭和・（平成）・令和　24年　12月　14日

⑦ 終 診 年 月 日　　昭和・（平成）・令和　25年　　8月　30日

⑧ 終 診 時 の 転 帰　（治癒・（転医）・中止）

⑨ 初診から終診までの治療内容及び経過の概要

　　　自覚症状なく、外来通院にて平成25年8月30日まで経過観察を行った。その後、C病院へ通院
　　　希望とのことで、平成26年6月に紹介状を作成した。

⑩ 次の該当する番号（1〜4）に〇印をつけてください。

　　　複数に〇をつけた場合は、それぞれに基づく記載内容の範囲がわかるように余白に記載してください。
　　　　　上記の記載は　（1）診療録より記載したものです。
　　　　　　　　　　　　　2　受診受付簿、入院記録より記載したものです。
　　　　　　　　　　　　　3　その他（　　　　　　　　　　　　）より記載したものです。
　　　　　　　　　　　　　4　令和　年　月　日の本人の申し立てによるものです。

⑪　　令和　　5年　　3月　　24日

医療機関名████████████B病院　　　診療担当科名　呼吸器外科
所在地　████████　　　　　　医師氏名　████████

（提出先）　日本年金機構　　　　　　　　　　　　　　　（裏面もご覧ください）

【C病院の受診状況等証明書】

障害年金等の請求を行うとき、その障害の原因又は誘因となった傷病で初めて受診した医療機関の初診日を明らかにすることが必要です。そのために使用する証明書です。

受 診 状 況 等 証 明 書

① 氏　　　　　名　██████████

② 傷　　病　　名　Marfan 症候群

③ 発 病 年 月 日　　　　　令和　不詳　年　　月　　　日

④ 傷病の原因又は誘因　不明

⑤ 発病から初診までの経過

　　前医からの紹介状はありますか。⇒　　有　　(無)　(有の場合はコピーの添付をお願いします。)

　左自然気胸で当院呼吸器外科通院中。呼吸苦と労作時胸部圧迫感出現し、

　平成 27 年 1 月 7 日当科コンサルト。

　※診療録に前医受診の記載がある場合　　1　初診時の診療録より記載したものです。

　右の該当する番号に○印をつけてください　2　昭和・平成・令和　　年　　月　　　日の診療録より記載したものです。

⑥ 初 診 年 月 日　昭和・(平成)・令和 27年　　1月　　　7日

⑦ 終 診 年 月 日　昭和・(平成)・令和 28年　10月　　26日

⑧ 終 診 時 の 転 帰 （ 治癒・(転医)・中止 ）

⑨ 初診から終診までの治療内容及び経過の概要

　　当院にて心エコーで valsalva 洞は 42 ㎜とやや拡大、冠動脈 CT、大動脈 CT 検査等施行したが、

　　特に異常所見認めず。Marfan 症候群の可能性高いため、D 病院へ精査を依頼し上記診断。

　　以後、当科外来にて薬物治療および経過観察施行。

　　平成 28 年 10 月 26 日、転居のため他院へ紹介した。

⑩ 次の該当する番号（1〜4）に○印をつけてください。

　　複数に○をつけた場合は、それぞれに基づく記載内容の範囲がわかるように余白に記載してください。

　　　上記の記載は　(1)　診療録より記載したものです。

　　　　　　　　　　2　受診受付簿、入院記録より記載したものです。

　　　　　　　　　　3　その他（　　　　　　　　　　　　　）より記載したものです。

　　　　　　　　　　4　令和　年　月　日の本人の申し立てによるものです。

⑪　　令和　　　5年　　6月　　21日

　医療機関名██████████C病院　　　　　診療担当科名　循環器内科

　所在地　　████████　　　　　医師氏名　████████

（提出先）　日本年金機構　　　　　　　　　　　　　　（裏面もご覧ください）

【診断書（表面）】

（内）	国民年金 厚生年金保険	診　断　書　（循環器疾患の障害用）

| （フリガナ）
氏　名 | ■■■■ | 生年月日 | 昭和　51 年　1 月　■ 日生（ 48 歳） | 性別 | レ 男 □ 女 |

| 住　所 | 住所地の郵便番号
■■－■■ | 都道
府県 ■■■■ | 郡市
区 ■■■■ |

| ① 障害の原因となった傷病名 | 大動脈弁基部拡張症
大動脈弁閉鎖不全症 | ② 傷病の発生年月日 | 昭和
平成
令和　不詳 年　　月　　日 | レ 診療録で確認
□ 本人の申立て
（　年　月　日） |
| | | ③ ①のため初めて医師の診療を受けた日 | 令和　4 年　6 月 29 日 | レ 診療録で確認
□ 本人の申立て
（　年　月　日） |

| ④ 傷病の原因または誘因 | 不詳
初診年月日（　昭和・平成・令和　　年　　月　　日） | ⑤ 既存障害 | | ⑥ 既往症 | |

| ⑦ 傷病が治った（症状が固定して治療の効果が期待できない状態を含む。）かどうか | 傷病が治っている場合 ………… 治った日　令和　4 年 10 月　6 日 | レ 確認・□ 推定 |
| | 傷病が治っていない場合 ……… 症状のよくなる見込 | □ 有・□ 無・□ 不明 |

| ⑧ 診断書作成医療機関における初診時所見
初診年月日
【令和　4 年　6 月 29 日】 | マルファン症候群診断後、大動脈弁閉鎖不全を指摘され経過観察となっていた。
当院での経過観察および加療を希望され受診された。 |

| ⑨ 現在までの治療の内容、期間、経過、その他参考となる事項 | CTにて大動脈基部拡大を認め、手術の方針となり令和4年10月6日大動脈基部置換術施行。以降、当院外来にて経過観察中である。 | 診療回数 | 年間　24　回、月平均　2　回 |
| | | 手術歴 | 手術名　大動脈基部置換術
手術年月日（令和4 年　10 月　6 日） |

| ⑩ 計　測
（令和　5 年 4 月 5 日計測） | 身長 | 176.5 cm | 脈拍 | 64 回／分 | 血圧 | 最大 | 110 mmHg | 降圧薬服用 |
| | 体重 | 71.9 kg | | | | 最小 | 70 mmHg | レ 無・□ 有 |

障　害　の　状　態

⑪ 循 環 器 疾 患 （ 令和　5 年 4 月 5 日現症）

1 臨床所見

(1) 自覚症状

動悸	レ 無・□ 有・□ 著
呼吸困難	レ 無・□ 有・□ 著
息切れ	レ 無・□ 有・□ 著
胸痛	レ 無・□ 有・□ 著
咳	レ 無・□ 有・□ 著
痰	レ 無・□ 有・□ 著
失神	レ 無・□ 有

(2) 他覚所見

チアノーゼ	レ 無・□ 有・□ 著
浮腫	レ 無・□ 有・□ 著
頸静脈怒張	レ 無・□ 有・□ 著
ばち状指	レ 無・□ 有・□ 著
尿量減少	レ 無・□ 有・□ 著
奔馬調律容	レ 無・□ 有・□ 著
（Levine _____ 度 ）

2 一般状態区分表 （ 令和　5 年 4 月 5 日）
（該当するものを選んでどれか一つにチェックしてください。）

- レ ア 無症状で社会生活ができ、制限を受けることなく、発病前と同等にふるまえるもの
- □ イ 軽度の症状があり、肉体労働は制限を受けるが、歩行、軽労働や座業はできるもの　例えば、軽い家事、事務など
- □ ウ 歩行や身のまわりのことはできるが、時に少し介助が必要なこともあり、軽労働はできないが、日中の50％以上は起居しているもの
- □ エ 身のまわりのある程度のことはできるが、しばしば介助が必要で、日中の50％以上は就床しており、自力では屋外への外出等がほぼ不可能となったもの
- □ オ 身のまわりのこともできず、常に介助を必要とし、終日就床を強いられ、活動の範囲がおおむねベッド周辺に限られるもの

3 心機能分類 （NYHA） （ レ Ⅰ・□ Ⅱ・□ Ⅲ・□ Ⅳ ）

4 検査所見

(1) 心電図所見
（心電図所見のあるものは、必ず心電図（コピー）を添付してください。）

① 安静時心電図 （ 令和　5 年 4 月 5 日）

心室性期外収縮	レ 無・□ 有	完全房室ブロック	レ 無・□ 有
心房細動・粗動	レ 無・□ 有	MobizⅡ型房室ブロック	レ 無・□ 有
完全左脚ブロック	レ 無・□ 有	0.2mV以上のST低下	レ 無・□ 有
陳旧性心筋梗塞	レ 無・□ 有	深い陰性T波	□ 無・□ 有（　　mV）
その他（　　　　　　　）			

② 負荷心電図 （ レ 無・□ 有 ） （ 平成・令和　　年　　月　　日）
（□ 陰性・□ 疑陽性・□ 陽性 ） _____ METs

③ ホルター心電図 （ レ 無・□ 有 ） （ 平成・令和　　年　　月　　日）
（所見　　　　　　　　　　　　　　　　　　　　　 ）

(2) 胸部X線所見 （ □ 平成 レ 令和　5 年 4 月 5 日）

心胸郭係数 （ 44.8 ％）
肺静脈うっ血 （ レ 無・□ 有・□ 著 ）

(3) 動脈血ガス分析値 （ 平成・令和　　年　　月　　日）

動脈血 O₂ 分圧 _____ Torr
動脈血 CO₂ 分圧 _____ Torr

(4) 心カテーテル検査 （ 平成・令和　　年　　月　　日）

左室駆出率　EF _____ ％	
冠動脈れん縮誘発試験	□ 陰性・□ 陽性
左主幹部に50％以上の狭窄	□ 無・□ 有
3本の主要冠動脈に75％以上の狭窄	□ 無・□ 有
所見	

(5) 心エコー検査 （ 令和　4 年 10 月 13 日）

左室拡張期径　46　mm　　左室収縮期径　33　mm
左室駆出率　EF　55　％
所見（左室肥大、弁膜症、拡張能の制限、推定肺動脈圧等）

(6) 血液検査 （ 令和　5 年 4 月 5 日）

BNP値（脳性ナトリウム利尿ペプチド　66.5　Pg/mL）
NT-proBNP値（脳性ナトリウム利尿ペプチド前駆体N端フラグメント）
_____ Pg/mL

5 その他の所見 （ 平成・令和　　年　　月　　日）

本人の障害の程度および状態に無関係な欄には記入する必要はありません。（無関係な欄は、斜線により抹消してください。）

右側余白：
- 診療録で確認または本人の申立てのどちらかにチェックをして、本人の申立ての場合は、それを聴取した年月日を記入してください。
- （お願い）太文字の欄は、記入漏れがないように記入してください。

左側余白：
- （お願い）臨床所見等は、診療録に基づいてわかる範囲で記入してください。

【診断書（裏面）】

障 害 の 状 態		

⑫ 疾患別所見 （ 令和 5 年 4 月 5 日現症） （該当する疾患について記入してください。）

1 心筋疾患
- (1) 肥 大 型 心 筋 症　☐無 ・ ☐有
- (2) 拡 張 型 心 筋 症　☐無 ・ ☐有
- (3) その他の心筋症　☐無 ・ ☐有
- (4) 所見（　　　　　　　　　　　　　　　　　　　　　　　　　　　　　　）

2 虚血性心疾患
- (1) 心 不 全 症 状　☐無 ・ ☐軽労作で有 ・ ☐安静時有
- (2) 狭 心 症 状　☐無 ・ ☐軽労作で有 ・ ☐安静時有
- (3) 梗塞後狭心症状　☐無 ・ ☐軽労作で有 ・ ☐安静時有
- (4) 心室性期外収縮　☐無 ・ ☐有　（Lown　　　度）
- (5) インターベンション　☐無 ・ ☐有　初回：（ 平成・令和　　年　　月　　日）、計　回、手技（　　　　　　　　）
- (6) A C バイパス術　☐無 ・ ☐有　初回：（ 平成・令和　　年　　月　　日）
- (7) 再　狭　窄　☐無 ・ ☐有　（ 平成・令和　　年　　月　　日）
- (8) その他の手術　☐無 ・ ☐有　（手術名　　　　　　　　　）（ 平成・令和　　年　月　日）
- (9) その他（

3 不整脈
- (1) 難治性不整脈　☐無 ・ ☐有　（　　　　　　　　　　　　　）（ 平成・令和　　年　月　日）
- (2) ペースメーカー治療　☐無 ・ ☐有　**（ 平成・令和　　年　月　日）**
- (3) 植込み型除細動器(ICD)　☐無 ・ ☐有　**（ 平成・令和　　年　月　日）**
- (4) その他（

4 大動脈疾患
- (1) 胸部大動脈解離　☐無 ・ ☐有　Stanford 分類（☐A型 ・☐B型 ）（ 平成・令和　　年　月　日）
- (2) 大 動 脈 瘤　☐無 ・ ☐有　(部位：☐胸部 ・☐胸腹部 ・☐腹部)(最大血管短径　　cm)（ 平成・令和　　年　月　日）
- (3) 人 工 血 管　☐無 ・ ☐有　(部位：☐胸部 ・☐胸腹部 ・☐腹部) **平成・令和　　年 月 日**
- (4) ステントグラフト　☐無 ・ ☐有　(部位：☐胸部 ・☐胸腹部 ・☐腹部) **平成・令和　　年 月 日**
- (5) その他の手術　☐無 ・ ☐有　（手術名　　　　　　　）（ 平成・令和　　年　月　日）
- (6) その他（
- 注： 高血圧症がある場合は、「7 高血圧症」にも記載してください。

5 先天性心疾患・弁疾患
- (1) 先天性心疾患の場合
  - 症状の出現時期 （ 昭和・平成・令和　　年　　月　　日）
  - 小・中学生時代の体育の授業☐普通にできた ☐参観していた
- (2) 弁疾患の場合（手術名　大動脈基部置換術　）（ **令和　　4 年 10 月 6 日**）
  - 原因疾患
  - 発病時期 （ 昭和・平成・令和　　年　　月　　日）
- (3) Eisenmenger症候群　☐無 ・ ☐有
- (4) 肺体血流比 _____
- (5) 肺動脈収縮期圧 _____ mmHg
- (6) 人工弁置換術　☐無 ・ ☑有
- (7) その他の手術 （　　　　　　　　）（ 平成・令和　　年　　月　　日）
- (8) その他（

6 重症心不全
- (1) 心 臓 移 植　☐無 ・ ☐有 **（ 平成・令和　　年　月　日）**
- (2) 人 工 心 臓　☐無 ・ ☐有 **（ 平成・令和　　年　月　日）**
- (3) 心臓再同期医療機器(CRT)　☐無 ・ ☐有 **（ 平成・令和　　年　月　日）**
- (4) 除細動器機能付き心臓再同期医療機器(CRT-D)　☐無 ・ ☐有 **（ 平成・令和　　年　月　日）**

7 高血圧症
- (1) ☐本態性高血圧症 ☐二次性高血圧症(病名：　　　　　　)
- (2) 検査成績

血圧測定年月日	最大血圧	最小血圧	降圧薬服用
・　・			☐無 ・ ☐有（　種）
・　・			☐無 ・ ☐有（　種）
・　・			☐無 ・ ☐有（　種）

- 尿蛋白の有無 （☐－ ☐± ☐＋ ☐＋＋）
- (3) 一過性脳虚血発作の既往☐無 ・ ☐有：☐1年以内・☐1年以上前 （　年　月頃）
- (4) 眼底検査所見 （ 平成・令和　　年　月　日）　☐KW・☐Scheie・☐その他（　　法）：_____
- (5) その他の合併症(大動脈解離、大動脈瘤、末梢動脈閉塞など) ☐無 ・ ☐有(病名：　　　　)
- (6) 血清クレアチニン濃度 _____ mg/dℓ

8 その他の循環器疾患
- (1) 手術 ☐無 ・ ☐有　（手術名　　　　　　　　）（ 平成・令和　　年　月　日）
- (2) その他（

⑬ 現症時の日常生活活動能力および労働能力（必ず記入してください。）	特に制限はなし
⑭ 予　後（必ず記入してください。）	生体弁を使用しており、今後も内服加療および定期的な経過観察が必要である。
⑮ 備　考	

上記のとおり、診断します。　　　令和5 年　4 月　21 日
- 病院または診療所の名称 ███████
- 所　在　地 ███████
- 診療担当科名　心臓血管外科
- 医師氏名 ███████

相当因果関係が否定されたことによる
書類整備等で返戻された精神疾患の事例

▶ 初診日　　▶ 相当因果関係

▌ 事例の概要

1）請求人は、50歳代男性。
2）平成３年に交通事故で頭部外傷、その後平成10年頃から精神不調を主訴に
　　通院をしている。
3）平成３年の頭部外傷を初診日として「気分変調症」で障害厚生年金の事後
　　重症請求をした。
4）審査の過程で、平成３年の頭部外傷と請求傷病である気分変調症の相当因
　　果関係が認められないとの理由により返戻となった。
5）初診日が平成10年になったことで障害認定日請求が可能となったため障害
　　厚生年金の障害認定日請求に変更した。
6）審査の結果、障害認定日から障害厚生年金２級が認められた。

▌ この事例を理解するために必要な知識・情報

1）頭部外傷と精神疾患の相当因果関係

　交通事故等による頭部外傷と精神疾患は、相当因果関係があるとされています
が、審査の結果、相当因果関係が否定されることもあります。
　本事例では、現在の主治医が平成３年の交通事故からが一連の傷病であると診断
（診断書は171ページ）していたため、それに従って裁定請求したものです。

2）手続きの時期と初診日証明

　裁定請求をしたのが平成28年９月であり、平成３年（裁定請求時に初診日である

と申し立てた日）の受診状況等証明書はカルテ破棄により提出できませんでしたが、その後に受診した医療機関の受診状況等証明書や各種資料によって、平成３年の事故日や平成10年頃からの精神的な不調で受診した精神科の初診日（平成10年７月22日）については、証明することがきました。

③ 提出書類の内容 （171ページ）

平成28年８月26日現症の診断書および裁定請求書類一式を提出しました（初診日は平成３年２月９日／バイク事故の日）。

診断書作成医は、③欄を「平成３年２月９日」としており、請求傷病とバイク事故は一連の傷病であると判断していることがわかります。

④ 返戻・照会の内容 （抜粋）

****
①　請求傷病「気分変調症」と「（平成３年の）バイクの転倒事故後の症状」は相当因果関係がなく、平成10年７月22日に受診した精神科が初診日と認定されました。
②　初診日が平成10年７月22日になったことにより下記 i を整備してください。なお、事後重症請求から障害認定日請求に変更する場合は、 ii 〜ivの整備もお願いします。
　　 i 　裁定請求書の請求理由欄の訂正
　　 ii 　障害認定日以後３か月以内の現症日の診断書の提出
　　 iii 　遅延申立書の提出（時効の関係）
　　 iv 　請求事由確認書の提出
　※障害認定日分の診断書を提出いただいても障害の程度が認められない可能性があることを予めご了承ください。
****

⑤ なぜ返戻・照会になったのか

審査の結果、交通事故による頭部外傷による病状とその後の気分変調症の相当因果関係が否定されたことにより返戻が行われました。

また、初診日変更に伴い、障害認定日請求の余地があったことから、その確認についても返戻項目に含まれていました。

6 返戻・照会への対応

　障害認定日における受診状況やカルテの保管を確認したところ、診断書作成が可能であり、かつ障害等級に該当する程度であったため障害認定日時点の診断書を取得し、返戻指示に従って関係書類の提出を行いました。

7 本事例のポイントとまとめ

　今回は、頭部外傷による症状とその後の気分変調症に相当因果関係が認められるかが大きなポイントでした。まずはセオリー通り、一番古い初診日候補のもので裁定請求を組み立てていきました。

　また、初診日が変わることで障害認定日請求ができるのではないかという意識を持っておくことも重要なポイントです。

　なお、別事例でも書きましたが、初診日が変わる可能性があるということは、初診日における加入年金制度や保険料納付要件の判定も変わることになりますので、入念にシミュレーションしておきましょう。

【診断書（表面）】

（精）	国民年金 厚生年金保険	診　断　書 （精神の障害用）	様式第120号の4

（フリガナ） 氏　名	■■■■■■	生年月日	昭和 32 年 11 月 ■ 日生（ 58 歳）	性別	レ 男 □ 女

住　所	住所地の郵便番号 ■■ － ■■■	■■■■ 都道府県 ■■■■■ 郡市区 ■■■■■

認識録で確認または本人の申立てのどちらかにチェックをして、本人の申立ての場合は、それを聴取した年月日を記入してください。

① 障害の原因となった傷病名	気分変調症 ICD－10コード（ F34.1 ）	② 傷病の発生年月日	平成 3 年 頃月 日 ☑ 診療録で確認 □ 本人の申立て （　年　月　日）	本人の発病時の職業	不明
		③ ①のため初めて医師の診療を受けた日	平成 3 年 2 月 9 日 ☑ 診療録で確認 □ 本人の申立て （　年　月　日）	④ 既存障害	なし

⑥ 傷病が治った（症状が固定した状態を含む。）かどうか。	平成 令和　年　月　日 □確認 □推定	症状のよくなる見込・・ 有・無・☑ 不明	⑤ 既往症	なし

⑦	陳述者の氏名 ■■■■■	請求人との続柄　本人・母親	聴取年月日 H27 年　月　日

⑦ 発病から現在までの病歴及び治療の経過、内容、就学・就労状況等、期間、その他参考となる事項	H3/2/9にバイク事故で本人骨折、仲間が死亡。5月以降、頭痛、けいれん、過換気など出現するようになった。H10年に不安発作・抑うつ・意欲低下で ■■CL初診。その後、■■■■HPに転医し、入院歴もある。H26年に交通事故で入院。その後、自宅にこもりがちとなり、昼夜逆転。意欲の低下も目立ち、■■クリニックに通院中である。

⑧ 診断書作成医療機関における初診時所見 初診年月日 平成 26 年 6 月 23 日	本人は自宅に引きこもりがち、午前中が特に体調不良。昼夜逆転が目立っている。

⑨ これまでの発育・養育歴等（出生から現在の状況や教育歴及びこれまでの職歴をできるだけ詳しく記入してください。）	ア 発育・養育歴 概ね問題なし	イ 教育歴	ウ 職歴

イ 教育歴：不明
乳児期 　□
就学 　□ 不就学・□ 就学猶予
小学校 　□ 普通学級・□ 特別支援学級・□ 特別支援学校
中学校 　□ 普通学級・□ 特別支援学級・□ 特別支援学校
高校 　□ 普通学級・□ 特別支援学級・□ 特別支援学校
その他 　□

ウ 職歴：不明

（お願い）臨床所見等は、診療録に基づいてわかる範囲で記入してください。

エ 治療歴（書ききれない場合は⑬「備考」欄に記入してください。）（※ 同一医療機関の入院・外来は分けて記入してください。）

医療機関名	治療期間	入院・外来	病　名	主な療法	転帰（軽快・悪化・不変）
■■HP	H3 年 2 月 ～ H6 年 10 月	□入院 ☑外来	骨折・偏頭痛	薬物療法	不変
〃	H6 年 10 月 ～ H6 年 10 月	☑入院 □外来	けいれん・意識障害	不明	〃
■■HP	H6 年 10 月 ～ H10 年 2 月	□入院 ☑外来	過換気症候群	薬物療法	不明
■■HP	H10 年 2 月 ～ H10 年 2 月	☑入院 □外来	不明	不明	不明
■■CL	H10 年 7 月 ～ H11 年 3 月	□入院 ☑外来	不安発作・PTSD	薬物療法	悪化

⑩	障　害　の　状　態 （ 平成 28 年 8 月 26 日 現症）

ア 現在の病状又は状態像（該当のローマ数字、英数字にチェックしてください。）

前回の診断書記載時との比較（前回の診断書を作成している場合は記入してください。）
□ 1変化なし　□ 2改善している　□ 3悪化している　□ 4不明

I 抑うつ状態
□ 1思考・運動制止　□ 2刺激性、興奮　☑ 3憂うつ気分
□ 4自殺企図　□ 5希死念慮
□ 6その他（　　）

II そう状態
□ 1行為心迫　□ 2多弁・多動　□ 3気分（感情）の異常な高揚・刺激性
□ 4観念奔逸　□ 5易怒性・被刺激性亢進　□ 6持大妄想
□ 7その他（　　）

III 幻覚妄想状態　等
□ 1幻覚　□ 2妄想　□ 3させられ体験　□ 4思考形式の障害
□ 5著しい奇異な行為　□ 6その他（　　）

IV 精神運動興奮状態及び昏迷の状態
□ 1興奮　□ 3拒絶・拒食　□ 5滅裂思考
□ 2昏迷　□ 6自傷　□ 7無動・無反応
□ 3衝動行為
□ 8その他（　　）

V 統合失調症等残遺状態
☑ 1自閉　□ 2感情の平板化　☑ 3意欲の減退
□ 4その他（　　）

VI 意識障害・てんかん
□ 1意識混濁　□ 2（夜間）せん妄　□ 3もうろう　□ 4錯乱
□ 5てんかん発作　□ 6不機嫌症　□ 7その他（　　）
・てんかん発作の状態　※発作のタイプは記入上の注意参照
1 てんかん発作のタイプ（□A・□B・□C・□D ）
2 てんかん発作の頻度（年間　　回、月平均　　回、週平均　　回 程度）

VII 知能障害等
□ 1知的障害　□ ア 軽度　□ イ 中等度　□ ウ 重度　□ エ 最重度
□ 2認知症　□ ア 軽度　□ イ 中等度　□ ウ 重度　□ エ 最重度
□ 3高次脳機能障害
　□ ア 失行　□ イ 失認
　□ ウ 記憶障害　□ エ 注意障害　□ オ 遂行機能障害　□ カ 社会的な行動障害
□ 4学習障害　□ ア 読み　□ イ 書き　□ ウ 計算　□ エ その他（　　）
□ 5その他（　　）

VIII 発達障害関連症状
□ 1相互的な社会関係の質的障害　□ 2言語コミュニケーションの障害
□ 3限定した常同的で反復的な関心と行動　□ 4その他（　　）

IX 人格変化
□ 1欠如状態　□ 2無関心　□ 3無為
□ 4その他症状（　　）

X 乱用、依存等（薬物等名：　　）
□ 1乱用　□ 2依存

XI その他〔　　〕

イ 左記の状態について、その程度・症状・処方薬等を具体的に記載してください。
自宅に引きこもりがちで意欲低下が目立つ、生活リズムや食事は不規則で、内服も時折、乱れる。
日中臥床がちに過ごし、ほとんど外出はしない

（お願い）太文字の欄は、記入漏れがないように記入してください。

事故を初診日として請求したが
初診日変更で返戻された上肢障害の事例

▶ 初診日　　▶ 相当因果関係

1 事例の概要

1）請求人は、50歳代男性。
2）昭和60年の交通事故以来、頚部、肩の痛み、張り等の症状あり。相当期間治療を継続しても改善しないまま30年の時間が過ぎた。
3）高校卒業以来、同じ会社（厚生年金保険加入）で働いてきたが、労働に支障が生じはじめた。障害者手帳や障害年金の利用を考えたが、医師からは障害者手帳に該当しないと言われていた。
4）年金事務所で障害年金の説明を受けたが、初診日がどこにあるのかわからず不安な気持ちを抱えていた。当職のHPを見て相談・依頼となった。
5）昭和60年から現在までの受診状況や生活・就労状況について詳細な聴き取りを行った後、昭和60年の交通事故を初診日として、頚椎症性神経根症で、障害厚生年金を事後重症請求した。
6）審査の結果、交通事故の後遺症と現在の傷病に相当因果関係は認められないとして返戻された。
7）保険者が判断した初診日に変更した。
8）審査の結果、障害厚生年金3級で支給決定となった。

2 この事例を理解するために必要な知識・情報

1）請求人の受診状況の経過等

①　昭和60年にオートバイ単独事故により、頚部、肩の痛み、張り等の症状がありました。昭和60年7月○日にA病院を受診し、「頚椎捻挫」と診断され、薬物治

療を行いましたが症状は変わりませんでした。その後、鍼・灸、整骨院等を受診しましたが症状は継続していました。

② 平成10年4月○日には車を運転中に大型トラックに追突される交通事故に遭い、B病院で「頚椎捻挫」と診断されました。後頭部痛、項部痛、上肢痛、張り感等の症状があり、医療機関、整骨院を受診しましたが、症状は改善せず継続していました。

③ だましだまし生活・就労してきましたが、平成26年になり症状がひどくなりました。会社の産業医に相談したところ、C病院を勧められ受診しました。検査の結果、「椎間板ヘルニア」と診断され、薬物療法、リハビリを継続しましたが改善しませんでした。その後リハビリを終了し、近医のD病院を紹介してもらいました。

④ D病院へ転院し、検査の結果、「頚椎症性神経根症」と診断されました。労働に支障が生じていたことから医師に診断書を作成してもらい会社へ提出しました。仕事で配慮を受けられるようになりましたが、就労を続けられる状態になく、やむなく退職しました。

2）請求人の保険料納付状況

昭和56年（18歳）から令和1年11月退職までの期間すべて厚生年金保険に加入しており、どの時点が初診日であっても納付要件を満たしています。

3 提出書類の内容

要点を摘記すると以下のとおりです。

1）診断書（175ページ）

- ②欄　不詳　診療録で確認にチェック。
- ③欄　平成31年4月○日　診療録で確認にチェック。
- ④欄　過去に交通事故による頚椎捻挫を複数回受傷しているが、直接の原因かどうかは不明。初診年月日（平成28年9月○日）

2）受診状況等証明書（177ページ）

- ②欄　頚椎捻挫。
- ③欄　昭和60年1月頃。
- ④欄　オートバイで転倒。

4 返戻・照会の内容（抜粋）

****
　審査の結果、今ある資料から初診日は、平成28年9月○日と判断されました。初診日が変更となりましたので、請求事由の変更についてご確認をお願いいたします。障害認定日請求を希望する場合は、認定日以後3か月以内の現症日の診断書をご提出ください。
****

5 なぜ返戻・照会になったのか

　本事例では、請求人の経過から、請求人が申し立てるオートバイ事故で受診したA病院の初診日（昭和60年7月○日）と、「頚椎症性神経根症」と診断された現在のD病院の初診日（平成28年9月○日）との間は約30年の期間があり、また、D病院の診断書項番「④傷病の原因又は誘因」に記載されているとおり、『過去に交通事故による頚椎捻挫を複数回受傷しているが、直接の原因かどうかは不明』と医師の所見があることからも、相当因果関係がないとして返戻とされたものと推測されます。

6 返戻・照会への対応

　請求人は18歳より継続して厚生年金保険に加入しており、初診日が後になることで、請求人の年金額は最低保障額よりも高くなりました。前記**4**の返戻の指示のとおり、初診日を平成28年9月○日へ変更しました。障害認定日頃の障害状態は請求日よりも状態が悪くなかったことから、請求方法は変更せず、事後重症請求を行いました。

7 本事例のポイントとまとめ

　本事例において、請求人はどの時点が初診日であっても保険料納付要件を満たしていました。昭和60年を初診日として請求しましたが、現在の主治医は傷病の原因が交通事故によるものか不明としていることから、D病院の初診日（平成28年9月○日）を初診日として手続きを行うほうがスムーズに認められていた可能性も考えられます。昭和60年から改善せず苦しんできたことから、ご本人の希望を尊重して思いを伝える請求を行いました。初診日不明で却下となるようなことがないように代理人の補足申立を添付しています（178ページ）。請求人の思いを保険者へ積極的に伝えていくことも代理人業務として大切なことだと考えます。

様式第120号の3

㊁（肢）

国 民 年 金
厚 生 年 金 保 険

診 断 書

（肢体の障害用）

（フリガナ）氏 名	■■■■	生年月日	昭和 38 年 1 月 ■ 日生（ 56 歳）	性別	☑男 □女

住 所	住所地の郵便番号 ■■－■■	■■■ 都道府県	■■■■■ 郡市区	■■■■■

① 障害の原因となった傷病名	頸椎症性神経根症	② 傷病の発生年月日	昭和 平成 令和	年 不詳 月 日	☑ 診療録で確認 □ 本人の申立て（ 年 月 日 ）
		③ ①のため初めて医師の診療を受けた日	平成 31 年 4 月 ○ 日		☑ 診療録で確認 □ 本人の申立て（ 年 月 日 ）

④傷病の原因又は誘因	過去に交通事故による頸椎捻挫を複数回受傷しているが、直接の原因かどうかは不明 初診年月日（ 平成 28 年 9 月 ○ 日）	⑤既存障害		⑥既往症	

⑦ 傷病が治った（症状が固定して治療の効果が期待できない状態を含む。）かどうか。	傷病が治っている場合・・・・・・・・・・治った日 平成 令和 年 月 日	□ 確 認 □ 推 定
	傷病が治っていない場合・・・・・・・・症状のよくなる見込 □有 ・ □無 ・ ☑不明	

⑧ 診断書作成医療機関における初診時所見 初診年月日 （ 平成 28 年 9 月 ○ 日）	頸部の張り感があり他院で加療を受けていた。当院へは湿布の処方の依頼で受診した。頸部に張り感があった。

⑨ 現在までの治療の内容、期間、経過、その他参考となる事項	初診からずっと定期的に湿布の処方を続けていたが、平成31年4月○日の受診の際右手の握力低下の精査を計画した。同年4月△日の診察にて頸椎症性神経根症と診断され、引き続き対症療法を行っている。湿布の処方を行っている。	診療回数	年 間 12 回 月 平 均 1 回

⑩ 計 測 （ 令和 1 年10月○日計測）	身 長	178	cm	血 圧	最高	147	mmHg
	体 重	82	kg		最低	103	mmHg

障 害 の 状 態 （ 令和 1 年 10 月 ○ 日現症）

右　　　　左　　　　　　　右　　　　左

⑪ 切断又は離断・変形・麻痺	切断又は離断日	平成 令和	年 月 日	
	創面治ゆ日	平成 令和	年 月 日	■ 切断離断　× 変形　▨ 感覚麻痺　▨ 運動麻痺

切断又は離断の場合の神経・運動障害	断端の痛み □有・□無	すぐ上の関節の異常 □有・□無	（有の場合は⑯欄に記入してください。）
外 観	□弛緩性 ・ □痙直性 ・ □不随意運動性 ・ □失調性 ・ □強剛性 ・ □しんせん性		
起 因 部 位	□脳性・☑脊髄性・□末梢神経性・□筋性・□その他 （（心因性のものと思われる場合は、その旨を右に記入してください。 ） ）		
種類及びその程度	□感覚麻痺（ □脱失 ・ ☑鈍麻 ・ □過敏 ・ □異常 ） □運動麻痺		

反 射	右				左			
	上 肢	下 肢	バビンスキー反射	その他の病的反射	上 肢	下 肢	バビンスキー反射	その他の病的反射
	±	±	－	－	±	±	－	－

そ の 他	排尿障害 □有 ・ ☑無	排便障害 □有 ・ ☑無	褥創又はその瘢痕 □有 ・ ☑無

⑫ 脊柱の障害	脊 柱 の 他 動 可 動 域						随伴する脊髄・根症状などの臨床症状 右上肢全体に力が入りにくい。
	部 位	前 屈	後 屈	右側屈	左側屈	右回旋	左回旋	
	頸 部	20	15	15	15	40	40	
	胸腰部	25	15	25	25	45	30	

⑬ 人工骨頭・人工関節の装着の状態	部 位		⑭ 握力	右	左
	手 術 日 令和 年 月 日			6 kg	45 kg

⑮ 手（足）の他動可動域・指関節	部 位		母 指		示 指		中 指		環 指		小 指	
			屈曲	伸展	屈曲	伸展	屈曲	伸展	屈曲	伸展	屈曲	伸展
	中手（足）指節関節（MP）	右										
		左										
	近位指節間関節（PIP）	右										
	（母指では指節間関節）	左										

本人の障害の程度及び状態に無関係な欄には記入する必要はありません。（無関係な欄は、斜線により抹消してください。）

縦書き右側：「診療録で確認」または「本人の申立て」のどちらかを選択し、それを聴取した年月日を記入してください。

縦書き左側：本人の申立ての場合は、それを聴取した年月日を記入してください。

縦書き（お願い）障害の状態は、診療録に基づいてわかる範囲で記入してください。

縦書き（お願い）太文字の欄は、記入漏れがないように記入してください。

障　害　の　状　態		（　　令和　　1　年　10　月　○　日現症）												

（お願い）関節可動域は、健側についても記入してください。

部　位	運動の種類	右 関節可動域（角度）		右 筋　力					左 関節可動域（角度）		左 筋　力				
		強直肢位	他動可動域	正常	やや減	半減	著減	消失	強直肢位	他動可動域	正常	やや減	半減	著減	消失
⑯ 肩 関 節	屈 曲		180		レ						レ				
	伸 展		40		レ						レ				
	内 転		0		レ						レ				
	外 転		150		レ						レ				
肘 関 節	屈 曲		140	レ							レ				
	伸 展		0	レ							レ				
前 腕	回 内		90	レ							レ				
	回 外		90	レ							レ				
手 関 節	背 屈		55	レ							レ				
	掌 屈		70	レ							レ				
股 関 節	屈 曲														
	伸 展														
	内 転														
	外 転														
膝 関 節	屈 曲														
	伸 展														
足 関 節	背 屈														
	底 屈														

股関節屈曲値は次のどちらですか。
□ 膝屈曲位
□ 膝伸展位

⑰ 四肢長及び四肢囲	右 上肢長	上腕囲	前腕囲	下肢長	大腿囲	下腿囲	左 上肢長	上腕囲	前腕囲	下肢長	大腿囲	下腿囲
	54 cm	33.5 cm	28.5 cm	87.5 cm	43 cm	38 cm	54 cm	30.5 cm	28 cm	87.5 cm	42.5 cm	37.0 cm

⑱ 日常生活における動作の障害の程度

補助用具を使用しない状態で判断してください。

- 一人でうまくできる場合には ・・・・・・・・・・「○」
- 一人でできてもやや不自由な場合には ・・・・・・・・・・「○△」
- 一人でできるが非常に不自由な場合には ・・・・・・「△×」
- 一人で全くできない場合には ・・・・・・・・・・「×」

（該当する記号をリストから選択してください。）

日常生活における動作	右	左		日常生活における動作	右	左
a つ ま む（新聞紙が引き抜けない程度）	△×	○	m 片足で立つ		○	○
b 握 る（丸めた週刊誌が引き抜けない程度）	△×	○	n 座 る（正座、横すわり、あぐら、脚なげだし）			○
c タオルを絞る（水をきれる程度）	両手		（このような姿勢を持続する）			
d ひもを結ぶ	両手	△×	o 深くおじぎ（最敬礼）をする			○
e さじで食事をする	△×	○	p 歩く（屋内）			○
f 顔を洗う（顔に手のひらをつける）	○△	○	q 歩く（屋外）			○
g 用便の処置をする（ズボンの前のところに手をやる）	×	○	r 立ち上がる	レ ア 支持なしでできる　イ 支持があればできるがやや不自由　ウ 支持があればできるが非常に不自由　エ 支持があってもできない		
h 用便の処置をする（尻のところに手をやる）	×	○				
i 上衣の着脱（かぶりシャツを着て脱ぐ）	両手	○△	s 階段を上る	レ ア 手すりなしでできる　イ 手すりがあればできるがやや不自由　ウ 手すりがあればできるが非常に不自由　エ 手すりがあってもできない		
j 上衣の着脱（ワイシャツを着てボタンをとめる）	両手	△×				
k ズボンの着脱（どのような姿勢でもよい）	両手	○△	t 階段を下りる	レ ア 手すりなしでできる　イ 手すりがあればできるがやや不自由　ウ 手すりがあればできるが非常に不自由　エ 手すりがあってもできない		
l 靴下を履く（どのような姿勢でもよい）	両手	△×				

平衡機能	1 閉眼での起立・立位保持の状態	2 開眼での直線の10m歩行の状態	3 自覚症状・他覚所見及び検査所見
	レ ア 可能である。	レ ア まっすぐ歩き通す。	
	□ イ 不安定である。	□ イ 多少転倒しそうになったりよろめいたりするがどうにか歩き通す。	
	□ ウ 不可能である。	□ ウ 転倒あるいは著しくよろめいて、歩行を中断せざるを得ない。	

⑲ 補助用具使用状況

該当する数字にチェックをして、右のア・イいずれかの使用状況を選び、〔 〕内のリストから選択してください。

- □ 1 〔　〕上肢補装具
- □ 2 〔　〕下肢補装具
- □ 3 〔　〕杖（　　　）
- □ 4 〔　〕松葉杖　□左・□右
- □ 5 〔　〕車椅子
- □ 6 〔　〕歩行車
- □ 7 〔　〕その他　（具体的に　　　　　　　　　　　）
- レ 8 補助用具は使用していない

ア 常時（起床より就寝まで）使用
イ 常時ではないが使用

使用状況を詳しく記入してください。

⑳ その他の精神・身体の障害の状態

㉑ 現症時の日常生活活動能力及び労働能力（必ず記入してください。）	（補助用具を使用しない状態で判断してください。） 右手の握力低下と首肩張りがひどく仕事で差し障りがある。
㉒ 予　　後（必ず記入してください。）	今までの経過と同様、それほど変わらないと思われる。
㉓ 備　　考	

上記のとおり、診断します。　　　　令和1　年　10　月　10　日

病院又は診療所の名称　D 病院　　　　　　　診療担当科名　整形外科

所　在　地　■■■■■■■■　　　　　　　医師氏名　■■■■■■■■

【A病院の受診状況等証明書】

> 障害年金等の請求を行うとき、その障害の原因又は誘因となった傷病で初めて受診した医療機関の初診日を明らかにすることが必要です。そのために使用する証明書です。

受 診 状 況 等 証 明 書

① 氏　　　　　名　　■■■■■■■

② 傷　　病　　名　　頚椎捻挫

③ 発 病 年 月 日　（昭和）・平成・令和　６０年 １月 頃 日

④ 傷病の原因又は誘因　　オートバイで転倒

⑤ 発病から初診までの経過

　　　前医からの紹介状はありますか。⇒　有　　（無）　（有の場合はコピーの添付をお願いします。）

　昭和６０年１月頃、オートバイで転倒後、肩・首のつっぱり感があり、

　その６ケ月後より常時頚部～右頚部のはった感じが出現。

　※診療録に前医受診の記載がある場合　　①　初診時の診療録より記載したものです。
　右の該当する番号に〇印をつけてください　2　昭和・平成・令和　　年　　月　　日の診療録より記載したものです。

⑥ 初 診 年 月 日　（昭和）・平成・令和　６０年　７月　〇日

⑦ 終 診 年 月 日　昭和・（平成）・令和　１０年　５月　〇日

⑧ 終診時の転帰　（治癒・転医・（中止））

⑨ 初診から終診までの治療内容及び経過の概要

　薬物治療を行ったが、症状は不変であったようである。

⑩ 次の該当する番号（１～４）に〇印をつけてください。

　　複数に〇をつけた場合は、それぞれに基づく記載内容の範囲がわかるように余白に記載してください。
　　上記の記載は　①　診療録より記載したものです。
　　　　　　　　　2　受診受付簿、入院記録より記載したものです。
　　　　　　　　　3　その他（　　　　）より記載したものです。
　　　　　　　　　4　昭和・平成・令和　年　月　日の本人の申し立てによるものです。

⑪ 令和　　　　１年　　６月　　２８日

　　医療機関名　　　A病院　　　　　　　　　診療担当科名　整形外科

　　所 在 地　　　■■■■　　　　　　　医師氏名　■■■■

（提出先）日本年金機構　　　　　　　　　　　　　　（裏面もご覧ください。）

【初診日についての補足申立】

令和元年１１月○日

厚生労働大臣殿

初診日についての補足申立

社会保険労務士 ○○ ○○

　本件の初診日につきまして、医証等を添付し、病歴・就労状況等申立書において詳述してありますが、以下のとおり補足させていただきます。

【補足申立事項】
1. 請求人の初診日は昭和６０年７月 ○ 日であり、昭和６０年１月頃のオートバイ事故による負傷が原因であること。

【事実関係】
1. 昭和６０年１月頃のオートバイ事故により、請求人は頚部、肩の痛み・張りが発生した。これまで多数の医療機関において頚椎捻挫と診断され受診してきたが、手術はリスクが高く完治が困難と言われ決断できなかった。医療機関での薬物療法、整骨院での低周波や温熱療法を継続して行ってきたが状態はよくならなかった。
2. 請求人は昭和５６年●月（１８歳）より継続して厚生年金保険に加入してきたが、労働に著しい制限があり、令和元年１１月●日付でやむなく退職した。

【補足申立理由】
1. 今般請求にあたり、平成３１年４月より主治医である ■■■■ 医師に診断書を作成いただいた。
2. 診断書項番「④傷病の原因又は誘因」欄において、『過去に交通事故による頚椎捻挫を複数回受傷しているが、直接の原因かどうかは不明』とされているが、請求人は昭和６０年１月頃のオートバイ事故をきっかけに、頚部、肩の痛み・張りが発生し、その後、多数の医療機関を受診している事実がある。現在においても、請求人の症状はよくなることはなく、悪化している状態にある。

　以上より、請求人の初診日は、添付しました受診状況等証明書（A病院）のとおり、オートバイ事故により初めて受診した昭和６０年７月○日であることを申し立て、審査をお願いいたします。請求人が申し立てる初診日が認められないと判断される場合は、どのような理由によるものか、書面にてご説明をお願いいたします。

　なお、請求人は被保険者記録のとおり、昭和５６年●月から令和元年１１月●日の期間全て厚生年金保険に加入しており、どの時点が初診日であっても納付要件を満たしていることを申し添えます。

以上

障害厚生年金と障害基礎年金を同時に請求後、障害基礎年金の取下げの判断を求めるために返戻された発達障害の事例

▶ 初診日　　▶ 相当因果関係

1 事例の概要

1）請求人は、40歳代女性。
2）広汎性発達障害で、障害厚生年金（主位的請求）と障害基礎年金（予備的請求）を同時に請求した。
3）初診日は厚生年金保険の加入期間中であるとして、障害厚生年金（主位的請求）が認められるため、障害基礎年金（予備的請求）は認められないとして返戻された。
4）返戻に従い、障害基礎年金の請求を取り下げた。
5）審査の結果、障害厚生年金3級（遡及）で支給決定となった。

2 この事例を理解するために必要な知識・情報

　請求人は、「めまい」の症状が現れ、耳鼻咽喉科を受診したところ、症状改善がみられなかったため、自身で精神科を探して受診したという経緯があります。初診日が耳鼻咽喉科と認められると初診日は厚生年金保険加入期間であるため障害厚生年金の請求をすることができますが、初診日が2番目受診医療機関の精神科とされると初診日は国民年金加入期間中であることから障害基礎年金の請求となるといった状況でした。

　たとえば、本事例のような場合には、主位的請求と予備的請求により、万が一、初診日が国民年金加入期間中であるとして障害基礎年金の受給となったとしても請求人の利益を保全することができます。そして、その場合には障害厚生年金については不支給処分を受けることで、障害基礎年金を受給しながらも障害厚生年金については審査請求により争う余地を残すこともできます。

③ 提出書類の内容

　耳鼻咽喉科から取得した受診状況等証明書（182ページ）、2番目受診医療機関である精神科からは認定日（遡及）請求を行うために診断書（183ページ）を取得しました。当該診断書の作成医に、「めまい」の症状と広汎性発達障害との因果関係の有無について意見を伺ったところ、否定はできないとの意見であったことから、備考欄には「平成21年7月に耳鼻科を受診しためまいと現傷病との因果関係を否定することは出来ない。」とご記載いただきました。また、診断書⑧欄および⑩－イ欄にも「めまい」が身体症状として記載されていました。これらのことを主張するために、保険者への連絡事項（187ページ）を作成し、請求書類に添付して提出しました。

④ 返戻・照会の内容（抜粋）

＊＊＊＊＊＊＊＊＊＊＊＊＊＊＊＊＊＊＊＊＊＊＊＊＊＊＊＊＊＊＊＊＊＊＊＊＊
　審査の結果、請求傷病の初診日は平成21年7月4日と考えられています。
　つきましては同時に請求のあった障害基礎年金の請求意思の確認をお願いします。
　請求を取り下げる場合は取り下げ書（任意様式）を作成いただき、障害基礎年金請求書については請求者に返却願います。
　処分を希望される場合は障害厚生年金請求書と併せて再提出願います。
＊＊＊＊＊＊＊＊＊＊＊＊＊＊＊＊＊＊＊＊＊＊＊＊＊＊＊＊＊＊＊＊＊＊＊＊＊

⑤ なぜ返戻・照会になったのか

　耳鼻咽喉科を受診した「めまい」の症状と請求傷病の広汎性発達障害は因果関係があるとされ、初診日は主位的請求の厚生年金保険加入期間中であると認められたことから、予備的請求の障害基礎年金については取下げの意思確認を求められました。

⑥ 返戻・照会への対応

　前記③〜⑤を踏まえると、下記2つの方法が考えられますが、本事例では、請求人に有利となる主位的請求である障害厚生年金が認められたことから、障害基礎年金についての処分は求めずに取下げを行いました。

1）対応方法1

　障害基礎年金の請求を取り下げ、保険者には障害厚生年金の審査を進めていただく。

２）対応方法２

障害基礎年金の処分を希望する。

７ 本事例のポイントとまとめ

医師の所見から、診断書に「めまい」と請求傷病である広汎性発達障害との因果関係を否定できないと記載することが可能であったことがポイントであったものと思われます。

診断書の内容からも３級と認定される可能性が高いと考えられることから、障害厚生年金を請求できるメリットが大きいといった状況のなか、実際に３級で認定されています。

本事例は、請求傷病との因果関係について、医師に意見を伺い、所見の範囲で診断書等に記載をいただくことにより、事実が審査に伝わり適正な認定を受けることにつながることがわかる事例です。

【受診状況等証明書】

障害年金等の請求を行うとき、その障害の原因又は誘因となった傷病で初めて受診した医療機関の初診日を明らかにすることが必要です。そのために使用する証明書です。

受 診 状 況 等 証 明 書

① 氏　　　　　名　●●　●●

② 傷　　病　　名　めまい

③ 発 病 年 月 日　□昭和　☒平成　□令和　　　21 年　　7 月　　2 日

④ 傷病の原因又は誘因　不明（メニエール病と思われる）

⑤ 発病から初診までの経過

前医からの紹介状はありますか。⇒□有　☒無　（有の場合はコピーの添付をお願いします。）

平成21年7月2日からめまいが出現。

※診療録に前医受診の記載がある場合 右の該当する番号を選択してください。 数字をクリックで○が付きます

1 初診時の診療録より記載したものです。
2 □昭和　□平成　□令和　　　年　　月　　日の診療録より 記載したものです。

⑥ 初 診 年 月 日　□昭和　☒平成　□令和　　　21 年　7 月　4 日

⑦ 終 診 年 月 日　□昭和　☒平成　□令和　　　21 年　12 月　2 日

⑧ 終 診 時 の 転 帰　□治癒　□転医　□中止

⑨ 初診から終診までの治療内容及び経過の概要

めまい症状が反復しており、投薬を行っていた。

⑩ 次の該当する番号（1~4）に印をつけてください。数字をクリックで○が付きます

複数に○をつけた場合は、それぞれに基づく記載内容の範囲がわかるように余白に記載してください。

上記の記載は　　① 診療録より記載したものです。

　　　　　　　　2 受診受付簿、入院記録より記載したものです。

　　　　　　　　3 その他（　　　）より記載したものです。

　　　　　　　　4 □昭和　□平成　□令和　　　年　　月　　日の本人の申し立てによるものです。

⑪令　　和　　3　年　　9　月　22 日

医療機関名　　●●耳鼻咽喉科　　　　　　診療担当科名　耳鼻咽喉科

所　在　地　　●●●●●●●　　　　　　医師氏名　●●　●●

（提出先：日本年金機構）

(精)	国民年金 厚生年金保険	診 断 書 (精神の障害用)	様式第120号の4

| （フリガナ）
氏　名 | ■■■■ | 生年月日 | 昭和　**55** 年　■ 月　■ 日生（**41** 歳） | 性別 | □ 男 ☑ 女 |

| 住　所 | 住所地の郵便番号
■■ － ■■ | 都道
府県 ■■■■ | 郡市
区 ■■■■ |

診療録で確認または（本人の申立て）のどちらかに○をして、本人の申立ての場合は、それを聴取した年月日を記入してください。

| ① 障害の原因と
なった傷病名 | 広汎性発達障害
ICD－10コード（ F84 ） | ② 傷病の発生年月日 | 平成　**21** 年 頃 月 | ☑ 診療録で確認
□ 本人の申立て
（　年　月 ） | 本人の発病
時の職業 | 無し。 |
| | | ①のため初めて医
師の診療を受けた
日 | 平成　**21** 年 **7** 月 **4** 日 | ☑ 診療録で確認
□ 本人の申立て
（H21 年 10 月 17 日） | ④ 既存障害 | 無し。 |

| ⑥傷病が治った（症状が固定した状態を含む。）かどうか。 | 平成
令和　　　年　　月　　日 | □ 確認
□ 推定 | 症状のよくなる見込‥□ 有・☑ 無・□ 不明 | ⑤ 既往症 | 無し。 |

| ⑦ | 陳述者の氏名 ■■■■■ | 請求人との続柄　**本人** | 聴取年月日　R4 年 1 月 17 日 |
| 発病から現在までの病歴
及び治療の経過、内容、
就学・就労状況等、期間、
その他参考となる事項 | 元来対人関係の難しさがあり、会話も一方的になりやすく、周囲に馴染めなかった。音に対する過敏さもあり、中学校時代は帰宅すると疲弊していてすぐに横になっていた。大学卒業後就職するも上司の指示を理解出来ず、居づらくなり退職。H17年9月結婚後、夫に怒られた時に夫の言葉が頭から離れず過呼吸発作が出現。H21年春頃よりめまいや難聴が生じ7月耳鼻科を受診。その後も夫の声のみ聞こえないという症状や耳鳴りが続いた。H21年10月夫に怒られたことでパニックとなり、体がこわばり外出不能のため同年10月に当院を受診。以来、精神療法を受ける。H22年末から怒られ失声したことを契機に、夫と別居し実家で生活している。 | | |

| ⑧ 診断書作成医療機関
における初診時所見
初診年月日
平成　21 年 10 月 17 日 | 過呼吸、不眠、めまい等の身体症状や、恐怖感がある。そのため外出困難となっている。 |

| ⑨ これまでの発育・養育歴等
（出生から発育の状況や
教育歴及びこれまでの
職歴をできるだけ詳しく
記入してください。） | ア 発育・養育歴
元来障害特性があった。父親が厳しく、怒鳴られたり物が飛んでくることがあり、父親に常に恐れを抱いていた。 | イ 教育歴
乳児期
□ 不就学・□ 就学猶予
小学校 ☑ 普通学級・□ 特別支援学級・□ 特別支援学校
中学校 ☑ 普通学級・□ 特別支援学級・□ 特別支援学校
高　校 ☑ 普通学級・□ 特別支援学校
その他　4年制大学卒業 | ウ 職歴
大学卒業後、印刷会社、化学技術職など。 |

エ 治療歴（書ききれない場合は⑬「備考」欄に記入してください。）（※ 同一医療機関の入院・外来は分けて記入してください。）

医療機関名	治療期間	入院・外来	病　名	主 な 療 法	転帰（軽快・悪化・不変）
■■ 耳鼻咽喉科	H21 年 7 月 ～ H21 年 12 月	□入院 ☑外来	めまい	薬物療法	不変
■■ クリニック	H21 年 10 月 ～ H23 年 3 月	□入院 ☑外来	広汎性発達障害	精神療法	不変
	年 月 ～ 年 月	□入院 □外来			
	年 月 ～ 年 月	□入院 □外来			

⑩　**障　害　の　状　態**（ 平成　**23** 年 **3** 月 **11** 日 現症）

ア 現在の病状又は状態像（該当のローマ数字、英数字にチェックしてください。）

前回の診断書の記載時との比較　（前回の診断書を作成している場合は記入してください。）
□1 変化なし　□2 改善している　□3 悪化している　□4 不明

I 抑うつ状態
□1 思考・運動制止　□2 刺激性、興奮　☑3 憂うつ気分
□4 自殺企図　□5 希死念慮
☑6 その他（ 不安感　　　）

II そう状態
□1 行為心迫　□2 多弁・多動　□3 気分（感情）の異常な高揚・刺激性
□4 観念奔逸　□5 易怒性・被刺激性亢進　□6 誇大妄想
□7 その他（　　　）

III 幻覚妄想状態 等
□1 幻覚　□2 妄想　□3 させられ体験　□4 思考形式等の障害
□5 著しい奇異な行為　□6 その他（　　　）

IV 精神運動興奮状態及び昏迷の状態
□1 興奮　□2 昏迷　□3 拒絶・拒食　□4 滅裂思考
□5 衝動行為　□6 自傷　□7 無動・無反応
□8 その他（　　　）

V 統合失調症等残遺状態
□1 自閉　□2 感情の平板化　□3 意欲の減退
□4 その他（　　　）

VI 意識障害・てんかん
□1 意識混濁　□2 (夜間)せん妄　□3 もうろう　□4 錯乱
□5 てんかん発作　□6 不機嫌症
・てんかん発作の状態　※発作のタイプは記入上の注意参照
　1 てんかん発作のタイプ（□A・□B・□C・□D ）
　2 てんかん発作の頻度（年間　回、月平均　回、週平均　回 程度）

VII 知能障害等
□1 知的障害　　ア 軽度 □イ 中等度 □ウ 重度 □エ 最重度
□2 認知症　　ア 軽度 □イ 中等度 □ウ 重度 □エ 最重度
□3 高次脳機能障害
　ア 失語 □イ 失行
　ウ 記憶障害 □エ 注意障害 □オ 遂行機能障害 □カ 社会的行動障害
□4 学習障害（ ア 読み □イ 書き □ウ 計算 □エ その他（　　） ）
□5 その他（　　　）

VIII 発達障害関連症状
□1 相互的な社会関係の質的障害　☑2 言語コミュニケーションの障害
☑3 限定した常同的で反復的な関心と行動　☑4 その他（ パニック、フラッシュバック ）

IX 人格変化
□1 欠陥状態　□2 無関心　□3 無為
□4 その他症状群（　　　）

X 乱用、依存等（薬物等名：　　　）
□1 乱用　□2 依存

XI その他〔　　　〕

本人の障害の程度及び状態に無関係な欄には記入する必要はありません。（無関係な欄は、斜線により抹消してください。）

イ 左記の状態について、その程度・症状・処方薬等を具体的に記載してください。

障害特性により対人関係の形成の困難さがあり、孤立している。高圧的な相手から何か言われた時にパニックを起こし過呼吸等の症状が出現しやすい。又、ストレスが溜まるとめまい等の身体症状が出現し、抑うつ的となる。薬物療法についてのこだわりが強く、服薬に対し拒否的であり、投薬は行っていない。

（お願い）臨床所見等は、診療録に基づいてわかる範囲で記入してください。

（お願い）太文字の欄は、記入漏れがないように記入してください。

返戻事例

初診日／相当因果関係

【平成23年3月11日現症の診断書（裏面）】

ウ 日常生活状況

1 家庭及び社会生活についての具体的な状況

（ア）現在の生活環境（該当するもの一つを選んでチェックしてください。）
☐入院・☐入所 ☑在宅・☐その他（　　　　）
（施設名　　　　　　　　　）
同居者の有無（ ☑有・☐無 ）

（イ）全般的状況（家族及び家族以外の者との対人関係についても具体的に記入してください。）
［夫との関係は悪く家庭でも孤立している。日常生活上時に家人の援助を必要とする。］

2 日常生活能力判定（該当するものにチェックしてください。）
（判断にあたっては、単身で生活するとしたら可能かどうかで判断してください。）

(1) **適切な食事** ― 配膳などの準備も含めて適当量をバランスよく摂ることがほぼできるなど。
☐できる ☑自発的にできるが時には助言や指導を必要とする ☐自発的かつ適正に行うことはできないが助言や指導があればできる ☐助言や指導をしても出来ない若しくは行わない

(2) **身辺の清潔保持** ― 洗面、洗髪、入浴等の身体の衛生保持や着替え等ができる。また、自室の清掃や片付けができるなど。
☐できる ☐自発的にできるが時には助言や指導を必要とする ☑自発的かつ適正に行うことはできないが助言や指導があればできる ☐助言や指導をしても出来ない若しくは行わない

(3) **金銭管理と買い物** ― 金銭を適切に管理し、やりくりがほぼできる。また、一人で買い物が可能であり、計画的な買い物がほぼできるなど。
☑できる ☐おおむねできるが時には助言や指導を必要とする ☐助言や指導があればできる ☐助言や指導をしても出来ない若しくは行わない

(4) **通院と服薬**（ ☑要・☐不要 ）― 規則的に通院や服薬を行い、病状等を主治医に伝えることができるなど。
☑できる ☐おおむねできるが時には助言や指導を必要とする ☐助言や指導があればできる ☐助言や指導をしても出来ない若しくは行わない

(5) **他人との意思伝達及び対人関係** ― 他人の話を聞く、自分の意思を相手に伝える、集団的行動が行えるなど。
☐できる ☐おおむねできるが時には助言や指導を必要とする ☑助言や指導があればできる ☐助言や指導をしても出来ない若しくは行わない

(6) **身辺の安全保持及び危機対応** ― 事故等の危険から身を守る能力がある、通常と異なる事態となった時に他人に援助を求めるなどを含めて、適正に対応することができるなど。
☐できる ☑おおむねできるが時には助言や指導を必要とする ☐助言や指導があればできる ☐助言や指導をしても出来ない若しくは行わない

(7) **社会性** ― 銀行での金銭の出し入れや公共施設等の利用が一人で可能。また、社会生活に必要な手続きが行えるなど。
☐できる ☑おおむねできるが時には助言や指導を必要とする ☐助言や指導があればできる ☐助言や指導をしても出来ない若しくは行わない

3 日常生活能力の程度（該当するもの一つにチェックしてください。）
※日常生活能力の程度を記載する際には、状態をもっとも適切に記載できる（精神障害）又は（知的障害）のどちらかを使用してください。

（精神障害）

☐(1) 精神障害(病的体験・残遺症状・認知障害・性格変化等)を認めるが、社会生活は普通にできる。

☐(2) 精神障害を認め、家庭内での日常生活は普通にできるが、社会生活には、援助が必要である。
（たとえば、日常的な家事をこなすことはできるが、状況や手順が変化したりすると困難を生じることがある。社会行動や自発的な行動が適切に出来ないこともある。金銭管理はおおむねできる場合など。）

☑(3) 精神障害を認め、家庭内での単純な日常生活はできるが、時に応じて援助が必要である。
（たとえば、習慣化した外出はできるが、家事をこなすために助言や指導を必要とする。社会的な対人交流は乏しく、自発的な行動に困難がある。金銭管理が困難な場合など。）

☐(4) 精神障害を認め、日常生活における身のまわりのことも、多くの援助が必要である。
（たとえば、著しく適正を欠く行動が見受けられる。自発的な発言が少ない、あっても発言内容が不適切であったり不明瞭であったりする。金銭管理ができない場合など。）

☐(5) 精神障害を認め、身のまわりのこともほとんどできないため、常時の援助が必要である。
（たとえば、家庭内生活においても、食事や身のまわりのことを自発的にすることができない。また、在宅の場合に通院等の外出には、付き添いが必要な場合など。）

（知的障害）

☐(1) 知的障害を認めるが、社会生活は普通にできる。

☐(2) 知的障害を認め、家庭内での日常生活は普通にできるが、社会生活には、援助が必要である。
（たとえば、簡単な漢字は読み書きができ、会話も意思の疎通が可能であるが、抽象的なことは難しい。身辺生活も一人でできる程度）

☐(3) 知的障害を認め、家庭内での単純な日常生活はできるが、時に応じて援助が必要である。
（たとえば、ごく簡単な読み書きや計算はでき、助言があれば作業は可能である。具体的指示であれば理解ができ、身辺生活についてもおおむね一人でできる程度）

☐(4) 知的障害を認め、日常生活における身のまわりのことも、多くの援助が必要である。
（たとえば、簡単な文字や数字は理解でき、保護的な環境であれば単純作業は可能である。習慣化していることであれば言葉での指示を理解し、身辺生活についても部分的にできる程度）

☐(5) 知的障害を認め、身のまわりのこともほとんどできないため、常時の援助が必要である。
（たとえば、文字や数の理解力がほとんど無く、簡単な手伝いもできない。言葉による意思の疎通がほとんど不可能であり、身辺生活の処理も一人ではできない程度）

エ 現症時の就労状況

○ 勤務先　☐一般企業　☐就労支援施設　☐その他（　　　）
○ 雇用体系　☐障害者雇用　☐一般雇用　☐自営　☐その他（　　　）
○ 勤続年数（　　年　　ヶ月）　○ 仕事の頻度（週に☐　月に（　）日）
○ ひと月の給与（　　　　円程度）
○ 仕事の内容

○ 仕事場での援助の状況や意思疎通の状況

無職

オ 身体所見(神経学的な所見を含む。)

なし。

カ 臨床検査(心理テスト・認知検査、知能障害の場合は、知能指数、精神年齢を含む。)

なし。

キ 福祉サービスの利用状況(障害者総合支援法に規定する自立訓練、共同生活援助、居宅介護、その他障害福祉サービス等)

なし。

⑪ 現症時の日常生活動能力及び労働能力（必ず記入してください。）	日常生活は時に家人の援助が必要である。安定した就労は困難である。
⑫ 予後（必ず記入してください。）	予後は不良と考える。
⑬ 備考	平成21年7月に耳鼻科を受診しためまいと現傷病との因果関係を否定することは出来ない。

上記のとおり、診断します。　　　令和4年2月14日

病院又は診療所の名称　■■クリニック　　診療担当科名　精神科

所在地　■■■■■■　　医師氏名　■■■■

㊙精	国民年金 厚生年金保険	診　断　書 （精神の障害用）		様式第120号の4

| （フリガナ）
氏　名 | ■■■■■■■ | 生年月日 | 昭和　55 年 ■ 月 ■ 日生（ 41 歳）性別 | □男 ✓女 |

| 住　所 | 住所地の郵便番号 ■■ － ■■ | ■■■■ 都道
府県 | ■■■■ 郡市
区 | ■■■■ |

① 障害の原因と
なった傷病名 — 広汎性発達障害

ICD－10コード（ F84 ）

② 傷病の発生年月日　平成　21 年 頃 月　　日　✓診療録で確認 ✓本人の申立て（ 年 月 日）

本人の発病時の職業 — 無し。

③ ①のため初めて医師の診療を受けた日　平成　21 年 7 月 4 日　✓診療録で確認 ✓本人の申立て（H21 年 10 月 17 日）

既存障害 — 無し。

⑥ 傷病が治った（症状が固定した状態を含む。）かどうか。 平成
令和　年 月 日　□確認 □推定

症状のよくなる見込‥‥□有・□無・✓不明

⑤ 既往症 — 無し。

⑦ 陳述者の氏名 ■■■■■　請求人との続柄　本人　聴取年月日　R4 年 1 月 17 日

発病から現在までの病歴及び治療の経過、内容、就学・就労状況等、期間、その他参考となる事項

元来対人関係の難しさがあり、会話も一方的になりやすく、周囲に馴染めなかった。音に対する過敏さもあり、中学校時代は帰宅すると疲弊していてすぐに横になっていた。大学卒業後就職するも上司の指示を理解出来ず、居づらくなり退職。H17年9月結婚後、夫に怒られた時に夫の言葉が頭から離れず過呼吸発作が出現。H21年春頃よりめまいや難聴が生じ7月耳鼻科を受診し、メニエール病の診断。その後も夫の声のみ聞こえないという症状や耳鳴りが続いた。H21年10月に怒られたことでパニックとなり、体がこわばり外出不能のため同年10月に当院を受診。以来精神療法を受ける。H22年夫から怒られ失声したことを契機に、夫と一時期別居。H23年8月夫の元に戻るものの、H27年次第に夫への不満が強くなり、H29年11月離婚。その後は実家に戻るが、実父との関係性は悪く揉めた時にパニックを起こし過呼吸発作が出現したり、ストレスからめまいが出ることが続いている。

⑧ 診断書作成医療機関における初診時所見
初診年月日
平成　21 年 10 月 17 日

過呼吸、不眠、めまい等の身体症状や、恐怖感がある。そのため外出困難となっている。

⑨ これまでの発育・養育歴等（出生から発育の状況や教育歴及びこれまでの職歴をできるだけ詳しく記入してください。）

ア 発育・養育歴
元来障害特性があった。父親が厳しく、怒鳴られたり物が飛んでくることがあり、父親に対して常に恐れを抱いていた。

イ 教育歴
乳児期
幼稚園・□就学猶予
小学校・✓普通学級 ・ □特別支援学級 ・ □特別支援学校
中学校・✓普通学級 ・ □特別支援学級 ・ □特別支援学校
高　校・✓普通学級 ・ □特別支援学級 ・ □特別支援学校
その他　4年制大学卒業

ウ 職歴
大学卒業後、印刷会社、化学技術職など。現在は就労していない。

エ 治療歴（書ききれない場合は⑬「備考」欄に記入してください。）（※ 同一医療機関の入院・外来は分けて記入してください。）

医療機関名	治療期間	入院・外来	病　名	主 な 療 法	転帰（軽快・悪化・不変）
■■耳鼻咽喉科	H21 年 7 月 ～ H21 年 12 月	□入院 ✓外来	めまい	薬物療法	不変
■■クリニック	H21 年 10 月 ～ H23 年 3 月	□入院 ✓外来	広汎性発達障害	精神療法、薬物療法	不変
	年 月 ～ 年 月	□入院 □外来			
	年 月 ～ 年 月	□入院 □外来			

⑩ 障　害　の　状　態　（ 令和　4 年 2 月 14 日 現症）

ア 現在の病状又は状態像（該当のローマ数字、英数字にチェックしてください。）

前回の診断書の記載時との比較　（前回の診断書を作成している場合は記入してください。）

□1 変化なし □2 改善している □3 悪化している □4 不明

I 抑うつ状態
□1 思考・運動制止 □2 刺激性、興奮 ✓3 憂うつ気分
□4 自殺企図 □5 希死念慮 □6 その他 ✓不安感

II そう状態
□1 行為心迫 □2 多弁・多動 □3 気分（感情）の異常な高揚・刺激性
□4 観念奔逸 □5 易怒性・被刺激性亢進 □6 誇大妄想
□6 その他

III 幻覚妄想状態 等
□1 幻覚 □2 妄想 □3 させられ体験 □4 思考形式の障害
□5 著しい奇異な行為 □6 その他

IV 精神運動興奮状態及び昏迷の状態
□1 興奮 □2 昏迷 □3 拒絶・拒食 □4 減裂思考
□5 制止行為 □6 自傷 □7 無動・無反応
□8 その他

V 統合失調症等残遺状態
□1 自閉 □2 感情の平板化 □3 意欲の減退
□4 その他

VI 意識障害・てんかん
□1 意識混濁 □2 （夜間）せん妄 □3 もうろう □4 錯乱
□5 てんかん発作 □6 不機嫌症 □7 その他
・てんかん発作の状態 ※発作のタイプは記入上の注意参照
　1 てんかん発作のタイプ（□A ・ □B ・ □C ・ □D ）
　2 てんかん発作の頻度（年間 回、月平均 回、週平均 回 程度）

VII 知能障害等
□1 知的障害　□ア 軽度 □イ 中等度 □ウ 重度 □エ 最重度
□2 認知症　　□ア 軽度 □イ 中等度 □ウ 重度 □エ 最重度
□3 高次脳機能障害
　　□ア 失行 □イ 失語
　　□ウ 記憶障害 □エ 注意障害 □オ 遂行機能障害 □カ 社会的な行動障害
□4 学習障害　□ア 読み □イ 書き □ウ 計算 □エ その他
□5 その他

VIII 発達障害関連症状
□1 相互的な社会関係の質的障害 ✓2 言語コミュニケーションの障害
□3 限定した常同的で反復的な関心と行動 ✓4 その他（ パニック、フラッシュバック ）

IX 人格変化
□1 欠陥状態 □2 無関心 □3 無為
□4 その他症状等（ ）

X 乱用、依存等（薬物等名： ）
□1 乱用 □2 依存

XI その他〔 〕

イ 左記の状態について、その程度・症状・処方薬等を具体的に記載してください。

障害特性により対人関係の形成の困難さがあり、孤立している。
将来自分はどうしていいかという不安感が強い。父親等高圧的な相手から何か言われた時にパニックを起こして過呼吸等の症状が出現しやすい。ストレスが溜まるとめまい等の身体症状が出現し、抑うつ的となることが繰り返されている。
薬物療法についてのこだわりがあり、服薬に対し拒否感が強かったが、最近は症状が強まると頓用を利用するようになる。

本人の障害の程度及び状態に無関係な欄には記入する必要はありません。（無関係な欄は、斜線により抹消してください。）

ウ 日常生活状況
1 家庭及び社会生活についての具体的な状況
 (ア) 現在の生活環境（該当するもの一つを選んでチェックしてください。）
 □入院・□入所・☑在宅・□その他（　　　　　）
 （施設名　　　　　　　　　　　　　　　　　）
 同居者の有無（☑有・□無）

 (イ) 全般的状況（家族及び家族以外の者との対人関係についても
 具体的に記入してください。）
 父親との関係性が悪く負担になっており、孤立している。日常生活は
 時に援助が必要な場合がある。

2 日常生活能力の判定（該当するものにチェックしてください。）
 （判断にあたっては、単身で生活するとしたら可能かどうかで判断してください。）

(1) 適切な食事 － 配膳などの準備も含めて適当量をバランスよく摂ることがほぼできるなど。
できる	☑には助言や指導を必要とする	助言や指導があればできる	助言や指導をしてもできない若しくは行わない
自発的にできるが時		自発的かつ適正に行うこ	

(2) 身辺の清潔保持 － 洗面、洗髪、入浴等の身体の衛生保持や着替え等ができる。また、自室の清掃や片付けができるなど。
できる	には助言や指導を必要とする	☑とはできないが助言や指導があればできる	助言や指導をしてもできない若しくは行わない

(3) 金銭管理と買い物 － 金銭を独力で適切に管理し、やりくりがほぼできる。また、一人で買い物が可能であり、計画的な買い物がほぼできるなど。
できる	☑おおむねできるが時には助言や指導を必要とする	助言や指導があればできる	助言や指導をしてもできない若しくは行わない

(4) 通院と服薬（☑要・□不要）－ 規則的に通院や服薬を行い、病状等を主治医に伝えることができるなど。
できる	☑おおむねできるが時には助言や指導を必要とする	助言や指導があればできる	助言や指導をしてもできない若しくは行わない

(5) 他人との意思伝達及び対人関係 － 他人の話を聞く、自分の意思を相手に伝える、集団的行動が行えるなど。
できる	☑おおむねできるが時には助言や指導を必要とする	助言や指導があればできる	助言や指導をしてもできない若しくは行わない

(6) 身辺の安全保持及び危機対応 － 事故等の危険から身を守る能力がある、通常と異なる事態となった時に他人に援助を求めるなどを含めて、適正に対応することができるなど。
できる	☑おおむねできるが時には助言や指導を必要とする	助言や指導があればできる	助言や指導をしてもできない若しくは行わない

(7) 社会性 － 銀行での金銭の出し入れや公共施設等の利用が一人で可能。また、社会生活に必要な手続きが行えるなど。
できる	☑おおむねできるが時には助言や指導を必要とする	助言や指導があればできる	助言や指導をしてもできない若しくは行わない

エ 現症時の就労状況
○ 勤務先 □一般企業 □就労支援施設 □その他（　　　　　）
○ 雇用体系 □障害者雇用 □一般雇用 □自営 □その他（　　　）
○ 勤続年数（　年　ヶ月） ○ 仕事の頻度（週に・月に（　）日）
○ ひと月の給与（　　　円程度）
○ 仕事の内容

○ 仕事場での援助の状況や意思疎通の状況

　　　　　無職

3 日常生活能力の程度（該当するもの一つにチェックしてください。）
 ※日常生活能力の程度を記載する際には、状態をもっとも適切に記載できる（精神障害）又は（知的障害）のどちらかを使用してください。
（精神障害）
□(1) 精神障害（病的体験・残遺症状・認知障害・性格変化等）を認めるが、社会生活は普通にできる。

□(2) 精神障害を認め、家庭内での日常生活は普通にできるが、社会生活には、援助が必要である。
 （たとえば、日常的な家事をこなすことはできるが、状況や手順が変化したりすると困難を生じることがある。社会行動や自発的な行動が適切に出来ないこともある。金銭管理はおおむねできる場合など。）

☑(3) 精神障害を認め、家庭内での単純な日常生活はできるが、時に応じて援助が必要である。
 （たとえば、習慣化した外出はできるが、家事をこなすために助言や指導を必要とする。社会的な対人交流は乏しく、自発的な行動に困難がある。金銭管理が困難な場合など。）

□(4) 精神障害を認め、日常生活における身のまわりのことも、多くの援助が必要である。
 （たとえば、著しく適正を欠く行動が見受けられる。自発的な発言が少ない、あっても発言内容が不適切であったり不明瞭であったりする。金銭管理ができない場合など。）

□(5) 精神障害を認め、身のまわりのこともほとんどできないため、常時の援助が必要である。
 （たとえば、家庭内生活においても、食事や身のまわりのことを自発的にすることができない。また、在宅の場合に通院の外出は、付き添いが必要な場合など。）

（知的障害）
□(1) 知的障害を認めるが、社会生活は普通にできる。

□(2) 知的障害を認め、家庭内での日常生活は普通にできるが、社会生活には、援助が必要である。
 （たとえば、簡単な漢字は読み書きができ、会話も意思の疎通が可能であるが、抽象的なことは難しい。身辺生活は一人でできる程度。）

□(3) 知的障害を認め、家庭内での単純な日常生活はできるが、時に応じて援助が必要である。
 （たとえば、ごく簡単な読み書きや計算はでき、助言などがあれば作業は可能である。具体的指示であれば理解でき、身辺生活についてもおおむね一人でできる程度。）

□(4) 知的障害を認め、日常生活における身のまわりのことも、多くの援助が必要である。
 （たとえば、簡単な文字や数字は理解でき、保護的な環境であれば単純作業は可能である。習慣化していることであれば言葉での指示を理解し、身辺生活についても部分的にできる程度。）

□(5) 知的障害を認め、身のまわりのこともほとんどできないため、常時の援助が必要である。
 （たとえば、文字や数の理解力がほとんど無く、簡単な手伝いもできない。言葉による意思の疎通がほとんど不可能であり、身辺生活の処理も一人ではできない程度。）

オ 身体所見（神経学的な所見を含む。）
 なし。

カ 臨床検査（心理テスト・認知検査、知能障害の場合は、知能指数、精神年齢を含む。）
 H23年6月23日 WAIS-Ⅲ 実施 全IQ:104 言語性IQ:104 動作性IQ:103 VC:100 PQ:116 WM:92 PS:92 IQは平均的で差が見られないが、群指数間に差がみられた。

キ 福祉サービスの利用状況（障害者総合支援法に規定する自立訓練、共同生活援助、居宅介護、その他障害福祉サービス等）
 就労移行支援を利用している。

⑪ 現症時の日常生活活動能力及び労働能力（必ず記入してください。）	日常生活は時に援助が必要な場合がある。ストレスから体調不良になりやすく、安定した就労は困難である。
⑫ 予　　後（必ず記入してください。）	予後は不良と考える。
⑬ 備　　考	平成21年7月に耳鼻科を受診しためまいと現傷病との因果関係を否定することは出来ない。

上記のとおり、診断します。　　　　　　　令和４年 ２月 14日
 病院又は診療所の名称　　■クリニック　　　　診療担当科名　精神科
 所　　在　　地　　■■■■■■■■■■　　医師氏名　　　■■■■■

【連絡事項】

連 絡 事 項

■■さんの障害年金裁定に関する連絡事項

この度■■氏（以下、請求人という。）の障害厚生年金の裁定請求（以下、本請求という。）について、障害認定日の障害状態について認定をいただく上で、以下の通り補足させていただきます。

<u>（１）本請求における請求人の初診日について</u>

本請求において、<u>平成21年7月4日を初診日</u>として、障害厚生年金及び障害基礎年金の裁定請求を行うため、年金請求書は「年金請求書(国民年金・厚生年金保険障害給付)様式104号」により、裁定請求を行います。

その根拠として、令和4年2月14日付■■クリニック■■医師作成の診断書2部

（現症日:平成23年3月11日・令和4年2月14日）において

・⑧欄：H21.10.17当該医療機関初診時の症状として『…<u>めまい等の身体症状</u>』

・⑩欄：H23.3.11現症日時点での状態として『…<u>ストレスが溜まるとめまい</u>等の身体症状が出現し抑うつ的となる。』

・⑬備考欄：『<u>平成21年7月に耳鼻科を受診しためまいと現傷病との因果関係を否定することは出来ない。</u>』との記載がされています。<u>請求人は初診日から一貫してめまいの症状を抱えており、そのめまいの症状は、診断書や申立書からも精神的症状であることも示されています。</u>それらのこともご確認いただき、添付の受診状況等証明書(令和3年9月22日■■耳鼻咽喉科■■医師作成)の<u>⑥欄　初診年月日　平成21年7月4日を現傷病の初診日として、</u>障害厚生年金での審査を行っていただけますようお願いいたします。

尚、■■耳鼻咽喉科での初診日(平成21年7月4日：厚生年金保険加入期間)と、現傷病との相当因果関係に疑義が生じ、本請求の初診日が■■クリニック初診年月日である平成21年10月17日と認定されるような場合には、請求人の当時加入制度に則り、障害厚生年金ではなく、障害基礎年金の認定審査を進めて頂き、当該審査結果を請求人にお送りいただければと存じます。

但し、その場合には年金請求書（国民年金・厚生年金保険障害給付)様式第104号による障害厚生年金及び障害基礎年金の裁定請求の不支給決定処分の通知も併せて請求人宛にお送りください。

以上、お手数をおかけし誠に恐れ入りますが、何卒宜しくお願い申し上げます。

令和4年5月11日

■■■■■■

社会保険労務士　■■■■

2番目の病院に受診した日が初診日であるとして返戻された精神疾患の事例

▶ 初診日　　▶ 相当因果関係

1 事例の概要

1）請求人は、50歳代女性。
2）自閉症スペクトラム症で、障害基礎年金を事後重症請求した。
3）受診状況等証明書を取得して申立てを行った初診日は認められないとして返戻された。
4）返戻に従い、次に受診した医療機関から受診状況等証明書を再度取得して初診日の申立てをやり直した。
5）審査の結果、障害基礎年金2級で支給決定となった。

2 この事例を理解するために必要な知識・情報

　請求人は、不眠や生理不順、白色帯下を主訴に産婦人科を受診した際に、ホルモン測定により、低値なら産婦人科でホルモン療法を行い、正常値であれば精神科の受診を検討してみるとよいと医師から話があったことを記憶していました。ホルモン測定の結果、正常値であったことから、請求人は自身で精神科を探して受診し、精神的な症状に対する治療が開始されました。なお、産婦人科から精神科への紹介状は出ていません。初診日の取扱いにおける（1）初めて診療を受けた日（治療行為または療養に関する指示があった日）に該当するのではと考えていました。

3 提出書類の内容

　産婦人科から受診状況等証明書（191ページ）を取得して、産婦人科を受診した日を初診日とする裁定請求を行いました。当該受診状況等証明書には、請求人の記憶ど

おり、⑨欄に「ホルモン測定により正常値なら精神科受診」「正常値であったと話す」という記載がされました。

４ 返戻・照会の内容（抜粋）

****

認定の結果、今ある資料では請求傷病：自閉症スペクトラム症と受診状況等証明書記載傷病：卵巣機能不全、細菌性膜炎は相当因果関係がなく、精神科を受診した日が初診日相当と考えられています。

つきましては、２番目受診病院の受診状況等証明書を添付してください。添付できない場合は「受診状況等証明書が添付できない申立書」を作成していただき、受診が確認できる参考資料（医療機関の領収書・診察券や第三者証明等）がございましたら添付願います。

また、申立初診日、請求事由についても併せて確認いただき、適宜書類整備願います。

****

５ なぜ返戻・照会になったのか

産婦人科の受診は、あくまでも卵巣機能不全と細菌性膜炎に対する治療を受けたものであり、精神症状に対する治療行為や療養に関する指示とまでは認められないという判断がなされたと推察されます。

６ 返戻・照会への対応

前記３〜５を踏まえると、下記２つの方法が考えられますが、本事例では、産婦人科、２番目受診病院の精神科のいずれが初診日であっても国民年金のみの期間で納付要件も満たしていることから、請求人に不利益はないものと考えて、対応方法１を選択しました。

１）対応方法１

返戻の指示に従って、２番目受診病院の精神科から受診状況等証明書（192ページ）を取得して、初診日は当該精神科を受診した日であるとして審査に戻す。

２）対応方法２

産婦人科を受診した日が初診日であるという主張を変えずに、却下処分を受け、

不服申立てにて争う。

7 本事例のポイントとまとめ

本事例では、仮に産婦人科の受診状況等証明書に「精神症状であると考えられるため、精神科受診を勧めた。」とまでの記載があったのであれば、「療養の指示」と考えられるため、産婦人科の受診日が初診日と認定を受けられたものと推察されます。初診日についての拡大解釈をせずに、基本である初診日の例示に立ち返ることの重要性がわかる事例です。

たとえば、本事例とは別のケースで、産婦人科の受診日が厚生年金保険加入期間であり、2番目受診医療機関の受診日が国民年金のみの期間である場合や、納付要件に問題が生じる、認定日請求ができなくなる、のような場合には、記載の基になった診療録にどのように記載されているのかなどの確認を行い、たとえば療養の指示と考えられる記載があったのであれば、産婦人科の受診状況等証明書への追記などを依頼して事実に基づいて対応をするといった姿勢も大切になると思います。

【産婦人科の受診状況等証明書】

障害年金等の請求を行うとき、その障害の原因又は誘因となった傷病で初めて受診した医療機関の初診日を明らかにすることが必要です。そのために使用する証明書です。

受 診 状 況 等 証 明 書

① 氏　　　　　　　名　　■■■■■■■

② 傷　　病　　　名　　卵巣機能不全＋細菌性膜炎

③ 発　病　年　月　日　□昭和　☒平成　□令和　　２６年　　５月　　１日

④ 傷病の原因又は誘因　不明

⑤ 発病から初診までの経過

　　前医からの紹介状はありますか。⇒□有　☒無　（有の場合はコピーの添付をお願いします。）

　　平成２６年５月２８日、白色帯下＋不眠＋生理不順で来院。

※診療録に前医受診の記載がある場合　　1初診時の診療録より記載したものです。
右の該当する番号を選択してください。　2□昭和　□平成　□令和　　年　　月　　日の診療録より
数字をクリックで○が付きます　　　　　記載したものです。

⑥初　診　年　月　日　□昭和　☒平成　□令和　　２６年　５月　２８日

⑦終　診　年　月　日　□昭和　☒平成　□令和　　２６年　６月　４日

⑧終　診　時　の　転　帰　□治癒　□転医　□中止

⑨初診から終診までの治療内容及び経過の概要

　　１．超音波検査により、卵巣機能不全とし、ホルモン測定。
　　２．膣分泌検査にて、細菌性膜炎と診断した。
　　　　ホルモン測定により、低値ならホルモン療法。
　　　　　　　　　　　　　　正常値なら精神科受診。
　　　　平成２６年６月４日　正常値であったと話をした。

⑩ 次の該当する番号（1~4）に印をつけてください。数字をクリックで○が付きます

複数に○をつけた場合は、それぞれに基づく記載内容の範囲がわかるように余白に記載してください。

　　上記の記載は　　①診療録より記載したものです。
　　　　　　　　　　2受診受付簿、入院記録より記載したものです。
　　　　　　　　　　3その他（　　　）より記載したものです。
　　　　　　　　　　4□昭和　□平成　□令和　　年　　月　　日の本人の申し立てによるものです。

⑪令　　和　　２　年　　６　月　25　日

医療機関名　■■　産婦人科医院　　　　診療担当科名　産婦人科
所　在　地　■■■■■■■　　　　　医　師　氏　名　■■■■■

（提出先：日本年金機構）

年金の請求用

> 障害年金等の請求を行うとき、その障害の原因又は誘因となった傷病で初めて受診した医療機関の初診日を明らかにすることが必要です。そのために使用する証明書です。

受 診 状 況 等 証 明 書

① 氏　　　　名　■■■■■■

② 傷　病　名　不安神経症

③ 発 病 年 月 日　□昭和　☒平成　□令和　　26 年　　　　月　　　　日

④ 傷病の原因又は誘因　不明

⑤ 発病から初診までの経過

　　　前医からの紹介状はありますか。⇒□有　☒無　（有の場合はコピーの添付をお願いします。）

> 当院受診以前より眠れないことがあり、睡眠導入剤を処方してもらったが改善せず、不安と不眠を主訴に当院を初診。

> ※診療録に前医受診の記載がある場合右の該当する番号を選択してください。数字をクリックで○が付きます
>
> ①初診時の診療録より記載したものです。
> 2 □昭和　□平成　□令和　　年　　月　　日の診療録より記載したものです。

⑥ 初 診 年 月 日　□昭和　☒平成　□令和　　26 年　6 月　12 日

⑦ 終 診 年 月 日　□昭和　□平成　☒令和　　2 年　8 月　21 日

⑧ 終 診 時 の 転 帰　□治癒　☒転医　□中止

⑨ 初診から終診までの治療内容及び経過の概要

> 不安が高まりやすく、時折抑うつ状態となり、トラゾドン、ブロチゾラム等の投薬を行っていた。
> 令和2年8月21日、転院のために終診。

⑩ 次の該当する番号（1~4）に印をつけてください。数字をクリックで○が付きます

複数に○をつけた場合は、それぞれに基づく記載内容の範囲がわかるように余白に記載してください。

上記の記載は　①診療録より記載したものです。

　　　　　　　2 受診受付簿、入院記録より記載したものです。

　　　　　　　3 その他（　　　）より記載したものです。

　　　　　　　4 □昭和　□平成　□令和　　年　　月　　日の本人の申し立てによるものです。

⑪令　　和　　3 年　11 月　22 日

医療機関名　■■メンタルクリニック　　　診療担当科名　精神科

所 在 地　■■■■■■　　　　　　　医 師 氏 名　■■■■■

（提出先：日本年金機構）

20歳前に初診があることが証明できる
資料の提出を求められ返戻された聴覚障害の事例

▶ 初診日　　▶ 第三者証明

1 事例の概要

1）請求人は、50歳代男性。
2）本人が、聴覚障害による20歳前障害基礎年金を事後重症請求した。
3）初診日が認められないとして初診日の再確認（返戻）がされた。
4）年金事務所の職員から初診日を客観的に証明する書類の提出がなければ受給は難しいと言われ、当職にご相談をいただいた。
5）詳細なヒアリングを行い、初診日の資料をできる限りまとめ、本人が請求した際に十分でなかった点を整備して返戻対応をした。
6）審査の結果、初診日が認められ、障害基礎年金2級で支給決定となった。

2 この事例を理解するために必要な知識・情報

　20歳前障害基礎年金における初診日証明については、複数人の第三者証明のみで認められる可能性がありますので、簡単に諦めてはいけません。

　第三者証明に関しては、従兄弟（いとこ）も第三者として認められることを押さえておきましょう。また、保険者が必要とする情報がきちんと記載されているかどうかを確認したうえで提出します。第三者証明で必ず認められるわけではないことにも留意してください。代理人としては、第三者証明による初診日が認められるよう、他に提出する資料はないか等を十分に検討する必要があると思います。

❸ 提出書類の内容

【本人家族が請求した際に提出した聴覚の障害用診断書（196ページ）】

　本人が請求手続を行った際は、年金事務所の職員から指示をもらいながら進めたそうですが、様々な書類の提出を求められたこともあり、指示内容がよくわからなかったそうです。治療方法がなく病院の受診もしてこなかったことから、請求にあたり受診して作成してもらった診断書（196ページ）の項番②、項番③も『不詳』のままで提出するしかありませんでした。

　また、年金事務所の職員の指示で身体障害者手帳取得時の診断書・意見書（197ページ）の開示を行い提出しました。しかし、疾病・外傷発生月日は『不詳』であり、経過についての手掛かりがありませんでした。そのため初診日は生来であるとして請求手続を行うしかなかったようです。

❹ 返戻・照会の内容（抜粋）

＊＊＊＊＊＊＊＊＊＊＊＊＊＊＊＊＊＊＊＊＊＊＊＊＊＊＊＊＊＊＊＊＊＊＊＊＊＊
　障害年金の審査にあたり、20歳前に初診があることが証明できる資料があるかどうかの再確認となります。
１）20歳前に受診していたことが確認できる資料（たとえば、障害状態が確認できる学生時代の成績表など）がありますでしょうか。
２）また、20歳前に受診していたことを具体的に知っている第三者（3親等以内の親族外）はいますでしょうか。
　上記の有無をお知らせください。ある（いる）場合には書類等の提出をお願いいたします。
＊＊＊＊＊＊＊＊＊＊＊＊＊＊＊＊＊＊＊＊＊＊＊＊＊＊＊＊＊＊＊＊＊＊＊＊＊＊

　保険者は書類不備を理由にすぐに請求を却下するのではなく、他に初診日を客観的に証明することができる資料を求めているわけですが、ご本人ご家族が上記返戻内容を理解することは難しいと感じます。潜在的にこのような事例は非常に多くあり、受給できる可能性があるのに受給に結びついていない方は多いのではないかと思われます。

⑤ なぜ返戻・照会になったのか

本人が請求手続の際に提出した書類ではいずれも初診日は『不詳』とされており特定することができないことから、返戻照会となったものです。身体障害者手帳の取得も成人してからであり20歳前の病院受診は確認できませんでした。

本人は聴覚障害であることから、年金事務所の職員とのやり取りも十分には行うことができずストレスを感じながら手続きを行っていました。「これでは請求しても認められないですよ」と言われていましたが、仕方なく請求手続を行いました。返戻となり、本人は「本当に認められないのか」、「何か方法があるのではないか」と思い、最終確認をする意味で当職にご相談をいただきました。

⑥ 返戻・照会への対応

本人が提出していた請求書類をいったんすべて戻してもらい、詳細な聞取りを行い一から書類を整備（198ページ）することにしました。

本人は何も提出できる資料はないと考えていましたが、大人になり補聴器を作ったメガネ屋さんの記録や補聴器を作る際の耳鼻科の意見書等の記載から、中学生頃から両耳に難聴があることが確認できました。それに基づき、初診日頃を知る友人と従兄弟の第三者証明を併せて提出しました。

揃った資料に基づき、事実関係を繋ぎ合わせて、病歴・就労状況等申立書（199ページ）を再作成して提出しました。

⑦ 本事例のポイントとまとめ

本人が請求手続を行ったものであっても、手続きが不十分であればすべての書類を戻してもらい、改めて整備しなおして提出することは可能です。

初診日の特定が難しい事例では、各種書類を必要とする理由や利用する目的がわかっていなければ、書類を整備することは困難です。本人家族のみで初診日を客観的に証明することが難しい現状にあるのであれば、社会保険労務士が代理人として関わっていく必要があります。また、その存在を周知して気軽に相談していただけるようにしていかなければなりません。初診日については、近年、保険者の柔軟な対応が見られることから、諦めずにしっかり対応していかなければならないと感じています。

様式第120号の2

（聴）	国民年金 厚生年金保険	診断書	（聴覚・鼻腔機能・平衡機能 そしゃく・嚥下機能 音声又は言語機能 の障害用）

（フリガナ） 氏　名	▆▆▆▆	生年月日	昭和　34　年　11　月　■　日生（59歳）　性別　レ男　□女

住　所	住所地の郵便番号　▆▆ー▆▆　▆▆▆都道府県 ▆▆▆郡市区 ▆▆▆

① 障害の原因となった傷病名	両感音難聴	② 傷病の発生年月日	昭和 平成 令和 不詳 年 月 日	□診療録で確認 レ本人の申立て （H30年11月16日）
		③ ①のため初めて医師の診療を受けた日	昭和 平成 令和 不詳 年 月 日	□診療録で確認 レ本人の申立て （H30年11月16日）

厚生録で確認または本人の申立てのどちらかの場合は、それを聴取した年月日を記入してください。

④ 傷病の原因又は誘因	不詳 初診年月日（　昭和・平成・令和　　年　　月　　日）	⑤ 既存障害	なし	⑥ 既往症	なし

⑦ 傷病が治った（症状が固定して治療の効果が期待できない状態を含む。）かどうか。	傷病が治っている場合 ………… 治った日　平成・令和　　年　　月　　日　□確認・□推定
	傷病が治っていない場合 ……… 症状のよくなる見込　□有・レ無・□不明

⑧ 診断書作成医療機関における初診時所見 初診年月日 平成 30 年 11 月 16 日	補聴器使用中だが平成30年4月頃より徐々に難聴が進行。 補聴効果は十分でなく、日常会話において口元を見て会話している。

⑨ 現在までの治療の内容、期間、経過、その他参考となる事項	小児の頃、高熱を出しその後難聴あり。（平成12年身体障害者6級認定。） 平成30年4月より徐々に難聴進行。10月に前医受診し、高度〜重度難聴を認められ11月16日 当院紹介受診。下記検査施行した。	診療回数 年間 2 回、月平均 回
		手術歴 □喉頭全摘・□その他の手術 手術名（　　　　　　　）
		手術年月日　年　月　日

⑩ 障害の状態　（平成 30 年 11 月 ■ 日現症）

（お願い）障害の状態は、診療録に基づいてわかる範囲で記入して

（1）聴覚の障害

聴　力　レ　ベ　ル
右　96.3　dB　左　98.8　dB

最良語音明瞭度
右　45　%　左　15　%

オージオグラム

※別紙参照（1）

語音明瞭度曲線

別紙参照（2）

所見

聴覚の障害で障害年金を受給していない人に両耳の聴力レベルが100dB以上との診断を行う場合は、聴性脳幹反応検査（ABR）等の検査を実施し、検査方法及び検査所見を記入してください。

⑪ 現症時の日常生活活動能力及び労働能力 （必ず記入してください。）	補聴器使用中だが補聴効果は十分でなく、日常会話において口元を見て会話している。
⑫ 予　後 （必ず記入してください。）	改善の見込みなし
⑬ 備　考	

本人の障害の程度及び状態に無関係な欄には記入する必要はありません。（無関係な欄は、斜線により抹消してください。）

上記のとおり、診断します。　　　　　　平成31年 2月 ■ 日

病院又は診療所の名称　▆▆▆▆▆　　診療担当科名　耳鼻咽喉科

所　在　地　▆▆▆▆▆▆　　医師氏名　▆▆▆▆▆

（お願い）太文字の欄は、記入漏れがないように

【身体障害者手帳取得時の診断書・意見書】

<table>
<tr><td colspan="5" align="center">身 体 障 害 者 診 断 書 ・ 意 見 書
（聴覚・言語・平衡・音声又はそしゃく機能障害用）</td></tr>
<tr><td>氏　名</td><td>■■■■■■</td><td>明治
大正
（昭和）
平成　34年11月■日</td><td colspan="2">（男）女</td></tr>
<tr><td>住　所</td><td colspan="4">■■■■■</td></tr>
<tr><td>① 障害名</td><td>［部位とその機能障害を明記］</td><td>聴覚障害</td><td>※</td><td></td></tr>
<tr><td>② 原因となった
疾病・外傷名</td><td colspan="2">混合性難聴</td><td colspan="2">交通、労災、その他の事故、戦傷戦災、
疾病、先天性、その他（後天性）</td></tr>
</table>

③ 疾病・外傷発生年月日　**不詳**　年　　月　　日　・場所　　**不詳**

④ 参考となる経過・現症（エックス線写真及び検査所見を含む。）

　　　　　　障害固定又は障害確定（推定）　　　　年　　月　　日

⑤ 総合所見

　　　　　　　　　　　　〔将来再認定　要　（　　）年後　（否）
　　（障害の程度が軽減されると予想される場合のみ要に〇をして下さい）

⑥ その他参考となる合併症状

上記のとおり診断する。併せて以下の意見を付す。

　平成12年12月■日
　　　　病院又は診療所の名称　　■■■■
　　　　所在地　　　　　　　　　■■■■
　　　　診療担当科名　　耳鼻咽喉科　　指定医師氏名　■■■■　　　　㊞

身体障害者福祉法第15条第3項の意見〔障害程度等級についても参考意見を記入〕
　　障害の程度は、身体障害者福祉法別表に掲げる障害に

　　　・該当する　　　（　6級相当　）
　　　・該当しない

注意1　障害名には現在起こっている障害、例えば両眼失明、両耳ろう、右上下肢麻痺、心臓機能障害等
　　　を記入し、原因となった疾病には、角膜混濁、先天性難聴、脳卒中、僧帽弁膜狭窄等原因となっ
　　　た疾患名を記入して下さい。

　　（※は記入不用）

　2　障害区分や等級決定のため、■■県社会福祉審議会から改めて診断内容等についてお問い合わせ
　　　する場合があります。

　　　　　　　　　　　　原本のとおり相違ないことを証明します。

　　　　　　　　　　　　　　　平成31年1月■日　　｜印｜

　　　　　　　　　　　■■　障害者相談支援センター所長

【請求書類の整備についての申立書】

令和元年7月■日

このたびの請求書類の整備について

■■■■様　障害年金請求代理人
社会保険労務士　■■■■

　このたび、■■■■様（以下、請求人という）から障害年金請求についてのご相談を
いただきました。請求人は、ご自身で障害基礎年金の請求手続きを行っていましたが、
書類が返戻になっていました。「年金事務所の職員さんから色々と書類の提出を求めら
れているが、初診日が子供の頃で初診日の確認等、この先手続きをどうしたらよいか分
からなくなってしまった」とのことでした。こうしたことから、途中からとなりますが
代理人として手続きをさせて頂きます。

【病歴・就労状況等申立書について】
　請求人が、請求時（平成31年2月■日）に提出した病歴・就労状況等申立書は、ご
本人の記憶が曖昧な中で記載してしまったものでした。お話をお聞きして、再度ゆっく
り当時を思い出していただきました。当方がお聞きした内容をまとめましたので提出い
たします。

【新たに提出する書類について】
　このたび新たに以下の書類が準備できましたので提出いたします。
①　耳鼻咽喉科■■医院のホームページ画面の写し（資料1）
②　初診日に関する第三者からの申立書（友人　■■■氏）（資料2）
③　初診日に関する第三者からの申立書（いとこ　■■■氏）（資料3）
④　メガネ■■店での検査結果の写し（資料4）
⑤　■■耳鼻咽喉科クリニック作成　補助具費支給意見書（聴覚）の写し（資料5）
⑥　■■耳鼻咽喉科クリニック作成　受診状況等証明書（資料6）

【発病は小学生低学年、初診日は中学生の時です】
　上記⑤⑥内に「中学生の頃より両耳難聴があり徐々に進行した」と記載されています。
これは、平成22年5月に■■耳鼻咽喉科クリニックを受診した際に問診にて聞き取っ
た内容です。平成22年は現在から5年以上前であり有効な初診の証明になります。ま
た、2名の第三者証明によって中学生頃の受診が確認できました。

以上

【整備した病歴・就労状況等申立書】

病歴・就労状況等申立書

病歴状況	傷病名		両感音性難聴	
発病日	小学校低学年の時	初診日	中学生の時	

記入する前にお読みください。

○ 次の欄には障害の原因となった病気やけがについて、<u>発病したときから現在までの経過を年月順に期間をあけずに記入してください。</u>

○ 受診していた期間は、通院期間、受診回数、入院期間、治療経過、医師から指示された事項、転医・受診中止の理由、日常生活状況、就労状況などを記入してください。

○ 受診していなかった期間は、その理由、自覚症状の程度、日常生活状況、就労状況などについて具体的に記入してください。

○ 健康診断などで障害の原因となった病気やけがについて指摘されたことも記入してください。

○ 同一の医療機関を長期間受診していた場合、医療機関を長期間受診していなかった場合、発病から初診までが長期間の場合は、その期間を3年から5年ごとに区切って記入してください。

	期間	左の期間の状況
1	昭和 34 年 11 月 ■ 日から 昭和 37 年 3 月　日まで □受診した ・ レ 受診していない	元気に生まれた。先天的な異常はなかった。日常生活に支障はなかった。
2	昭和 37 年 4 月　日から 昭和 41 年 3 月　日まで □受診した ・ レ 受診していない	元気に外で遊ぶ子供だった。友達も多かった。日常生活に支障はなかった。
3	昭和 41 年 4 月　日から 昭和 47 年 3 月　日まで □受診した ・ レ 受診していない	小学校低学年で高熱を出した時、薬で耳が聞こえなくなったことを母親から聞いていた。授業がよく聞き取れなかった。
4	昭和 47 年 4 月　日から 昭和 50 年 3 月　日まで レ 受診した ・ □ 受診していない 医療機関名　耳鼻咽喉科 ■■医院	聞こえ方がどんどん悪くなって不安になっていた。また、中学校の3者面談の時にも担任の先生から病院で診てもらうことを勧められた。自宅の近くの耳鼻咽喉科■■医院（資料1）を受診した。後天的な難聴であること、治療法はないと言われてショックを受けた。当時のことをよく知っている2名の【第三者証明（友人・資料2、いとこ・資料3】を添付。
5	昭和 50 年 4 月　日から 昭和 53 年 3 月　日まで □受診した ・ レ 受診していない	治療方法はないと言われていたので病院には行かなかった。市販の補聴器を使用していた。高校の時の席は1番前にしてもらっていた。
6	昭和 53 年 4 月　日から 昭和 55 年 3 月　日まで □受診した ・ レ 受診していない	治療方法はないと言われていたので病院には行かなかった。手に職をつけるため、■■の専門学校に進学した。
7	昭和 55 年 4 月　日から 昭和 59 年 3 月　日まで □受診した ・ レ 受診していない	治療方法はないと言われていたので病院には行かなかった。■■として知り合いの所で仕事をしていた。
8	昭和 59 年 4 月　日から 平成 1 年 3 月　日まで □受診した ・ レ 受診していない	治療方法はないと言われていたので病院には行かなかった。親戚の会社で■■として働いた。
9	平成 1 年 4 月　日から 平成 6 年 3 月　日まで □受診した ・ レ 受診していない	治療方法はないと言われていたので病院には行かなかった。親戚の会社で仕事をしていた。
10	平成 6 年 4 月　日から 平成 11 年 3 月　日まで □受診した ・ レ 受診していない	治療方法はないと言われていたので病院には行かなかった。親戚の会社で仕事をしていた。
11	平成 11 年 4 月　日から 平成 16 年 3 月　日まで レ 受診した ・ □ 受診していない 医療機関名　■■■ 耳鼻咽喉科	治療方法はないと言われていたので病院には行かなかった。親戚の会社が破綻し仕事を失った。平成12年、■■県に住んでいる時に病院に行き身体障害者手帳を取得した。
12	平成 16 年 4 月　日から 平成 21 年 3 月　日まで □受診した ・ レ 受診していない	治療方法はないと言われていたので病院には行かなかった。■■の会社に入り仕事をしていた。
13	平成 21 年 4 月　日から 平成 26 年 3 月　日まで レ 受診した ・ □ 受診していない 医療機関名　■■■耳鼻咽喉科クリニック	治療方法はないと言われていたので病院には行かなかった。補聴器を作りに■■へ行き検査（資料4）をした。補助金の申請のために、「■■耳鼻咽喉科クリニック」を受診し検査測定をした。【補助具費支給意見書（資料5）】【受診状況等証明書（資料6）】添付。
14	平成 26 年 4 月　日から 平成 31 年 3 月　日まで レ 受診した ・ □ 受診していない 医療機関名　■■■耳鼻咽喉科クリニック 医療機関名　■■■■病院	治療方法はないと言われていたので病院には行かなかった。補聴器のレベル調整のために「■■」へ行って相談した。状態が悪化しているため身体障害者手帳の見直しを勧められ、「■■耳鼻咽喉科クリニック」を受診し手続きを行った。その時に初めて市役所で障害年金制度を知った。障害年金の診断書はうちの病院では書くことは出来ないと言われ、■■病院を紹介され検査測定をしてもらいこのたびの請求をしている。
15	平成 31 年 4 月　日から 現在　　　　まで □受診した ・ レ 受診していない	治療方法はないと言われていたので病院には行っていない。耳が聞こえないことによる日常生活への負担と精神的負担が非常に大きい。

上記のとおり相違ないことを申し立てます。

令和 元 年 7 月　　日

代筆者　　氏名　■■■■■

請求者からみた続柄　社会保険労務士

請求者　　現住所　■■■■■
　　　　　氏　名　■■■■■
　　　　　電話番号　■■■■■

追加書類で第三者証明の提出を求められ返戻された1型糖尿病の事例

▶ 初診日　　▶ 第三者証明

1 事例の概要

1）請求人は、50歳代男性。

2）1型糖尿病で、本人が障害厚生年金を事後重症請求した。

3）審査の結果、提出資料から初診日を確認することができないとして返戻され、請求人はどうしたらよいかわからなかった。

4）主治医に相談したところ、以前、他の患者さんの障害年金の手続きで担当だった当職を紹介され相談に至った。

5）提出書類一式を確認したところ、初診日の年までは特定できたが、その年は国民年金、厚生年金保険の両方の加入期間があった。

6）請求人の障害状態は3級相当であることから、厚生年金保険で初診日が認められなければ、不支給となる可能性が高かった。

7）過去に受診した医療機関に確認し、初診日にかかる記録を探したが一切見つけることができなかった。

8）当時の初診日頃の状況を知る友人等がいないか請求人に確認したところ、複数いることがわかり、第三者証明を依頼し取得した。

9）返戻に従い、第三者証明3名分を提出、審査の結果、初診日は厚生年金保険加入中の平成6年6月10日であることが認められ、障害厚生年金3級の支給が決定した。

❷ この事例を理解するために必要な知識・情報

1）障害年金の初診日を明らかにすることができる書類を添えることができない場合の取扱い

　障害年金を請求する場合、初診日特定のために医療機関の証明書類を求められますが、病院が閉院していたり、診療録等の記録が廃棄されていたりすることもあり証明困難なケースがあります。しかし、初診日の特定ができないことで障害年金を請求できないことがないように、国は、平成27年9月28日付で「障害年金の初診日を明らかにすることができる書類を添えることができない場合の取扱いについて」の通知（巻末資料332ページ）を出しました。この通知は、初診日の証明ができない場合も、初診日を合理的に推定できるような一定の書類により、本人が申し立てた日を初診日であると確認することができることとする柔軟な取扱いとなっていますが、一般の方が理解し行うには困難な現状があると感じています。

2）請求人の受診状況の経過等

① 　平成6年5月頃、健康診断を受けた結果、血糖値が高く、要精査となった。
② 　近医のX病院へ受診予約を取り、平成6年6月10日に受診した。検査の結果、血糖高値によりすぐに入院治療が必要と言われ入院した。内服治療、運動療法、食事管理を受けていた。
③ 　平成6年8月上旬頃、入院中に勤務先が倒産し、入院治療の支払いが困難となった。主治医へ相談し、外来治療（内服治療、インスリン投与）へ変更してもらった。
④ 　以後、インスリンポンプ治療をX病院で勧められ、平成14年5月からはY病院へ転院し、定期的に外来受診している。

❸ 提出書類の内容

本人が提出した以下2点の書類から、「平成6年」に初診日があると推測されます。

1）診療情報提供書（204ページ）

　要点を摘記すると以下のとおりです。
　「既往歴・症状・経過・検査結果」欄より、「H6年に糖尿病…」。

2）請求日時点の診断書（205ページ）

要点を摘記すると以下のとおりです。
診断書項番③欄「平成6年 本人の申立て」（平成29年3月○日）にチェック。

4　返戻・照会の内容（抜粋）

****
　審査の結果、今ある資料からは初診日（平成6年6月10日）を確認することができませんでした。平成14年5月8日X病院作成の診療情報提供書より、平成6年1月1日を初診日のある一定期間の始期、平成6年12月31日を終期とみることは可能ですが、厚生年金以外の期間が混在しており、厚生年金期間中に初診日があることを確認できる資料がないため、初診日の特定に至りませんでした。
　つきましては、他に初診日の参考となる資料がありましたらご提出をお願いいたします。第三者証明の場合は、複数人から取得いただきますようお願いいたします。
****

5　なぜ返戻・照会になったのか

　本事例では、請求人が申し立てる初診日が平成6年6月10日であることは提出した資料から特定ができませんでしたが、一定の期間（平成6年1月1日〜同年12月31日）に初診日があり、いずれの時点においても保険料納付要件は満たしていました。しかし、その間は国民年金と厚生年金保険の加入期間が混在していたため、本人が申し立てる初診日について参考資料の提出が求められ、第三者証明の案内がされました。

6　返戻・照会への対応

1）第三者証明の前に考えたこと

　代理人は、本当に医証（医療機関が証明した書類）の取得はできないのかをまず検討しました。なぜなら、医証が最も信憑性が高い資料であり、初診日を証明するにあたり最善であると考えるからです。請求人が初診の医療機関に連絡し、診療録がないことは確認されていましたが、代理人が医療機関に確認（説明）することで、入院記録やパソコンのデータ等から受診記録が判明し、初診日を証明することができるケースもあります。代理人から再度医療機関に確認を行いましたが、受診

した記録の取得ができないことがわかり、最終手段として第三者証明の取得へ進みました。

2）第三者証明書の依頼・取得

　幸い、請求人の当時の初診日頃の状況を知り得る方が３人いましたので、請求人より３名の方へ第三者証明の依頼について連絡していただきました。その後、代理人から３名の方へ第三者証明の趣旨や理由の説明を行ったところ、快諾いただくことができました。

3）第三者証明の記載内容

　当時の雇用主とその妻、友人の３名分の第三者証明を提出しました（206ページが当時の雇用主の第三者証明です）。第三者証明の記載内容の要点を摘記すると以下のとおりです

① 平成６年５月頃、健診を受けた結果、血糖値が高く要検査となり、平成６年６月10日にX病院を受診したこと。
② すぐに入院治療が必要となり入院したこと。
③ 請求人が入院中に、雇用主がお見舞いに行っていたこと。

７　本事例のポイントとまとめ

　本事例は、厚生年金保険期間中で初診日が認められなければ、障害状態は３級相当のため、不支給となるケースでしたが、診療情報提供書と複数の第三者証明書から、請求人の初診日が厚生年金保険加入中であることが認められ、障害厚生年金３級が決定しました。

　しかし、一般の方が「障害年金の初診日を明らかにすることができる書類を添えることができない場合の取扱いについて」の通知の内容を理解し、適切に手続きを行うことは、これまで相談を受けてきたなかで、実際、初診日却下からの相談も多く難しいと感じています。初診日が古くなればなるほど、医証が取得できないことが多くなり、結果、初診日が特定できず、手続きが途中で止まってしまう方も大勢いらっしゃいます。

　初診日が特定できないと、障害年金の請求に必要な保険料納付要件、障害状態要件の確認ができません。私達代理人は、上記通知の内容を完全に理解して、あらゆる状況においても活用できるように準備をしておく必要があります。初診日の特定にお困りの方に対して、専門家としてあらゆる視点から最善を考えて取り組むことが大切だと思います。

【診療情報提供書】

診療情報提供書

平成１４年５月８日

＿＿＿＿Ｙ＿＿＿病院

〒███

病棟主治医　　先生侍史

█████████

Ｘ病院

医師　ＤＭ科████████

平素より、いろいろとお世話になりありがとうございます。この度、下記の患者さんの、診療情報をご提供申し上げますので、よろしくお願いします。

患者氏名	███████	職業	会社員
生年月日	明・大・⊛昭・平　４０年　　　９月　　■日　（３９才）　⊛男・女		
住　所	███████　　　　　　　電話（███）███████		
傷 病 名	1　糖尿病（Ⅰ型） 2		
入院期間	平成　　　年　　　月　　　日 ～ 平成　　　年　　　月　　　日		
紹介目的 （紹介後の方針に関する希望）	入院　　ＤＭコントロール　　持続皮下インスリン注入療法をお願いします。		
既往歴・症状・経過・検査結果　　　　　　　　治療内容・現在の処方			

お世話になります。よろしくお願いいたします。

H6 年に糖尿病⇒2 型糖尿病と言われ、SU 剤開始したが、HbA1c15％となり、インスリンを開始(H7 年より)。
H11 年、コントロール不良のため、当院に入院。・・・（以下略）

備考

（内）	国民年金 厚生年金保険	**診　断　書**	（ 腎疾患・肝疾患 の障害用 ） 糖　尿　病		様式第120号の6-(2)

（フリガナ） 氏　名	■■■■		生年月日	昭和　40　年　9　月　■　日生（ 51 歳）	性別 |レ| 男 □ 女

住　　所	住所地の郵便番号　■■ － ■■	都道 府県 ■■■■	郡市 区 ■■■

① 障害の原因 となった 傷病名	Ⅰ型糖尿病	② 傷病の発生年月日	昭和 平成　**不詳** 年　月　日 令和	□ 診療録で確認 □ 本人の申立て （　年　月　日を記入）
		③ ①のため初めて医 師の診療を受けた 日	平成　6　年　月　日	□ 診療録で確認 レ 本人の申立て （ 29 年 3 月 ○ 日を記入）

④傷病の原因 又は誘因	**不詳**　初診年月日（ 昭和・平成・令和　　年　月　日）	⑤既存 障害		⑥既往症

⑦傷病が治った（症状が固定して治療 の効果が期待できない状態を含 む。）かどうか	傷病が治っている場合 ……… 治った日　平成・令和　　年　月　日 □ 確認・□ 推定
	傷病が治っていない場合 ……… 症状のよくなる見込　□ 有・レ 無・□ 不明

診断書作成医療機関 における初診時所見 初診年月日 平成　14　年　5　月　○ 日	Ⅰ型糖尿病にてX病院加療中であった。インスリン頻回注射にて血糖コントロール不安定であり、重症低血 糖も認めたため、インスリンポンプ療法導入目的で当科紹介となった。空腹時血糖220mg/dl、 HbA1c7.8%、CPR0.2ng/ml未満と内因性インスリン分泌は完全に枯渇していた。

⑨現在までの治療の内 容、期間、経過、その 他参考となる事項	インスリンポンプ療法を継続しているが、長期治療のためインスリンポンプ装着部に硬結も認めてお り、効果が一定でなく血糖コントロールは不安定である。頻回の血糖測定の必要性があり、神経障害 の進行もあり低血糖を自覚しにくく、重症低血糖のリスクが常にあるため、日常生活、労務に制限が ある。	診察回数 年間　12 回、月平均　1 回 手術名（　　　　　　　） 手術年月日　　　年　月　日

⑩計　測 平成　29 年　3 月　○ 日計測	身長　167 cm 体重　62 kg	脈拍　72　回／分	血 圧　最大　120 mmHg 最小　62 mmHg	降圧薬服用 レ 無・□ 有

⑪**一般状態区分表**（　　平成　29 年　3 月　○ 日）（該当するものを選んでどれか一つにチェックをしてください。）

- [ ] ア　無症状で社会活動ができ、制限を受けることなく、発病前と同等にふるまえるもの
- [レ] イ　軽度の症状があり、肉体労働は制限を受けるが、歩行、軽作業や座業はできるもの　例えば、軽い家事、事務など
- [ ] ウ　歩行や身のまわりのことはできるが、時に少し介助が必要なこともあり、軽労働はできないが、日中の50％以上は起居しているもの
- [ ] エ　身のまわりのある程度のことはできるが、しばしば介助が必要で、日中の50％以上は就床しており、自力では屋外への外出等がほぼ不可能となったもの
- [ ] オ　身のまわりのこともできず、常に介助を必要とし、終日就床を強いられ、活動の範囲がおおむねベッド周辺に限られるもの

⑫**腎　疾　患**（　平成・令和　　年　月　日現症）（腎性網膜症又は糖尿病を合併する例では、糖尿病⑭の欄にも
必要事項を記入してください。）

1 臨床所見

(1)自覚症状

悪心・嘔吐	（無・有・著）
食欲不振	（無・有・著）
頭　痛	（無・有・著）
呼吸困難	（無・有・著）

(2)他覚所見

浮　腫	（無・有・著）
貧　血	（無・有・著）
アシドーシス	（無・有・著）
腎不全に基づく神経症状	（無・有・著）
視力障害	（無・有・著）

(3)検査成績

検査項目	検　査　日	・・・	・・・	・・・
検査年月日				
1日尿蛋白量　　　　g／日				
尿蛋白／尿クレアチニン比 g/gCr				
尿蛋白（定性）				
赤血球数　　　×10⁴/μℓ				
ヘモグロビン　　　g/dℓ				
白血球数　　　　/μℓ				
血小板数　　　×10⁴/μℓ				
血清総蛋白　　　g/dℓ				
血清アルブミン g/dℓ BCG法・BCP法・改良型BCP法				
総コレステロール mg/dℓ				
血液尿素窒素（BUN） mg/dℓ				
血清クレアチニン mg/dℓ				
eGFR　mℓ/分/1.73㎡				
1日尿量　　　mℓ/日				
内因性クレアチニン・クリアランス mℓ/分				
動脈血（HCO₃⁻）　mEq/ℓ				

2 腎生検　□ 無・□ 有　　検査年月日（ 平成・令和　　年　月　日）
所見

3 人工透析療法
(1) 人工透析療法の実施の有無 □ 無・□ 有（□ 血液透析・□ 腹膜透析・□ 血液濾過）
(2) 人工透析開始日　　　平成・令和　　年　月　日
(3) 人工透析（腹膜透析を除く）実施状況　　　回数・　回／週、1回　　時間
(4) 人工透析導入後の臨床経過
(5) 長期透析による合併症 □ 無・□ 有
所見

4 その他の所見
(1) 腎移植 □ 無・□ 有（有の場合は移植年月日（ 平成・令和　　年　月　日）
経過

(1) その他

本人の障害の程度及び状態に無関係な欄には記入する必要はありません。（無関係な欄は、斜線により抹消してください。）

(01.06)

返戻事例

初診日／第三者証明

【第三者証明書（当時の雇用主）】

初診日に関する第三者からの申立書（第三者証明）

　　　私（申立者）は、障害年金の請求者 ████████████████ の初診日頃の受診状況などを知っていますので、以下申し立てます。

<u>知ったきっかけ</u>

　　　私（申立者）が申し立てる請求者の受診状況などは、

　　　　① 直接見て知りました。

　　　　2．請求者や請求者の家族などから聞いて知りました。

　　　　　なお、聞いた時期は（ 昭和・平成　　　年　　　月　　　日 ）（頃）です。

<u>請求者との関係</u>

　　　見た(聞いた)当時の関係：**雇 用 主**　　　　現在の関係：**友　人**

○傷病名：**糖 尿 病**　　　　初診日：昭和・㋐ 6年　6月　10日（頃）

○医療機関名・診療科：**X病院内科**　　　　○所在地：████████

申立者が知っている当時の状況等

※記入いただく内容は、別紙「初診日に関する第三者からの申立書（第三者証明）を記入される方へ」の「裏面」をご覧ください。
　申立者が見たり聞いたりした当時に知った内容のみを記入してください。記入できない項目があっても構いません。

・私は ██ さんの雇用主だった。

・平成6年5月頃 ██ さんは健診を受けた結果、血糖値が高く要検査となり、平成6年6月10日に病院を受診するため、休みの申出があった。

・██ さんは病院受診後、4カ月の入院が必要となり会社を休んでいた。

・平成6年8月上旬に会社が倒産し、平成6年8月中旬、██ さんのところへ、お見舞いと倒産の件を伝えに行った。██ さんのお見舞い行った当時のことは、会社が倒産したこともあり、よく覚えています。

　　　　　　　　　　　　　　　【申立日】平成29年　9月　◯日

<申立者>

住　所：〒 ████████

連絡先：████（████）████　　　　氏　名：████████

※ 後日、申立者あてに申立内容の確認をさせていただく場合がございます。平日日中でもご連絡が可能な電話番号を記入してください。

本人が申し立てた初診日が
認められないと返戻された難病の事例

▶ 初診日　　　▶ 相当因果関係

1 事例の概要

1）請求人は、50歳代男性。

2）本人家族が病院SWと福祉支援者らのサポートを受けて、慢性呼吸不全で障害厚生年金の事後重症請求をした。

3）申し立てた初診日（平成14年）は認められず、睡眠時無呼吸症候群と診断された時（平成24年）が初診日と判断され返戻となった。

4）平成24年時点は国民年金期間となることから、障害基礎年金に請求替えをするか、このままの請求を維持するかの判断を求められた。

5）支援者らでは判断することができず、このままでは本人家族に不利になってしまうと考え当職に繋がった。

6）ヒアリングの結果、呼吸器障害は難病『筋ジストロフィー』によるものであることがわかり、障害厚生年金での請求維持を希望した。

7）本人家族支援者が行った当初の請求時には十分に伝えることができなかった点を整備して返戻対応をした。

8）審査の結果、初診日は当初、申し立てた日（平成14年）で認められ、無事に障害厚生年金2級で支給決定となった。

2 この事例を理解するために必要な知識・情報

1）病気の概要

　筋ジストロフィーとは骨格筋の壊死・再生を主病変とする遺伝性筋疾患の総称で、筋肉の機能に不可欠なタンパク質の設計図となる遺伝子に変異が生じたために

おきる病気です。

　筋ジストロフィーの症状は、骨格筋障害による運動機能低下が主ですが、拘縮・変形、呼吸機能障害、心筋障害、嚥下機能障害、消化管症状、骨代謝障害、内分泌代謝障害、眼症状、難聴、中枢神経障害等の様々な機能障害や合併症を伴うとされています。

　（難病情報センターHPより作成：https://www.nanbyou.or.jp/entry/4522）

２）認定審査で使用する障害認定基準

　障害認定基準「第18節／その他の疾患による障害」の「2　認定要領」には以下の記載があります。

> （5）いわゆる難病については、その発病の時期が不定、不詳であり、かつ、発病は緩徐であり、ほとんどの疾患は、臨床症状が複雑多岐にわたっているため、その認定に当たっては、客観的所見に基づいた日常生活能力等の程度を十分考慮して総合的に認定するものとする。なお、厚生労働省研究班や関係学会で定めた診断基準、治療基準があり、それに該当するものは、病状の経過、治療効果等を参考とし、認定時の具体的な日常生活状況等を把握して、総合的に認定する。

３　提出書類の内容

【本人家族が請求した際に提出した呼吸器疾患の障害用診断書（211ページ）】

　本人家族が請求手続を行った当時、咳が止まらない症状が約15年前から続いており総合病院の呼吸器内科で定期受診をしていました。また、約5年前に睡眠時無呼吸症候群と診断されCPAPを導入していました。そして約2年前の遺伝子検査により『筋強直性ジストロフィー』と診断されました。

　このような経過から、本人家族は、現在の症状の初診日は約15年前だと考え請求手続を行いました。

４　返戻・照会の内容（抜粋）

＊＊＊＊＊＊＊＊＊＊＊＊＊＊＊＊＊＊＊＊＊＊＊＊＊＊＊＊＊＊＊＊＊＊＊＊＊＊＊
　審査の結果、今ある資料から請求傷病である『慢性呼吸不全』の初診日は睡眠時無呼吸症候群と診断されたところと判断されました。そうすると、病歴・就労状況等申

立書より、厚生年金期間外となると思われます。

　障害基礎年金に請求替えをされるか、このまま障害厚生年金での請求を維持して処分（却下）を希望されるかをご判断ください。

　障害基礎年金の請求書と受診状況等証明書の用紙をお送りします。

　つきましては、睡眠時無呼吸症候群についての日付の確認が必要となりましたので、平成24年3月頃に受診した〇〇病院の受診状況等証明書の取得をお願いします。

****

5 なぜ返戻・照会になったのか

　まず、本人家族が申し立てた初診日（平成14年）と保険者が考える初診日（平成24年）との間には約10年の期間があります。本人家族が請求を行った際には、この間の生活状況や病院受診や治療経過等について、十分に保険者側に伝えられていなかったことから、相当因果関係はないと判断されたものと推測されます。

　しかし、診断書（211ページ）においては、項番④に『咳喘息、病的肥満、筋強直性ジストロフィー（初診年月日平成14年2月○日）』、項番⑨に『筋強直性ジストロフィーは先天的であり平成14年より発症している。』、項番⑯に『進行性の筋疾患、心疾患由来の呼吸不全、換気循環障害であり予後不良である。』と医師が明記していることから、保険者には、積極的に医師照会等をしたうえで、初診日判断をしていただきたかったと感じます。

6 返戻・照会への対応

　本人家族支援者が提出していた請求書類をいったんすべて戻してもらいました。そのうえで、詳細な聞取りを行い一から書類を整備（213ページ）することにしました。

　相当因果関係を主張するには、専門医等の医師の所見が大きな力を持つと考えています。そのため『筋強直性ジストロフィー』の確定診断をした大学病院遺伝子科の医師に現状をお話し、意見書（216ページ）を記載していただきました。

　揃った資料に基づき事実関係を繋ぎ合わせて、改めて病歴・就労状況等申立書を作成して提出しました。

　また、主治医に確認して、主治医の考えが伝わっていない点を診断書の項番①傷病名および項番⑰備考に加筆していただきました。（214ページ）

　審査の結果、初診日は平成14年の厚生年金保険期間で認められました。

7 本事例のポイントとまとめ

　本人家族支援者が請求手続を行ったものであっても、処分が下される前であって請求手続が不十分であれば、いったん書類を戻してもらい、整備し直して提出することは可能です。このたびの返戻は、『保険者は初診日をこのように判断したので書類を整備してください。』というものでした。従わなければいけないような錯覚に陥りますが、代理人としては、『本当にそうなのか、こちらの主張を認めてもらうにはどうすればよいか。』という視点で、冷静に請求人ご家族の最善を考える必要があります。

　難病の初診日については、症状を１つひとつ確認し、難病で出現する症状と照らし合わせる丁寧なヒアリングが欠かせません。また、治療方法がない難病ですので、今後緩徐に進行することが推測されます。私達が行っている手続きが本人・ご家族の人生を左右するかもしれないことを頭において手続きをしていかなければなりません。

【平成29年4月○日現症の診断書（表面）】

様式第120号の5

（呼吸器疾患の障害用）

診断書

⑦
- （フリガナ）
- 氏名
- 住所

住所地の郵便番号

国民年金
厚生年金保険
船員保険

① 障害の原因となった傷病名　　慢性呼吸不全

傷病の原因又は誘因　　喀痰喘、病的肥減、筋強直性ジストロフィー

④ 傷病の発生年月日　　平成　14 年　2 月　○ 日

生年月日　昭和 38 年 12 月 ○ 日　性別 ☑男 □女

② 傷病の発生年月日　平成 28 年 6 月 ○ 日　□診療録で確認 □本人の申立て

③ ①のため初めて医師の診療を受けた日　平成 28 年 6 月 ○ 日　□診療録で確認 □本人の申立て

⑤ □既往症　□障害

傷病が治った（症状が固定して治療の効果が期待できない状態を含む。）かどうか。

傷病が治っている場合‥‥‥‥治った日　平成・令和　年　月　日　□有 ☑無

傷病が治っていない場合‥‥‥‥症状のよくなる見込　□有 ☑無

⑧ 診断書作成医療機関における初診時所見
初診年月日　（平成 28 年 6 月 ○ 日）

他院より当院受診、精査にて呼吸不全を認め、入院による加療が必要と判断となった。

⑨ 現在までの治療の内容、期間、経過、その他参考となる事項
使用検査薬名及び使用期間等を記入してください。

当院入院時血痰痰低く、心臓完全房室ブロックが認められ、Pu1補込み、又、入院中に筋強直性ジストロフィーによる呼吸筋、呼吸筋肉性でことがわかった。日中HOT導入より2呼吸不全となっていることがわかり、夜間NPPVに加え、日中はHOTを通じ、内科の受診を継続されている。筋強直性ジストロフィーは先天性の発症より平成14年より発症している。

心不全
肥満低換気症候群

⑥現住所　確定 ☑推定 □不明

診療回数　年間　65 回、月平均　3 回

手術名（　　　　　　）
手術　年　月　日
歴　手術年月日　　　年　月　日

障害の状態　平成 29 年 4 月 ○ 日現症

⑩ 共通項目（この欄は、必ず記入してください。）

1　身体計測　　平成 29 年 4 月 ○ 日現症
- 身長 159 cm　体重 90.8 kg

2　胸部X線所見　（A）　平成 29 年 4 月 ○ 日現症　狭小化

番号		他覚所見
(1) 胸膜癒着	☑なし ☑中 □軽 □番	両
(2) 気胸	☑なし ☑中 □軽 □番	両
(3) 線維化	☑なし ☑中 □軽 □番	両
(4) 不透明	☑なし ☑中 □軽 □番	両
(5) 胸郭の変形	☑なし ☑中 □軽 □番	両
(6) 心胸郭の変形	☑なし ☑中 □軽 □番	両
(7) 横隔膜	☑なし ☑中 □軽 □番	両

（A 図）
ペースメーカー
横隔膜挙上あり

撮影年月日　平成 29 年 4 月 ○ 日

3　一般状態区分表　（平成 29 年 4 月 ○ 日現症）
（該当するものを選んでいずれかに○又はレをチェックしてください。）

- □ ア 無症状で社会活動ができ、制限を受けることなく、発病前と同等にふるまえるもの
- □ イ 軽度の症状があり、肉体労働は制限を受けるが、歩行、軽い家事、事務などはできるもの
- ☑ ウ 歩行や身のまわりのことはできるが、時に少し介助が必要なこともあり、軽労働はできないが、日中の50%以上は起床しているもの
- □ エ 身のまわりのある程度のことはできるが、しばしば介助が必要で、日中の50%以上は就床しており、自力では屋外への外出等がほぼ不可能となったもの
- □ オ 身のまわりのこともできず、常に介助を必要とし、終日就床を強いられ、活動の範囲がおおむねベッド周辺に限られるもの

4　臨床所見　平成 29 年 4 月 ○ 日現症

	番号	(1) 自覚症状	(2) 他覚所見
ア	咳	□無 ☑有	肺性心の所見 □無 ☑有
イ	痰	□無 ☑有	チアノーゼ □無 ☑有
ウ	喀血	☑無 □有	栄養状態 □不良 ☑良 □不良
エ	呼吸困難	□無 ☑有	音 ☑良 □不良 □一部 広範囲
	安静時	□無 ☑有	ラ音 □無 ☑有
	体動時	□無 ☑有	脈拍数 70/min
オ	喘鳴	☑無 □有	

5　活動能力（呼吸不全）の程度　（該当する番号及び状態に無関係の該当に○又はレをチェックしてください。）
- □ i 同年輩の健康人と同様に歩行、階段の昇降ができる。
- □ イ 階段を人並みには昇れないが、歩くのは同年輩並にできる。
- □ ウ 平地でさえ健康人並に歩けないが、自分のペースでなら1km程度の歩行は可能である。
- ☑ エ 休みながらでなければ、50m以上歩けない。
- □ オ 息苦しくて身のまわりのこともできない。

6　換気機能　平成 29 年 4 月 ○ 日現症
- (1) 肺活量（VC）1.56 mL
- (2) 予測肺活量 3.68 mL
- (3) 努力性肺活量（FVC）1.27 mL
- (4) 1秒量（FEV1.0）0.96
- (5) 努力性肺活量1秒率（FEV1%）75.59 (4)/(3)×100 %
- 予測肺活量 26.09 (4)/(2)×100 %

7　動脈血ガス分析　平成 29 年 4 月 ○ 日現症
- (1) 検査時の酸素吸入は　☑在宅酸素療法ではない 施行していない（どの様な方法ですか）　□在宅酸素療法を行っている
- 施行時間　時間/日　・　/分　28 年 8 月 ○ 日開始
- 酸素流量／分 2
- (2) 動脈血酸素分圧 49.6 ・ Torr（前回値）
- 動脈血炭酸ガス分圧 57.5 ・ Torr
- 動脈血 ph 7.345

（注：酸素吸入中の場合は（　）に記入してください。）

8　その他の所見
徐々に進行性の全身性の筋疾患で予後不良である。

本人の障害の程度及び状態に無関係な傷病には記入する必要はありません。（無関係な欄は、斜線により抹消してください。）

（お願い）大字の欄は、記入漏れがないように記入してください。

⑪ 肺 結 核 症 　（　　平成・令和　　　　年　　　月　　　日現症)

1　胸部Ｘ線所見　（Ｂ）
　　初診時　（　昭和・平成・令和　　　　年　　　月　　　日)

前頁のＡ図のＸ線所見の日本結核病学会分類を記入してください。
⇩

日本結核病学会分類
病　側　□右　□左　□両　　　　□右　□左　□両
病巣の拡がり　□1　□2　□3　　□1　□2　□3
病　型　□Ⅰ　□Ⅱ　□Ⅲ　　□Ⅰ　□Ⅱ　□Ⅲ
　　　　□Ⅳ　□Ⅴ　　　　　　□Ⅳ　□Ⅴ

2　結核菌検査成績
（現在陰性のときはその旨と最終陽性時期を併記してください。)
検査材料（□たん、□喉頭粘液、□気管支洗滌液、□胃液、□穿刺液)

			塗　抹	培　養
□昭和 □平成 □令和	年　月　日	+ −	（ガフキー　号)	+ − （　コロニー)
□昭和 □平成 □令和	年　月　日	+ −	（ガフキー　号)	+ − （　コロニー)

3　安静度
（結核の治療指針の安静度表によって記入してください。)
□1度　□2度　□3度　□4度　□5度　□6度　□7度　□8度　□無制限

4　その他の所見

（結核予防法による公費負担医療適用の有無　□有　・　□無)

⑫ じ ん 肺 　（　　平成・令和　　　　年　　　月　　　日現症)

1　じん肺法Ｘ線写真区分　（□1　□2　□3　□4)

2　じん肺管理区分　（□1　□2　□3イ・ロ　□4)

⑬ 気 管 支 喘 息 　（　　平成・令和　　　　年　　　月　　　日現症)

1　時間の経過と症状
□(1)　喘息症状の間に無症状の期間がある。
□(2)　持続する喘息症状のために無症状の期間がない。

2　ピークフロー値　（ＰＥＦＲ)
最近（1ヶ月程度期間）の
最高値　　　ℓ/分，最低値　　　ℓ/分，平均約　　　ℓ/分
（但し慢性安定期であることを前提とし、発作時の成績は除く)

3　発作の強度
□(1)　大発作　：苦しくて動けなく、会話も困難
□(2)　中発作　：苦しくて横になれなく、会話も苦しい
□(3)　小発作　：苦しいが横になれる、会話はほぼ普通
□(4)　その他　□① 喘鳴のみ　□② 急ぐと苦しい
　　　　　　　□③ 急いでも苦しくない

4　発作の頻度
□(1)　1週に　5日以上
□(2)　1週に　3～4日
□(3)　1週に　1～2日
□(4)　その他

6　治療
治療で使用している薬剤にチェックをしてください。
① 吸入ステロイド薬　（□有・□無)
　　使用量（□低用量・□中用量・□高用量)
② その他の薬剤　（併用している)
　□長時間作用性β2刺激薬　□ロイコトリエン受容体拮抗薬
　□テオフィリン徐放製剤　□抗IgE抗体　□経口ステロイド薬
　その他（　　　)
薬剤投与の方法
□(1)　プレドニゾロンを1日に10mg相当以上を連用している。
□(2)　プレドニゾロンを1日に5mg相当以上と吸入ステロイドを600μg以上を連用している。
□(3)　ステロイド薬を経口又は注射で、月1回以上投与している。
　　　　（月平均　　　回)
□(4)　吸入ステロイドを1日400μg以上連用している。
□(5)　発作時のみ経口ステロイドを併用する。
□(6)　気管支拡張薬のみでコントロールしている。

5　入院・救急室受診歴
(1)　入院歴　　□有・□無
（過去2年間に喘息のために入院した場合は、その期間を記入)
(2)　救急室受診歴　　□有・□無
（6ヶ月以内に受診した場合は、記入)

7　喫煙歴
□吸ったことがない
□やめた：1日　（　　)本×（　　)年間
□吸　う：1日　（　　)本×（　　)年間

⑭ その他の障害又は症状の所見等
（平成　　令和　　　年　　　月　　　日現症)

⑮ 現症時の日常生活動能力及び労働能力
（必ず記入してください。)
軽労作にて息切れ、呼吸困難、易疲労あり、わずかしか歩行の動作が出来ない。
転倒もくりかえしている。夜間はNPPVを使用しないと昏睡におちいる状況であり、
今後、人工呼吸療法、介護が必要である。

⑯ 予　　　後
（必ず記入してください。)
進行性の筋疾患、心疾患由来の呼吸不全、換気循環障害であり予後不良である。

⑰ 備　　　考

上記のとおり、診断します。　　　　　　平成　29　年　4　月　■　日

病院又は診療所の名称　■■■■■■■
所　在　地　■■■■■■■■

診療担当科名　内科
医師氏名　■■■■■■■

【書類整備の回答】

平成 30 年 5 月■日

書類整備依頼に対するご回答

社会保険労務士　■■■■

　先日ご依頼をいただきました、■■■■さんの障害年金請求書類の整備について、関係機関とご本人に確認いたしましたので回答いたします。

記

慢性呼吸不全の初診日について

　主治医である診断書作成医、■■■■ 病院呼吸器内科、■■■■ 医師にこのたびの請求傷病「慢性呼吸不全」について原因又は誘因をお聞きいたしました。■■さんの咳が止まらない、仕事中の転倒、何度も誘発される肺炎、心房細動、睡眠時無呼吸症候群、2型呼吸不全、房室ブロック等の一連の症状は全て「筋強直性ジストロフィー」によるものであって、当初から診断書 ④傷病の原因又は誘因に記載していたはずであるとのことでした。また、診断書 ⑨現在までの経過の中でも、先天的な疾患であるが平成 14 年より発症していることを記載していたはずであるとのことでした。そうであれば、診断書にその旨をきちんと記載していただく必要があることをお伝えし、診断書の加筆・整備をしていただきました。具体的には、診断書①傷病名「筋強直性ジストロフィーによる慢性呼吸不全」、診断書 ⑰備考「一連の症状は筋強直性ジストロフィーによるものと判断出来る。よって、経過から考えて現在の筋強直性ジストロフィーによる慢性呼吸不全の初診日は平成 14 年 2 月■日である。」との記載がされております。

難病情報センターの「筋強直性ジストロフィー」に関する説明と発現する諸症状の図

　公益財団法人 難病医学研究財団／難病情報センターのホームページの筋ジストロフィー（指定難病 113)の説明ページを添付しています。【追加添付資料 1】様々な症状があるこのご病気について確認することが出来ます。■■ さんは、初期症状として骨格筋障害があり心筋障害へと進んできています。■■ 大学病院遺伝子科■■医師も一連の■■さんの症状の経過は、「筋強直性ジストロフィー」によるものであると考えるのが自然であると■■さんのご家族に回答していました。この点について、再度、■■ 大学病院遺伝子科■■医師にお聞きしています。【追加添付資料 2】

病歴・就労状況等申立書について

　主治医である■■病院呼吸器内科■■医師と■■ 大学病院遺伝子科■■医師の回答から、ご本人、ご家族が分らないことが多かったため明確に記述出来なかった■■さんの今までの病歴経過について、代理人が■■さんご本人と■■さんの生活面を支援している家族から再度詳細に聞取りをしてまとめましたので提出いたします。【追加添付資料 3】

　以上より、障害年金の請求傷病等について誤っていたことから書類の整備を致しました。■■さんは「筋強直性ジストロフィー」による多彩な障害があり日常生活に著しい支障があります。身近で■■さんを診察し治療している専門医 2 名が判断しています。よって、初診日の変更等はございません。引続き認定審査をお願い致します。不明な点等ございましたらお手数ではございますが再度のご指示をよろしくお願い致します。

以上

様式第120号の5

（呼）	国 民 年 金 厚 生 年 金 保 険 船 員 保 険	診 断 書	（呼吸器疾患の障害用）

（フリガナ） 氏　名	■■■■■	生年月日	昭和 38 年 12 月 ■ 日生（53 歳）	性別	☑男 □女

住　所	住所地の郵便番号 ■■■－■■	郡市区 ■■■■	町区村 ■■■■

① 障害の原因 となった 傷病名	筋強直性ジストロフィーによる 慢性呼吸不全	② 傷病の発生年月日	平成 28 年 6 月 ■ 日	☑診療録で確認 本人の申立て
		③ ①のため初めて医師の診療を受けた日	平成 28 年 6 月 ■ 日	☑診療録で確認 本人の申立て

④ 傷病の原因 又は誘因	咳喘息、病的肥満、筋強直性ジストロフィー 初診年月日　　　平成　　　14 年 2 月 ■ 日	⑤既存障害		⑥既往症	心不全 肥満低換気症候群

⑦ 傷病が治った（症状が固定して治療の効果が期待できない状態を含む。）かどうか。	傷病が治っている場合…………治った日	平成 令和	年　　月　　日	□確　認 □推　定
	傷病が治っていない場合………症状のよくなる見込	□有 ・ ☑無 ・ □不明		

⑧ 診断書作成医療機関 における初診時所見 初診年月日 （　平成　　28 年 6 月 ■ 日）	他院より当院受診。精査にて呼吸不全を認めた。 入院による加療が必要と判断し、6／27当院入院となった。

⑨ 現在までの治療の内容、期間、経過、その他参考となる事項 （抗結核化学療法を行った場合は、使用薬剤名及び使用期間を明記してください。）	当院入院時脈拍徐く心電図で完全房室ブロックが認められ、Pul植込み。又、入院中に筋強直性ジストロフィーが診断され、筋ジストロフィーによる呼吸筋の筋肉低下と肥満肺胞低換気により2型呼吸不全となっていたことが分かった。夜間NPPVにも導入、日中はHOT導入となり退院された。その後在宅で訪問リハビリを続けながら、月一回支援者と通院し、内科の受診を継続されている。筋強直性ジストロフィーは先天的であり平成14年より発症している。	診療回数	年間 65 回、月平均 3 回
		手術歴	手術名（　　　　　　　　　） 手術年月日　　　年　　月　　日

障　害　の　状　態

⑩ 共 通 項 目 （この欄は、必ず記入してください。）

1　身　体　計　測 （平成　29 年 4 月 ■ 日）
身長　159　cm ： 体重　90.8　kg

2　胸 部 X 線 所 見（A）

（A 図）　狭小化

(1) 胸膜癒着	☑なし・	□軽 ・	□中 ・	□高	
(2) 気 腫 化	☑なし・	□軽 ・	□中 ・	□高	
(3) 線 維 化	☑なし・	□軽 ・	□中 ・	□高	
(4) 不 透 明 肺	□なし・	☑軽 ・	□中 ・	□高	
(5) 胸郭変形	□なし・	□軽 ・	□中 ・	☑高	
(6) 心縦隔の変形	□なし・	☑軽 ・	□中 ・	□高	
(7) 蜂 巣 肺	☑なし・	□軽 ・	□中 ・	□高	

ペースメーカー

横隔膜挙上あり

撮影年月日（　　平成　　29 年 4 月 4 日）

4　臨 床 所 見（　平成　　29 年 4 月 ■ 日現症）

(1) 自覚症状

咳	□無・☑有・□著
痰	☑無・□有・□著
胸痛	□無・☑有・□著

呼吸困難

安静時	□無・☑有・□著
体動時	□無・□有・☑著
喘鳴	□無・☑有・□著

(2) 他覚所見

肺性心所見	□無・☑有
チアノーゼ	□無・☑有
ばち状指	☑無・□有
栄養状態	□良・☑中・□不良
ラ　　音	□無・☑有（□一部・☑広範囲）
脈 拍 数	（　70/min　）

3　一 般 状 態 区 分 表（　平成　　29 年 4 月 ■ 日）

（該当するものを選んでどれか1つにチェックをしてください。）

- □ ア 無症状で社会活動ができ、制限を受けることなく、発病前と同等にふるまえるもの
- □ イ 軽度の症状があり、肉体労働は制限を受けるが、歩行、軽労働や座業はできるもの　例えば、軽い家事、事務など
- □ ウ 歩行や身のまわりのことはできるが、時に少し介助が必要なこともあり、軽労働はできないが、日中の50％以上は起居しているもの
- ☑ エ 身のまわりのある程度のことはできるが、しばしば介助が必要で、日中の50％以上は就床しており、自力では屋外への外出等がほぼ不可能なもの
- □ オ 身のまわりのこともできず、常に介助を必要とし、終日就床を強いられ、活動の範囲がおおむねベッド周辺に限られるもの

6　換 気 機 能（　平成　　29 年 4 月 ■ 日）

(1) 肺活量実測値（VC）	1.56	ml	
(2) 予 測 肺 活 量	3.68	ml	（　　%肺活量）
(3) 努 力 性 肺 活 量（FVC）	1.27	ml	
(4) 一 秒 量（FEV1.0）	0.96	ml	
(5) 努力性肺活量1秒率（FEV1%）	75.59		(4)/(3) × 100
(6) 予測肺活量1秒率	26.09		(4)/(2) × 100

7　動脈血ガス分析（　平成　　29 年 4 月 ■ 日）

(1) 酸素吸入を ☑施行している ・ □施行していない
　　　□ 在宅酸素吸入ではない
　　　　（どの様な方法ですか　　　　　　　）
　　　☑ 在宅酸素吸入である

平成　28 年 8 月 ■ 日開始

	時間/日	☑常時
酸素吸入量	2	ℓ/分

(2) 動脈血ガス分析値

① 動脈血酸素分圧	49.6	・（　　　） Torr
② 動脈血炭酸ガス分圧	57.5	・（　　　） Torr
③ 動 脈 血 ph	7.345	

（注）酸素吸入中の場合は、検査値を（　）に記入してください。

5　活動能力（呼吸不全）の程度　（該当するものを1つ選んでチェックをしてください。）

- □ ⅰ 同年齢の健康人と同様に歩行、階段の昇降ができる。
- ⅱ
  - □ ア 階段を人並の速さで登れないが、ゆっくりなら登れる。
  - □ イ 階段をゆっくりでも登れないが、途中休み休みなら登れる。
  - □ ウ 人並みの速さでは歩くと息苦しくなるが、ゆっくりなら歩ける。
  - ☑ エ ゆっくりでも少し歩くと息切れがする。
  - □ オ 息苦しくて身のまわりのこともできない。

8　その他の所見

徐々に進行性の全身性の筋疾患で予後不良である。

本人の障害の程度及び状態に無関係な欄には記入する必要はありません。（無関係な欄は、斜線により抹消してください。）

⑪　肺　結　核　症　（　　　平成・令和　　　　年　　　月　　　日現症）

1　胸部X線所見（B）	2　結核菌検査成績

1　胸部X線所見（B）
初診時　（　昭和・平成・令和　　　年　　　月　　　日）

前頁のA図のX線
所見の日本結核病
学会分類を記入し
てください。

日本結核病学会分類

	側	□右 □左 □両	□右 □左 □両
病	巣の拡がり	□1 □2 □3	□1 □2 □3
		□I □II □III	□I □II □III
病	型	□IV □V	□IV □V

2　結核菌検査成績
（現在陰性のときその旨と最終陽性時期を併記してください。）
検査材料　（□たん、□喉頭粘液、□気管支洗浄液、□胃液、□穿刺液）

塗抹　　　　　　　培養

昭和
平成　　年　　月　　日　□＋（ガフキー　　号）□＋□－（　コロニー）
令和　　　　　　　　　　　　□－
昭和
平成　　年　　月　　日　□＋（ガフキー　　号）□＋□－（　コロニー）
令和　　　　　　　　　　　　□－

3　安　静　度
（結核の治療指針の安静度表によって記入してください。）
□1度　□2度　□3度　□4度　□5度　□6度　□7度　□8度　□無制限

4　その他の所見

（結核予防法による公費負担医療適用の有無　□有 ・ □無）

⑫　じ　ん　肺　（　　　平成・令和　　　　年　　　月　　　日現症）

1　じん肺法X線写真区分　　（□1　□2　□3　□4　）

2　じん肺管理区分　　　　　（□1　□2　□3□イ・□ロ　□4　）

⑬　気　管　支　喘　息　（　　　平成・令和　　　　年　　　月　　　日現症）

1　時間の経過と症状
□(1)　喘息症状の間に無症状の期間がある。
□(2)　持続する喘息症状のために無症状の期間がない。

2　ピークフロー値（PEFR）
最近（1ヶ月程度期間）の
最高値　　　ℓ/分、最低値　　　ℓ/分、平均　約　　　ℓ/分
（但し慢性安定期であることを前提とし、発作時の成績は除く）

3　発作の強度
□(1)　大発作　：　苦しくて動けなく、会話も困難
□(2)　中発作　：　苦しくて横になれなく、会話も苦しい
□(3)　小発作　：　苦しいが横になれる、会話はほぼ普通
□(4)　その他　□① 喘鳴のみ　□② 急ぐと苦しい
　　　　　　　　□③ 急いでも苦しくない

4　発作の頻度
□(1)　1週に　5日以上
□(2)　1週に　3～4日
□(3)　1週に　1～2日
□(4)　その他

6　治療
治療で使用している薬剤にチェックをしてください。
①　吸入ステロイド薬　□有・□無）
　　使用量　（□低用量・□中用量・□高用量）
②　その他の薬剤（併用している）
　　□長時間作用性β2刺激薬　□ロイコトリエン受容体拮抗薬
　　□テオフィリン徐放製剤　□抗IgE抗体　□経口ステロイド薬
　　その他（　　　　　　　　　　　）
薬剤投与の方法
□(1)　プレドニゾロンを1日に10mg相当以上を連用している。
□(2)　プレドニゾロンを1日に5mg相当以上と吸入ステロイドを600μg
　　　　以上を連用している。
□(3)　ステロイド薬を経口又は注射で、月1回以上投与している。
　　　　（月平均　　回）
□(4)　吸入ステロイドを1日400μg以上連用している。
□(5)　発作時のみ経口ステロイドを併用する。
□(6)　気管支拡張薬のみでコントロールしている。

5　入院・救急室受診歴
(1)　入院歴　　　　　　□有・□無
　　（過去2年間に喘息のために入院した場合は、その期間を記入）

(2)　救急室受診歴　　　□有・□無
　　（6ヶ月以内に受診した場合は、記入）

7　喫煙歴
□吸ったことがない
□やめた：1日（　　）本×（　　）年間
□吸　う：1日（　　）本×（　　）年間

⑭　その他の障害又は症状の所見等 （　平成 　令和　　年　　月　　日現症）	
⑮　現症時の日常生活動作能力及び労働能力 （必ず記入してください。）	軽労作にて息切れ、呼吸困難、易疲労あり、わずかしか歩行の動作が出来ない。 転倒もくりかえしている。夜間はNPPVを使用しないと昏睡におちいる状況であり、 今後、人工呼吸療法、介護が必要である。
⑯　予　　　後 （必ず記入してください。）	進行性の筋疾患、心疾患由来の呼吸不全、換気循環障害であり予後不良である。
⑰　備　　　考	咳発作・転倒・肺炎・心房細動・睡眠時無呼吸症候群・2型呼吸不全・房室ブロック等多岐にわたる一連の症状は筋強直性 ジストロフィーによるものと判断出来る。 よって、経過から考えて現在の筋強直性ジストロフィーによる慢性呼吸不全の初診日は平成14年2月■日である。

上記のとおり、診断します。　　　　　　　　平成 29 年 4 月 ■ 日

病院又は診療所の名称　████████

所　在　地　████████

診療担当科名　内科
医師氏名　████████

■ さんの罹患している『筋強直性ジストロフィー』につきまして、■大学病院遺伝子科
■ 先生にお聞きいたします。

質問1

『筋強直性ジストロフィー』は早期に診断することは難しいですか？

(はい) ・ いいえ

多彩な症状のため、特徴的な症状（白内障、手足の遠位筋の筋力低下）があって神経
内科を受診しなければ難しいと考えます

質問2

『筋強直性ジストロフィー』の診断が遅れてしまう主な原因としては、症状が多岐にわたる
ため様々な診療科を受診して治療をして実際は『筋強直性ジストロフィー』によるものであ
った、ようなことは実際あるのでしょうか？

(はい) ・ いいえ

上述の通り、よくあります。
（眼科、呼吸器科で留まってしまったり）

嚥下機能低下　　　　　　　直位型の筋力低下

質問3

『咳が止まらない』、『よく転ぶ』、『度重なる肺炎』、『心房細動』、『睡眠時無呼吸症候群』、
心筋症状
『房室ブロック』、『呼吸不全』等は、『筋強直性ジストロフィー』の症状と考えられますか？

(考えられる) ・ 考えられない

肺活量低下

上記矢印のとおりすべて筋強直性ジストロフィーの経過であると考えます

平成 30 年 5 月 ■日

病院名　　■大学病院
所在地　　■
診療担当科名　遺伝子科
医師名　　■

診断書の記載内容を整備するよう求めて返戻された遷延性植物状態の事例

▶ 初診日　　▶ 書類整備

1 事例の概要

1）請求人は、30歳代男性。
2）ブルガタ症候群（突然の心室細動による心停止）による遷延性意識障害となり障害厚生年金を障害認定日請求した。
3）提出した診断書の記載では認定審査を進めることができないとして診断書の整備をするように返戻された。
4）返戻指示に従った対応は難しいと考え、別に回答書を作成し、提出した。
5）審査の結果、再度の返戻はなく、障害厚生年金1級で支給決定となった。

2 この事例を理解するために必要な知識・情報

1）遷延性意識障害（遷延性植物状態）とは

　植物状態とも呼ばれる状態を指し、3か月以上にわたって自分で移動することができず、食事や排泄、発語などに問題が生じていること。脳出血や脳梗塞、外傷などをきっかけとして引き起こされる可能性があり、脳への深刻なダメージが生じることで遷延性意識障害の状態になり、生活面におけるさまざまな場面で介護が必要となります。
　（メディカルノートHPより作成：https://medicalnote.jp/diseases）

2）認定審査で使用する障害認定基準

　障害認定基準「第18節／その他の疾患による障害」の「2　認定要領」には以下

の記載があります。

（4）　遷延性植物状態については、次により取り扱う。
　　　ア　遷延性植物状態については、日常生活の用を弁ずることができない状態
　　　　であると認められるため、１級と認定する。
　　　イ　障害の程度を認定する時期は、その障害の状態に至った日から起算して
　　　　３月を経過した日以後に、医学的観点から、機能回復がほとんど望めない
　　　　と認められるとき（初診日から起算して１年６月を超える場合を除く。）
　　　　とする。

３）遷延性植物状態の診断基準と診断書記載のポイント

　遷延性植物状態の方の請求手続にあたっては、220ページのように考えて診断書の整備をするようにまとめられています（出典：日本年金機構「かけはし第57号」）。

③ 提出書類の内容

　遷延性植物状態が継続していることから、当初、家族が請求手続を行おうとしたものの難しいと考え、当職に繋がりました。
　診断書は入院している病院に依頼しました。主治医は外科の医師で診断書の記載には慣れていませんでしたが、現在の障害状態の診断書（222ページ）を作成していただきました。いつを症状固定とするかは、医師によってそれぞれ考えがあることから、保険者の指示どおりの整備をすることはできませんでした。
　傷病名は項番①『遷延性意識障害（心肺停止蘇生後、低酸素脳症)』、①のため初めて医師の診療を受けた日は項番③『平成28年４月23日　診療録で確認』、傷病が治ったかどうかは項番⑦『治った日　平成28年７月14日』、診断書の現症日は項番⑫『平成29年９月19日』となりました。そのため、傷病が治った日（平成28年７月14日）から３か月経過した日（平成28年10月14日）を障害認定日として、遡及認定日請求にかかる申出書（224ページ）を提出し請求しました。

④ 返戻・照会の内容（抜粋）

　以下の３点の指示がありました。
＊＊＊＊＊＊＊＊＊＊＊＊＊＊＊＊＊＊＊＊＊＊＊＊＊＊＊＊＊＊＊＊＊＊＊＊＊＊
１）受診状況等証明書へ遷延性植物状態に至った日付を追記してもらってください。
２）追記後、診断書の項番⑦の治った日について、上記遷延性植物状態に至った日か

ら３か月以後の日であることを確認してください。

３）さらに、治った日（障害認定日）より３か月以内の現症日の診断書を整備してください。

****

5 なぜ返戻・照会になったのか

本事例においては、220ページのとおりの診断書整備を行っていなかったことから、指示に従って診断書を新たに取得してください、というのが返戻理由でした。しかし、症状や経過をしっかりと確認していただければ、新たに診断書を取得する必要がないと感じました。また、障害年金の認定審査のために医師が症状固定と判断した日を変更してもらうようにお願いすることができるのかという疑問がありました。

6 返戻・照会への対応

返戻で指示された３点について、本人家族のご負担を考えれば、診断書の整備は必要ないのではないか、という回答書（225ページ）を作成して提出しました。医師が一度した医学的判断を、障害年金の認定審査のために変更してもらうことは本人家族代理人にとって非常にハードルが高いことです。必要であれば、職権により保険者自ら行っていただきたいと考えていました。

7 本事例のポイントとまとめ

本事例の返戻の指示に対して、当職は回答書（225ページ）を提出したのみでその他は何も行っていません。認定審査の結果、保険者は初診日を平成28年４月23日と認定し、遷延性植物状態に至った日を初診日と同日と認定しました。障害認定日は３か月後の平成28年７月23日となり、平成28年８月から障害厚生年金１級が決まりました。新たに障害認定日の診断書を取得し提出はしていません。

振り返ってみると、結果、返戻の必要性はどれほどあったのかと疑問に思います。今後、遷延性植物状態の事例が増えていけば、今回のような返戻も減っていくものと期待します。代理人としては、スムーズな認定審査が行われるようにまずは保険者の指示に従い220ページの内容に沿った診断書の整備をしていく必要があります。

希望したとおりの診断書の取得ができないこともありますが、本人家族の最善の手続きを検討しましょう。

【遷延性植物状態に関する資料】

遷延性植物状態により初診日から1年6月以内に障害年金の請求があった場合の診断書チェックポイント！

　「遷延性植物状態」は、次の①～⑥に該当し、かつ、それが３月以上継続しほぼ固定している状態のことを言います。遷延性植物状態（障害認定日）の<u>起算日</u>は、診断基準の６項目に該当した日になります。

＜遷延性植物状態の診断基準の６項目＞

①自力で移動できない　　　　　　　②自力で食物を摂取できない

③糞尿失禁をみる　　　　　　　　　④目で物を追うが認識できない

⑤簡単な命令には応ずることもあるが、それ以上の意思の疎通ができない

⑥声は出るが意味のある発語ではない

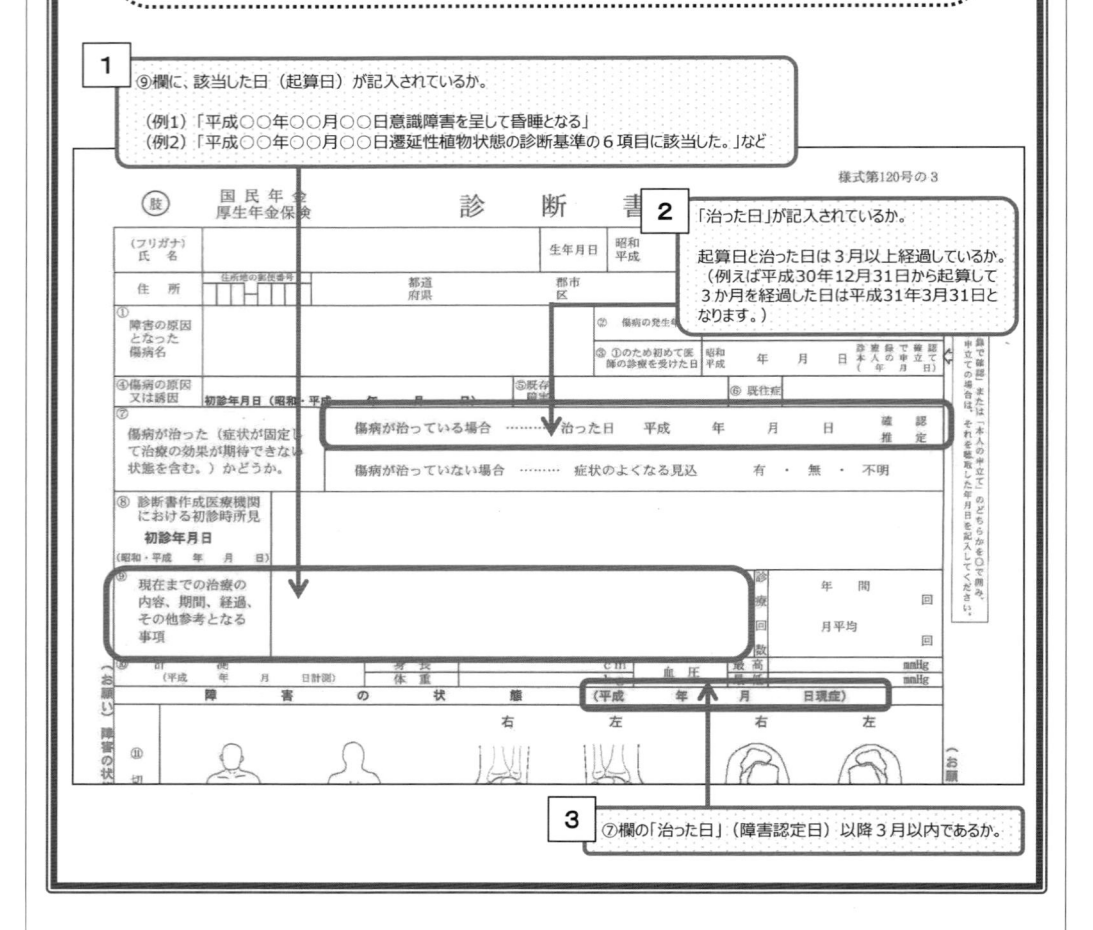

1　⑨欄に、該当した日（起算日）が記入されているか。

（例1）「平成○○年○○月○○日意識障害を呈して昏睡となる」
（例2）「平成○○年○○月○○日遷延性植物状態の診断基準の６項目に該当した。」など

2　「治った日」が記入されているか。

起算日と治った日は３月以上経過しているか。
（例えば平成30年12月31日から起算して３か月を経過した日は平成31年3月31日となります。）

3　⑦欄の「治った日」（障害認定日）以降３月以内であるか。

年金等の請求用

障害年金等の請求を行うとき、その障害の原因又は誘因となった傷病で初めて受診した医療機関の初診日を明らかにすることが必要です。そのために使用する証明書です。

受 診 状 況 等 証 明 書

① 氏　　　　　名　　■■■■■■

② 傷　　病　　名　　心肺停止後症候群（低酸素脳症）

③ 発 病 年 月 日　　昭和・⦿平成・令和　28年　　4月　23日

④ 傷病の原因又は誘因　　ブルガダ症候群

⑤ 発病から初診までの経過

　　前医からの紹介状はありますか。⇒　　有　　　⦿無　　（有の場合はコピーの添付をお願いします。）

　　2016年4月23日午前5時半ころ、同居している母親が物音を聞き、様子を見に行った所、自室でもだえ

苦しんでいた。その後数分して反応が乏しくなり、動かなくなった。しばらく様子をみていた（10〜15分

程度）が反応改善せず、救急要請、当院へ救急搬送となった。

> ※診療録に前医受診の記載がある場合　　　1　初診時の診療録より記載したものです。
> 右の該当する番号に○印をつけてください　　2　昭和・平成・令和　　年　　月　　日の診療録より記載したものです。

⑥ 初 診 年 月 日　　昭和・⦿平成・令和　28年　　4月　　23日

⑦ 終 診 年 月 日　　昭和・⦿平成・令和　28年　　7月　　14日

⑧ 終診時の転帰　　（治癒・⦿転医・中止）

⑨ 初診から終診までの治療内容及び経過の概要

　　来院後に緊急カテーテル検査施行し、冠動脈は狭窄なし。家族歴よりブルガダ症候群による不整脈からの

心停止と考えられた。脳保護療法として低体温療法施行しながら全身管理を行った。蘇生後は、低酸素

による全身の痙攣重積があり、さまざまな薬剤を使用したがコントロールは困難であった。

　　5月23日に気管切開を施行し、痙攣の影響でプロポフォールなどを使用していたため、人工呼吸器は

装着継続としたが、6月27日に離脱した。意識レベルについては痙攣の軽快後も改善はなかった。7月

14日加療継続目的に■■病院に転院となった。

⑩ 次の該当する番号（1〜4）に○印をつけてください。

　　複数に○をつけた場合は、それぞれに基づく記載内容の範囲がわかるように余白に記載してください。

　　上記の記載は　　⦿　診療録より記載したものです。
　　　　　　　　　　2　受診受付簿、入院記録より記載したものです。
　　　　　　　　　　3　その他（　　　　　）より記載したものです。
　　　　　　　　　　4　平成　　年　　月　　日の本人の申し立てによるものです。

⑪　平成　　29　年　　10　月　　18　日

　　医療機関名　　　　■■大学　病院　　　　診療担当科名　高度救命救急センター

　　所 在 地　　　　　　　　　　　　　医師氏名

（提出先）日本年金機構　　　　　　　　　　　　　　　（裏面もご覧ください。）

返戻事例

初診日／書類整備

様式第120号の7

（他）　国民年金　厚生年金保険　**診　断　書**（血液・造血器 その他 の障害用）

（フリガナ）氏　名	■■■■	生年月日	昭和 61 年 3 月 ■ 日生（31 歳）	性別	☑男 □女

住　所　（住所地の郵便番号 ■■■－■■■）　都道府県 ■■■■　郡市区 ■■■■

① 障害の原因となった傷病名	遷延性意識障害（心肺停止蘇生後、低酸素脳症）	② 傷病の発生年月日	平成 28 年 4 月 23 日	☑診療録で確認 □本人の申立て（ 年 月 日）
		③ ①のため初めて医師の診療を受けた日	平成 28 年 4 月 23 日	☑診療録で確認 □本人の申立て（ 年 月 日）

④ 傷病の原因又は誘因	不明　初診年月日（昭和・平成・令和 年 月 日）	⑤ 既存障害	なし	⑥ 既往症	なし

⑦ 傷病が治った（症状が固定して治療の効果が期待できない状態を含む。）かどうか。

傷病が治っている場合　………　治った日　平成 28 年 7 月 14 日　☑確認・□推定

傷病が治っていない場合　………　症状のよくなる見込　□有・□無・□不明

⑧ 診断書作成医療機関における初診時所見　初診年月日　〔平成 28 年 7 月 14 日〕

遷延性意識障害のため発語なく意思疎通不能　自力運動なく寝たきり状態

⑨ 現在までの治療の内容、反応、期間、経過、その他の参考となる事項

症候性てんかん発作頻回にあり抗けいれん薬治療継続している（入院時より現在まで）

診療回数 年間　回、月平均　回　手術歴 手術名（ 内視鏡下胃ろう造設術 ）手術年月日（ H29 年 1 月 26 日 ）

⑩ 現在の症状、その他参考となる事項

上記⑧の状態続いている経口摂取不能のため経管栄養を行っている

⑪ 計測　〔平成 29 年 9 月 19 日 測定〕

身長	cm	体重	現在 47 kg／健康時 kg	握力	右 0 kg／左 0 kg	視力	右眼 裸眼 矯正／左眼 裸眼 矯正	測定不可	矯正／矯正

視野　測定不可　調節機能　聴力レベル 右耳 測定不可 dB／左耳 〃 dB　最良語音明瞭度 〃 ％／〃 ％　血圧　最大 mmHg／最小 mmHg

⑫ 一般状態区分表　（ 平成 29 年 9 月 19 日 ）　（該当するものを選んでどれか一つにチェックしてください。）

□ア　無症状で社会活動ができ、制限を受けることなく、発病前と同等にふるまえるもの

□イ　軽度の症状があり、肉体労働は制限を受けるが歩行、軽労働や座業はできるもの　例えば、軽い家事、事務など

□ウ　歩行や身のまわりのことはできるが、時に少し介助が必要なこともあり、軽労働はできないが、日中の50％以上は起居しているもの

□エ　身のまわりのある程度のことはできるが、しばしば介助が必要で、日中の50％以上は就床しており、自力では屋外への外出等がほぼ不可能となったもの

☑オ　身のまわりのこともできず、常に介助を必要とし、終日就床を強いられ、活動の範囲がおおむねベッド周辺に限られるもの

障　害　の　状　態

⑬ 血液・造血器　（ 平成・令和 年 月 日現症 ）

1 臨床所見

（1）自覚症状

				（3）検査成績
易疲労感	□無・□有・□著			ア 末梢血液検査（ 平成・令和 年 月 日 ）
動　悸	□無・□有・□著			ヘモグロビン濃度（ ） g/dL
息　切れ	□無・□有・□著			血　小　板（ ） 万/μL
発　熱	□無・□有・□著			網 赤 血 球（ ） /μL
紫　斑	□無・□有・□著			白　血　球（ ） /μL
月経過多	□無・□有・□著			好　中　球（ ） /μL
関節症状	□無・□有・□著			リ ン パ 球（ ） /μL

（2）他覚所見

			病 的 細 胞（ ） ％
易感染性	□無・□有・□著		
リンパ節腫脹	□無・□有・□著		
出血傾向	□無・□有・□著		
血栓傾向	□無・□有・□著		
肝　腫	□無・□有・□著		
脾　腫	□無・□有・□著		

イ 凝固系検査（ 平成・令和 年 月 日 ）

凝固因子活性（第 因子）　％／vWF活性（ ）％／インヒビター（□無・□有）／APTT（ ）秒（基準値 秒）／PT（ ）秒（基準値 秒）

ウ その他の検査

画像検査（検査名 ）　平成・令和 年 月 日　所見

他の検査（検査名 ）　平成・令和 年 月 日　所見

2 治療状況

赤血球輸血（月 回）　血小板輸血（月 回）　補充療法（月 回）　新鮮凍結血漿（月 回）

造血幹細胞移植（□無・□有）有の場合（ 年 月 日 ）

慢性GVHD（□無・□有）有の場合（□軽症・□中等症・□重症）

所見

3 その他の所見

本人の障害の程度及び状態に無関係な欄には記入する必要はありません。（無関係な欄は、斜線により抹消してください。）

（お願い）臨床所見等は、診療録に基づいてわかる範囲で記入してください。

（お願い）太文字の欄は、記入漏れがないように記入してください。

診療録で確認または本人の申立てのどちらかにチェックをして、本人の申立ての場合は、それを聴取した年月日を記入してください。

⑭ 免 疫 機 能 障 害　（　平成・令和　　　年　　月　　日 現症）

1　検 査 成 績

検査項目	検査日 単位	・・・	・・・	平均値
CD4陽性Tリンパ球数	/μL			

（現症日以前の４週間以上の間隔をおいて実施した連続する直近２回の検査結果を記入し、一番右の欄にはその平均値を記入してください。)

検査項目	検査日 単位	・・・	・・・
白 血 球 数	/μL		
ヘモグロビン量	g/dL		
血 小 板 数	万/μL		
HIV-RNA量	コピー/mL		

（現症日以前の４週間以上の間隔をおいて実施した連続する直近２回の検査結果を記入してください。)

2　身 体 症 状 等

① １日１時間以上の安静臥床を必要とするほどの強い倦怠感及び易疲労感が月に７日以上ある　（□ 有 ・ □ 無)
② 病態の進行のため、健常時に比し10％以上の体重減少がある　（□ 有 ・ □ 無)
③ 月に７日以上の不定の発熱（38℃以上）が２ヶ月以上続く　（□ 有 ・ □ 無)
④ １日に３回以上の泥状ないし水様下痢が月に７日以上ある　（□ 有 ・ □ 無)
⑤ １日に２回以上の嘔吐あるいは30分以上の嘔気が月に７日以上ある　（□ 有 ・ □ 無)
⑥ 動悸や息苦しくなる症状が毎日のように出現する　（□ 有 ・ □ 無)
⑦ 抗HIV療法による日常生活に支障が生じる副作用がある（①〜⑥の症状を除く）（抗HIV療法を実施している場合）　（□ 有 ・ □ 無)
⑧ 生鮮食料品の摂取禁止等の日常生活活動上の制限が必要である　（□ 有 ・ □ 無)
⑨ １年以内に口腔内カンジダ症、帯状疱疹、単純ヘルペスウイルス感染症、伝染性軟属腫、尖圭コンジローム等の日和見感染症の既往がある　（□ 有 ・ □ 無)
⑩ 医学的な理由により抗HIV療法ができない状態である　（□ はい ・ □ いいえ)

3　現在持続している副作用の状況

□ 代謝異常　□ リポアトロフィー　□ 肝障害　□ 腎障害　□ 精神障害　□ 神経障害
□ その他（薬剤名、服薬状況及び副作用の状況）

4　エイズ発症の既往の有無

□ 有　・　□ 無

5　回復不能なエイズ合併症のため介助なくしては日常生活がほとんど不可能な状態である

□ はい　・　□ いいえ

6　肝 炎 の 状 況　（□ 薬剤性 ・ □ B型 ・ □ C型 ・ □ その他（　　　　　）)（肝炎を発症している場合は必ず記載してください。)

（1）検査所見

検査項目	検査日 単位	・	・
血清アルブミン	g/dL		
AST（GOT）			
ALT（GPT）			
プロトロンビン時間	％ 延長率		
総ビリルビン（※）	mg/dL		

（2）臨床所見

食道静脈瘤　□ 無 ・□ 有（□ 内視鏡による、□ X線造影による、□ その他（　　　　）)
肝 硬 変　□ 無 ・□ 有（□ 代償性 、　□ 非代償性 ）
肝 細 胞 癌　□ 無 ・□ 有
肝 性 脳 症　□ 無 ・□ 有（１年以内に発症したことがある）
腹 水　□ 無 ・□ 有・□ 著
消化管出血　□ 無 ・□ 有（１年以内に発症したことがある）
（※ビリルビン値の上昇をきたす薬剤の使用　□ 無 ・□ 有）

⑮ そ の 他 の 障 害　（　平成　29 年 9 月 19 日現症）

1　症 状

（1）自覚症状

（2）他覚所見

自力で移動できない、自力で食べることができない。
糞尿失禁状態。
目は物を追うが認知できない。
意思疎通できない。発語できない。

2　検 査 成 績

（1）血液・生化学検査

検査項目	検査日 単位	施設基準値	・・・	・・・	・・・
赤 血 球 数	万/μL				
ヘモグロビン濃度	g/dL				
ヘマトクリット	％				
血 清 総 蛋 白	g/dL				
血清アルブミン	g/dL				

（2）その他の検査成績

3　人 工 臓 器 等

（1）人工肛門造設　□ 無 ・□ 有　造設年月日：平成・令和　　年　　月　　日　　閉鎖年月日：平成・令和　　年　　月　　日
（2）尿路変更術　□ 無 ・□ 有　　　　　　　　　　　　　　　　　　　閉鎖年月日：平成・令和　　年　　月　　日
（3）新膀胱造設　□ 無 ・□ 有　手術年月日：平成・令和　　年　　月　　日
（4）自己導尿の常時施行　□ 無 ・□ 有　開始年月日：平成・令和　　年　　月　　日　　終了年月日：平成・令和　　年　　月　　日
（5）完全尿失禁状態　□ 無 ・□ 有（カテーテル留置：平成・令和　　年　　月　　日）
（6）その他の手術　□ 無 ・□ 有（　　　　）平成・令和　　年　　月　　日

⑯ 現症時の日常生活活動能力及び労働能力（必ず記入してください）	日常生活活動能力及び労働能力全廃
⑰ 予　後（必ず記入してください）	回復の見込みない
⑱ 備　考	

上記のとおり、診断します。　　　　　平成29 年 9 月 19 日

病院又は診療所の名称　■ 病院　　　　　診療担当科名　外科
所　在　地　　　　　　　　　　　　　　医師氏名

【遡及認定日請求にかかる申出書】

遡及認定日請求にかかる申出書

　このたび　■　さん（以下、請求人）は、傷病名　遷延性意識障害（心肺停止蘇生後、低酸素脳症）で、障害厚生年金を『障害認定日による請求』しています。初診日は、平成 28 年 4 月 23 日です。経過から明らかなように初診日時点から意識は戻らず遷延性意識障害の状態が続いています。■ 病院■ 医師作成の平成 29 年 9 月 19 日現症日の診断書には症状固定日として、平成 28 年 7 月 14 日とあります。よって、障害認定日は 3 ヶ月経過後の平成 28 年 10 月 14 日となります。

　このたびの『障害認定日による請求』においては、遷延性意識障害に該当することのみの審査を希望しています。傷病手当金支給申請書等の参考資料を添付しておりますが、請求時の診断書のみでは『障害認定日による請求』が困難な場合には、障害認定日時点における診断書を提出いたします。しかし、ご家族ご本人の経済的負担にかんがみ、本申出書での認定をお願いするものです。

　請求人の障害状態が 1 級であることは明らかであることから、認定審査は速やかに行っていただくことを希望します。

平成 29 年 10 月■日

本人　　　　　■さん

代理人　　　　　　　　　　　　　　　　■■（社会保険労務士）
　　　　　　　　　　　　　　　　　　　　　　■

【書類整備依頼に対するご回答】

平成 30 年 2 月 ■ 日

日本年金機構　　年金事務所
　お客様相談室　　　　様

書類整備依頼に対するご回答

社会保険労務士 ■■■■

　先日ご依頼をいただきました、■ さんの障害年金請求書類の整備につきまして、ご指示いただきました点を考察致しましたのでご回答いたします。

記

1、受診状況等証明書へ遷延性植物状態に至った日付を追記し署名と押印をするように、というご依頼について

　■ 大学病院で遷延性植物状態に至った日付の記載は必要ないものと思われます。提出しております診断書の記載の通り、■ 病院に転院した平成 28 年 7 月 14 日に病院にて、遷延性植物状態の確認がなされております。症状が固定した日（治った日）は、平成 28 年 7 月 14 日と明確な記載がなされております。

　よって、遷延性植物状態と判断された日（至った日）は、平成 28 年 7 月 14 日です。

2、追記後、診断書⑦の治った日について、1 の植物状態へ至った日から 3 か月以後の日であるか確認してください、というご依頼について

　診断書⑦については、診断書作成医にお聞きすると、この日は遷延性植物状態と判断し症状固定（つまり、これ以上変化が起こらない日）を、治った日として、平成 28 年 7 月 14 日と判断したということです。医師に対して、治った日と判断された日を、「申し訳ありません、違う日に変更してください」等ということは当然出来

ないものと思われます。また、ご家族として代理人として、そのような依頼が出来るとは思えません。

3、上記2の治った日（障害認定日）より3か月以内の現症日の診断書を整備してください、というご依頼について

　診断書⑦に記載の通り、請求人は平成28年7月14日をもって症状固定で遷延性植物状態です。診断書⑩に記載の通り、「上記⑧の状態が続いている。経口摂取不能のため、経管栄養を行っている。」です。診断書⑮に記載の通り、「自力で移動できない、自力で食べることができない、便尿失禁状態、眼は物を追うが認知できない、意思疎通できない、発語できない」です。診断書⑯に記載の通り、「日常生活活動能力及び労働能力全廃」です。診断書⑰に記載の通り、「回復の見込みない」です。よって、平成28年7月14日、医師が遷延性植物状態として症状固定として判断した日から、引き続きずっと同じ状態が続いていることは誰の目から見ても明らかであります。
　そのため、当方は『遡及認定日請求にかかる申出書』を提出しております。症状固定性が明らかであれば現在の症状を表す診断書1枚で障害認定日の特例での認定日請求が可能という事務の取扱いがなされています。請求人は寝たきりの意思疎通の出来ない状態です。その請求人の平成28年10月14日から3か月以内を現症日とする診断書の取得が必要でしょうか。症状が固定している、今後において変化がないと ■■病院 ■■医師が記載しているにもかかわらず、平成28年10月14日から3か月以内の診断書を書いていただきたいという依頼をして、ご理解をいただくことは難しいものと考えます。

　請求人は、遷延性植物状態です。本来であれば既に認定審査事務が終了している段階だと思われます。一刻も早く審査をして頂く必要があります。ご家族の金銭的な負担、精神的な負担を少しでも軽減して頂きたいと思います。それでもなお、審査に不都合があるならば、診断書を取得するように代理人として努力いたします。もし必要ということであるならば、お手数ではございますが再度のご指示をよろしくお願い致します。

以上

傷病混在による診断書と病歴・就労状況等申立書の整備を求めて返戻された眼の障害の事例（共済組合）

▶ 共済組合　　▶ 傷病混在

1 事例の概要

1）請求人は、50歳代男性。
2）眼の障害（右裂孔原性網膜剥離、白内障、両錐体ジストロフィー）で共済組合に障害厚生年金の事後重症請求をした。
3）外傷（右裂孔原性網膜剥離）と疾病（白内障、両錐体ジストロフィー）が混在しているとの理由で返戻となった。
4）返戻指示に従い、診断書と病歴・就労状況等申立書を訂正して書類を再提出した。
5）審査の結果、3級の障害厚生年金が支給決定となった。

2 この事例を理解するために必要な知識・情報

　本事例は、平成16年頃から両黄斑部の萎縮（のちに白内障併発）があり、徐々に視力および視野の障害が進行していたところ、平成28年の右眼負傷による網膜剥離で病状が悪化しました。

　令和5年2月の裁定請求日時点の病状としては、網膜剥離と白内障はすでに手術で改善をみており、両錐体ジストロフィーによる視力および視野障害が残っている状態でした。

　しかし、裁定請求時に添付した診断書の傷病名欄には、右裂孔原性網膜剥離、白内障、両錐体ジストロフィーが併記されており、いわゆる傷病混在の状態にみえる記載となっていました。

③ 返戻・照会の内容（抜粋）

****

　連合会から次の通り連絡がありました。下記内容をご確認いただき、書類の整備を
お願いいたします。

　①　診断書について

　　請求傷病「右裂孔原性網膜剥離、白内障、両錐体ジストロフィー」の初診日を平
成16年12月31日として請求がありましたが、当該初診日後の平成28年4月に転
倒して後頭部や顔面を負傷し、右眼裂孔原性網膜剥離と診断された経緯が読み取れ
ます。

　　よって、請求傷病内の右眼裂孔原性網膜剥離は別傷病と思われます。

　　ついては、当該初診日に係る傷病のみの診断書となるよう書類の整備をお願いし
ます。

　• 「障害の原因となった傷病名」欄

　　「右裂孔原性網膜剥離」を削除してください。

　• 「傷病の原因又は誘因」欄
　• 「現在までの治療の内容、期間、経過、その他参考となる事項」欄

　　「白内障、両錐体ジストロフィー」に対する内容にしてください。

---

　②　病歴・就労状況等申立書について

　　「白内障、両錐体ジストロフィー」に係る傷病のみの内容になるよう整備をお願
いします。

****

④ なぜ返戻・照会になったのか

　病歴・就労状況等申立書をよく読めば右裂孔原性網膜剥離と白内障の影響はほとん
どないことがわかりますが、共済組合の審査は形式を重んじる傾向であるため、整備
をするよう求めてきたものと思われます。

5 返戻・照会への対応

　返戻文書を診断書作成医療機関に持参し、診断書の訂正依頼をかけ、病歴・就労状況等申立書については返戻指示に従い訂正を行って、再提出しました。

　診断書の訂正に関しては、詳細に訂正部分の指示があったことから医療機関への説明はスムーズに行うことができました。

6 本事例のポイントとまとめ

　本事例では、疾病と負傷が混在した診断書記載内容となっており、認定審査がスムーズに進まなかったことが問題でした。

　一方で、共済組合からの細かな返戻指示は、「こう補正すれば認定しますよ」というメッセージととらえることができます。

　特に形式審査を重んじる共済組合においては、まず審査を進めてもらい、その指示に応じて補正をしていくというのがよいことも珍しくありません。

　もちろん、傷病が混在しない診断書を最初から提出することができればよかったのでしょうが、本事例ではそれが少し難しい事情がありました。そこで、一度（傷病混在状態の）診断書を提出し、返戻をもらうことで、診断書作成医に補正依頼をかけることとしました。

　「共済組合からこのような指示が来ていますので、補正をお願いできますでしょうか」と。

　このように、返戻をうまく活用することも、手続きを進めていくときには必要となることがあるということをぜひ知っておいてください。

【訂正前の診断書】

様式第120号の1

| （眼） | 国 民 年 金
厚 生 年 金 保 険 | | **診 断 書** | （眼の障害用） |

| （フリガナ）
氏 名 | ■■■ | 生年月日 | □昭和
レ平成
□令和 42 年 4 月 ■ 日生（　歳） | 性別 レ男・女 |

| 住 所 | 住所地の郵便番号 ■■■ | 都道
府県 ■■■ | 郡市
区 ■■■ |

| ① 障害の原因
となった
傷病名 | ①右裂孔原性網膜剥離
②白内障
③両錐体ジストロフィー | ② 傷病の発生年月日 | □昭和
レ平成
□令和 28 年 4 月 ■ 日 | レ診療録で確認
□本人の申立て（　　） |
| | | ③ ①のため初めて医師の診療を受けた日 | □昭和
レ平成
□令和 28 年 5 月 31 日 | レ診療録で確認
□本人の申立て（　　） |

| ④ 傷病の原因
又は誘因 | 転倒による
初診年月日（□昭和・レ平成・□令和 28 年 6 月 1 日） | ⑤ 既存障害 | なし | ⑥ 既往症 | 両黄斑部変性 |

| ⑦ 傷病が治った（症状が固定して治療
の効果が期待できない状態を含む。）
かどうか。 | 傷病が治っている場合 ……… 治った日 | □平成
レ令和 28 年 6 月 2 日 | レ確 定
□推 定 |
| | 傷病が治っていない場合 ……… 症状のよくなる見込 □有 ・ レ無 ・ □不明 |

| ⑧ 診断書作成医療機関に
おける初診時所見
初診年月日
□昭和 28 年 6 月 1 日
レ平成
□令和 | 前医より上記傷病で紹介受診。 |

| ⑨
現在までの治療の内容、
期間、経過、その他の
参考となる事項 | 転倒、後頭部、顔面打撲による視野障害が出現し前医受診。右耳側上方より胞状網膜剥離が認められたため当院紹介受診となった。2016．6．1入院、手術施行となった。 | 診療回数 年間 2 回、月平均　回
手術歴 部位 □左・レ右
□眼球摘出・レその他の手術
手術名（　左記のとおり　）
手術年月日（　年　月　日） |

⑩ 障 害 の 状 態 （□平成 レ令和 4 年 12 月 ■ 日 現症）

(1) 視 力

	裸眼	矯 正 視 力			
右	－	0.06 × 略 D ⌒ cyl 略 D Ax 略
左	0.09	× D ⌒ cyl D Ax

(2) 視 野　※ 視野図のコピーを添付してください。

・ゴールドマン型視野計を用いた場合は、どのイソプタが I / 4 の視標によるものか、 I / 2 の視標によるものかを明確に区別できるように記載した視野図を添付してください。
・自動視野計を用いた場合は、両眼開放エスターマンテストの検査結果及び10-2プログラムの検査結果がわかるものを添付してください。

ア．ゴールドマン型視野計
（ア）周辺視野の評価（ I / 4 ）
① 周辺視野の角度

	上	内上	内	内下	下	外下	外	外上	合計	
右										度
左										度

② 両眼による視野が2分の1以上欠損 （ □はい ・ レいいえ ）

（イ）中心視野の評価（ I / 2 ）
中心視野の角度

	上	内上	内	内下	下	外下	外	外上	合計	
右									a	度
左									b	度

両眼中心視野
角度（ I / 2 ） （aとbのうち大きい方）（aとbのうち小さい方）
（ ［　］ ×3 ＋ ［　］ ）/4 ＝ ［　］ 度

イ．自動視野計
（ア）周辺視野の評価
両眼開放エスターマンテスト 両眼開放視認点数 **99** 点
（イ）中心視野の評価（10-2プログラム）

| 右 | c | 2 | 点（≧26dB） |
| 左 | d | | 点（≧26dB） |

両眼中心視
視認点数 （cとdのうち大きい方）（cとdのうち小さい方）
（ 2 ×3 ＋ 1 ）/4 ＝ 2 点

(3) 所 見

	右	左
前眼部所見	－	－
中間透光体所見	眼内レンズ挿入眼	
眼底所見	黄斑変性	黄斑変性

(4) その他の障害 （その程度・症状・治療経過等を記載してください。）

該当するもののローマ数字にチェックをしてください。
□ I 調節機能 ／ □ II 輻輳機能 ／ □ III 瞳孔
□ IV まぶたの欠損 ／ □ V まぶたの運動 ／ □ VI 眼球の運動

| ⑪ 現在時の日常生活
動能力及び労働能力
（必ず記入してください。） | 視力・視野ともに障害が著しく日常生活に支障を来している。 |

| ⑫ 予 後
（必ず記入してください。） | 錐体ジストロフィーは回復見込みなし。 | ⑬ 備 考 | 身体障害者手帳5級取得 |

本人の障害の程度及び状態に無関係な欄には記入する必要はありません。（無関係な欄は、斜線により抹消してください。）

上記のとおり、診断します。　　　2023 年 1 月 ■ 日
病院又は診療所の名称 ■■ 病院　　　　診療担当科名 眼科
所 在 地 ■■■　　　　　　　　医師氏名 ■■■

【訂正後の診断書】

| | 国 民 年 金 厚生年金保険 | **診 断 書** | （眼の障害用） | 様式第120号の1 |

（フリガナ）
氏 名 ▓▓▓▓▓▓▓▓

生年月日 ☑昭和 平成 令和 42 年 4 ■ 日生（ 歳） 性別 ☑男 □女

住 所 住所地の郵便番号 ▓▓▓ ▓▓ 都道府県 ▓▓▓▓ 郡市区 ▓▓▓▓▓▓

① 障害の原因となった傷病名
①白内障
②両錐体ジストロフィー

② 傷病の発生年月日 ☑昭和 平成 令和 28 年 4 ■ 日 ☑診療録で確認 本人の申立て

③ ①のため初めて医師の診療を受けた日 ☑昭和 平成 令和 28 年 5 月 31 日 ☑診療録で確認 本人の申立て

④ 傷病の原因又は誘因 両黄斑部変性
初診年月日（□昭和・☑平成・□令和 16 年 頃 月 日）

⑤ 既存障害 なし

⑥ 既往症 両黄斑部変性

⑦ 傷病が治った（症状が固定して治療の効果が期待できない状態を含む。）かどうか。
傷病が治っている場合 ………… 治った日 □平成 □令和 年 月 日 □確定 □推定
傷病が治っていない場合 ……… 症状のよくなる見込 □有 ・ ☑無 ・ □不明

⑧ 診断書作成医療機関における初診時所見
初診年月日（□昭和 ☑平成 □令和 28 年 6 月 1 日）
前医より上記傷病で紹介受診。

⑨ 現在までの治療の内容、期間、経過、その他の参考となる事項
白内障に対して2016.6.2手術施行。
現在は右眼内レンズ挿入眼で経過観察中。
錐体ジストロフィーに対しては外来にて経過観察中。

診療回数 年間 2 回、月平均 回
手術歴 部位 □左・☑右 □眼球摘出・☑その他の手術 手術名（ 白内障手術 ） 手術年月日 （ 2016 年 6 月 2 日 ）

⑩ **障 害 の 状 態** （ □平成 ☑令和 4 年 12 月 ■ 日 現症）

(1) 視 力

	裸 眼	矯 正 視 力
右	－	0.06 × 略 D （ ） cyl 略 D Ax 略 °
左	0.09	× D （ ） cyl D Ax °

(3) 所 見

	右	左
前眼部所見	－	
中間透光体所見	眼内レンズ挿入眼	
眼底所見	黄斑変性	黄斑変性

(2) 視 野 ※ 視野図のコピーを添付してください。

・ゴールドマン型視野計を用いた場合は、どのイソプタが I／4の視標によるものか、I／2の視標によるものかを明確に区別できるように記載した視野図を添付してください。
・自動視野計を用いた場合は、両眼開放エスターマンテストの検査結果及び10-2プログラムの検査結果がわかるものを添付してください。

(4)その他の障害 （その程度・症状・治療経過等を記載してください。）

該当するもののローマ数字にチェックをしてください。
□Ⅰ 調節機能 ／ □Ⅱ 輻輳機能 ／ □Ⅲ 瞳孔
□Ⅳ まぶたの欠損 ／ □Ⅴ まぶたの運動 ／ □Ⅵ 眼球の運動

ア. ゴールドマン型視野計

（ア）周辺視野の評価（ I／4 ）
① 周辺視野の角度

	上	内上	内	内下	下	外下	外	外上	合計
右									度
左									度

② 両眼による視野が2分の1以上欠損 （ □はい ・ □いいえ ）

（イ）中心視野の評価（ I／2 ）
中心視野の角度

	上	内上	内	内下	下	外下	外	外上	合計
右									a 度
左									b 度

両眼中心視野角度（ I／2 ）
(aとbのうち大きい方) (aとbのうち小さい方)
（ ［ ］ ×3 + ［ ］ ）/4 = ［ ］ 度

イ. 自動視野計

（ア）周辺視野の評価
両眼開放エスターマンテスト 両眼開放視認点数 ［ 99 ］ 点

（イ）中心視野の評価（10-2プログラム）

	点（≧26dB）
右 c	2
左 d	0

両眼中心視野視認点数
(cとdのうち大きい方) (cとdのうち小さい方)
（ ［2］ ×3 + ［1］ ）/4 = ［ 2 ］ 点

⑪ 現症時の日常生活活動能力及び労働能力（必ず記入してください。）
視力・視野ともに障害が著しく日常生活に支障を来している。

⑫ 予 後（必ず記入してください。）
錐体ジストロフィーは回復見込みなし。

⑬ 備 考
身体障害者手帳5級取得

本人の障害の程度及び状態に無関係な欄には記入する必要はありません。（無関係な欄は、斜線により抹消してください。）
上記のとおり、診断します。 2023 年 1 月 ■ 日
病院又は診療所の名称 ▓▓ 病院 診療担当科名 眼科
所 在 地 ▓▓▓▓▓▓▓▓ 医師氏名 ▓▓▓▓

（お願い）障害の状態は、診療録に基づいてわかる範囲で記入してください。

（お願い）太文字の欄は、記入漏れがないように記入してください。

診療録で確認または本人の申立てのどちらかにチェックをして、本人の申立ての場合は、それを聴取した年月日を記入してください。

返戻事例

共済組合／傷病混在

病歴・就労状況等申立書

No. 1 － 1 枚中

（請求する病気やけがが複数ある場合は、それぞれ用紙を分けて記入してください。）

病歴状況	傷病名	右裂孔原性網膜剥離、白内障、両錐体ジストロフィー

発病日	平成　16 年　頃 月　　日	初診日	平成　16 年　頃 月　　日

記入する前にお読みください。
○ 次の欄には障害の原因となった病気やけがについて、発病したときから現在までの経過を年月順に期間をあけずに記入してください。

○ 受診していた期間は、通院期間、受診回数、入院期間、治療経過、医師から指示された事項、転医・受診中止の理由、日常生活状況、就労状況などを記入してください。

○ 受診していなかった期間は、その理由、自覚症状の程度、日常生活状況、就労状況などについて具体的に記入してください。

○ 健康診断などで障害の原因となった病気やけがについて指摘されたことも記入してください。

○ 同一の医療機関を長期間受診していた場合、医療機関を長期間受診していなかった場合、発病から初診までが長期間の場合は、その期間を3年から5年ごとに区切って記入してください。

	期間	状況
1	平成　16 年　頃 月　　日から 平成　16 年　頃 月　　日まで レ 受診した ・ □ 受診していない 医療機関名 ■■病院（眼科）	発病した時の状態と発病から初診までの間の状況（先天性疾患は出生時から初診まで） 「高校卒業後（18歳）市役所に就職して、地方公務員として問題なく仕事を続けていた。平成16年頃（36歳）から視力の低下を自覚するようになり、運転免許証を返納しなければならない状態だった。そのため、「■■病院」の眼科外来を受診したところ「両眼黄斑変性（萎縮）」の診断を受けた。
2	平成　17 年　1 月　1 日から 平成　18 年　6 月　30 日まで レ 受診した ・ □ 受診していない 医療機関名 ■■病院（眼科） ■■病院（眼科）	左の期間の状況 視神経の萎縮が進行しており、「■■病院」の眼科外来を紹介受診した。両眼の強度近視により矯正視力が右0.08、左0.1以下まで低下しており、平成17年5月13日に身体障害者手帳（5級）の交付を受けた。 同院では、病状は徐々に進行していく不可逆的な疾病であり、治療効果が期待できない状態（症状固定）であると説明されたため、それ以降医療機関を受診することはなかった。
3	平成　18 年　7 月　1 日から 平成　23 年　6 月　30 日まで □ 受診した ・ レ 受診していない 医療機関名	左の期間の状況 その後も病状に改善はみられず緩やかに進行していったが、具体的な治療法がなかったため医機療関を受診することなく、平成23年頃には■■■■に転居した。
4	平成　23 年　7 月　1 日から 平成　28 年　5 月　31 日まで レ 受診した ・ □ 受診していない 医療機関名 ■■病院（眼科） ■■病院（眼科）	左の期間の状況 平成27年に糖尿病眼底検査のため「■■病院」を受診したところ、糖尿病網膜症はみられないとの検査結果であり、矯正視力は右眼0.1、左眼0.1だった。 平成28年4月■日、キセル犯人を取りおさえようとしたところ転倒して、後頭部や顔面を負傷した。 その後視野異常が出現したため、同年5月31日に同院を受診したところ「右眼裂孔原性網膜剥離」「両眼強度近視」「黄斑変性（萎縮）」と診断された。検査の結果、矯正視力は右眼0.03p、左眼0.1まで低下している状態だった。
5	平成　28 年　6 月　1 日から 令和　3 年　12 月　31 日まで レ 受診した ・ □ 受診していない 医療機関名 ■■（眼科）	左の期間の状況 さらに精密検査をするため、平成28年6月1日に「■■病院」の眼科を紹介受診したところ、「右裂孔原性網膜剥離」「白内障」「両錐体ジストロフィー」との診断が確定した。即日入院となり、翌日に右硝子体茎顕微鏡下離断術及び水晶体再建術を施行した。 同年6月9日に退院後は、自宅療養しながら同院に定期的な外来通院を続けた。
6	令和　4 年　1 月　1 日から 令和　5 年　2 月　現 在まで レ 受診した ・ □ 受診していない 医療機関名 ■■（眼科）	左の期間の状況 現在は、■■の眼科外来に6月毎に通院している。令和4年12月20日に実施した検査結果では、矯正視力が右眼0.06、左眼0.09、自動視野計で両眼開放視認点数が99点、両眼中心視野視認点数が2点だった。 基礎疾患である「錐体ジストロフィー」は、眼底の黄斑部に集中する視細胞である錐体に両眼性、進行性の病変を呈する先天性の遺伝子疾患である。同疾患に治療法はなく、進行を止めることができないため難病にも指定（301黄斑ジストロフィー）されている。（別添「連絡事項」を参照。） 平成28年の網膜剥離の手術後、右眼の視力については一旦回復したものの、平成17年の身体障害者手帳交付時と比較すると、両眼ともに視力が緩徐に低下しており、同病変による両眼の視力及び視野障害の進行のため、日常生活に著しい制限を受けている状況である。（別添「障害年金の初診日に関する調査票」を参照。）

病歴・就労状況等申立書　　No. 1 － 1 枚中

（請求する病気やけがが複数ある場合は、それぞれ用紙を分けて記入してください。）

病歴状況	傷病名	白内障、両錐体ジストロフィー
発病日	平成 16 年 頃 月 日	初診日　　平成 16 年 頃 月 日

記入する前にお読みください。

○ 次の欄には障害の原因となった病気やけがについて、発病したときから現在までの経過を年月順に期間をあけずに記入してください。

○ 受診していた期間は、通院期間、受診回数、入院期間、治療経過、医師から指示された事項、転医・受診中止の理由、日常生活状況、就労状況などを記入してください。

○ 受診していなかった期間は、その理由、自覚症状の程度、日常生活状況、就労状況などについて具体的に記入してください。

○ 健康診断などで障害の原因となった病気やけがについて指摘されたことも記入してください。

○ 同一の医療機関を長期間受診していた場合、医療機関を長期間受診していなかった場合、発病から初診までが長期間の場合は、その期間を3年から5年ごとに区切って記入してください。

	期間	状況
1	平成 16 年 頃 月 日から　平成 16 年 頃 月 日まで　☑受診した ・ □受診していない　医療機関名　■■病院（眼科）	発病した時の状態と発病から初診までの間の状況（先天性疾患は出生時から初診まで）　「高校卒業後（18歳）市役所に就職して、地方公務員として問題なく仕事を続けていた。平成16年頃（36歳）から視力の低下を自覚するようになり、運転免許証を返納しなければならない状態だった。そのため、「■■病院」の眼科外来を受診したところ「両眼黄斑変性（萎縮）」の診断を受けた。
2	平成 17 年 1 月 1 日から　平成 18 年 6 月 30 日まで　☑受診した ・ □受診していない　医療機関名　■■病院（眼科）　■■病院（眼科）	左の期間の状況　視神経の萎縮が進行しており、「■■病院」の眼科外来を紹介受診した。両眼の強度近視により矯正視力が右0.08、左0.1以下まで低下しており、平成17年5月13日に身体障害者手帳（5級）の交付を受けた。　同院では、病状は徐々に進行していく不可逆的な疾患であり、治療効果が期待できない状態（症状固定）であると説明されたため、それ以降医療機関を受診することはなかった。
3	平成 18 年 7 月 1 日から　平成 23 年 6 月 30 日まで　□受診した ・ ☑受診していない　医療機関名	左の期間の状況　その後も病状に改善はみられず緩やかに進行していったが、具体的な治療法がなかったため医機療関を受診することなく、平成23年頃には■■に転居した。
4	平成 23 年 7 月 1 日から　平成 28 年 5 月 31 日まで　☑受診した ・ □受診していない　医療機関名　■■病院（眼科）　■■病院（眼科）	左の期間の状況　平成27年に糖尿病眼底検査のため「■■病院」を受診したところ、糖尿病網膜症はみられないとの検査結果であり、矯正視力は右眼0.1、左眼0.1だった。　平成28年4月■日、キセル犯人を取りおさえようとしたところ転倒して、後頭部や顔面を負傷した。その後視野異常が出現したため、同年5月31日に同院を受診したところ「両眼強度近視」「黄斑変性（萎縮）」と診断された。検査の結果、矯正視力は右0.03p、左眼0.1まで低下している状態だった。
5	平成 28 年 6 月 1 日から　令和 3 年 12 月 31 日まで　☑受診した ・ □受診していない　医療機関名　■■（眼科）	左の期間の状況　さらに精密検査をするため、平成28年6月1に「■■病院」の眼科を紹介受診したところ、「白内障」「両錐体ジストロフィー」との診断が確定した。即日入院となり、翌2日に白内障の手術を施行した。　同年6月9日退院後は、自宅療養しながら同院外来に定期的に通院をして、右眼内レンズ挿入眼の経過観察を行っている。
6	令和 4 年 1 月 1 日から　令和 5 年 2 月 現 在まで　☑受診した ・ □受診していない　医療機関名　■■（眼科）	左の期間の状況　令和4年12月20日に■■で実施した検査結果では、矯正視力が右眼0.06、左眼0.09、自動視野計で両眼開放視認点数が99点、両眼中心視野視認点数が2点だった。　基礎疾患である「錐体ジストロフィー」は、眼底の黄斑部に集中する視細胞である錐体に両眼性、進行性の病変を呈する先天性の遺伝子疾患である。同疾患に治療法はなく、進行を止めることができないため、回復の見込みに乏しく難病に指定（301黄斑ジストロフィー）されており、同センターに6カ月毎に通院して経過観察中である。（別添「連絡事項」を参照。）　平成28年の白内障の手術後、右眼の視力については一旦回復したものの、平成17年の身体障害者手帳交付時と比較すると、両眼ともに視力が緩徐に低下しており、同病変による両眼の視力及び視野障害の進行のため、日常生活に著しい制限を受けている状況である。（別添「障害年金の初診日に関する調査票」を参照。）

返戻事例

共済組合／傷病混在

社会的治癒の審査で長期間にわたるカルテの提出を求められた共済組合の事例

▶ 共済組合　　▶ 障害状態

1 事例の概要

1）請求人は、30歳代女性。
2）うつ病で社会的治癒を申し立て、共済組合に対して障害厚生年金の事後重症請求をした。
3）共済組合が定めた「障害認定に関する事務取扱要領」に基づき、長期間の複数病院の診療録（カルテ）の写し等の提出を求められた。
4）必要とする理由が明確ではなく、十分な説明もないことから、請求人の負担を考え最低限の返戻対応を行った。
5）審査の結果、社会的治癒が認められ、共済組合加入期間を初診日とする2級で支給決定となった。

2 この事例を理解するために必要な知識・情報

1）社会的治癒とは

「症状が安定して特段の療養の必要がなく、長期的に自覚症状や他覚症状に異常が見られず、普通に生活や就労ができている期間がある場合に、「社会的治癒」とされます。社会的治癒の状態に該当するか否かは、診断書や病歴・就労状況等申立書等の内容によって、個別に判断されています。」
（出典：『はじめて手続きする人にもよくわかる　障害年金の知識と請求手続ハンドブック　7訂版』（高橋裕典著、日本法令））

社会的治癒が認められると、初診日が変わることになります。本事例のように初診日が共済組合加入期間となると金額的にも障害等級的にも請求人にとって有利に

なることが多くあります。また、初診日が後になることによって遡及請求ができる可能性が高まることも考えられることから、代理人としては病歴等をしっかり聞き取り、社会的治癒の可能性を考える必要があります。

2）共済組合での認定審査

　初診日が共済組合加入期間にある場合には、共済組合に請求手続を行うことになります。日本年金機構での認定審査と違い、それぞれ共済組合ごとに独自のルールが設けられている場合があるので注意が必要です。一部の共済組合では医師照会や返戻が非常に多いという状況があります。指示されるままに対応するのではなく、何のために必要なのか、本当に必要なものなのか、代理人としてよく検討してください。

③ 提出書類の内容

　請求手続の際に提出した主な書類は以下のとおりです。
　1）【参考資料】生来から発病前までの様子（237ページ）
　2）病歴・就労状況等申立書（238ページ）
　3）初診日に関する補足申立（239ページ）
　4）診断書（令和4年7月15日現症日）（240ページ）
　初診日として2つ候補が上がりました。学生の頃の国民年金期間である平成24年10月か、就職して共済組合に加入後の平成28年12月かです。その間は約4年間あり、発病の経過が全く異なることを伝えて（平成28年12月を初診日として）手続きを行いました。

④ 返戻・照会の内容（抜粋）

＊＊＊＊＊＊＊＊＊＊＊＊＊＊＊＊＊＊＊＊＊＊＊＊＊＊＊＊＊＊＊＊＊＊＊＊＊＊
　認定審査を行うにあたり、以下の資料の提出をお願いします。
1）診療録（カルテ）の写し（各々の医療機関のもの）
　　初診日平成28年12月〜平成30年6月まで、及び令和2年7月〜令和4年7月まで
2）各種臨床検査結果報告書等（心理テスト・認知検査等）の写し
　　上記1の期間に検査等を受けた場合に必要
3）診療情報提供書等の写し
　　＊転院等で医療機関の変更をされた場合に必要（変更時のもの）
＊＊＊＊＊＊＊＊＊＊＊＊＊＊＊＊＊＊＊＊＊＊＊＊＊＊＊＊＊＊＊＊＊＊＊＊＊＊
　共済組合からは、追加資料提出が必要な理由の説明はなく、ただ『本共済組合が定

めた「障害認定に関する事務取扱要領」に基づくもの』とだけ担当者から説明があり
ました。

5 なぜ返戻・照会になったのか

当職は、これほど長期間の診療録（カルテ）の写しの提出を求められた経験はな
く、非常に戸惑いました。障害状態の確認、経過の確認のためであることは推測でき
ますが、明確な目的もなく機械的に提出を求めているような印象を受けました。日本
年金機構が診療録（カルテ）の写しを求める場合には理由が明確に示され、その期間
も3か月間ほどの場合が多いと思います。代理人としては、指示されたとおりに対応
するのではなく、追加で資料提出が必要となる理由を考えたうえで、請求人の最善を
考えて対応する必要があります。

6 返戻・照会への対応

指示された期間の全病院の診療録（カルテ）を取得して提出するとなると膨大な費
用と時間がかかるため、診療録（カルテ）を提出することは一切行いませんでした。
その代わりに受診したそれぞれの病院で受診状況等証明書を作成していただき提出し
ました。保険者が知りたい情報（経過の確認、症状の確認）は診療録（カルテ）でな
くても、これらの資料で十分足りると思われることを『このたびの照会事項につい
て』（242ページ）としてまとめ、伝えました。

7 本事例のポイントとまとめ

何のために医師照会や返戻が行われたのかをよく考えたうえで、請求人と対応を検
討する必要があります。

診療録（カルテ）を開示して取得するには、時間とお金がかかります（基本的に
は、手数料等は請求人側の負担になります）。診療録（カルテ）開示には、病院内の
情報管理委員会等の承認が必要になることから1か月～数か月の時間がかかることが
ほとんどです。コピー代金は病院ごと違うことから、事前に金額や該当枚数等を確認
してから依頼を行わないと想定外の金額になることがあるので注意が必要です。

診療録（カルテ）の写しを指示どおりに提出したからといって、希望どおりの結果
になるとは限りません。本事例では診療録（カルテ）の提出はしませんでしたが、保
険者は約4年間の期間を社会的治癒として認め2級の障害厚生年金を決定しました。
初診日が共済加入期間で確定したことから、その後、障害認定日（遡及）請求を行い
ました。

【参考資料】生来から発病前までの様子

	期間	左の期間の状況
1	平成 3 年 5 月 ○ 日から 平成 10 年 3 月 31 日まで ☐ 受診した ・ レ 受診していない 医療機関名	元気に生まれた。言葉や動作に異常は全くなかった。人見知りはするけれど慣れてくると自分から沢山話しをする子供だった。
2	平成 10 年 4 月 1 日から 平成 16 年 3 月 31 日まで ☐ 受診した ・ レ 受診していない 医療機関名	小学校は楽しく通っていた。本が好きで1人でよく読書をしていた。運動も勉強も良く出来る子供で友達も多かった。学校は休むことなく元気に毎日行っていた。
3	平成 16 年 4 月 1 日から 平成 22 年 3 月 31 日まで ☐ 受診した ・ レ 受診していない 医療機関名	中学校も楽しく通っていた。中学1年時に祖父が脳出血で重度障害となった。小さい頃から祖父に可愛がられていたことから、寝たきりの様子を見て精神的にショックを受けた。それでも、学校を休むことはなく授業も欠かさず受けていた、勉強は好きで成績も良かった。高校2年時に祖父が亡くなり精神的な落ち込みは激しかったが学校を長く休むようなことはなかった。
4	平成 22 年 4 月 1 日から 平成 24 年 10 月 ○-1 日まで ☐ 受診した ・ レ 受診していない 医療機関名	大学は教育学部に進学した。アパートに1人暮らしをしながら楽しく通っていた。大学では演劇部に入り活動していた。日々の勉強は大変だったが、将来の為、資格取得の勉強もしていたことから忙しかった。大学3年時の教育実習がとても大変で精神的に不安定となり眠れなくなった。その様子を見ていた大学教授に精神科病院への受診を勧められた。
5	平成 24 年 10 月 ○ 日から 平成 24 年 12 月 1 日まで レ 受診した ・ ☐ 受診していない 医療機関名：＊＊＊クリニック 【受診状況等証明書添付】2回受診した	平成24年10月○日に家から近い「＊＊＊クリニック」を初めて受診した。睡眠薬・抗不安薬が処方された。服薬すると症状が回復したため、2回の受診のみでその後は行かなくなった。
6	平成 24 年 12 月 2 日から 平成 27 年 3 月 31 日まで ☐ 受診した ・ レ 受診していない 医療機関名	時給は安かったが将来の勉強の為に家庭教師のアルバイトを長く続けていた。大学の授業は休むことはなかった。成績はとても良く教員試験に無事合格した。
7	平成 27 年 4 月 1 日から 平成 28 年 8 月 31 日まで ☐ 受診した ・ レ 受診していない 医療機関名	教師となり小学校に配属された。非常に忙しかったが希望していた職場で、毎日やりがいを感じて頑張っていた。遅刻や早退、休むことはなかった。

返戻事例

共済組合／障害状態

【病歴・就労状況等申立書】

病歴・就労状況等申立書

No. 1 － 1 枚中

（請求する病気やけがが複数ある場合は、それぞれ用紙を分けて記入してください。）

病歴状況	傷病名	うつ病
発病日	平成　28 年　秋　頃	初診日　平成　28 年　12 月　○ 日

記入する前にお読みください。
- ○ 次の欄には障害の原因となった病気やけがについて、発病したときから現在までの経過を年月順に期間をあけずに記入してください。
- ○ 受診していた期間は、通院期間、受診回数、入院期間、治療経過、医師から指示された事項、転医・受診中止の理由、日常生活状況、就労状況などを記入してください。
- ○ 受診していなかった期間は、その理由、自覚症状の程度、日常生活状況、就労状況などについて具体的に記入してください。
- ○ 健康診断などで障害の原因となった病気やけがについて指摘されたことも記入してください。
- ○ 同一の医療機関を長期間受診していた場合、医療機関を長期間受診していなかった場合、発病から初診までが長期間の場合は、その期間を3年から5年ごとに区切って記入してください。

No.	期間	左の期間の状況
1	平成　28 年 9 月 1 日から 平成　28 年 12 月 ○〜1 日まで □ 受診した ・ ✓ 受診していない 医療機関名	教員として毎日やりがいを感じて頑張っていた。遅刻や早退、休むことはなかった。頑張っていたが指導の先生や同僚から注意を受けることが多く、次第に思い詰めるようになっていった。このままでは仕事や生活に支障が出ると不安に思い病院へ行って診てもらうことにした。
2	平成　28 年 12 月 ○ 日から 平成　29 年 1 月 ×〜1 日まで ✓ 受診した ・ □ 受診していない 医療機関名：○○メンタルクリニック 【受診状況等証明書添付】	平成28年12月○日に予約なしでもすぐに診てもらえたことから「○○メンタルクリニック」を受診した。自分としては今後も仕事をしっかり頑張るために病院を受診した。仕事のストレスが原因で「抑うつ状態」と診断された。教頭に精神科病院への受診を伝えたところ、しばらく休むように言われた。病院から診断書をもらい休職することになった。今まで何とか1人暮らししてきたが不可能になった。
3	平成　29 年 1 月 × 日から 令和　1 年 7 月 31 日まで ✓ 受診した ・ □ 受診していない 医療機関名：△△クリニック（精神科） 医療機関名：□□病院（精神科）	1人暮らしが出来なくなり実家に戻り病院へ通うようになった。医師が話を聞いてくれないことから不信感を抱き、知り合いの勧めで、平成29年1月×日から「△△クリニック」に転院した。症状が改善せず、休職期間が何度も延長となり平成30年まで休職した。体調は十分に回復していなかったが、焦りと不安から無理して復職をした。通勤に慣れる、職場環境と人間関係に慣れるための復職トレーニングをしたが、精神的に不安定で自傷行為を繰返してしまい、4か月間、□□病院（精神科）に入院となった。令和1年5月から職場に復職したものの、またすぐに精神的に不安定となり自傷行為を繰返した。
4	令和　1 年 8 月 1 日から 令和　3 年 1 月 31 日まで ✓ 受診した ・ □ 受診していない 医療機関名：Aセンター病院 医療機関名：Bセンター病院 医療機関名：C大学病院　精神科 医療機関名：D病院　精神科	令和1年8月からAセンター病院に3か月入院後、Bセンター病院に転院した。1人暮らしは不可能で実家から病院へ通っていた。オーバードーズがありC大学病院へ搬送され入院した。その後も何度も何度も入退院を繰返した。支援者からD病院の精神科でカウンセリングを受けることを勧められ転院した。その後、復職することは叶わず、休職期間が満了となり令和3年1月で教員をやむを得ず辞めた。
5	令和　3 年 2 月 1 日から 令和　4 年 2 月 28 日まで ✓ 受診した ・ □ 受診していない 医療機関名：F医院　精神科 医療機関名：C大学病院　精神科 医療機関名：D病院　精神科	働かなければいけないという焦りがあり、体調は良くなかったが無理をして仕事を探した。F医院精神科に通いながら塾講師として働き始めた。しかし、職場の人間関係でうまくいかず、すぐに精神的に不安定となりしばらく休職していたが、塾長から解雇を言い渡された。自傷行為のためC大学病院へ搬送され、令和3年11月に入院となり、その後、D病院精神科へ転院して引き続き令和4年2月まで入院した。
6	令和　4 年 3 月 1 日から 令和　現　在　まで ✓ 受診した ・ □ 受診していない 医療機関名：D病院　精神科 医療機関名：C大学病院　精神科	D病院精神科に2週間に1回定期的に受診していた。臨床心理士によるカウンセリングを週2回受けていた。病院で週2回、作業療法を受け、週2回、訪問看護を利用していた。医師からは体調を整えるために定期的に入院が必要と言われたが、受け入れることは出来なかった。家族の見守りのおかげで何とか日常生活が成り立っている状態であった。仕事をしないといけないという焦りや不安が強いが自分ではどうすることも出来なかった。先日もオーバードーズのためC大学病院へ救急搬送された。現在、D病院に入院中であり退院の目途は経っていない。治療をずっと続けてきたが良くならず働くことが出来ない状態であることから障害年金制度を利用したいと考えている。これから先のことを考えると不安で仕方がない。

※裏面（署名欄）も記入してください。

【初診日に関する補足申立】

```
                                                    令和 4 年 8 月○日
                         初診日に関する補足申立

    請求人は請求傷病「うつ病」で障害厚生年金を請求しています。初診日が平成 28 年 12 月○日と
考えられることから補足申立をします。

【補足申立事項】
 1．請求人は、大学 3 年時に日々の勉強と教育実習で追われていました。そのため体調を崩してし
    まい大学の教授に勧められ精神科を 2 回受診しています。
 2．その後、改善して日常生活に支障なく大学を卒業され優秀な成績で教員になりました。仕事は
    かなりハードで周囲の先生方から冷たい対応等があり精神的に限界に達し、平成 28 年 12 月○
    日に精神科を受診したものです。傷病名は「抑うつ状態」であり、原因は学校でのストレスで
    あると告げられ休職の指示を受けました。それ以降、危険な状態を何度も繰り返しています。
 3．したがって、請求傷病の初診日は治療の起点となった平成 28 年 12 月○日と考えられます。

【事実関係】
 4．＊＊＊クリニックの受診状況等証明書によると⑤欄に「教育実習が忙しくなり倦怠感・無気力・
    集中力低下が出現〜」とあります。原因は教育実習であると確認できます。さらに、その受診は、
    平成 24 年 10 月○日、平成 24 年 11 月○日の 2 回のみであることが確認できます。
 5．○○メンタルクリニックの受診状況等証明書によると⑤欄に「大学生頃に前医精神科を受診した
    が定期受診に至らなかった。平成 28 年秋頃より不安・抑うつ気分が出現し、平成 28 年 12 月○
    日当院初診」とあります。平成 28 年秋頃から体調が悪化したことが確認できます。
 6．同⑨欄には「〜平成 28 年 12 月○日より休職指示とした〜」とあり、同②欄に「抑うつ状態」と
    あります。職場の環境が主たる原因となった体調悪化であることが確認できます。
 7．病歴・就労状況等申立書と 2 つの受診状況等証明書によると、平成 24 年 10 月○日〜平成 28 年
    12 月○日の期間は約 4 年間です。この期間には大学の卒業、複数の資格試験に合格、教員採用
    試験に合格等があります。日常生活の支障や体調の悪化、病院への受診はありません。

【補足申立理由】
 8．上記事実関係より、教員になってから仕事・環境のストレスにより体調が悪化したことは明らか
    です。また、平成 28 年 12 月○日が治療開始の起点となっています。請求人が頑張って仕事を
    して納めてきた保険料は障害年金に反映されなければいけません。平成 28 年 12 月○日を請求
    人の初診日と考えるのが合理的です。
                                                          以上
                                              請求人　×さん
                                              代理人　××××
```

（精）	国 民 年 金 厚生年金保険	診 断 書 （精神の障害用)		様式第120号の4

（フリガナ） 氏　　名	■■■■■■	生年月日	□昭和 □平成 □令和　3 年 5 月 ● 日生（ 30 歳）	性別　□男 ☑女

住　　所	住所地の郵便番号　■■■ － ■■■	都道 府県　■■■■	郡市 区　■■■■	

① 障害の原因となった傷病名　　うつ病
ICD－10コード（ F32 ）

② 傷病の発生年月日
☑平成　28 年 秋 頃　　☑診療録で確認　☑本人の申立て（　年　月　日）

③ ①のため初めて医師の診療を受けた日
☑平成　28 年 12 月 ● 日　☑診療録で確認　☑本人の申立て（　年　月　日）

本人の発病時の職業

④ 既存障害

⑥ 傷病が治った（症状が固定した状態を含む。）かどうか。
□平成　□令和　年　月　日　□確認　□推定

症状のよくなる見込‥☑有・□無・☑不明

⑤ 既往症

⑦ 陳述者の氏名　■■■■■■　請求人との続柄　本人　聴取年月日　R4 年 7 月 ● 日

発病から現在までの病歴及び治療の経過、内容、就学・就労状況等、期間、その他参考となる事項

H28.秋頃より抑うつ的となり、H28.12月精神科受診。以後、休職と復職を繰り返す。自傷行為がひどくなりH30.12月～H31.3月、□□病院に入院。R1.8月～R1.10月、Aセンター病院に入院。R1.11月からはBセンター病院にて入院及び外来加療を受けた。R2.1月からC大学病院、D病院に入退院を繰り返しR3.1月、休職期間満了のため教員を退職。当院初診はR2.2で当院に入退院を繰り返している。現在、R4.5から入院中である。

⑧ 診断書作成医療機関における初診時所見
初診年月日　□昭和　☑平成　□令和　2 年 2 月 ● 日

希死念慮、抑うつ気分、運動制止

⑨ これまでの発育・養育歴等（出生から発育の状況や教育歴及びこれまでの職歴をできるだけ詳しく記入してください。)

ア 発育・養育歴
特記なし

イ 教育歴
乳児期　□不就学 □就学猶予
小学校 ☑普通学級・□特別支援学級・□特別支援学校
中学校 ☑普通学級・□特別支援学級・□特別支援学校
高　校 ☑普通学級・□特別支援学校
その他　大学卒業

ウ 職歴
H27.4～R3.1　教員

エ 治療歴（書ききれない場合は⑬「備考」欄に記入してください。）　（※ 同一医療機関の入院・外来は分けて記入してください。)

医療機関名	治 療 期 間	入院・外来	病 名	主 な 療 法	転帰（軽快・悪化・不変)
○○メンタルクリニック	H28 年 12 月 ～ H29 年 1 月	□入院 ☑外来	抑うつ状態	薬物・精神療法	不変
△△クリニック	H29 年 1 月 ～ R1 年 7 月	□入院 ☑外来	うつ病	〃	〃
□□病院	H30 年 12 月 ～ H31 年 3 月	☑入院 □外来	〃	〃	〃
Aセンター病院	R1 年 8 月 ～ R1 年 10 月	☑入院 □外来	〃	〃	〃
Bセンター病院	R1 年 11 月 ～ R2 年 2 月	☑入院 ☑外来	〃	〃	〃

⑩ 障 害 の 状 態 　（ □平成 ☑令和 4 年 7 月 15 日 現症)

ア 現在の病状又は状態像（該当のローマ数字、英数字にチェックしてください。)

前回の診断書の記載時との比較
○ □1 変化なし　□2 改善している　□3 悪化している　□4 不明

Ⅰ 抑うつ状態
☑1 思考・運動制止　□2 刺激性、興奮　☑3 憂うつ気分
☑4 自殺企図　☑5 希死念慮
□6 その他（　　　）

Ⅱ そう状態
□1 行為心迫　□2 多弁・多動　□3 気分（感情）の異常な高揚・刺激性
□4 観念奔逸　□5 易怒性・被刺激性亢進
□6 誇大妄想
□7 その他（　　　）

Ⅲ 幻覚妄想状態 等
□1 幻覚　□2 妄想　□3 させられ体験　□4 思考形式の障害
□5 著しい奇異な行為　□6 その他（　　　）

Ⅳ 精神運動興奮状態及び昏迷の状態
□1 興奮　□2 昏迷　□3 拒絶・拒食　□4 滅裂思考
□5 衝動行為　□6 自傷　□7 無動・無反応
□8 その他（　　　）

Ⅴ 統合失調症等残遺状態
□1 自閉　□2 感情の平板化　□3 意欲の減退
□4 その他（　　　）

Ⅵ 意識障害・てんかん
□1 意識混濁　□2 （夜間）せん妄　□3 もうろう　□4 錯乱
□5 てんかん発作　□6 不機嫌症　□7 その他（　　　）
・てんかん発作の状態　※発作のタイプは記入上の注意参照
1 てんかん発作のタイプ（ □A・□B・□C・□D ）
2 てんかん発作の頻度（年間　回、月平均　回、週平均　回 程度）

Ⅶ 知能障害等
□1 知的障害　□ア 軽度　□イ 中等度　□ウ 重度　□エ 最重度
□2 認知症　□ア 軽度　□イ 中等度　□ウ 重度　□エ 最重度
□3 高次脳機能障害
□ア 失行　□イ 失認
□ウ 記憶障害　□エ 注意障害　□オ 遂行機能障害　□カ 社会的行動障害
□4 学習障害 □ア 読み □イ 書き □ウ 計算 □エ その他（　　　）
□5 その他（　　　）

Ⅷ 発達障害関連症状
□1 相互的な社会関係の質的障害　□2 言語コミュニケーションの障害
□3 限定した常同的で反復的な関心と行動　□4 その他（　　　）

Ⅸ 人格変化
□1 欠陥状態　□2 無関心　□3 無為
□4 その他欠陥状等（　　　）

Ⅹ 乱用、依存等（薬物等を含む）
□1 乱用　□2 依存

Ⅺ その他（　　　）

イ 左記の状態について、その程度・症状・処方薬等を具体的に記載してください

抑うつ気分、意欲低下、睡眠障害などの抑うつ状態が遷延している。ささいなことで自傷行為を繰り返してしまう。
ストレスが増すと希死念慮が強まり精神的に不安定となり大量服薬に及んでしまう。
非常に不安定な状態が続き、在宅では家族が目が離せないでいる。

本人の障害の程度及び状態に無関係な欄には記入する必要はありません。（無関係な欄は、斜線により抹消してください。)

（お願い）臨床所見等は、診療録に基づいてわかる範囲で記入してください。

（お願い）太文字の欄は、記入漏れがないように記入してください。

診療録で確認または本人の申立てのどちらかにチェックをして、本人の申立ての場合は、それを聴取した年月日を記入してください。

【診断書（令和４年７月15日現症日）（裏面）】

ウ　日常生活状況
1　家庭及び社会生活についての具体的な状況
（ア）現在の生活環境（該当するもの一つを選んでチェックしてください。）
☑入院・□入所・□在宅・□その他（　　　　　　　）
（施設名　D病院　）
同居者の有無（□有・☑無）

（イ）全般的状況（家族及び家族以外の者との対人関係についても具体的に記入してください。）
［　家人以外との交流はほとんどない。　］

2　日常生活能力の判定（該当するものにチェックしてください。）
（判断にあたっては、単身で生活するとしたら可能かどうかで判断してください。）

(1) 適切な食事 － 配膳などの準備も含めて適当量をバランスよく摂ることがほぼできるなど。
□できる　□には助言や指導を必要とする　□自発的かつ適正に行うことはできないが助言や指導があればできる　☑助言や指導をしてもできない若しくは行わない

(2) 身辺の清潔保持 － 洗面、洗髪、入浴等の身体の衛生保持や着替え等ができる。また、自室の清掃や片付けができるなど。
□できる　□には助言や指導を必要とする　☑自発的にできないが助言や指導があればできる　□助言や指導をしてもできない若しくは行わない

(3) 金銭管理と買い物 － 金銭を独力で適切に管理し、やりくりがほぼできる。また、一人で買い物が可能であり、計画的な買い物がほぼできるなど。
□できる　□おおむねできるが時には助言や指導を必要とする　□助言や指導があればできる　☑助言や指導をしてもできない若しくは行わない

(4) 通院と服薬（☑要・□不要）－ 規則的に通院や服薬を行い、病状等を主治医に伝えることができるなど。
□できる　□おおむねできるが時には助言や指導を必要とする　□助言や指導があればできる　☑助言や指導をしてもできない若しくは行わない

(5) 他人との意思伝達及び対人関係 － 他人の話を聞く、自分の意思を相手に伝える、集団的行動が行えるなど。
□できる　□には助言や指導を必要とする　□おおむねできるが時には助言や指導があればできる　☑助言や指導をしてもできない若しくは行わない

(6) 身辺の安全保持及び危機対応 － 事故等の危険から身を守る能力がある、通常と異なる事態となった時に他人に援助を求めるなどを含めて、適切に対応することができるなど。
□できる　□おおむねできるが時には助言や指導を必要とする　□助言や指導があればできる　☑助言や指導をしてもできない若しくは行わない

(7) 社会性 － 銀行での金銭の出し入れや公共施設等の利用が一人で可能。また、社会生活に必要な手続きが行えるなど。
□できる　□おおむねできるが時には助言や指導を必要とする　□助言や指導があればできる　☑助言や指導をしてもできない若しくは行わない

3　日常生活能力の程度（該当するもの一つにチェックしてください。）
※日常生活能力の程度を記載する際には、状態をもっとも適切に記載できる（精神障害）又は（知的障害）のどちらかを使用してください。

（精神障害）
□(1) 精神障害（病的体験・残遺症状・認知障害・性格変化等）を認めるが、社会生活は普通にできる。

□(2) 精神障害を認め、家庭内での日常生活は普通にできるが、社会生活には、援助が必要である。
（たとえば、日常的な家事をこなすことはできるが、状況や手順が変化したりすると困難を生じることがある。社会行動や自発的な行動が適切に出来ないこともある。金銭管理はおおむねできる場合など。）

□(3) 精神障害を認め、家庭内での単純な日常生活はできるが、時に応じて援助が必要である。
（たとえば、習慣化した外出はできるが、家事をこなすために助言や指導を必要とする。社会的な対人交流は乏しく、自発的な行動に困難がある。金銭管理が困難な場合など。）

☑(4) 精神障害を認め、日常生活における身のまわりのことも、多くの援助が必要である。
（たとえば、著しく適正を欠く行動が見受けられる。自発的な発言が少ない、あっても発言内容が不適切であったり不明瞭であったりする。金銭管理ができない場合など。）

□(5) 精神障害を認め、身のまわりのこともほとんどできないため、常時の援助が必要である。
（たとえば、家庭内生活においても、食事や身のまわりのことを自発的にすることができない。また、在宅の場合に通院等の外出には、付き添いが必要な場合など。）

（知的障害）
□(1) 知的障害を認めるが、社会生活は普通にできる。

□(2) 知的障害を認め、家庭内での日常生活は普通にできるが、社会生活には、援助が必要である。
（たとえば、簡単な漢字は読み書きができ、会話も意思の疎通が可能であるが、抽象的なことは難しい。身辺生活も一人でできる程度）

□(3) 知的障害を認め、家庭内での単純な日常生活はできるが、時に応じて援助が必要である。
（たとえば、ごく簡単な読み書きや計算はでき、助言などがあれば作業は可能である。具体的指示であれば理解ができ、身辺生活についてもおおむね一人でできる程度）

□(4) 知的障害を認め、日常生活における身のまわりのことも、多くの援助が必要である。
（たとえば、簡単な文字や数字は理解でき、保護的環境であれば単純作業は可能である。習慣化していることであれば言葉での指示を理解し、身辺生活についても部分的にできる程度）

□(5) 知的障害を認め、身のまわりのこともほとんどできないため、常時の援助が必要である。
（たとえば、文字や数の理解力がほとんど無く、簡単な手伝いもできない。言葉による意思の疎通がほとんど不可能であり、身辺生活の処理も一人ではできない程度）

エ　現症時の就労状況
○ 勤務先　□一般企業　□就労支援施設　□その他（　　　　　）
○ 雇用体系　□障害者雇用　□一般雇用　□自営　□その他（　　　）
○ 勤続年数（　　年　　ヶ月）○ 仕事の頻度（週に　　月に　　）日）
○ ひと月の給与（　　　円程度）
○ 仕事の内容

○ 仕事場での援助の状況や意思疎通の状況

無職

オ　身体所見（神経学的な所見を含む。）
特記なし

カ　臨床検査（心理テスト・認知検査、知能障害の場合は、知能指数、精神年齢を含む。）
特記なし

キ　福祉サービスの利用状況（障害者総合支援法に規定する自立訓練、共同生活援助、居宅介護、その他障害福祉サービス等）
特記なし

⑪ 現症時の日常生活動能力及び労働能力（必ず記入してください。）	日常生活全般にわたって家族の見守りと援助が必要であり、労働能力はない。
⑫ 予後（必ず記入してください。）	不良
⑬ 備考	R2から入退院を繰り返している状態である。

上記のとおり、診断します。　　　　　R4　年　7　月　30　日
病院又は診療所の名称　　D病院　　　診療担当科名　精神科
所　在　地　　　　　　　　　　　　医師氏名　███████

【照会事項について】

令和4年12月○日

このたびの照会事項について

■■■■様　障害年金請求代理人
社会保険労務士　××××

　令和4年9月○日付「障害認定のための追加資料の提出について（お願い）」を頂きました。このたびの■■■■様の審査手続きにおきまして大変お手数をおかけして申し訳ございません。以下、このたびの提出書類についてご説明いたします。

記

1. このたび、平成28年12月から平成30年6月まで、及び令和2年7月から令和4年7月までの診療録（カルテ）の写し（各々の医療機関のもの）の提出をご依頼いただきましたが、かなりの期間となりますことからご本人ご家族の負担が非常に大きくなります。よって、出来る限り受診状況が分かるように各医療機関に書類を依頼いたしました。診療録（カルテ）の写しの提出は出来ませんが、まずは提出いたします書類で認定審査をお願いいたします。

2. 過去に受診していた各医療機関に『受診状況等証明書』の作成をお願い致しました。Ⓐ　△△クリニック（受診期間：平成29年1月から令和1年7月まで）、Ⓑ F医院（受診期間：令和3年2月から令和3年11月まで）、Ⓒ C大学病院精神科（受診期間：令和2年1月から令和4年5月まで）です。以下、記載事項を確認いたします。

3. Ⓐによると、③発病年月日は『中学生頃』、⑤発病から初診までの経過は『中学1年時に祖父が脳出血で重度障害になった。この頃から慢性的な抑うつ気分が継続し、リストカットもするようになった。大学生時に数回精神科を受診。仕事の悩みで抑うつ気分が強まり、H28.12月に○○メンタルクリニックを受診。翌年1月に当院を初診した。』と詳述されています。大学生時の病院受診と社会人になってからの病院受診について、原因が全く違うことが確認できます。また、平成29年1月時点での聞取り内容で記載されています。これは請求時（令和4年7月）より5年以上前の聞取りによるものであって、経過を証明するのに非常に有効な記載と言えます。

4．Ｂによると、③発病年月日は『平成 28 年 9 月頃』、⑤発病から初診までの経過は『H28.9 頃より抑うつ気分が強くなり H28.12 に○○メンタルクリニック受診となる。教員として就労していたが、希死念慮、自傷行為がおさまらず複数の病院を受診、入退院を繰り返していた。新しい職場に勤めることになり通院していた D 病院の紹介のもと R3.2 当院初診となった。』と詳述されています。発病は平成 28 年 9 月頃であり、その頃から抑うつ気分が強くなり「○○メンタルクリニック」の受診となった経過が確認できます。

5．Ｂに添付されている『診療情報提供書』によると、【病歴】には『単身生活をしながら教員として小学校に勤務していたが、平成 30 年 11 月頃より自傷行為がひどくなり 3 か月間入院。その後△△クリニックに通院するも、自傷行為を繰り返すため、A センター病院に入院、その後、B センター病院に通院した。状態は安定せず、休職して実家に戻り令和 2 年 1 月から C 大学病院で入院及び外来加療を受けていた。〜以下略〜』と詳述されています。単身生活が問題なく出来ていたこと、そして教師として小学校で勤務していたことが確認できます。

6．Ｃによると、③発病年月日は『不明』、⑤発病から初診までの経過は『H30 年頃より自傷行為が出現、エスカレートし、H31 年 3 月まで□□病院で入院加療を受けていた。R1 年 7 月、当科に相談あり当院救急科を受診した。A センター病院に入院し、その後 B センター病院に通院していた。再度不調を呈し、休職し R2 年 1 月、当科再度初診となった。』と詳述されています。症状の急激な悪化は、平成 30 年頃であることが確認できます。

7．以上、これら医療機関の受診状況等証明書により、経過の確認は十分に可能であると考えられます。請求人が教員として就労を始めてから体調が悪化したことは明らかです。そして、その治療の起点は、平成 28 年 12 月○日です。万一、このたび提出いたしました書類では情報が不十分で判断することが出来ないということでしたら大変申し訳御座いませんが、再度、返戻照会を行っていただけたらと思います。お手数をおかけして申し訳ございません。どうぞよろしくお願い致します。

以上

時効時点の診断書の提出を求められた
共済組合の事例

▶ 共済組合　　▶ 障害状態

1 事例の概要

1）請求人は、50歳代女性。
2）双極性障害で障害共済年金を障害認定日（遡及）請求した。
3）審査の過程で本来は必要とされていない障害認定日と請求日の間の時効時点（請求日から5年前の時点）の診断書の提出を求められた。
4）返戻指示に従い、時効時点の診断書を取得し提出した。
5）審査の結果、障害認定日から2級が認められ5年間分の遡及となった。

2 この事例を理解するために必要な知識・情報

1）双極性障害とは

　双極性障害は気分の変調により、苦痛を感じたり社会生活に支障を来したりする気分障害です。症状はうつ状態と躁状態をある期間ごとに繰り返すものです。うつ状態とは楽しいことがあっても気分が晴れない「抑うつ状態」と、何をしても楽しいと感じない、興味がわかないなど「興味喜びの喪失状態」の2つの精神状態で表されます。躁状態とは、気分が著しく昂揚した状態が一定期間つづくことをいいます。性格が明るく開放的になる場合や、イライラしたり怒りっぽくなるなど攻撃性が高くなる場合、その両方を示すこともあり社会生活に支障を来すことがあります。

　　（厚生労働省HP e-ヘルスネットより作成）

　症状の変動があり一定ではないことから障害状態の認定においても慎重に取り扱われているものと思われます。

２）時効時点の診断書の提出

　障害認定日（遡及）請求を行った際に、障害認定日と請求日の間の診断書の提出を求められる場合があります。

　日本年金機構の認定審査では稀ですが、当職は一度「うつ病」の事例で求められたことがあります。その事例では、障害認定日時点では１級でしたが、時効時点で２級に等級が下がってしまった経験があります。

　一方、共済組合の認定審査においては非常に多くありますので、事前の心構えが必要かもしれません。以下、共済組合が提出を求める際の説明です。

　『通常、遡り決定ではない障害共済年金の場合、障害等級が３級以上であることを確認するため、年金決定後、２年から５年に１回、年金受給者の方へ診断書の提出をお願いし、再認定を行っており、これと同様に遡り決定の場合にも再認定を行うためです。』

３　提出書類の内容

　請求手続の際に提出した主な書類は以下のとおりです。
１）病歴・就労状況等申立書（247ページ）
２）障害認定日診断書（平成22年４月○日現症日）（249ページ）
３）請求日診断書（令和４年２月○日現症日）（250ページ）
　障害認定日時点は３級相当が見込まれました。一方、請求日時点では悪化が見られ２級相当と考えられました。

４　返戻・照会の内容（抜粋）

＊＊＊＊＊＊＊＊＊＊＊＊＊＊＊＊＊＊＊＊＊＊＊＊＊＊＊＊＊＊＊＊＊＊＊＊
〈時効時点の診断書の提出について〉
時効時点（平成29年１月以前概ね３か月以内の現症日）の診断書をご提出ください。
理由：当共済組合では、障害認定日による請求で、かつ、時効に該当する場合、年金の支給が開始される時効時点の診断書を徴取し、障害等級の確認を行うこととしているためです。なお、提出する診断書の現症日を指定したことについては、時効により支払いを開始する月の前月において、障害等級に該当するか否かを確認するためです。

＊＊＊＊＊＊＊＊＊＊＊＊＊＊＊＊＊＊＊＊＊＊＊＊＊＊＊＊＊＊＊＊＊＊＊＊

返戻事例

共済組合／障害状態

5 なぜ返戻・照会になったのか

　更新時のように障害状態の確認をするために、時効時点（請求日以前5年前）の診断書の提出が求められたものです。先に述べたように、日本年金機構であっても共済組合であっても、確認が必要と判断した場合には診断書の提出が求められる可能性があることは頭に入れておきましょう。

　診断書の代金は請求人の負担となりますが、しっかり認定審査を行ってもらうためには必要なものと前向きに捉えて対応をしていったほうがよいと思います。

6 返戻・照会への対応

　時効時点の診断書（平成29年1月○日現症日）（251ページ）を提出しました。指定された診断書の現症日については、『概ね』（時効時点（平成29年1月以前概ね3か月以内の現症日））とあることから、請求人にとって最善の現症日で診断書を取得することを考える必要があります。本事例では、病院ソーシャルワーカーに理由をお話して、受診日の確認を行ったうえで、現症日を決めて診断書の作成をお願いしました。期間中に入院していたことから入院中の現症日で診断書を取得しました。

7 本事例のポイントとまとめ

　障害認定日（遡及）請求の手続きにおいて、時効時点の診断書の提出をすることは手間がかかりますし、金銭的な負担にもなることから、後ろ向きになりがちです。しかし、本事例では障害認定日時点では改善傾向にあったことから3級相当でした。返戻で提出した時効時点の診断書において、病院入院中で常時介助が必要な状態であることがわかりました。

　結果として、障害認定日頃は3級であったものの、時効時点の診断書の障害状態によって遡及が2級で認定されたものと推測されます。こうしてみると、場合によっては時効時点の診断書を取得して上位等級への認定を積極的に求めるような手続きを代理人としては考えてもよいかもしれません。

【病歴・就労状況等申立書（表面）】

病歴・就労状況等申立書　　No. 1 － 1 枚中

（請求する病気やけがが複数ある場合は、それぞれ用紙を分けて記入してください。）

病歴状況	傷病名	双極性障害		
発病日	平成　20 年 10 月 頃 日	初診日		平成　20 年 10 月 ○ 日

記入する前にお読みください。

○ 次の欄には障害の原因となった病気やけがについて、発病したときから現在までの経過を年月順に期間をあけずに記入してください。

○ 受診していた期間は、通院期間、受診回数、入院期間、治療経過、医師から指示された事項、転医・受診中止の理由、日常生活状況、就労状況などを記入してください。

○ 受診していなかった期間は、その理由、自覚症状の程度、日常生活状況、就労状況などについて具体的に記入してください。

○ 健康診断などで障害の原因となった病気やけがについて指摘されたことも記入してください。

○ 同一の医療機関を長期間受診していた場合、医療機関を長期間受診していなかった場合、発病から初診までが長期間の場合は、その期間を3年から5年ごとに区切って記入してください。

		左の期間の状況
1	元号を選んでください　年　　月　　日から 20 年 10 月 0-1 日まで □受診した ・ レ受診していない 医療機関名	平成11年に就職し2～3年に1度転勤をしながら事務仕事を行ってきた。平成20年1月新たな店舗に転勤となった。取り扱いが様々変わり混乱することが多かった。上司から業務を上手くこなせていないことについて、同僚の前で強く注意を受けることがあった。何とか仕事を続けてきていたが、10月になり突然、仕事に行くことが出来なくなった。自分でもどうしたらよいか分からなくなり近くの病院に行くことにした。言動がおかしくなっていることを家族は気付いていた。
2	平成　20 年 10 月 ○ 日から 平成　22 年 3 月 31 日まで レ受診した ・ □受診していない 医療機関名 A医院　精神科 B病院　救急外来 D病院　精神科【入院】	平成20年10月○日に初めて家から近いA医院精神科を受診した。言動からすぐに入院が必要な状態なので、両親を連れてくるように言われた。2日後に両親と受診し病状の説明を受けたが、なかなか受け入れることは出来ないことについて、翌日、発熱もあり家族が見ていても精神的に危険な状態であると感じたことから、B病院救急外来を受診した。精神科への受診が必要だと言われたがB病院には精神科がないことからC大学病院精神科への入院を勧められた。しかし、その日は自宅へ帰った。翌日に妄想が増し身体が硬直していた。自傷行為もありこのままでは危険であることから家族は救急車を呼んだ。D病院精神科へ搬送され即入院となった。12月20日まで入院し退院後は自宅療養を続けた。平成21年4月から少しづつ仕事に戻ったが、職場に長い時間居ることは出来なかった。精神的に落ち着いていることもあったが、気分の上がり下がりが激しく良い時は長く続かなかった。仕事に行かないといけないと思うが行くことが出来ない状態が多かった。家族に迷惑をかけていると感じ、自分は居ない方がいいと希死念慮が強くなり「消えてしまいたい」といつも考えていた。家族は本人から目が離せない状態だった。
3	平成　22 年 4 月 1 日から 平成　23 年 9 月 30 日まで レ受診した ・ □受診していない 医療機関名 D病院　精神科	D病院精神科へ月1回、家族に連れられて受診を継続していた。職場に長い時間居ることは出来なかった。精神的に落ち着いていることもあるが、気分の上がり下がりが激しく良い時は長くは続かなかった。仕事に行かないといけないと思うが行くことが出来ない状態が多かった。家族に迷惑をかけていると感じ、自分は居ない方がいいと希死念慮が強くなり消えてしまいたいといつも考えていた。家族は本人から目が離せない状態だった。平成22年10月からは全く職場に行くことが出来なくなり、復職することが出来ず平成23年9月末でやむを得ず辞めた。
4	平成　23 年 10 月 1 日から 平成　28 年 9 月 30 日まで レ受診した ・ □受診していない 医療機関名 D病院　精神科	D病院精神科へ月1回、家族に連れられて受診を継続していた。自宅にいる生活となった。精神的に落ち着いていることもあったが、気分の上がり下がりが激しく良い時は長くは続かなかった。家族に迷惑をかけていると感じ、自分は居ない方がいいと希死念慮が強くなり「消えてしまいたい」と考えていた。家族は本人から目が離せない状態だった。1か月毎にうつ状態とそう状態を繰返すようになった。自宅から急に飛び出してしまい家族が探すこともあった。家族が敵に見えるような妄想があり家族を攻撃することがあった。家族が付きっきりで昼夜を問わず一緒に居る等、見守りが常になければ危険な状態を何度も繰り返していた。
5	平成　28 年 10 月 1 日から 令和　2 年 6 月 30 日まで レ受診した ・ □受診していない 医療機関名 D病院　精神科【入院】	父親が体調を崩したことがきっかけとなり、不安感が増し食事を摂ることも出来なくなってしまった。体調が急激に悪化し手足が硬直して危険な状態になった。救急車を呼びB病院救急外来へ搬送されたが、D病院精神科へ回され即入院となった。退院後、D病院へ月1回、家族に連れられて受診を継続していた。イライラすることが増えて些細なことで声をあげて怒るようになり家族間でのトラブルが増えた。自宅では消えてしまいたい、家から出て死にたくなることが多かった。家族は今後の生活に不安を感じていた。不安定な状態が続き全く改善が見られないことから評判がとても良い病院をネットで見つけて転院することにした。
6	令和　2 年 7 月 1 日から 令和　3 年 12 月 31 日まで レ受診した ・ □受診していない 医療機関名 Eメンタルクリニック	令和2年7月1日から「Eメンタルクリニック」に受診することにした。主治医は、薬を何度も変えながら合う薬を試してくれた。うつ状態の時は、激しく落ち込み家族は目が離せない状態だった。そう状態の時は、些細なことでイライラして怒り出すことがあった。1か月でそう状態、うつ状態を繰り返していた。自分でもどうすることも出来なかった。家族の見守りと支援の中で何とか生活をしていた。
7	令和　4 年 1 月 1 日から 元号を選んでください　現　在　まで レ受診した ・ □受診していない 医療機関名 Eメンタルクリニック	「Eメンタルクリニック」に月1回の受診を継続している。今では、うつ状態とそう状態が3週間で変わる。うつ状態の時は、何も自分ですることが出来ず苦しい。激しく落ち込み家族は目が離せない。そう状態の時は、体を動かすことは出来るが自分で感情をコントロールすることが出来ない。些細なことでイライラして怒り出してしまう。家族には申し訳なく思っているが自分ではどうすることも出来ない状態である。仕事をしないといけない気持ちが強いが、ずっと仕事が出来ない状態が続いている。これから先の生活が不安で仕方がない。

※裏面（署名欄）も記入してください。

返戻事例

共済組合／障害状態

【病歴・就労状況等申立書（裏面）】

就労・日常生活状況	1. 障害認定日（初診日から1年6月目、またはそれ以前に治った場合は治った日）頃の状況と 2. 現在（請求日頃）の状況について該当する太枠内に記入してください。

1. 障害認定日（　□昭和・レ平成・　令和 **22** 年 **4** 月 **○** 日）頃の状況を記入してください。

<table>
<tr><td rowspan="7">就労状況</td><td rowspan="4">就労していた場合</td><td>職種（仕事の内容）を記入してください。</td><td colspan="2">業務を休みながら行っていた。早退や遅刻を繰り返していた。職場に申し訳なく思っていたが、自分ではどうすることも出来なかった。いつでも体調を見ながら休ませてもらえる状態だった。</td></tr>
<tr><td>通勤方法を記入してください。</td><td colspan="2">通勤方法
通勤時間（片道　　時間 **10** 分</td></tr>
<tr><td>出勤日数を記入してください。</td><td colspan="2">障害認定日の前月 **15** 日 障害認定日の前々月 **15** 日</td></tr>
<tr><td>仕事中や仕事が終わった時の身体の調子について記入してください。</td><td colspan="2">必死で職場に行っていた。家に帰ってくると何も出来ず、ぐったりしていた。次の日に備えて横になっていた。身の回りのことは家族がすべて行ってくれていた。</td></tr>
<tr><td rowspan="3">就労していなかった場合</td><td>仕事をしていなかった（休職していた）理由にすべてチェックしてください。
なお、オを選んだ場合は、具体的な理由を（　）内に記入してください。</td><td colspan="2">□ ア 体力に自信がなかったから
□ イ 医師から働くことを止められていたから
□ ウ 働く意欲がなかったから
□ エ 働きたかったが適切な職場がなかったから
□ オ その他（理由　　　　　　　　　　　）</td></tr>
</table>

日常生活状況	日常生活の制限について、該当する番号にチェックしてください。 1 → 自発的にできた 2 → 自発的にできたが援助が必要だった 3 → 自発的にできないが援助があればできた 4 → できなかった	着替え（ 1 レ2 3 4）洗 面（ 1 レ2 3 4） トイレ（ 1 レ2 3 4）入 浴（ 1 2 レ3 4） 食 事（ 1 2 レ3 4）散 歩（ 1 2 レ3 4） 炊 事（ 1 2 レ3 4）洗 濯（ 1 2 レ3 4） 掃 除（ 1 2 レ3 4）買 物（ 1 2 レ3 4）
	その他日常生活で不便に感じたことがありましたら記入してください。	添付させていただきました『 ■■■ さんの日常生活能力に関する申立書』をご参照ください。

2. 現在（請求日頃）の状況を記入してください。

<table>
<tr><td rowspan="7">就労状況</td><td rowspan="4">就労している場合</td><td>職種（仕事の内容）を記入してください。</td><td colspan="2"></td></tr>
<tr><td>通勤方法を記入してください。</td><td colspan="2">通勤方法
通勤時間（片道）　　時間　　分</td></tr>
<tr><td>出勤日数を記入してください。</td><td colspan="2">請求日の前月　　日 請求日の前々月　　日</td></tr>
<tr><td>仕事中や仕事が終わった時の身体の調子について記入してください。</td><td colspan="2"></td></tr>
<tr><td rowspan="3">就労していない場合</td><td>仕事をしていない（休職している）理由にすべてチェックしてください。
なお、オを選んだ場合は、具体的な理由を（　）内に記入してください。</td><td colspan="2">レ ア 体力に自信がないから
□ イ 医師から働くことを止められているから
□ ウ 働く意欲がないから
□ エ 働きたいが適切な職場がないから
レ オ その他（理由 精神的な変動が激しく、身体の変動のように動かすことが出来ない。うつ状態の時は何もすることが出来ない、落ち込みが激しい、希死念慮が強い、）</td></tr>
</table>

日常生活状況	日常生活の制限について、該当する番号にチェックしてください。 1 → 自発的にできる 2 → 自発的にできるが援助が必要である 3 → 自発的にできないが援助があればできる 4 → できない	着替え（ 1 2 レ3 4）洗 面（ 1 レ2 3 4） トイレ（ 1 2 レ3 4）入 浴（ 1 2 レ3 4） 食 事（ 1 2 レ3 4）散 歩（ 1 2 3 レ4） 炊 事（ 1 2 レ3 4）洗 濯（ 1 2 レ3 4） 掃 除（ 1 2 レ3 4）買 物（ 1 2 レ3 4）
	その他日常生活で不便に感じていることがありましたら記入してください。	添付させていただきました『 ■■■ さんの日常生活能力に関する申立書』をご参照ください。

障害者手帳	障害者手帳の交付を受けていますか。	□1 受けている　□2 受けていない　レ3 申請中
	交付されている障害者手帳の交付年月日、等級、害名を記入してください。 その他の手帳の場合は、その名称を（ ）内に記入してください。 ※ 略字の意味 身→ 身体障害者手帳　　療→ 療育手帳 精→ 精神障害者保健福祉手帳 他→ その他の手帳	① 身・レ精・療・他（　　　　　　　　　） 　 令和　　　年　　月　　日（　　級） 　 障害名（　　　　　　　　　　　　　） ② 身・精・療・他（　　　　　　　　　　） 　 元号を選んでください　年　　月　　日（　　級） 　 障害名（　　　　　　　　　　　　　）

上記のとおり相違ないことを申し立てます。

令和 **4** 年 **2** 月 **○** 日　　　　　　　　　　　　　請求者　現住所 ■■■■■

　　　　氏　名 ■■■■■

代筆者　請求者からみた続柄（　　　　　　　）　　　　氏　名 ■■■■■ さん

　　　　電話番号　　　－　　　－　　　　　　　　　　電話番号 ■■■■■

ウ 日常生活状況
1 家庭及び社会生活についての具体的な状況
（ア）現在の生活環境（該当するものの一つを選んでチェックしてください。）
□入院・□入所・☑在宅・□その他（　　　　　　　　　）
（施設名 D病院　　　　）
同居者の有無（☑有・□無)

（イ）全般的状況（家族及び家族以外の者との対人関係についても
具体的に記入してください。）
対人関係をさける傾向がある。

2 日常生活能力の判定（該当するものにチェックしてください。）
（判断にあたっては、単身で生活するとしたら可能かどうかで判断してください。）

(1) 適切な食事 ― 配膳などの準備も含めて適当量をバランスよく摂ることがほぼできるなど。
□できる 自発的にできるが時
☑には助言や指導を必
要とする
自発的かつ適正に行うこ
□とはできないが助言や指
導があればできる
助言や指導をしても
□できない若しくは行
わない

(2) 身辺の清潔保持 ― 洗面、洗髪、入浴等の身体の衛生保持や着替え等ができる。また、自室の清掃や片付けができるなど。
□できる 自発的にできるが時
☑には助言や指導を必
要とする
自発的かつ適正に行うこ
□とはできないが助言や指
導があればできる
助言や指導をしても
□できない若しくは行
わない

(3) 金銭管理と買い物 ― 金銭を独力で適切に管理し、やりくりがほぼできる。また、一人で買い物が可能であり、計画的な買い物がほぼできるなど。
□できる おおむねできるが時
□には助言や指導を必
要とする
助言や指導があればで
☑きる
助言や指導をしても
□できない若しくは行
わない

(4) 通院と服薬（☑要・□不要）― 規則的に通院や服薬を行い、病状等を主治医に伝えることができるなど。
□できる おおむねできるが時
☑には助言や指導を必
要とする
助言や指導があればで
□きる
助言や指導をしても
□できない若しくは行
わない

(5) 他人との意思伝達及び対人関係 ― 他人の話を聞く、自分の意思を相手に伝える、集団的行動が行えるなど。
□できる おおむねできるが時
☑には助言や指導を必
要とする
助言や指導があればで
□きる
助言や指導をしても
□できない若しくは行
わない

(6) 身辺の安全保持及び危機対応 ― 事故等の危険から身を守る能力がある、通常と異なる事態となった時に他人に援助を求めるなどを含めて、適正に対応できるなど。
□できる おおむねできるが時
☑には助言や指導を必
要とする
助言や指導があればで
□きる
助言や指導をしても
□できない若しくは行
わない

(7) 社会性 ― 銀行での金銭の出し入れや公共施設等の利用が一人で可能。また、社会生活に必要な手続きが行えるなど。
□できる おおむねできるが時
☑には助言や指導を必
要とする
助言や指導があればで
□きる
助言や指導をしても
□できない若しくは行
わない

3 日常生活能力の程度（該当するもの一つにチェックしてください。)
※日常生活能力の程度を記載する際には、状態をもっとも適切に記載できる（精神障害）又は（知的障害）のどちらかを使用してください。
（精神障害）
□(1) 精神障害（病的体験・残遺症状・認知障害・性格変化等）を認めるが、社会生活は普通にできる。

□(2) 精神障害を認め、家庭内での日常生活は普通にできるが、社会生活には、援助が必要である。
（たとえば、日常的な家事をこなすことはできるが、状況や手順が変化したりすると困難を生じることがある。社会行動や自発的な行動が適切に出来ないこともある。金銭管理はおおむねできる場合など。）

☑(3) 精神障害を認め、家庭内での単純な日常生活はできるが、時に応じて援助が必要である。
（たとえば、習慣化した外出はできるが、家事をこなすために助言や指導を必要とする。社会的な対人交流は乏しく、自発的な行動に困難がある。金銭管理が困難な場合など。）

□(4) 精神障害を認め、日常生活における身のまわりのことも、多くの援助が必要である。
（たとえば、著しく適正を欠く行動が見受けられる。自発的な発言が少ない、あっても発言内容が不適切であったり不明瞭であったりする。金銭管理ができない場合など。）

□(5) 精神障害を認め、身のまわりのこともほとんどできないため、常時の援助が必要である。
（たとえば、家庭内生活においても、食事や身のまわりのことを自発的にすることができない。また、在宅の場合に通院等の外出には、付き添いが必要な場合など。）

（知的障害）
□(1) 知的障害を認めるが、社会生活は普通にできる。

□(2) 知的障害を認め、家庭内での日常生活は普通にできるが、社会生活には、援助が必要である。
（たとえば、簡単な漢字は読み書きができ、会話も意思の疎通が可能であるが、抽象的なことは難しい。身辺生活も一人でできる程度）

□(3) 知的障害を認め、家庭内での単純な日常生活はできるが、時に応じて援助が必要である。
（たとえば、ごく簡単な読み書きや計算はでき、助言などがあれば作業は可能である。具体的な指示であれば理解ができ、身辺生活についてもおおむね一人でできる程度）

□(4) 知的障害を認め、日常生活における身のまわりのことも、多くの援助が必要である。
（たとえば、簡単な文字や数字は理解でき、保護的環境であれば単純作業は可能である。習慣化していることであれば言葉での指示を理解し、身辺生活についても部分的にできる程度）

□(5) 知的障害を認め、身のまわりのこともほとんどできないため、常時の援助が必要である。
（たとえば、文字や数の理解力がほとんど無く、簡単な手伝いもできない。言葉による意思の疎通がほとんど不可能であり、身辺生活の処理も一人ではできない程度）

エ 現症時の就労状況
○ 勤務先　□一般企業　□就労支援施設　□その他（　　　　）
○ 雇用体系　□障害者雇用　□一般雇用　□自営　□その他（　　　　）
○ 勤続年数（　　年　　ヶ月）　○ 仕事の頻度（週に（　）日）
○ ひと月の給与（　　　円程度）
○ 仕事の内容

○ 仕事場での援助の状況や意思疎通の状況

オ 身体所見（神経学的な所見を含む。）
なし

カ 臨床検査（心理テスト・認知検査、知的障害の場合は、知能指数、精神年齢を含む。）
なし

キ 福祉サービスの利用状況（障害者総合支援法に規定する自立訓練、共同生活援助、居宅介護、その他障害福祉サービス等）
なし

⑪ 現症時の日常生活活動能力及び労働能力（必ず記入してください。）	症状の変化が著しく、継続した就労は困難な状態である。
⑫ 予後（必ず記入してください。）	不明
⑬ 備考	

上記のとおり、診断します。　　　　R4　年 1 月 ■ 日
病院又は診療所の名称　　　　　　　　診療担当科名 精神科
所　在　地　　　　　　　　　　　　医師氏名 ■■■■■■

ウ 日常生活状況

1 家庭及び社会生活についての具体的な状況
　(ア) 現在の生活環境（該当するもの一つを選んでチェックしてください。）
　　□入院・□入所・☑在宅・□その他（　　　　）
　　（施設名 D病院　）
　　同居者の有無（☑有・□無）

　(イ) 全般的状況（家族及び家族以外の者との対人関係についても
　　　具体的に記入してください。）
　　┌─────────────────────────┐
　　│家族以外の者との対人的交流はない。│
　　└─────────────────────────┘

2 日常生活能力の判定（該当するものにチェックしてください。）
　（判断にあたっては、単身で生活するとしたら可能かどうかで判断してください。）

(1) 適切な食事 － 配膳などの準備も含めて適当量をバランスよく摂ることがほぼできるなど。
　□できる　□自発的かつ適正に行うことには助言や指導を必要とする　☑とはできないが助言や指導があればできる　□できない若しくは行わない

(2) 身辺の清潔保持 － 洗面、洗髪、入浴等の身体の衛生保持や着替え等ができる。また、自室の清掃や片付けができるなど。
　□できる　☑自発的にできるが時には助言や指導を必要とする　□自発的かつ適正に行うことや指導があれば　□助言や指導をしてもできない若しくは行わない

(3) 金銭管理と買い物 － 金銭を独力で適切に管理し、やりくりがほぼできる。また、一人で買い物が可能であり、計画的な買い物がほぼできるなど。
　□できる　□おおむねできるが時には助言や指導を必要とする　☑助言や指導があればできる　□助言や指導をしてもできない若しくは行わない

(4) 通院と服薬（☑要・□不要）－ 規則的に通院や服薬を行い、病状等を主治医に伝えることができるなど。
　□できる　□おおむねできるが時には助言や指導を必要とする　☑助言や指導があればできる　□助言や指導をしてもできない若しくは行わない

(5) 他人との意思伝達及び対人関係 － 他人の話を聞く、自分の意思を相手に伝える、集団的行動が行えるなど。
　□できる　□おおむねできるが時には助言や指導を必要とする　☑助言や指導があればできる　□助言や指導をしてもできない若しくは行わない

(6) 身辺の安全保持及び危機対応 － 事故等の危険から身を守る能力がある、通常と異なる事態となった時に他人に援助を求めるなどを含めて、適正に対応することができるなど。
　□できる　□おおむねできるが時には助言や指導を必要とする　☑助言や指導があればできる　□助言や指導をしてもできない若しくは行わない

(7) 社会性 － 銀行での金銭の出し入れや公共施設等の利用が一人で可能。また、社会生活に必要な手続きが行えるなど。
　□できる　□おおむねできるが時には助言や指導を必要とする　☑助言や指導があればできる　□助言や指導をしてもできない若しくは行わない

3 日常生活能力の程度（該当するもの一つにチェックしてください。）
※日常生活能力の程度を記載する際には、状態をもっとも適切に記載できる（精神障害）又は（知的障害）のどちらかを使用してください。

（精神障害）
□(1) 精神障害（病的体験・残遺症状・認知障害・性格変化等）を認めるが、社会生活は普通にできる。

□(2) 精神障害を認め、家庭内での日常生活は普通にできるが、社会生活には、援助が必要である。
（たとえば、日常的な家事をこなすことはできるが、状況や手順が変化したりすると困難を生じることがある。社会行動や自発的な行動が適切に出来ないこともある。金銭管理はおおむねできる場合など。）

□(3) 精神障害を認め、家庭内での単純な日常生活はできるが、時に応じて援助が必要である。
（たとえば、習慣化した外出はできるが、家事をこなすために助言や指導を必要とする。社会的な対人交流は乏しく、自発的な行動に困難がある。金銭管理が困難な場合など。）

☑(4) 精神障害を認め、日常生活における身のまわりのことも、多くの援助が必要である。
（たとえば、著しく適正を欠く行動が見受けられる。自発的な発言が少ない、あっても発言内容が不適切であったり不明瞭であったりする。金銭管理ができない場合など。）

□(5) 精神障害を認め、身のまわりのこともほとんどできないため、常時の援助が必要である。
（たとえば、家庭内生活においても、食事や身のまわりのことを自発的にすることができない。また、在宅の場合に通院等の外出には、付き添いが必要な場合など。）

（知的障害）
□(1) 知的障害を認めるが、社会生活は普通にできる。

□(2) 知的障害を認め、家庭内での日常生活は普通にできるが、社会生活には、援助が必要である。
（たとえば、簡単な漢字は読み書きができ、会話も意思の疎通が可能であるが、抽象的なことは難しい。身辺生活も一人でできる程度）

□(3) 知的障害を認め、家庭内での単純な日常生活はできるが、時に応じて援助が必要である。
（たとえば、ごく簡単な読み書きや計算はでき、助言などがあれば作業は可能である。具体的な指示であれば理解ができ、身辺生活についてもおおむね一人でできる程度）

□(4) 知的障害を認め、日常生活における身のまわりのことも、多くの援助が必要である。
（たとえば、簡単な文字や数字は理解でき、保護的な環境であれば単純作業は可能である。習慣化していることであれば言葉の指示を理解し、身辺生活についても部分的にできる程度）

□(5) 知的障害を認め、身のまわりのこともほとんどできないため、常時の援助が必要である。
（たとえば、文字や数の理解力がほとんど無く、簡単な手伝いもできない。言葉による意思の疎通がほとんど不可能であり、身辺生活の処理も一人ではできない程度）

エ 現症時の就労状況
○ 勤務先　□一般企業・□就労支援施設・□その他（　　　）
○ 雇用体系　□障害者雇用・□一般雇用・□自営・□その他（　　　）
○ 勤続年数（　　年　　ヶ月）　○ 仕事の頻度（週に　　月に（　　）日）
○ ひと月の給与（　　　　円程度）
○ 仕事の内容
○ 仕事場での援助の状況や意思疎通の状況

オ 身体所見（神経学的な所見を含む。）
特記することなし

カ 臨床検査（心理テスト・認知検査、知能障害の場合は、知能指数、精神年齢を含む。）
特記することなし

キ 福祉サービスの利用状況（障害者総合支援法に規定する自立訓練、共同生活援助、居宅介護、その他障害福祉サービス等）
特になし

⑪ 現症時の日常生活動能力及び労働能力（必ず記入してください。）	日常生活能力は著しく低下しており、常に家族の見守りと援助がなければ、生活が成り立たない。就労は困難である。
⑫ 予　後（必ず記入してください。）	現状が持続し、予後は不良である。
⑬ 備　考	

上記のとおり、診断します。　　　　R4　年 2 月 ■ 日

病院又は診療所の名称 ███████　　　診療担当科名 精神科
所　在　地 ███████　　　医師氏名 ███████

【平成29年1月○日現症の診断書（表面）】

<table>
<tr><td colspan="2">（精）</td><td>国民年金
厚生年金保険</td><td colspan="3">診　断　書（精神の障害用）</td><td colspan="2">様式第120号の4</td></tr>
</table>

| （フリガナ）
氏　名 | ■■■■ | | 生年月日 | 昭和　47　年　4　月　■　日生（50　歳） | 性別 | □男　☑女 |

| 住　所 | 住所地の郵便番号
■■■－■■■ | 都道
府県 ■■■■ | 郡区 ■■■■ |

① 障害の原因となった傷病名　双極性障害
ICD-10コード（　F31.3　）

② 傷病の発生年月日　平成　20　年　10　月　頃　☑診療録で確認　□本人の申立て（　　年　　月　　日）

①のため初めて医師の診療を受けた日　平成　20　年　10　月　■　日　☑診療録で確認　□本人の申立て（　　年　　月　　日）

本人の発病時の職業　無職

④ 既存障害　なし

⑥ 傷病が治った（症状が固定した状態を含む。）かどうか。　平成・令和　　年　　月　　日　□確認　□推定　　症状のよくなる見込…□有・□無・☑不明

⑤ 既往症　なし

⑦ 陳述者の氏名　■■■■　請求人との続柄　本人　聴取年月日　H20　年　10　月　■　日

発病から現在までの病歴及び治療の経過、内容、就学・就労状況等、期間、その他参考となる事項

発熱のため、■■病院を救急受診した。発語なく希死念慮があり危険な状態である為、転院要請によりドクターカーで当院に入院となった。治療後、改善がみられ1月に退院となった。

⑧ 診断書作成医療機関における初診時所見
初診年月日　平成　20　年　10　月　■　日

無言、無動、食欲不振、高CK血症

⑨ これまでの発育・養育状況等（出生から発育の状況や教育歴及びこれまでの職歴をできるだけ詳しく記入してください。）

ア　発育・養育歴　特記なし

イ　教育歴
乳児期　□不就学・　・　□就学猶予
小学校　☑普通学級　□特別支援学級　□特別支援学校
中学校　☑普通学級　□特別支援学級　□特別支援学校
高　校　☑普通学級　□特別支援学級　□特別支援学校
その他　大学卒業

ウ　職歴　■■■■

エ　治療歴（書ききれない場合は⑬「備考」欄に記入してください。）（※　同一医療機関の入院・外来は分けて記入してください。）

医療機関名	治療期間	入院・外来	病　名	主な療法	転帰（軽快・悪化・不変）
■■病院	H20年10月～H20年10月	□入院・☑外来	不明	不明	悪化
■■病院	H20年10月～H20年12月	☑入院・□外来	急性精神病状態	精神療法・薬物療法	軽快
〃	H20年12月～H28年12月	□入院・☑外来	双極性障害	〃	不変
〃	H29年1月～H29年1月	☑入院・□外来	双極性障害	〃	悪化
〃	H29年1月～R2年6月	□入院・☑外来	双極性障害	〃	不変

（お願い）臨床所見等は、診療録に基づいてわかる範囲で記入してください。

⑩ 障　害　の　状　態　平成　29　年　1　月　■　日　現症

ア　現在の病状又は状態像（該当のローマ数字、英数字にチェックしてください。）

前回の診断書の記載時との比較　（前回の診断書を作成している場合は記入してください。）
Ⅰ　□1変化なし　□2改善している　□3悪化している　□4不明

Ⅰ　抑うつ状態
□1思考・運動制止　□2刺激性、興奮　☑3憂うつ気分
☑4自殺企図　□5希死念慮
□6その他（　　　）

Ⅱ　そう状態
□1行為心迫　□2多弁・多動　□3気分（感情）の異常な高揚・刺激性
□4観念奔逸　□5易怒性・被刺激性亢進　□6誇大妄想
□7その他（　　　）

Ⅲ　幻覚妄想状態　等
□1幻覚　□2妄想　□3させられ体験　□4思考形式の障害
□5著しい奇異な行為　□6その他（　　　）

Ⅳ　精神運動興奮状態及び昏迷の状態
□1興奮　□2昏迷　☑3拒絶・拒食　□4滅裂思考
□5衝動行為　□6自傷　☑7無動・無反応
□8その他（　　　）

Ⅴ　統合失調症等残遺状態
□1自閉　□2感情の平板化　□3意欲の減退
□4その他（　　　）

Ⅵ　意識障害・てんかん
□1意識混濁　□2（夜間）せん妄　□3もうろう　□4錯乱
□5てんかん発作　□6不機嫌症　□7その他（　　　）
・てんかん発作の状態　※発作のタイプは記入上の注意参照
1てんかん発作のタイプ（□A・□B・□C・□D）
2てんかん発作の頻度（年間　　回、月平均　　回、週平均　　回　程度）

Ⅶ　知能障害等
□1知的障害　□ア軽度　□イ中等度　□ウ重度　□エ最重度
□2認知症　□ア軽度　□イ中等度　□ウ重度　□エ最重度
□3高次脳機能障害　□ア失行　□イ失認
□ウ記憶障害　□エ注意障害　□オ遂行機能障害　□カ社会的行動障害
□4学習障害　□ア読み　□イ書き　□ウ計算　□エその他（　　　）
□5その他（　　　）

Ⅷ　発達障害関連症状
□1相互的な社会関係の質的障害　□2言語コミュニケーションの障害
□3限定した常同的で反復的な関心と行動　□4その他（　　　）

Ⅸ　人格変化
□1欠陥状態　□2無関心　□3無為
□4その他症状等（　　　）

Ⅹ　乱用、依存等（薬物等名：　　　）
□1乱用　□2依存

Ⅺ　その他（　　　）

イ　左記の状態について、その程度・症状・処方薬等を具体的に記載してください。

双極性障害の強い抑うつ状態であった。悪性症候群を発症、■■医院救急受診後、当院に転院となった。筋弛緩剤の投与により改善がみられ退院となった。

（お願い）太文字の欄は、記入漏れがないように記入してください。

返戻事例　共済組合／障害状態

【平成29年1月○日現症の診断書（裏面）】

ウ 日常生活状況
1 家庭及び社会生活についての具体的な状況
　（ア）現在の生活環境（該当するものの一つを選んでチェックしてください。）
　　☑入院・□入所・□在宅・□その他（　　）
　　　（施設名　D病院　　　　）
　　同居者の有無（　□有・☑無　）

　（イ）全般的状況（家族及び家族以外の者との対人関係についても
　　　具体的に記入してください。）
　　　家族以外の対人交流は乏しい。

2 日常生活能力の判定（該当するものにチェックしてください。）
　（判断にあたっては、単身で生活するとしたら可能かどうかで判断してください。）

（1）適切な食事 － 配膳などの準備も含めて適当量をバランスよく摂ることがほぼできるなど。
　□できる　□自発的にできるが時には助言や指導を必要とする　☑自発的かつ適正に行うことはできないが助言や指導があればできる　□助言や指導をしてもできない若しくは行わない

（2）身辺の清潔保持 － 洗面、洗髪、入浴等の身体の衛生保持や着替え等ができる。また、自室の清掃や片付けができるなど。
　□できる　□自発的にできるが時には助言や指導を必要とする　☑自発的かつ適正に行うことはできないが助言や指導があればできる　□助言や指導をしてもできない若しくは行わない

（3）金銭管理と買い物 － 金銭を独力で管理し、やりくりがほぼできる。また、一人で買い物が可能であり、計画的な買い物がほぼできるなど。
　□できる　□おおむねできるが時には助言や指導を必要とする　☑助言や指導があればできる　□助言や指導をしてもできない若しくは行わない

（4）通院と服薬（☑要・□不要）－ 規則的に通院や服薬を行い、病状等を主治医に伝えることができるなど。
　□できる　□おおむねできるが時には助言や指導を必要とする　☑助言や指導があればできる　□助言や指導をしてもできない若しくは行わない

（5）他人との意思伝達及び対人関係 － 他人の話を聞く、自分の意思を相手に伝える、集団的行動が行えるなど。
　□できる　□おおむねできるが時には助言や指導を必要とする　☑助言や指導があればできる　□助言や指導をしてもできない若しくは行わない

（6）身辺の安全保持及び危機対応 － 事故等の危険から身を守る能力がある、通常と異なる事態となった時に他人に援助を求めるなどを含めて、適正に対応することができるなど。
　□できる　□おおむねできるが時には助言や指導を必要とする　□助言や指導があればできる　☑助言や指導をしてもできない若しくは行わない

（7）社会性 － 銀行での金銭の出し入れや公共施設等の利用が一人で可能。また、社会生活に必要な手続きが行えるなど。
　□できる　□おおむねできるが時には助言や指導を必要とする　☑助言や指導があればできる　□助言や指導をしてもできない若しくは行わない

3 日常生活能力の程度（該当するもの一つにチェックしてください。）
　※日常生活能力の程度を記載する際には、状態をもっとも適切に記載できる（精神障害）又は（知的障害）のどちらかを使用してください。
　（精神障害）
　□（1）精神障害（病的体験・残遺症状・認知障害・性格変化等）を認めるが、社会生活は普通にできる。

　□（2）精神障害を認め、家庭内での日常生活は普通にできるが、社会生活には、援助が必要である。
　　（たとえば、日常的な家事をこなすことはできるが、状況や手順が変化したりすると困難を生じることがある。社会的な対人交流は普通にできるが自発的な行動が適切に出来ないこともある。金銭管理はおおむねできる場合など。）

　□（3）精神障害を認め、家庭内での単純な日常生活はできるが、時に応じて援助が必要である。
　　（たとえば、習慣化した外出はできるが、家事をこなすために助言や指導を必要とする。社会的な対人交流は乏しく、自発的な行動に困難がある。金銭管理が困難な場合など。）

　☑（4）精神障害を認め、日常生活における身のまわりのことも、多くの援助が必要である。
　　（たとえば、著しく適正を欠く行動が見受けられる。自発的な発言が少ない、あっても発言内容が不適切であったり不明瞭であったりする。金銭管理ができない場合など。）

　□（5）精神障害を認め、身のまわりのこともほとんどできないため、常時の援助が必要である。
　　（たとえば、家庭内生活においても、食事や身のまわりのことを自発的にすることができない。また、在宅の場合に通院等の外出には、付き添いが必要な場合など。）

　（知的障害）
　□（1）知的障害を認めるが、社会生活は普通にできる。

　□（2）知的障害を認め、家庭内での日常生活は普通にできるが、社会生活には、援助が必要である。
　　（たとえば、簡単な漢字は読み書きができ、会話も意思の疎通が可能であるが、抽象的なことは難しい。身辺生活も一人でできる程度）

　□（3）知的障害を認め、家庭内での単純な日常生活はできるが、時に応じて援助が必要である。
　　（たとえば、ごく簡単な読み書きや計算はでき、助言などがあれば作業は可能である。具体的指示であれば理解ができ、身辺生活についてもおおむね一人でできる程度）

　□（4）知的障害を認め、日常生活における身のまわりのことも、多くの援助が必要である。
　　（たとえば、簡単な文字や数字は理解でき、保護的環境であれば単純作業は可能である。習慣化していることであれば言葉での指示を理解し、身辺生活についても部分的にできる程度）

　□（5）知的障害を認め、身のまわりのこともほとんどできないため、常時の援助が必要である。
　　（たとえば、文字や数の理解力がほとんど無く、簡単な手伝いもできない。言葉による意思の疎通がほとんど不可能であり、身辺生活の処理も一人ではできない程度）

エ 現症時の就労状況
　○ 勤務先　□一般企業　□就労支援施設　□その他
　○ 雇用体系　□障害者雇用　□一般雇用　□自営　□その他（　　　）
　○ 勤続年数（　　年　　ヶ月）　○ 仕事の頻度（週に（　）月に（　）日）
　○ ひと月の給与（　　　円程度）
　○ 仕事の内容
　○ 仕事場での援助の状況や意思疎通の状況

オ 身体所見（神経学的な所見を含む。）
　悪性症候群

カ 臨床検査（心理テスト・認知検査、知能障害の場合は、知能指数、精神年齢を含む。）
　高CK血症

キ 福祉サービスの利用状況（障害者総合支援法に規定する自立訓練、共同生活援助、居宅介護、その他障害福祉サービス等）
　なし

⑪ 現症時の日常生活活動能力及び労働能力（必ず記入してください。）	介助が必要な為、当院へ入院中であり労働能力はない
⑫ 予　後（必ず記入してください。）	不明
⑬ 備　考	■メンタルクリニック　R2.7〜現在　外来　双極性障害　薬物療法・精神療法　不変

上記のとおり、診断します。　　　　　**2022** 年 5 月 ■ 日
　病院又は診療所の名称　D病院　　　　診療担当科名　精神科
　所　在　地　　　　　　　　　　　　医師氏名　■■■■■■■■

遡及請求で途中経過の診断書を求められ返戻された精神障害の事例

▶ 共済組合　　▶ 障害状態

1 事例の概要

> 1）請求人は、50歳代男性。
> 2）支援者の勧めにより自分で請求しようとしていたが、1年以上体調不良により手続き困難だったため、支援者を通じて当職へ相談があり受任した。
> 3）うつ病・不安障害で、障害共済年金を障害認定日遡及請求した。
> 4）障害認定日時点の診断書と請求日時点の診断書の間に相当期間があり、追加書類として途中経過の診断書の提出を求められ返戻された。
> 5）返戻に従い、指定された途中経過の診断書を医師へ作成してもらい提出した。
> 6）審査の結果、障害の程度は障害認定日2級、途中経過3級、請求日2級となった。
> 7）時効により、途中経過から3級、請求日から2級の障害共済年金が支給された。3級の決定に対し、不服申立ては行わなかった。

2 この事例を理解するために必要な知識・情報

【診断書（障害年金の主な請求パターン）】

①障害認定日請求	障害認定日以後3か月以内の現症の診断書1枚
②事後重症請求	裁定請求日以前3か月以内の現症の診断書1枚
③障害認定日遡及請求	障害認定日以後3か月以内の現症日の診断書1枚と裁定請求日以前3か月以内の現症日の診断書1枚

返戻事例

共済組合／障害状態

請求人は、③障害認定日遡及請求のため、障害認定日時点の診断書と請求日時点の診断書の２枚を提出することになります。

❸ 提出書類の内容

1）障害認定日の診断書（256ページ）

要点を摘記すると以下のとおりです。

- ⑩イ欄　休職中で不安が持続していた。自宅で過ごす事が多く、就労できない状態。
- ⑩ウ欄　日常生活能力の判定平均2.7、程度（4）。
- ⑩工欄　休職中。
- ⑪欄　日常生活全般で家族の援助が必要な状態だった。労働できない。

2）請求日の診断書（258ページ）

要点を摘記すると以下のとおりです。

- ⑩イ欄　入浴していない。金銭が尽き心配あり。働ける先を探している。１日を寝て過ごすことが多い。就労できない状態。
- ⑩ウ欄　日常生活能力の判定平均2.7、程度（4）。
- ⑩工欄　無職。
- ⑪欄　一人暮らしで生活崩れがち。食生活も不規則。労働できない。

❹ 返戻・照会の内容（抜粋）

＊＊＊＊＊＊＊＊＊＊＊＊＊＊＊＊＊＊＊＊＊＊＊＊＊＊＊＊＊＊＊＊＊＊＊＊
　ご提出いただきました障害認定日時点の診断書（平成26年９月○日現症）ですが、相当期間が経過した後に年金のご請求があったため、その間の障害状態が確認できない状況となっております。つきましては、障害状態の途中経過確認を行いますので、平成28年８月現症の診断書をご提出願います。
＊＊＊＊＊＊＊＊＊＊＊＊＊＊＊＊＊＊＊＊＊＊＊＊＊＊＊＊＊＊＊＊＊＊＊＊

5 なぜ返戻・照会になったのか

　日本年金機構へ障害認定日遡及請求を行った場合、今回のように相当期間が経過した後の請求であっても、途中経過の障害状態確認のための診断書の提出を当職は求められた事例はありません。しかし、本事例の共済組合のように、請求日から5年以上前の障害認定日遡及請求の場合、障害状態の確認のため、途中経過の診断書の提出が求められ、障害等級の確認が行われることがあります。保険者が障害状態の確認が必要と判断し診断書の提出を求められた場合は、受診の有無、障害状態等を再度確認していきましょう。

6 返戻・照会への対応

　請求人は初診日から継続して同一の医療機関に定期的に受診し治療を受けていました。医師へ共済組合からの返戻について説明し、指定された平成28年8月現症の診断書の作成を依頼しました。

　途中経過の診断書（260ページ）の要点を摘記すると以下のとおりです。

7 本事例のポイントとまとめ

　途中経過の診断書では復職し1年経過、体調悪い時は度々休んでいたこと、在宅で家族と生活し福祉サービスの利用はないこと等の内容から日常生活に著しい制限を受けるものとは認められないとして3級と判断されました。障害認定日の診断書の障害状態が2級だとしても、途中経過の診断書の障害状態が3級と判断されることがあります。本事例では、障害認定日2級、途中経過3級、請求日2級の処分を受け入れました。請求人は3級について不服申立ては希望されませんでした。受診の中断や医療機関の変更により、指定された現症の診断書が取得できないこともあり得ます。そのような場合は、指定された現症の診断書に近い前後の現症日の診断書、客観的に障害状態を示す資料として第三者の申立書や医師の意見書の取得を検討するなど、代理人としてできることを積極的に考えていくことが必要だと考えます。

（精）	国 民 年 金 厚生年金保険	診 断 書 （精神の障害用）		様式第120号の4

（フリガナ）	■■■■■■		生年月日	昭和 45 年 ■ 月 ■ 日生 （ 歳）	性別	☑男 □女
氏 名						

住 所	住所地の郵便番号 ■■■ － ■■■■	■■■■■ 都道 府県	■■■■■ 郡市 区	■■■■

① 障害の原因と なった傷病名	うつ病 不安障害	②傷病の発生年月日	平成 25 年 2 月 ○ 日	☑診療録で確認 □本人の申立て （　年　月　日）	本人の発病 時の職業	公務員
	ICD－10コード（ F3、F4 ）	①のため初めて医 師の診療を受けた日	平成 25 年 2 月 ○ 日	☑診療録で確認 □本人の申立て （　年　月　日）	④既存障害	

⑥傷病が治った（症状が固定し た状態を含む。）かどうか。	平成 令和　年　月　日	□確認 □推定	症状のよくなる見込‥□有・□無・☑不明	⑤ 既往症	糖尿病、睡眠時無呼吸

⑦		陳述者の氏名 ■■■■■■	請求人との続柄　本人	聴取年月日 令和3 年 12 月 ○ 日
発病から現在までの病歴 及び治療の経過、内容、 就学・就労状況等、期間、 その他参考となる事項		仕事していて、動悸、全身倦怠感、過呼吸の不安症状あり、受診する。休職1回し復職した が、体調戻らず1年は仕事していたが、2年目から休む事が多くなり有休使いきり平成30年 1月退職する。収入がなくなり、生活困難になっている。		

⑧ 診断書作成医療機関 における初診時所見 初診年月日 平成 25 年 2 月 ○ 日	職場適応に悩みあり、動悸、全身倦怠感、過呼吸の不安障害が出現し、受診した。

⑨ これまでの発育・養育歴等 （出生から発育の状況や 教育歴及びこれまでの 職歴をできるだけ詳しく 記入してください。）	ア 発育・養育歴 異常なし。	イ 教育歴 乳児期 □不就学・☑就学猶予 小学校 ☑普通学級・□特別支援学級・□特別支援学校 中学校 ☑普通学級・□特別支援学級・□特別支援学校 高 校 ☑普通学級・□特別支援学校 その他	ウ 職歴 ■ 役所

エ 治療歴（書ききれない場合は⑬「備考」欄に記入してください。）（※ 同一医療機関の入院・外来は分けて記入してください。）

医療機関名	治療期間	入院・外来	病名	主な療法	転帰（軽快・悪化・不変）
■■■■クリニック	平成25年 2月～令和3年12月	□入院 ☑外来	うつ病、不安障害	精神療法、薬物療法	不変
	年 月～ 年 月	□入院 □外来			
	年 月～ 年 月	□入院 □外来			
	年 月～ 年 月	□入院 □外来			

⑩ 　　障 害 の 状 態 （ 平成 26 年 9 月 ○ 日 現症）

ア 現在の病状又は状態像（該当のローマ数字、英数字にチェックしてください。）

前回の診断書の記載時との比較　（前回の診断書を作成している場合は記入してください）
□1 変化なし　□2 改善している　□3 悪化している　□4 不明

- I 抑うつ状態
  - □1 思考・運動制止　□2 刺激性、興奮　☑3 憂うつ気分
  - □4 自殺企図　□5 希死念慮
  - □6 その他（ 不安障害 ）
- II そう状態
  - □1 行為心迫　□2 多弁・多動　□3 気分（感情）の異常な高揚・刺激性
  - □4 観念奔逸　□5 易怒性・被刺激性亢進　□6 誇大妄想
  - □7 その他（ ）
- III 幻覚妄想状態 等
  - □1 幻覚　□2 妄想　□3 させられ体験　□4 思考形式等の障害
  - □5 著しい奇異な行為　□6 その他（ ）
- IV 精神運動興奮状態及び昏迷の状態
  - □1 興奮　□3 拒絶・拒食　□5 滅裂思考
  - □2 衝動行為　□6 自傷　□7 無動・無反応
  - □8 その他（ ）
- V 統合失調症等残遺状態
  - □1 自閉　□2 感情の平板化　□3 意欲の減退
  - □4 その他（ ）
- VI 意識障害・てんかん
  - □1 意識混濁　□2（夜間）せん妄　□3 もうろう　□4 錯乱
  - □5 てんかん発作　□6 不機嫌症　□7 その他（ ）
  - ・てんかん発作の状態は記入上の注意参照
    - 1 てんかん発作のタイプ（ □A・□B・□C・□D ）
    - 2 てんかん発作の頻度／年間　　回、月平均　　回、週平均　　回 程度
- VII 知的障害
  - □1 知的障害　□ア 軽度　□イ 中等度　□ウ 重度　□エ 最重度
  - □2 認知症　□ア 軽度　□イ 中等度　□ウ 重度　□エ 最重度
  - □3 高次脳機能障害
    - □ア 失行　□イ 失認
    - □ウ 記憶障害　□エ 注意障害　□オ 遂行機能障害　□カ 社会的な行動障害
  - □4 学習障害　□ア 読み　□イ 書き　□ウ 計算　□エ その他（ ）
  - □5 その他（ ）
- VIII 発達障害関連症状
  - □1 相互的な社会関係の質的障害　□2 言語コミュニケーションの障害
  - □3 限定した常同的で反復的な関心と行動　□4 その他（ ）
- IX 人格変化
  - □1 欠陥状態　□2 無関心　□3 無為
  - □4 その他症状等（ ）
- X 乱用、依存症（薬物等名： ）
  - □1 乱用　□2 依存
- XI その他（ ）

イ 左記の状態について、その程度・症状・処方薬等を具体的に記載してください

仕事中に過呼吸発作あり職場適応できなくなった。
休職中で不安が持続していた。

自宅で過ごす事が多く、就労できない状態。

本人の障害の程度及び状態に無関係な欄には記入する必要はありません。（無関係な欄は、斜線により抹消してください。）

ウ　日常生活状況

1　家庭及び社会生活についての具体的な状況
　（ア）現在の生活環境（該当するもの一つを選んでチェックしてください。）
　　　　□入院・□入所・☑在宅・□その他（　　　　　　　　）
　　　　（施設名　　　　　　　　　　　）
　　　　同居者の有無　（☑有・□無）

　（イ）全般的状況（家族及び家族以外の者との対人関係についても
　　　　具体的に記入してください。）
　　　　母親と同居。母親以外との交流はない。通院も不規則。母親の介護は
　　　　できていた。

2　日常生活能力の判定（該当するものにチェックしてください。）
　（判断にあたっては、単身で生活するとしたら可能かどうかで判断してください。）

（1）適切な食事 ― 配膳などの準備も含めて適当量をバランスよく摂ることがほぼできるなど。
□できる	□自発的にできるが時には助言や指導を必要とする	☑自発的かつ適正に行うことはできないが助言や指導があればできる	□助言や指導をしても できない若しくは行 わない

（2）身辺の清潔保持 ― 洗面、洗髪、入浴等の身体の衛生保持や着替え等ができる。また、自室の清掃や片付けができるなど。
□できる	□自発的にできるが時には助言や指導を必要とする	☑自発的かつ適正に行うことはできないが助言や指導があればできる	□助言や指導をしても できない若しくは行 わない

（3）金銭管理と買い物 ― 金銭を独力で適切に管理し、やりくりがほぼできる。また、一人で買い物が可能であり、計画的な買い物がほぼできるなど。
□できる	□おおむねできるが時には助言や指導を必要とする	□助言や指導があればできる	□助言や指導をしても できない若しくは行 わない

（4）通院と服薬 ― （□要・□不要）規則的に通院や服薬を行い、病状等を主治医に伝えることができるなど。
□できる	□おおむねできるが時には助言や指導を必要とする	□助言や指導があればできる	□助言や指導をしても できない若しくは行 わない

（5）他人との意思伝達及び対人関係 ― 他人の話を聞く、自分の意思を相手に伝える、集団的行動が行えるなど。
□できる	☑おおむねできるが時には助言や指導を必要とする	□助言や指導があればできる	□助言や指導をしても できない若しくは行 わない

（6）身辺の安全保持及び危機対応 ― 事故等の危険から身を守る能力がある、通常と異なる事態となった時に他人に援助を求めるなどを含めて、適正に対応することができるなど。
□できる	☑おおむねできるが時には助言や指導を必要とする	□助言や指導があればできる	□助言や指導をしても できない若しくは行 わない

（7）社会性 ― 銀行での金銭の出し入れや公共施設等の利用が一人で可能。また、社会生活に必要な手続きが行えるなど。
□できる	□おおむねできるが時には助言や指導を必要とする	☑助言や指導があればできる	□助言や指導をしても できない若しくは行 わない

3　日常生活能力の程度（該当するもの一つにチェックしてください。）
　※日常生活能力の程度を記載する際には、状態をもっとも適切に記載できる（精神障害）又は（知的障害）のどちらかを使用してください。

（精神障害）
□（1）精神障害(病的体験・残遺症状・認知障害・性格変化等)を認めるが、社会生活は普通にできる。

□（2）精神障害を認め、家庭内での日常生活は普通にできるが、社会生活には、援助が必要である。
　　（たとえば、日常的な家事をこなすことはできるが、状況や手順が変化したりすると困難を生じることがある。社会行動や自発的な行動が適切に出来ないこともある。金銭管理はおおむねできる場合など。）

□（3）精神障害を認め、家庭内での単純な日常生活はできるが、時に応じて援助が必要である。
　　（たとえば、習慣化した外出はできるが、家事をこなすために助言や指導を必要とする。社会的な対人交流は乏しく、自発的な行動に困難がある。金銭管理が困難な場合など。）

☑（4）精神障害を認め、日常生活における身のまわりのことも、多くの援助が必要である。
　　（たとえば、著しく適正を欠く行動が見受けられる。自発的な発言が少ない、あっても発言内容が不適切であったり不明瞭であったりする。金銭管理ができない場合など。）

□（5）精神障害を認め、身のまわりのこともほとんどできないため、常時の援助が必要である。
　　（たとえば、家庭内生活においても、食事や身のまわりのことを自発的にすることができない。また、在宅の場合に通院等の外出には、付き添いが必要な場合など。）

（知的障害）
□（1）知的障害を認めるが、社会生活は普通にできる。

□（2）知的障害を認め、家庭内での日常生活は普通にできるが、社会生活には、援助が必要である。
　　（たとえば、簡単な漢字は読み書きができ、会話も意思の疎通が可能であるが、抽象的なことは難しい。身辺生活も一人でできる程度）

□（3）知的障害を認め、家庭内での単純な日常生活はできるが、時に応じて援助が必要である。
　　（たとえば、ごく簡単な読み書きや計算はでき、助言などがあれば作業は可能である。具体的指示であれば理解ができ、身辺生活についてもおおむね一人でできる程度）

□（4）知的障害を認め、日常生活における身のまわりのことも、多くの援助が必要である。
　　（たとえば、簡単な文字や数字は理解でき、保護的な環境であれば単純作業は可能である。習慣化していることであれば言葉での指示を理解し、身辺生活についても部分的にできる程度）

□（5）知的障害を認め、身のまわりのこともほとんどできないため、常時の援助が必要である。
　　（たとえば、文字や数の理解力がほとんど無く、簡単な手伝いもできない。言葉による意思の疎通がほとんど不可能であり、身辺生活の処理も一人ではできない程度）

エ　現症時の就労状況
- 勤務先　□一般企業　□就労支援施設　□その他（　　　）
- 雇用体系　□障害者雇用　□一般雇用　□自営　□その他（　　　）
- 勤続年数（　　年　　ヶ月）　○仕事の頻度（週に□月に（　）日）
- ひと月の給与（　　円程度）
- 仕事の内容
　　平成26年8月から休職中。
- 仕事場での援助の状況や意思疎通の状況

オ　身体所見(神経学的な所見を含む。)

カ　臨床検査（心理テスト・認知検査、知能障害の場合は、知能指数、精神年齢を含む。）

キ　福祉サービスの利用状況(障害者総合支援法に規定する自立訓練、共同生活援助、居宅介護、その他障害福祉サービス等)
　利用なし。

⑪ 現症時の日常生活動能力及び労働能力（必ず記入してください。）	日常生活全般で家族の援助が必要な状態だった。労働できない。
⑫ 予　後（必ず記入してください。）	不明
⑬ 備　考	

上記のとおり、診断します。　　　　　令和3　年　12　月　◯　日

病院又は診療所の名称　■■■■クリニック　　　診療担当科名　精神科
所　在　地　■■■■■■　　　　　　　　　　医師氏名　■■■■

【令和3年12月○日現症の診断書（表面）】

<table>
<tr><td>（精）</td><td>国民年金
厚生年金保険</td><td colspan="3">診　断　書　（精神の障害用）</td><td>様式第120号の4</td></tr>
</table>

（フリガナ） 氏　名	■■■■■	生年月日	昭和　45　年　■　月　■　日生（　歳）	性別	☑男 □女

| 住　所 | 住所地の郵便番号
■■ー■■■■ | ■■■■都道
府県 | ■■■■郡市
区 | ■■■■ |

診療録で確認または本人の申立てのどちらかにチェックをして、本人の申立ての場合は、それを聴取した年月日を記入してください。

① 障害の原因と なった傷病名	うつ病 不安障害 ICD-10コード（ F3、F4 ）	②傷病の発生年月日	平成　25　年　2　月　○　日	□診療録で確認 ☑本人の申立て （　年　月　）	本人の発病 時の職業	公務員
		③①のため初めて医 師の診療を受けた日	平成　25　年　2　月　○　日	□診療録で確認 ☑本人の申立て （　年　月　）	④既存障害	

⑤傷病が治った（症状が固定し た状態を含む。）かどうか。	平成 令和　　年　月　日	□確認 ☑推定	症状のよくなる見込・・☑有・□無・☑不明	⑤既往症	糖尿病、睡眠時無呼吸

⑦	陳述者の氏名　■■■■■　請求人との続柄　　本人　　聴取年月日　令和3　年　12　月　○　日
発病から現在までの病歴 及び治療の経過、内容、 就学・就労状況等、期間、 その他参考となる事項	仕事していて、動悸、全身倦怠感、過呼吸の不安症状あり、受診する。休職1回し復職した が、体調戻らず1年は仕事していたが、2年目から休む事が多くなり有休使いきり平成30年 1月退職する。収入がなくなり、生活困難になっている。就労できない状態続いている。

⑧	診断書作成医療機関 における初診時所見	職場適応に悩みあり、動悸、全身倦怠感、過呼吸の不安障害が出現し、受診した。
	初診年月日 〔 平成　25　年　2　月　○　日 〕	

⑨	ア　発育・養育歴	イ　教育歴	ウ　職歴
これまでの発育・養育歴等 （出生から発育の状況や 教育歴及びこれまでの 職歴をできるだけ詳しく 記入してください。）	異常なし。	乳児期 □不就学・□就学猶予 小学校〔☑普通学級・□特別支援学級・□特別支援学校 〕 中学校〔☑普通学級・□特別支援学級・□特別支援学校 〕 高　校〔☑普通学級・□特別支援学校 〕 その他	■■役所

（お願い）臨床所見等は、診療録に基づいてわかる範囲で記入してください。

エ　治療歴（書ききれない場合は⑬「備考」欄に記入してください。）（※　同一医療機関の入院・外来は分けて記入してください。）

医療機関名	治療期間	入院・外来	病　名	主　な　療　法	転帰（軽快・悪化・不変）
■■クリニック	平成25年　2月～令和3年12月	□入院 ☑外来	うつ病、不安障害	精神療法、薬物療法	不変
	年　月～　年　月	□入院 □外来			
	年　月～　年　月	□入院 □外来			
	年　月～　年　月	□入院 □外来			

⑩	障　害　の　状　態　（　令和　　3　年　12　月　○　日現症）

ア　現在の病状又は状態像（該当のローマ数字、英数字にチェックしてください。）	イ　左記の状態について、その程度・症状・処方薬等を具体的に記載してください
前回の診断書の記載時との比較（前回の診断書を作成している場合は記入してください。） I □変化なし　□2改善している　□3悪化している　□4不明 抑うつ状態 □1思考・運動制止　□2刺激性、興奮　☑3憂うつ気分 □4自殺企図　□5希死念慮 ☑6その他（　不安障害　） II　そう状態 □1行為心迫　□2多弁・多動　□3気分（感情）の異常な高揚・刺激性 □4観念奔逸　□5易怒性・被刺激性亢進　□6誇大妄想 □7その他（　　） III　幻覚妄想状態　等 □1幻覚　□2妄想　□3させられ体験　□4思考形式の障害 □5著しい奇異な行為　□6その他（　　） IV　精神運動興奮状態及び昏迷の状態 □1興奮　□2昏迷　□3拒絶・拒食　□4減裂思考 □5衝動行為　□6自傷　□7無動・無反応 □8その他（　　） V　統合失調症等残遺状態 □1自閉　□2感情の平板化　□3意欲の減退 □4その他（　　） VI　意識障害・てんかん □1意識混濁　□2（夜間）せん妄　□3もうろう　□4錯乱 □5てんかん発作　□6不機嫌症　□7その他（　　） ・てんかん発作の状態　※発作のタイプは記入上の注意参照 　1てんかん発作のタイプ〔□A・□B・□C・□D〕 　2てんかん発作の頻度（年間　　回,月平均　　,週平均　　回　程度） VII　知能障害等 □1知的障害　□ア軽度　□イ中等度　□ウ重度　□エ最重度 □2認知症　□ア軽度　□イ中等度　□ウ重度　□エ最重度 □3高次脳機能障害 　□ア失行　□イ失語 　□ウ記憶障害　□エ注意障害　□オ遂行機能障害　□カ社会的行動障害 □4学習障害　□ア読み　□イ書き　□ウ計算　□エその他（　　） □5その他（　　） VIII　発達障害関連症状 □1相互的な社会関係の質的障害　□2言語コミュニケーションの障害 □3限定した常同的で反復的な関心と行動　□4その他（　　） IX　人格変化 □1欠陥状態　□2無関心　□3無為 □4その他症状等（　　） X　乱用、依存等（薬物等名：　　） □1乱用　□2依存 XI　その他〔　　〕	入浴していない。金銭が尽き心配あり、働ける先を 探している。1日を寝て過ごす事が多い。就労でき ない状態。

（お願い）太文字の欄は、記入漏れがないように記入してください。

本人の障害の程度及び状態に無関係な欄には記入する必要はありません。（無関係な欄は、斜線により抹消してください。）

ウ　日常生活状況

1　家庭及び社会生活についての具体的な状況

（ア）現在の生活環境（該当するもの一つを選んでチェックしてください。）

☐入院・☐入所・☑在宅・☐その他（　　　　　　　　　　）
☐施設名（　　　　　　　　　）
同居者の有無（　有・☑無　）

（イ）全般的状況（家族及び家族以外の者との対人関係についても
　　　具体的に記入してください。）

> 一人暮らし。福祉サービスのサポートを受けている。支援者以外の交流はない。

2　日常生活能力の判定（該当するものにチェックしてください。）
　（判断にあたっては、単身で生活するとしたら可能かどうかで判断してください。）

（1）**適切な食事** － 配膳などの準備も含めて適当量をバランスよく摂ることがほぼできるなど。

☐できる　☐には助言や指導を必要とする　☑自発的かつ適正に行うことはできないが助言や指導があればできる　☐助言や指導をしてもできない若しくは行わない

（2）**身辺の清潔保持** － 洗面、洗髪、入浴等の身体の衛生保持や着替え等ができる。また、自室の清掃や片付けができるなど。

☐できる　☐には助言や指導を必要とする　☑自発的かつ適正に行うことはできないが助言や指導があればできる　☐助言や指導をしてもできない若しくは行わない

（3）**金銭管理と買い物** － 金銭を適切に管理し、やりくりがほぼできる。また、一人で買い物が可能であり、計画的な買い物がほぼできるなど。

☐できる　☐おおむねできるが時には助言や指導を必要とする　☐助言や指導があればできる　☐助言や指導をしてもできない若しくは行わない

（4）**通院と服薬**（要・不要）－ 規則的に通院や服薬を行い、病状等を主治医に伝えることができるなど。

☐できる　☐おおむねできるが時には助言や指導を必要とする　☐助言や指導があればできる　☐助言や指導をしてもできない若しくは行わない

（5）**他人との意思伝達及び対人関係** － 他人の話を聞く、自分の意思を相手に伝える、集団的行動が行えるなど。

☐できる　☐おおむねできるが時には助言や指導を必要とする　☑助言や指導があればできる　☐助言や指導をしてもできない若しくは行わない

（6）**身辺の安全保持及び危機対応** － 事故等の危険から身を守る能力がある、通常と異なる事態となった時に他人に援助を求めるなどを含めて、適正に対応することができるなど。

☐できる　☑おおむねできるが時には助言や指導を必要とする　☐助言や指導があればできる　☐助言や指導をしてもできない若しくは行わない

（7）**社会性** － 銀行での金銭の出し入れや公共施設等の利用が一人で可能。また、社会生活に必要な手続きが行えるなど。

☐できる　☐おおむねできるが時には助言や指導を必要とする　☑助言や指導があればできる　☐助言や指導をしてもできない若しくは行わない

3　日常生活能力の程度（該当するもの一つにチェックしてください。）
※日常生活能力の程度を記載する際には、状態をもっとも適切に記載できる（精神障害）又は（知的障害）のどちらかを使用してください。

（精神障害）

☐（1）精神障害（病的体験・残遺症状・認知障害・性格変化等）を認めるが、社会生活は普通にできる。

☐（2）精神障害を認め、家庭内での日常生活は普通にできるが、社会生活には、援助が必要である。
（たとえば、日常的な家事をこなすことはできるが、状況や手順が変化したりすると困難を生じることがある。社会行動や自発的な行動が適切に出来ないこともある。金銭管理はおおむねできる場合など。）

☐（3）精神障害を認め、家庭内での単純な日常生活はできるが、時に応じて援助が必要である。
（たとえば、習慣化した外出はできるが、家事をこなすために助言や指導を必要とする。社会的な対人交流は乏しく、自発的な行動に困難がある。金銭管理が困難な場合など。）

☑（4）精神障害を認め、日常生活における身のまわりのことも、多くの援助が必要である。
（たとえば、著しく適正を欠く行動が見受けられる。自発的な発言が少ない、あっても発言内容が不適切であったり不明瞭であったりする。金銭管理ができない場合など。）

☐（5）精神障害を認め、身のまわりのこともほとんどできないため、常時の援助が必要である。
（たとえば、家庭内生活においても、食事や身のまわりのことを自発的にすることができない。また、在宅の場合に通院等の外出には、付き添いが必要な場合など。）

（知的障害）

☐（1）知的障害を認めるが、社会生活は普通にできる。

☐（2）知的障害を認め、家庭内での日常生活は普通にできるが、社会生活には、援助が必要である。
（たとえば、簡単な漢字は読み書きができ、会話も意思の疎通が可能であるが、抽象的なことは難しい。身辺生活も一人でできる程度。）

☐（3）知的障害を認め、家庭内での単純な日常生活はできるが、時に応じて援助が必要である。
（たとえば、ごく簡単な読み書きや計算はでき、助言などがあれば作業は可能である。具体的指示であれば理解ができ、身辺生活についてもおおむね一人でできる程度）

☐（4）知的障害を認め、日常生活における身のまわりのことも、多くの援助が必要である。
（たとえば、簡単な文字や数字は理解でき、保護的な環境であれば単純作業は可能である。習慣化していることであれば言葉での指示を理解し、身辺生活も部分的にできる程度）

☐（5）知的障害を認め、身のまわりのこともほとんどできないため、常時の援助が必要である。
（たとえば、文字や数の理解力がほとんど無く、簡単な手伝いもできない。言葉による意思の疎通がほとんど不可能であり、身辺生活の処理も一人ではできない程度）

エ　現症時の就労状況

○ 勤務先　　☐一般企業　☐就労支援施設　☐その他（　　　　）
○ 雇用体系　☐障害者雇用　☐一般雇用　☐自営　☐その他（　　　）
○ 勤続年数（　　年　　ヶ月）　○ 仕事の頻度（週に　　月に　　日）
○ ひと月の給与（　　　　円程度）
○ 仕事の内容

○ 仕事場での援助の状況や意思疎通の状況

無職

オ　身体所見（神経学的な所見を含む。）

カ　臨床検査（心理テスト・認知検査、知的障害の場合は、知能指数、精神年齢を含む。）

キ　福祉サービスの利用状況（障害者総合支援法に規定する自立訓練、共同生活援助、居宅介護、その他障害福祉サービス等）

社協などの支援あり。

⑪ 現症時の日常生活動能力及び労働能力（必ず記入してください。）	日常生活は一人暮らしで生活崩れがち。食生活も不規則。労働できない。
⑫ 予後（必ず記入してください。）	不明。
⑬ 備考	

上記のとおり、診断します。　　　　　　　**令和３年 12 月 ○ 日**

病院又は診療所の名称　■■■■クリニック　　　診療担当科名　精神科

所　在　地　■■■■　　　　　　　　　　　　医師氏名　■■■■

（精）	国 民 年 金 厚生年金保険	診 断 書 （精神の障害用）		様式第120号の4

| （フリガナ）
氏 名 | ▬▬▬ | 生年月日 | 昭和 45 年 ■ 月 ■ 日生（ 歳） | 性別 ☑男 □女 |

| 住 所 | 住所地の郵便番号 ▬▬ － ▬▬ | 都道
府県 ▬▬▬ | 郡市
区 ▬▬▬ |

① 障害の原因と なった傷病名	うつ病 不安障害 ICD－10コード（ F3、F4 ）	② 傷病の発生年月日	平成 25 年 2 月 ○ 日	☑診療録で確認 □本人の申立て （ 年 月 ）	本人の発病 時の職業	公務員

| ③ ①のため初めて医師の診療を受けた日 | 平成 25 年 2 月 ○ 日 | ☑診療録で確認
□本人の申立て
（ 年 月 ） | ④ 既存障害 | |

| ⑥ 傷病が治った（症状が固定した状態を含む。）かどうか。 | 平成
令和 年 月 日 | □確認
□推定 | 症状のよくなる見込‥ □有・□無・☑不明 | ⑤ 既往症 | 糖尿病、睡眠時無呼吸 |

⑦	陳述者の氏名 ▬▬▬ 請求人との続柄 本人 聴取年月日 令和4 年 2 月 ○ 日
発病から現在までの病歴 及び治療の経過、内容、 就学・就労状況等、期間、 その他参考となる事項	仕事していて、動悸、全身倦怠感、過呼吸の不安症状あり、受診する。休職1回し復職したが、体調戻らず1年は仕事していたが、2年目から休む事が多くなり有休使いきり平成28年8月○日の診察では過呼吸から仕事続かず療休多かった。平成30年1月末に退職する。収入がなくなり、生活困難になっている。

⑧ 診断書作成医療機関における初診時所見 初診年月日 ［ 平成 25 年 2 月 ○ 日 ］	職場適応に悩みあり、動悸、全身倦怠感、過呼吸の不安障害が出現し、受診した。

⑨ これまでの発育・養育歴等 （出生から発育の状況や教育歴及びこれまでの職歴をできるだけ詳しく記入してください。）	ア 発育・養育歴 異常なし。	イ 教育歴 乳 児 期 □不就学・□就学猶予 小 学 校（☑普通学級・□特別支援学級・□特別支援学校 ） 中 学 校（☑普通学級・□特別支援学級・□特別支援学校 ） 高 校（☑普通学級・□特別支援学校 ） □その他（ ）	ウ 職歴 ■ 役所

エ 治療歴（書ききれない場合は⑬「備考」欄に記入してください。 ） （※ 同一医療機関の入院・外来は分けて記入してください。）

医療機関名	治療期間	入院・外来	病 名	主 な 療 法	転帰（軽快・悪化・不変）
■ クリニック	平成25年 2 月 ～ 令和4年 2 月	□入院 ☑外来	うつ病、不安障害	精神療法、薬物療法	不変
	年 月 ～ 年 月	□入院 □外来			
	年 月 ～ 年 月	□入院 □外来			
	年 月 ～ 年 月	□入院 □外来			

⑩	障 害 の 状 態 （ 平成 28 年 8 月 ○ 日 現症）

ア 現在の病状又は状態像（該当のローマ数字、英数字にチェックしてください。）

前回の診断書の記載時との比較 （前回の診断書を作成している場合は記入してください。）
□1 変化なし □2 改善している □3 悪化している □4 不明

I 抑うつ状態
□1 思考・運動制止 □2 刺激性、興奮 ☑3 憂うつ気分
□4 自殺企図 □5 希死念慮 □6 その他（ 不安障害 ）

II そう状態
□1 行為心迫 □2 多弁・多動 □3 気分（感情）の異常な高揚・刺激性
□4 観念奔逸 □5 易怒性・被刺激性亢進 □6 誇大妄想
□7 その他（ ）

III 幻覚妄想状態 等
□1 幻覚 □2 妄想 □3 させられ体験 □4 思考形式の障害
□5 著しい奇異な行為 □6 その他（ ）

IV 精神運動興奮状態及び昏迷の状態
□1 興奮 □2 昏迷 □3 拒絶・拒食 □4 滅裂思考
□5 衝動行為 □6 自傷 □7 無動・無反応
□8 その他（ ）

V 統合失調症等残遺状態
□1 自閉 □2 感情の平板化 □3 意欲の減退
□4 その他（ ）

VI 意識障害・てんかん
□1 意識混濁 □2 （夜間）せん妄 □3 もうろう □4 錯乱
□5 てんかん発作 □6 不機嫌症 □7 その他（ ）
・てんかん発作の状態…発作のタイプは記入上の注意参照
□1 てんかん発作のタイプ（□A・□B・□C・□D ）
□2 てんかん発作の頻度（ 年間 回、月平均 回、週平均 回 程度）

VII 知能障害等
□1 知的障害 □ア 軽度 □イ 中等度 □ウ 重度 □エ 最重度
□2 認知症 □ア 軽度 □イ 中等度 □ウ 重度 □エ 最重度
□3 高次脳機能障害
□ア 失行 □イ 失認
□ウ 記憶障害 □エ 注意障害 □オ 遂行機能障害 □カ 社会的行動障害
□4 学習障害（□ア 読み □イ 書き □ウ 計算 □エ その他（ ））
□5 その他（ ）

VIII 発達障害関連症状
□1 相互的な社会関係の質的障害 □2 言語コミュニケーションの障害
□3 限定した常同的で反復的な関心と行動 □4 その他（ ）

IX 人格変化
□1 欠陥状態 □2 無関心 □3 無為
□4 その他症状等（ ）

X 乱用・依存等（薬物等名： ）
□1 乱用 □2 依存

XI その他（ ）

イ 左記の状態について、その程度・症状・処方薬等を具体的に記載してください

仕事中に過呼吸発作あり職場適応できなくなった。
復職して1年経過し、療休を度々取得していた。
不安が持続していた。

過呼吸発作を繰り返していた。不安発作あり。

本人の障害の程度及び状態に無関係な欄には記入する必要はありません。（無関係な欄は、斜線により抹消してください。）

ウ 日常生活状況

1 家庭及び社会生活についての具体的な状況

(ア) 現在の生活環境(該当するもの一つを選んでチェックしてください。)
☐ 入院 ・☐ 入所 ・☑ 在宅 ・☐ その他 ( )
(施設名)
同居者の有無 (☑ 有 ・☐ 無)

(イ) 全般的状況(家族及び家族以外の者との対人関係についても具体的に記入してください。)
| 母親と同居。母親以外との交流はない。通院も不規則。母親の介護と診療の付添いはできていた。 |

2 日常生活能力の判定(該当するものにチェックしてください。)
(判断にあたっては、単身で生活するとしたら可能かどうかで判断してください。)

(1) 適切な食事 ― 配膳などの準備も含めて適当量をバランスよく摂ることがほぼできるなど。
☐ できる ☐ 自発的にできるが助言や指導を必要とする ☑ 自発的かつ適正に行うことはできないが助言や指導があればできる ☐ 助言や指導をしてもできない若しくは行わない

(2) 身辺の清潔保持 ― 洗面、洗髪、入浴等の身体の衛生保持や着替え等ができる。また、自室の清掃や片付けができるなど。
☐ できる ☐ 自発的にできるが助言や指導を必要とする ☑ 自発的かつ適正に行うことはできないが助言や指導があればできる ☐ 助言や指導をしてもできない若しくは行わない

(3) 金銭管理と買い物 ― 金銭を独力で適切に管理し、やりくりがほぼできる。また、一人で買い物が可能であり、計画的な買い物がほぼできるなど。
☐ できる ☐ 自発的にできるが助言や指導を必要とする ☑ 助言や指導があればできる ☐ 助言や指導をしてもできない若しくは行わない

(4) 通院と服薬(☐ 要・☑ 不要) ― 規則的に通院や服薬を行い、病状等を主治医に伝えることができるなど。
☐ できる ☐ 自発的にできるが助言や指導を必要とする ☑ 助言や指導があればできる ☐ 助言や指導をしてもできない若しくは行わない

(5) 他人との意思伝達及び対人関係 ― 他人の話を聞く、自分の意思を相手に伝える、集団的行動が行えるなど。
☐ できる ☑ 自発的にできるが助言や指導を必要とする ☐ 助言や指導があればできる ☐ 助言や指導をしてもできない若しくは行わない

(6) 身辺の安全保持及び危機対応 ― 事故等の危険から身を守る能力がある、通常と異なる事態となった時に他人に援助を求めるなどを含めて、適正に対応することができるなど。
☐ できる ☐ 自発的にできるが助言や指導を必要とする ☑ 助言や指導があればできる ☐ 助言や指導をしてもできない若しくは行わない

(7) 社 会 性 ― 銀行での金銭の出し入れや公共施設等の利用が一人で可能。また、社会生活に必要な手続きが行えるなど。
☐ できる ☐ 自発的にできるが助言や指導を必要とする ☑ 助言や指導があればできる ☐ 助言や指導をしてもできない若しくは行わない

3 日常生活能力の程度(該当するもの一つにチェックしてください。)

※日常生活能力の程度を記載する際には、状態をもっとも適切に記載できる(精神障害)又は(知的障害)のどちらかを使用してください。

(精神障害)
☐ (1) 精神障害(病的体験・残遺症状・認知障害・性格変化等)を認めるが、社会生活は普通にできる。

☐ (2) 精神障害を認め、家庭内での日常生活は普通にできるが、社会生活には、援助が必要である。
(たとえば、日常的な家事をこなすことはできるが、状況や手順が変化したりすると困難を生じることがある。社会行動や自発的な行動が適切に出来ないこともある。金銭管理はおおむねできる場合など。)

☐ (3) 精神障害を認め、家庭内での単純な日常生活はできるが、時に応じて援助が必要である。
(たとえば、習慣化した外出はできるが、家事をこなすために助言や指導を必要とする。社会的な対人交流は乏しく、自発的な行動に困難がある。金銭管理が困難な場合など。)

☑ (4) 精神障害を認め、日常生活における身のまわりのことも、多くの援助が必要である。
(たとえば、著しく適正を欠く行動が見受けられる。自発的な発言が少ない、あっても発言内容が不適切であったり不明瞭であったりする。金銭管理ができない場合など。)

☐ (5) 精神障害を認め、身のまわりのこともほとんどできないため、常時の援助が必要である。
(たとえば、家庭内生活においても、食事や身のまわりのことを自発的にすることができない。また、在宅の場合に通院等の外出には、付き添いが必要な場合など。)

(知的障害)
☐ (1) 知的障害を認めるが、社会生活は普通にできる。

☐ (2) 知的障害を認め、家庭内での日常生活は普通にできるが、社会生活には、援助が必要である。
(たとえば、簡単な漢字は読み書きができ、会話も意思の疎通が可能であるが、抽象的なことは難しい。身辺生活も一人でできる程度)

☐ (3) 知的障害を認め、家庭内での単純な日常生活はできるが、時に応じて援助が必要である。
(たとえば、ごく簡単な読み書きや計算はでき、助言などがあれば作業は可能である。具体的指示であれば理解ができ、身辺生活についてもおおむね一人でできる程度)

☐ (4) 知的障害を認め、日常生活における身のまわりのことも、多くの援助が必要である。
(たとえば、簡単な文字や数字は理解でき、保護的環境であれば単純作業は可能である。習慣化していることであれば言葉の指示を理解し、身辺生活について部分的にできる程度)

☐ (5) 知的障害を認め、身のまわりのこともほとんどできないため、常時の援助が必要である。
(たとえば、文字や数の理解力がほとんど無く、簡単な手伝いもできない。言葉による意思の疎通がほとんど不可能であり、身辺生活の処理も一人ではできない程度)

エ 現症時の就労状況
- 勤務先 ☑ 一般企業 ☐ 就労支援施設 ☐ その他 ( )
- 雇用体系 ☐ 障害者雇用 ☑ 一般雇用 ☐ 自営 ☐ その他 ( )
- 勤続年数 (24 年 4 か月)・仕事の頻度 (☑ 週に ☐ 月に (5)日)
- ひと月の給与 (21万 円程度)
- 仕事の内容
  ■■ 局の仕事
- 仕事場での援助の状況や意思疎通の状況
  体調悪い時、度々休みを取得していた。

オ 身体所見(神経学的な所見を含む。)

カ 臨床検査 (心理テスト・認知検査、知能障害の場合は、知能指数、精神年齢を含む。)

キ 福祉サービスの利用状況(障害者総合支援法に規定する自立訓練、共同生活援助、居宅介護、その他障害福祉サービス等)
利用なし。

⑪ 現症時の日常生活動力及び労働能力 (必ず記入してください。)	掃除は家族、食事の用意は本人がしていた。不安障害の過呼吸発作あり、労働できない。
⑫ 予 後 (必ず記入してください。)	不明
⑬ 備 考	

上記のとおり、診断します。　　　　令和4 年 2 月 ◯ 日

病院又は診療所の名称 ■■■ クリニック　　　診療担当科名 精神科
所 在 地 ■■■■■■　　　医師氏名 ■■■■■

返戻事例

共済組合／障害状態

請求人の自立の程度の確認が必要と共済組合から返戻された精神障害の事例

▶ 共済組合　　▶ 障害状態

１ 事例の概要

1）請求人は、50歳代女性。
2）うつ病で障害共済年金１級を受給していたなか、更新の時期が到来したために、自身で共済組合に診断書を提出した。
3）自立の程度の確認が必要であるとして、「日常生活及び就労に関する状況について（照会）」の記載等を求める返戻がなされた。
4）返戻に従い、「日常生活及び就労に関する状況について（照会）」の記載を行った。また、診断書作成医に確認を行ったところ、診断書に一部加筆が行われた。
5）審査の結果、障害共済年金２級に減額改定となった。

２ この事例を理解するために必要な知識・情報

　請求人は、前回の更新時には就労しておらず、当該更新時の診断書に記載された障害の状態も重度であったため、２級から１級に改定されましたが、今回（本事例）の更新時には、障害者雇用で在職している状況でした。そのような状況下で更新の診断書を取得して提出を行ったところ、返戻がありました。その後、どのように対応したらよいかわからず途方に暮れていたところ、ご縁があり筆者に返戻対応のご依頼となりました。

３ 提出書類の内容

　再認定用の診断書（265ページ）を請求人が提出しました。

4 返戻・照会の内容（抜粋）

****

　障害認定医より、日常生活能力は「常時の援助が必要」にチェックが入っているにもかかわらず、障害者雇用で月に15日程度就労しているとの記載があるため、自立の程度について確認の依頼がありました。

　ついては、診断書⑥—ウ—2及び3欄の判定が現症日時点の障害の状態であるか再度確認のうえ、必要に応じて修正をお願いします。（修正箇所には、担当医師の押印が必要になりますので、ご注意願います。）

　また、「日常生活及び就労に関する状況について（照会）」を記入していただき、併せて提出をお願いします。

****

5 なぜ返戻・照会になったのか

　診断書の記載内容における整合性について疑義が生じたことによる確認が行われたものと推察されます。

6 返戻・照会への対応

　前記3〜5を踏まえ、返戻に応じて「日常生活及び就労に関する状況について（照会）」（268ページ）を実態に基づき記入して提出を行いました。

　また、日常生活能力は「常時の援助が必要」と判断された理由について、診断書作成医に確認を行ったところ、請求人の障害状態についての所見としては、生活のために非常に無理をして障害者雇用で在職してはいるものの、本来であれば、常時の援助が必要であり就労も不能であると考えられることから、「常時の援助が必要」であると判定したとの意見があり、保険者に伝わるよう⑦欄に加筆がされることになりました。整合性について保険者に伝わるように当該加筆後の診断書（267ページ・修正のあった裏面のみを掲載）も提出しました。

7 本事例のポイントとまとめ

　本事例では、保険者が審査を行ううえでの整合性確認の視点がわかります。自身の就労状況等の実態と診断書作成医の判定が、診断書上で矛盾が生じる可能性がある場合には、必要に応じて医師に確認を行い、医師の所見に基づいて修正や加筆をいただくことも選択肢であると思われます。また、診断書のみでは実態を保険者に伝えるこ

とが難しいような場合には、予め診断書等の必要書類と併せて「日常生活及び就労に関する状況について（照会）」を記載して提出を行うことでスムーズな審査につながる場合もあると思われます。請求人は返戻対応を自身では進められずにいたなか、減額改定とはなりましたが、等級についての不服はなく、返戻対応が進み、引き続き受給が続くことになったことで安堵されていました。

【診断書（表面）】

国民年金・厚生年金保険・共済年金

診断書（精神の障害用）

様式第120号の4

○本人の障害の程度及び状態に無関係な欄は、記入する必要がありません。（無関係な欄は、斜線により抹消してください。）

○本面の記入上の注意をよく読んで記入してください。

フリガナ			性別	②住所
①氏　名 （生年月日）	明・大・☑昭・平 43年 ■月 ■日生（51歳）		☐男・☑女	■■ー■■

③傷病名	うつ病	ICD−10コード（　F33　）	診療回数 年間 19 回、月平均　　回

④最近一年間の治療の経過、内容、就学・就労状況等、期間、その他参考となる事項：
向精神薬による薬物療法を行っているが、精神症状は動揺傾向で経過している。

⑤これまでの発育・養育歴等（出生から発育の状況や教育歴及びこれまでの職歴をできるだけ詳しく記入してください。）

ア　発育・養育歴

イ　教育歴

乳児期　☐不就学・☑就学猶予

小学校	☐・☑普通学級	・☐特別支援学級	・☐特別支援学校		
中学校	☐・☑普通学級	・☐特別支援学級	・☐特別支援学校		
高校	☐・☑普通学級	・☐特別支援学級	・☐特別支援学校		
その他	大学卒				

ウ　職歴　　主に事務職

エ　治療歴（最近5年間の治療歴を記入してください。書ききれない場合は⑨「備考」欄に記入してください。同一医療機関の入院・外来は分けて記入してください。）

医療機関名	治療期間	入院・外来	病名	主な療法	転帰（軽快・悪化・不変）
■■クリニック	H16年6月〜　年　月	☐入院・☑外来	うつ病	薬物療法	動揺傾向
	年　月〜　年　月	☐入院・☐外来			
	年　月〜　年　月	☐入院・☐外来			
	年　月〜　年　月	☐入院・☐外来			

⑥　障害の状態（　R2 年 1 月 27 日現症）※現症の日は、誕生月までの間に本人が診断を受けた日で、記入してください。

ア　現在の病状又は状態像（該当のローマ数字、英数字にチェックしてください。）

（前回の診断書の記載時との比較（前回の診断書を作成している場合は記入してください。）

☑1 変化なし　　☐2 改善している　　☐3 悪化している　　☐4 不明

I うつ状態
☑1 思考・運動制止　☐2 刺激性、興奮　☐3 憂うつ気分
☐4 自殺企図　☑5 希死念慮
☐6 その他（　）

II そう状態
☐1 行為心迫　☐2 多弁・多動　☐3 気分（感情）の異常な高揚・刺激性
☐4 観念奔逸　☐5 易刺激性・被刺激性亢進　☐6 誇大妄想
☐7 その他（　）

III 幻覚妄想状態等
☐1 幻覚　☐2 妄想　☐3 させられ体験　☐4 思考形式の障害
☐5 著しい奇異な行為　☐6 その他（　）

IV 精神運動興奮状態及び昏迷の状態
☐1 興奮　☐2 昏迷　☐3 拒絶・拒食　☐4 滅裂思考
☐5 衝動行為　☐6 自傷　☐7 無動・無反応
☐8 その他（　）

V 統合失調症等残遺状態
☐1 自閉　☐2 感情平板化　☐3 意欲の減退
☐4 その他（　）

VI 意識障害・てんかん
☐1 意識混濁　☐2（夜間）せん妄　☐3 もうろう　☐4 錯乱
☐5 てんかん発作　☐6 不機嫌症　☐7 その他（　）　※発作のタイプは記入上の注意参照
・てんかん発作の状態
　1 てんかん発作のタイプ（A・B・C・D　）
　2 てんかん発作の頻度（年間　回、月平均　回、週平均　回 程度）

VII 知能障害等
☐1 知的障害　ア 軽度・イ 中等度・ウ 重度・エ 最重度
☐2 認知症　ア 軽度・イ 中等度・ウ 重度・エ 最重度
☐3 高次脳機能障害
　ア 失行・イ 失認
　ウ 記憶障害・エ 注意障害・オ 遂行機能障害・カ 社会的行動障害
☐4 学習障害　ア 読み・イ 書き・ウ 計算・エ その他（　）
☐5 その他（　）

VIII 発達障害関連症状
☐1 相互的な社会関係の質的障害　☐2 言語コミュニケーションの障害
☐3 限定した常同的で反復的な関心と行動　☐4 その他（　）

IX 人格変化
☐1 欠陥状態　☐2 無関心　☐3 無為
☐4 その他症状（　）

X 乱用、依存等（薬物等名：　）
☐1 乱用　☐2 依存

XI その他（　）

イ　左記の状態について、その程度・症状・処方薬等を具体的に記載してください。

容易に左記の症状が生ずる状態である。
臥床を余儀なくされ、何も手に付かなくなることが多い。
周囲の支援がなければ自立した生活を送ることはできない。

処方内容
（略）

※	1 継続	2 増改	3 減改	4 停止	5 永固	6 五有	7 四有	8 三有	9 二有	10 一固	11 未固	医療専門役印	認定医員印	診断書コード 7

年金証書の基礎年金番号・年金コード　　生年月日　　診　上外　等級　傷病名　差引　有固　　氏　　名　　受発年月　差止年月　経

【診断書（裏面）】

ウ 日常生活状況

1　家庭及び社会生活についての具体的な状況

（ア）現在の生活環境（該当するもの一つを選んでチェックしてください。）

☐入院・☐入所・☑在宅・☐その他（　　　　　）
（施設名　　　　　）
同居者の有無　☑有・☐無（　　　）

（イ）全般的な状況（家族及び家族以外の者との対人関係についても具体的に記入してください。）

> 家族とも家族以外の他者とも適切に関わることが困難となる。

2　日常生活能力の判定（該当するものにチェックしてください。）
（判断にあたっては、単身で生活するとしたら可能かどうかで判断してください。）

（1）適切な食事 ― 配膳などの準備も含めて適当量をバランスよく摂ることがほぼできるなど。

☐できる　☐自発的にできるが時には助言や指導を必要とする　☐自発的かつ適正に行うことはできないが助言や指導があればできる　☑助言や指導をしても　できない若しくは行わない

（2）身辺の清潔保持 ― 洗面、洗髪、入浴などの身体の衛生保持や着替えなどができる。また、自室の清掃や片付けができるなど。

☐できる　☐自発的にできるが時には助言や指導を必要とする　☐自発的かつ適正に行うことはできないが助言や指導があればできる　☑助言や指導をしても　できない若しくは行わない

（3）金銭管理と買い物 ― 金銭を独力で適切に管理し、やりくりがほぼできる。また、一人で買い物が可能であり、計画的な買い物がほぼできるなど。

☐できる　☐おおむねできるが時には助言や指導を必要とする　☐助言や指導があればできる　☑助言や指導をしても　できない若しくは行わない

（4）通院と服薬（要・不要）― 規則的に通院や服薬を行い、病状などを主治医に伝えることができるなど。

☐できる　☐おおむねできるが時には助言や指導を必要とする　☐助言や指導があればできる　☑助言や指導をしても　できない若しくは行わない

（5）他人との意思伝達及び対人関係 ― 他人の話を聞く、自分の意思を相手に伝える、集団的行動が行えるなど。

☐できる　☐おおむねできるが時には助言や指導を必要とする　☐助言や指導があればできる　☑助言や指導をしても　できない若しくは行わない

（6）身辺の安全保持及び危機対応 ― 事故などの危険から身を守る能力がある、通常と異なる事態となった時に他人に援助を求めるなどを含めて、適正に対応することができるなど。

☐できる　☐おおむねできるが時には助言や指導を必要とする　☐助言や指導があればできる　☑助言や指導をしても　できない若しくは行わない

（7）社会性 ― 銀行での金銭の出し入れや公共施設などの利用が一人で可能。また、社会生活に必要な手続きが行えるなど。

☐できる　☐おおむねできるが時には助言や指導を必要とする　☐助言や指導があればできる　☑助言や指導をしても　できない若しくは行わない

3　日常生活能力の程度（該当するもの一つにチェックしてください。）

※日常生活能力の程度を記載する際には、状態をもっとも適切に記載できる（精神障害）又は（知的障害）のどちらかを使用してください。

【精神障害】

☐（1）精神障害（病的体験・残遺症状・認知障害・性格変化等）を認めるが、社会生活は普通にできる。

☐（2）精神障害を認め、家庭内での日常生活は普通にできるが、社会生活には、援助が必要である。
（たとえば、日常的な家事をこなすことはできるが、状況や手順が変化したりすると困難を生じることがある。社会行動や自発的な行動が適切にできないこともある。金銭管理はおおむねできる場合など。）

☐（3）精神障害を認め、家庭内での単純な日常生活はできるが、時に応じて援助が必要である。
（たとえば、習慣化した外出はできるが、家事をこなすために助言や指導を必要とする。社会的な対人交流は乏しく、自発的な行動に困難がある。金銭管理が困難な場合など。）

☐（4）精神障害を認め、日常生活における身のまわりのことも、多くの援助が必要である。
（たとえば、著しく適正を欠く行動が見受けられる。自発的な発言が少ない、あっても発言内容が不適切であったり不明瞭であったりする。金銭管理ができない場合など。）

☑（5）精神障害を認め、身のまわりのこともほとんどできないため、常時の援助が必要である。
（たとえば、家庭内生活においても、食事や身のまわりのことを自発的にすることができない。また、在宅の場合に通院などの外出には、付き添いが必要な場合など。）

【知的障害】

☐（1）知的障害を認めるが、社会生活は普通にできる。

☐（2）知的障害を認め、家庭内での日常生活は普通にできるが、社会生活には、援助が必要である。
（たとえば、簡単な漢字は読み書きができ、会話も意思の疎通が可能であるが、抽象的なことは難しい。身辺生活も一人でできる程度。）

☐（3）知的障害を認め、家庭内での単純な日常生活はできるが、時に応じて援助が必要である。
（たとえば、ごく簡単な読み書きや計算はでき、助言などがあれば作業は可能である。具体的指示であれば理解ができ、身辺生活についてもおおむね一人でできる程度。）

☐（4）知的障害を認め、日常生活における身のまわりのことも、多くの援助が必要である。
（たとえば、簡単な文字や数字は理解でき、保護的環境であれば単純作業は可能である。習慣化していることであれば言葉での指示を理解し、身辺生活についても部分的にできる程度。）

☐（5）知的障害を認め、身のまわりのこともほとんどできないため、常時の援助が必要である。
（たとえば、文字や数の理解力がほとんど無く、簡単な手伝いもできない。言葉による意思の疎通がほとんど不可能であり、身辺生活の処理も一人ではできない程度。）

エ 現症時の就労状況

- 勤務先　☑一般企業　☐就労支援施設　☐その他（　　　）
- 雇用体系　☑障害者雇用　☐一般雇用　☐その他（　　　）
- 勤続年数（ 1 年 8 ヶ月）　・　仕事の頻度（週に☑月に（ 15 ）日）
- ひと月の給与（ 7万 円程度）
- 仕事の内容
　　簡易な入力作業
- 仕事場での援助の状況や意思疎通の状況
　　職場の理解の下、勤務時間や業務内容が調整されており、周囲の援助を受けながら就労している。

オ 身体所見（神経学的な所見を含む。）

カ 臨床検査（心理テスト・認知検査、知的障害の場合は、知能指数、精神年齢を含む。）

キ 福祉サービスの利用状況（障害者総合支援法に規定する自立訓練、共同生活援助、居宅介護、その他障害福祉サービス等）

⑦	現症時の日常生活動能力及び労働能力（必ず記入してください。）	就労不能、家事不能で全ての場面で他者の介助を要する。
⑧	予　後（必ず記入してください。）	不明
⑨	備　考	

上記のとおり、診断します。　　　　**令和 2 年 2 月 1 日**

病院又は診療所の名称　■クリニック　　　　　診療担当科名　精神科

所　在　地　■■■■■　　　　　　　　　　医師氏名　■■■■

【診断書（裏面）加筆後】

ウ　日常生活状況

1　家庭及び社会生活についての具体的な状況

(ア)　現在の生活環境（該当するもの一つを選んでチェックしてください。）
　　□入院・□入所・☑在宅・□その他（　　　　　　　　　）
　　（施設名　　　　　　　　　　　　　　　　　　）
　　同居者の有無（☑有・□無）

(イ)　全般的状況（家族及び家族以外の者との対人関係についても具体的に記入してください。）
　　[家族とも家族以外の他者とも適切に関わることが困難となる。]

2　日常生活能力の判定（該当するものにチェックしてください。）
（判断にあたっては、単身で生活するとしたら可能かどうかで判断してください。）

(1) 適切な食事 — 配膳などの準備も含めて適当量をバランスよく摂ることがほぼできるなど。
　　□できる　□自発的にできるが時には助言や指導を必要とする　□自発的かつ適正に行うことはできないが助言や指導があればできる　☑助言や指導をしてもできない若しくは行わない

(2) 身辺の清潔保持 — 洗面、洗髪、入浴などの身体の衛生保持や着替えなどができる。また、自室の清掃や片付けができるなど。
　　□できる　□自発的にできるが時には助言や指導を必要とする　□自発的かつ適正に行う助言や指導があればできる　☑助言や指導をしてもできない若しくは行わない

(3) 金銭管理と買い物 — 金銭を独力で適切に管理し、やりくりがほぼできる。また、一人で買い物が可能であり、計画的な買い物ができるなど。
　　□できる　□おおむねできるが助言や指導を必要とする　□助言や指導があればできる　☑助言や指導をしてもできない若しくは行わない

(4) 通院と服薬（□要・□不要）— 規則的に通院や服薬を行い、病状などを主治医に伝えることができるなど。
　　□できる　□おおむねできるが助言や指導を必要とする　□助言や指導があればできる　☑助言や指導をしてもできない若しくは行わない

(5) 他人との意思伝達及び対人関係 — 他人の話を聞く、自分の意思を相手に伝える、集団的行動が行えるなど。
　　□できる　□おおむねできるが助言や指導を必要とする　□助言や指導があればできる　☑助言や指導をしてもできない若しくは行わない

(6) 身辺の安全保持及び危機対応 — 事故などの危険から身を守る能力がある、通常と異なる事態となった時に他人に援助を求めるなどを含めて、適正に対応することができるなど。
　　□できる　□時には助言や指導を必要とする　□助言や指導があればできる　☑助言や指導をしてもできない若しくは行わない

(7) 社会性 — 銀行での金銭の出し入れや公共施設などの利用が一人で可能。また、社会生活に必要な手続きが行えるなど。
　　□できる　□おおむねできるが時には助言や指導を必要とする　□助言や指導があればできる　☑助言や指導をしてもできない若しくは行わない

エ　現症時の就労状況
- 勤務先　☑一般企業　□就労支援施設　□その他（　　　）
- 雇用体系　☑障害者雇用　□一般雇用　□自営　□その他（　　　）
- 勤続年数（　1　年　8　ヶ月）・仕事の頻度（□週に・☑月に　15　日）
- ひと月の収入　　7万　　円程度
- 仕事の内容　　医療事務
- 仕事場での援助の状況や意思疎通の状況
　　職場の理解の下、勤務時間や業務内容が調整されており、周囲の援助を受けながら就労している。

3　日常生活能力の程度（該当するもの一つにチェックしてください。）
※日常生活能力の程度を記載する際には、状態をもっとも適切に記載できる（精神障害）又は（知的障害）のどちらかを使用してください。

【精神障害】

□(1) 精神障害（病的体験・残遺症状・認知障害・性格変化等）を認めるが、社会生活は普通にできる。

□(2) 精神障害を認め、家庭内での日常生活は普通にできるが、社会生活には、援助が必要である。
（たとえば、日常的な家事をこなすことはできるが、状況や手順が変化したりすると困難を生じることがある。社会行動や自発的な行動が適切にできないこともある。金銭管理はおおむねできる場合など。）

□(3) 精神障害を認め、家庭内での単純な日常生活はできるが、時に応じて援助が必要である。
（たとえば、習慣化した外出はできるが、家事をこなすために助言や指導を必要とする。社会的対人交流は乏しく、自発的な行動に困難がある。金銭管理が困難な場合など。）

□(4) 精神障害を認め、日常生活における身のまわりのことも、多くの援助が必要である。
（たとえば、著しく適正を欠く行動が見受けられる。自発的な発言が少ない、あっても発言内容が不適切であったり不明瞭であったりする。金銭管理ができない場合など。）

☑(5) 精神障害を認め、身のまわりのこともほとんどできないため、常時の援助が必要である。
（たとえば、家庭内生活においても、食事や身のまわりのことを自発的にすることができない。また、在宅の場合に通院などの外出には、付き添いが必要な場合など。）

【知的障害】

□(1) 知的障害を認めるが、社会生活は普通にできる。

□(2) 知的障害を認め、家庭内での日常生活は普通にできるが、社会生活には、援助が必要である。
（たとえば、簡単な漢字は読み書きができ、会話も意思の疎通が可能であるが、抽象的なことは難しい。身辺生活も一人でできる程度。）

□(3) 知的障害を認め、家庭内での単純な日常生活はできるが、時に応じて援助が必要である。
（たとえば、ごく簡単な読み書きや計算はでき、助言などがあれば作業は可能である。具体的指示であれば理解ができ、身辺生活についてもおおむね一人でできる程度。）

□(4) 知的障害を認め、日常生活における身のまわりのことも、多くの援助が必要である。
（たとえば、簡単な文字や数字は理解でき、保護的環境であれば単純作業は可能である。習慣化していることであれば言葉での指示を理解し、身辺生活についても部分的にできる程度。）

□(5) 知的障害を認め、身のまわりのこともほとんどできないため、常時の援助が必要である。
（たとえば、文字や数の理解力がほとんど無く、簡単な手伝いもできない。言葉による意思の疎通がほとんど不可能であり、身辺生活の処理も一人ではできない程度。）

オ　身体所見（神経学的な所見を含む。）

カ　臨床検査（心理テスト・認知検査、知能障害の場合は、知能指数、精神年齢を含む。）

キ　福祉サービスの利用状況（障害者総合支援法に規定する自立訓練、共同生活援助、居宅介護、その他障害福祉サービス等）

⑦ 現症時の日常生活能力及び労働能力（必ず記入してください。）	就労不能、家事不能で全ての場面で他社の介助を要する。本来は就労不能であるが、生活のために無理をして就労をしており、今後の継続は難しいと予想される。
⑧ 予後（必ず記入してください。）	不明
⑨ 備考	

上記のとおり、診断します。　　　　令和2　年　2　月　1　日

病院又は診療所の名称　■■クリニック　　　　　　　診療担当科名　精神科
所在地　■■■■■■■■　　　　　　　　　　　　医師氏名　■■■■

【日常生活及び就労に関する状況について（照会）】

日常生活及び就労に関する状況について（照会）

　この書類は、障害基礎（厚生）年金の審査にあたって、請求者（受給者）ご本人の日常生活状況や就労に関する状況を詳しく確認させていただく必要があると認められた場合に、お送りしています。（記載していただいた内容は、審査の資料となります。）

　　＜記入する前にご確認ください＞

　　○ 請求者（受給者）ご本人またはご本人の日常生活及び就労に関する状況をよく把握している方が記入してください。
　　○ 今回ご照会する内容は、既にご提出いただいている書類から確認することが困難であったものとなります。日本年金機構が指定した項目以外の欄については、記入していただく必要はありません。
　　○ 各項目の記入にあたっては、4ページの「記入上の注意」をご確認ください。
　　○ この書類が提出されない場合は、すでに提出された資料で審査をさせていただく場合があります。

請求者（受給者）氏名	生年月日
■■■■■■　　様	⊚昭和　　平成　　４３ 年　■月　■日

| 令和 2 　年　　　 1 　月頃の状況についてご回答ください。 | |

1. 生活環境について該当するものを〇で囲んでください。⇒	入所 ・ 入院 ・⊙在宅⊙・ その他（　　　　）
「入所（入院）」している場合は、次の①および②についてわかる範囲で記入してください。	

① 入所（入院）した時期	昭和 ・ 平成　　　　　年　　　　　月から
② 入所（入院）時からの日常生活の援助状況	

「在宅」の場合に、同居人の有無について該当する方に〇を付けてください。⇒	⊙あり⊙ ・ なし
同居者「あり」の場合は下記③を、「なし」の場合は④を記入してください。	

③同居あり	同居者について該当するものを全て〇で囲んでください。	配偶者 ・⊙子⊙【　2人、(26歳)(24歳)(　　歳)】・ 父 ・ 母　その他（　　　　　　　　　　　　　　　　　　）
④同居なし	単身生活になった時期	昭和 ・ 平成　　　　年　　　　　月から
	単身生活になった理由及び単身生活となってからの日常生活の援助状況	

2. 日常生活における障害の影響や同居者等周囲の方からの援助について具体的に記入してください		
①主に誰から援助をうけていますか	ヘルパー　親族（続柄：実妹・長女・長男）その他（　前夫　　　）	
②日常生活の場面	おおむね一人でもできることはどのようなことですか。	一人ではできないために、周囲の方の援助を受けていることがあれば、援助の内容や頻度を具体的に記入してください。
食事	・食事を摂る：食欲にムラがあり、ゼリーやヨーグルト程度の物しか口にできなかったり、食べずに済ませてしまう事が多い	・食品の買い出し：前夫が届けてくれている ・調理：長女が作ってくれるが食べられないことが多い
入浴や清潔保持	・入浴：億劫で人に会わない時は入らない	・掃除等：部屋が散らかったり埃が積もったりしても、片付ける気力が湧かないため、長女に室内の整理や掃除をしてもらっている
金銭管理と買い物	・ネットショッピング：必要ない物を買ってしまうことがある	・買い物：人が多い所は一人では行けず、何を買ったら良いのかも考えられないため、買い物は長女に頼んでいる
外出	・通勤：慣れた経路での短時間の移動	・人混みでの買い物、銀行手続き等、人と接することが出来ないため、長女に付き添ってもらう
通院と服薬	【通院の頻度】（　週　・月　1回） 【通院のつきそい】（有・無） 【服薬は自分で管理できていますか？】 ・自分では適切に管理できない	・通院予約を忘れたり、薬の飲み忘れがあるため、長女に声掛けしてもらっている
他者とのコミュニケーション	・家族や家族以外ともコミュニケーションを図ることが難しい	・場の空気や相手の立場を考えた言動が苦手で、周囲から敬遠され孤立することが多かったが、理由が分からずストレスを抱え、強い抑うつ気分等があるため、対人関係が保てず、外部との対応は、長女や妹の支援がないと難しい
安全保持及び危機対応	・通勤時の慣れた道での短距離運転 （注意不足から接触事故を起こしたり、道を間違えることが多い）	・通勤時以外で車を運転する場合は、妹が同乗するか、長女の運転により移動している
趣味や興味があるものへの取り組み	・塗り絵が趣味であったが、今はやる気になれない	・気晴らしにやってみれば、と家族に声掛けしてもらうが出来ない
社会での諸手続き （金融機関、行政機関、電話、電気、ガス、水道等）	・気力がなく、一人ではできない	・支払い関係や各種手続き：頭が働かず支払い期限を忘れたり、段取りが分からなくなるため、妹や長女にやってもらっている
その他の援助（たとえば育児、家族の介護等）を受けていることがあれば記入してください。 ・安否確認：顔が見える電話やグループLINEにより、常に家族から体調を気に掛ける働きかけをしてもらっている。		

3. 就労（作業）状況について ※就労（作業）している場合にのみ記入してください。

①	勤務先（福祉事業所）について	一般企業 ・ 福祉事業所 ・ (その他)（　　　　　　　　　）
②	雇用形態 （作業所で訓練を受けている場合は、記載不要です。）	一般雇用 ・ (障害者雇用) ・ 自営 ・ その他（　　　）
③	就労支援区分（利用者のみ）	就労継続（　A型　・　B型　）・ 就労移行
④	いつから勤務（訓練）していますか。	昭和 ・ 平成 ・ (令和)1年　　8月から
⑤	1日の勤務（訓練）時間	平均　　4　時間　00　分
⑥	1カ月の勤務（訓練）日数	平均　　15　日
⑦	1カ月の給料	(有)（ 約　　7万　　円）・　無
⑧	通勤方法	電車 ・ バス ・ (車) ・ 徒歩 ・ その他（同じルートの慣れた経路のみ）
⑨	通勤所要時間	時間　　10　分
⑩	通勤（通所）時の付添人の有無	あり（ 本人との関係：　　　　　）・ (なし)

⑪ 就労内容（職場における自分の担当する仕事の内容等）を記入してください。
　医療事務…未就学児の受付時、初診か再診いずれかの☑マークを入力する単純作業や事務デスク上の片付け、受診書類をファイルに入れる等、簡易な作業に限定され、一つ一つ担当職員に確認をしてもらっているが、ミスをしてしまうことが多い

⑫ 仕事場で他の従業員とのコミュニケーションの状況をご記入ください。
　主に本人を担当してくれる職員や、他のスタッフからも、常に体調を気にかけ、調子が悪い時には声掛けして帰宅を促す等配慮を受けている。
　周りのスタッフとの意思疎通は難しいため、担当職員からは会話のフォローや「周りは気にしなくて良い」等の非常に手厚い気遣いをしてもらっている。

⑬ 仕事場で受けている援助の状況をご記入ください。（援助の内容、頻度）

　⑫記載のとおり

⑭ 就労を継続するために、家族や専門職等から受けている職場外での支援内容等があれば、記入してください。
　主治医から「就労は困難である」旨の診断を受けているが、生活のためにと無理をして出勤している状態で、勤務後は帰宅すると疲れ切って臥床することも多く、症状が悪くなると休みがちで勤怠が不安定になり、長女や妹から家庭内全般の支援を受けている。

⑮ その他（欠勤等を含めた勤務状況等）
　体調によって勤務が安定せず、早退や欠勤を余儀なくされる。
　出勤していても、何も手につかない事も多い。

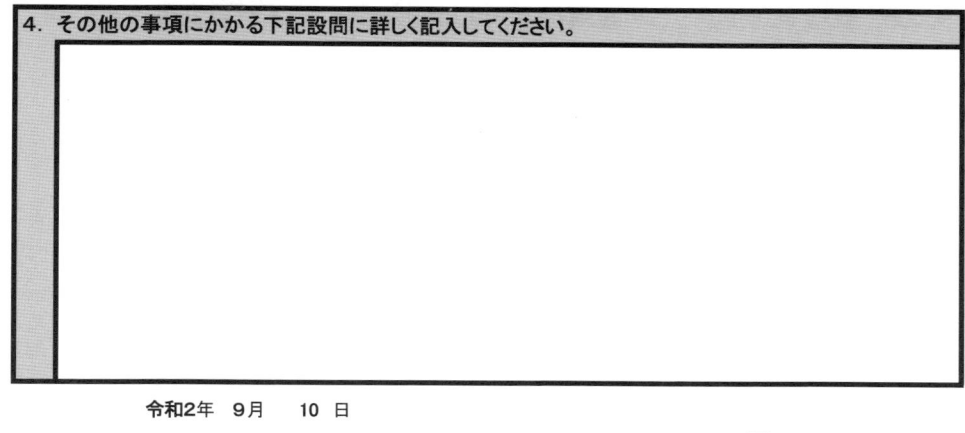

令和2年　9月　10　日

請求者（受給者）氏名　（　████████　）　██

記入者氏名　（　██████　）　██　請求者（受給者）との関係　（社会保険労務士）

記入者電話番号　（　████████　）

注　請求者（受給者）以外の方が記入された場合は、「請求者（受給者）氏名」とあわせて、
「記入者氏名」「請求者（受給者）との関係」「記入者電話番号」を記入してください。

日常生活及び就労に関する状況について（照会）の記入上の注意

1. 生活環境について
   - 「② 入所（入院）時からの日常生活の援助状況」は、施設内での日常生活において、受けている援助の内容や本人の日常生活能力を具体的に記入してください。
   - 「③同居あり」は、「その他」を選んだ場合は、かっこ内に同居者の続柄または本人との関係を記載してください。同じ続柄の同居者が複数いる場合は、人数も記入してください。
   - 「④ 同居なし」の「単身生活となってからの日常生活の援助状況」は、単身生活を始めてから日常生活で受けている援助の内容や本人の日常生活能力を具体的に記入してください。
2. 日常生活における障害の影響や同居者等周囲の方からの援助について
   - 「①主に誰の援助をうけていますか」は、該当するものを〇で囲んでください。なお、「親族」を選んだ場合は続柄を、「その他」を選んだ場合は、具体的に誰が援助しているか（たとえばケースワーカーなど）をかっこ内に記入してください。
   - 「②日常生活の場面」は、本人の日常生活能力を判定するうえで、参考となりますので、できるだけ具体的に記入してください。（各欄の【援助者】は、①の主な援助者と異なる場合のみ、記載して下さい。）
3. 就労（作業）状況について
   - 「①勤務先（福祉事業所）について」は、就労支援事業所や小規模作業所などに所属している場合は、「福祉事業所」を〇で囲んでください。
   - 「⑤1日の勤務（訓練）時間」は、直近1カ月の平均を記入してください。
   - 「⑥1カ月の勤務（訓練）日数」は、直近3カ月の平均を記入してください。
   - 「⑦1カ月の給料」は、直近3カ月の手取額の平均を記入してください。
   - 「⑨通勤所要時間」は、自宅から勤務先事業所までの移動にかかる時間を記入してください。
   - 「⑫ 仕事場で他の従業員とのコミュニケーションの状況をご記入ください。」は、仕事の指示はどのような方法で受けているか、他の従業員との意思疎通の状況等を具体的に記入してください。
   - 「⑬ 仕事場で受けている援助の状況をご記入ください。（援助の内容、頻度）」は、具体的な援助の内容や頻度だけではなく、仕事の内容等で配慮されていることがあれば具体的に記入してください。
   - 「⑮ その他（欠勤等を含めた勤務状況等）」は、直近1カ月の勤務状況やその他の就労にあたって、不便に感じていることなどを記入してください。

共済組合から額改定請求書の提出が必要と返戻された精神疾患の事例

▶ 共済組合　　▶ 追加書類

1 事例の概要

1）請求人は、50歳代の男性。
2）うつ病で、障害共済年金を認定日請求（遡及）した。
3）額改定請求書の提出が必要であるとして返戻された。
4）返戻に従い、額改定請求書の提出を行った。
5）審査の結果、障害認定日2級・裁定請求日1級で支給決定となった。

2 この事例を理解するために必要な知識・情報

　認定日（遡及）請求を行う際に、認定日と裁定請求日で等級が異なる場合には、日本年金機構が保険者であると一般的に職権により改定されます。処分がなければ審査請求で争うことができないため、裁定請求日時点の障害状態の認定を争うことができるように、予め額改定請求書を提出しておくという選択肢もありますが、額改定請求書は新規裁定請求の際に必要書類とはされていません。しかしながら、本事例では、保険者が共済組合であることから、独自の処理が行われたものと推察されます。

3 提出書類の内容

　額改定請求書は添付せずに、下記の1）～2）の2通の診断書を提出しました。

1）障害認定日時点の診断書（平成26年12月29日現症）275ページ
2）裁定請求日時点の診断書（令和4年7月20日現症）277ページ

❹ 返戻・照会の内容（抜粋）

＊＊＊＊＊＊＊＊＊＊＊＊＊＊＊＊＊＊＊＊＊＊＊＊＊＊＊＊＊＊＊＊＊＊＊

ご提出いただきました請求書類は、当共済センターでの審査が終了し年金決定機関の●●共済組合連合会へ進達いたしましたが、下記の連絡がありましたので、ご確認くださいますようお願いいたします。

＜障害給付額改定請求書について＞

認定日請求による障害共済年金について、認定日時点で２級、請求時点で１級に該当と認定されたため、同封の「障害給付額改定請求書（様式第210号）」をご提出ください。

＊＊＊＊＊＊＊＊＊＊＊＊＊＊＊＊＊＊＊＊＊＊＊＊＊＊＊＊＊＊＊＊＊＊＊

❺ なぜ返戻・照会になったのか

当該共済組合では、裁定請求日時点で上位等級に上がると認定された場合には額改定請求書が必要書類とされているものと推察されます。

❻ 返戻・照会への対応

前記❸〜❺を踏まえ、上位等級の認定について請求人の利益になることから、返戻に応じて額改定請求書を提出しました。スムーズな審査となるように共済組合の求めに応じるという判断です。

❼ 本事例のポイントとまとめ

本事例では、共済組合の個性がわかります。返戻で求められる内容が特に請求者に不利益とならない場合には応じることで、その後の滞りない審査を期待するといった姿勢も大切になると思われます。

なお、請求人は障害認定日時点では職場から配置転換等の配慮を受けて就労をしている状態でした。その後も同様の状態が続き、裁定請求日時点では就労はできていない状態でした。障害認定日時点では就労していることから、３級または等級不該当の可能性を考えていましたが、診断書に記載された請求人の障害状態は、ガイドラインのマトリックス表等に照らせば２級と考えられる状態であり、実際に請求に接している医師の当該所見を尊重した審査が進められて２級で認定されたものと思われます。施行令別表や障害認定基準には、就労していると２級に認定されないとの記載はない

にもかかわらず、審査では、就労していることが必要以上に障害状態の認定のマイナス評価とする傾向を感じるなか、本事例のように就労有無のみではなく、障害の程度を重視する共済組合の姿勢は評価されるべきもののように思われます。

（精）	国民年金 厚生年金保険	診　断　書	（精神の障害用）	様式第120号の4

（フリガナ） 氏　　名		生年月日	☑昭和 □平成 □令和	37 年 ■ 月 ■ 日生（ 59 歳）	性別 ☑男 □女

住　　所	住所地の郵便番号 ■■■ － ■■■	都道 府県	■■■	郡市 区	■■■■

① 障害の原因と なった傷病名	うつ病	②傷病の発生年月日	□昭和 ☑平成 □令和 25 年 4 月 ■ 日	診療録で確認 ☑本人の申立て （ H25 年 6 月 29 日）	本人の発病 時の職業	公務員
	ICD－10コード（　F33　）	③①のため初めて医師 の診療を受けた日	□昭和 ☑平成 □令和 25 年 6 月 29 日	診療録で確認 ☑本人の申立て （ R3 年 1 月 23 日）	④既存障害	

⑥傷病が治った（症状が固定した 状態を含む。）かどうか。	□平成 □令和　　年　月　日	□確認 □推定	症状のよくなる見込・・☑有・□無・□不明	⑤既住症

⑦		陳述者の氏名 ■■■	請求人との続柄	本人	聴取年月日 R4 年 7 月 20 日
発病から現在までの病歴 及び治療の経過、内容、 就学・就労状況等、期間、 その他参考となる事項		平成25年4月頃、職場でのパワーハラスメントがあり、不安、抑うつ気分、不眠などが出現。 徐々に増悪するため同年6月29日に当院に初診後、薬物療法開始となり、通院加療を継続している。			

⑧ 診断書作成医療機関 における初診時所見 初診年月日 ☑昭和 ☑平成 25 年 6 月 29 日 □令和	不安、抑うつ気分、不眠、焦燥感を認め、抑うつ状態を呈していた。

⑨ これまでの発育・養育歴等 （出生から発育の状況や 教育歴及びこれまでの 職歴をできるだけ詳しく 記入してください。）	ア　発育・養育歴	イ　教育歴 乳児期 □不就学 ・ □就学猶予 小学校 ・ □普通学級 ・ □特別支援学級 ・ □特別支援学校 中学校 ・ □普通学級 ・ □特別支援学級 ・ □特別支援学校 高　校 ・ □普通学級 ・ □特別支援学級 ・ □特別支援学校 その他	ウ　職歴 公務員として事務職

エ　治療歴（書ききれない場合は⑬「備考」欄に記入してください。）※同一医療機関の入院・外来は分けて記入してください。

医療機関名	治療期間	入院・外来	病　名	主　な　療　法	転帰（軽快・悪化・不変）
■■■クリニック	H25年 6月 ～ 　年　月	□入院・☑外来	うつ病	薬物療法	悪化
	年　月 ～ 　年　月	□入院・□外来			
	年　月 ～ 　年　月	□入院・□外来			
	年　月 ～ 　年　月	□入院・□外来			
	年　月 ～ 　年　月	□入院・□外来			

⑩	障　害　の　状　態	（☑平成 □令和 26 年 12 月 29 日 現症）

ア　現在の病状又は状態像（該当のローマ数字、英数字にチェックしてください。）

イ　左記の状態について、その程度・症状・処方薬等を具体的に記載してください

	前回の診断書の記載時との比較（前回の診断書を作成している場合は記入してください。）
I	□1 変化なし　　□2 改善している　　□3 悪化している　　□4 不明
	抑うつ状態 □1 思考・運動制止　□2 刺激性、興奮　□3 憂うつ気分 □4 自殺企図　□5 希死念慮　□6 その他（　　　）
II	そう状態 □1 行為心迫　□2 多弁・多動　□3 気分（感情）の異常な高揚・刺激性 □4 観念奔逸　□5 易怒性・被刺激性亢進　□6 誇大妄想　□7 その他（　　　）
III	幻覚妄想状態 等 □1 幻覚　□2 妄想　□3 させられ体験　□4 思考形式の障害 □5 著しい奇異な行為　□6 その他（　　　）
IV	精神運動興奮状態及び昏迷の状態 □1 興奮　□2 昏迷　□3 拒絶・拒食　□4 減裂思考 □5 衝動行為　□6 滅裂思考　□7 無動・無反応 □8 その他（　　　）
V	統合失調症等残遺状態 □1 自閉　□2 感情の平板化　□3 意欲の減退 □4 その他（　　　）
VI	意識障害・てんかん □1 意識混濁　□2（夜間）せん妄　□3 もうろう　□4 錯乱 □5 てんかん発作　□6 不機嫌症　□7 その他（　　　） ・てんかん発作の状態　※発作のタイプは記入上の注意参照 　1 てんかん発作のタイプ　□A ・ □B ・ □C ・ □D ） 　2 てんかん発作の頻度（年間　　　回、月平均　　　回、週平均　　　回 程度）
VII	知能障害等 □1 知的障害　□ア 軽度　□イ 中等度　□ウ 重度　□エ 最重度 □2 認知症　□ア 軽度　□イ 中等度　□ウ 重度　□エ 最重度 □3 高次脳機能障害 　□ア 失行　□イ 失認 　□ウ 記憶障害　□エ 注意障害　□オ 遂行機能障害　□カ 社会的行動障害 　□4 学習障害　□ア 読み　□イ 書き　□ウ 計算　□エ その他（　　　） □5 その他（　　　）
VIII	発達障害関連症状 □1 相互的な社会関係の質的障害　□2 言語コミュニケーションの障害 □3 限定した常同的で反復的な関心と行動　□4 その他（　　　）
IX	人格変化 □1 欠陥状態　□2 無関心　□3 無為 □4 その他症状等（　　　）
X	乱用、依存等（薬物等名：　　　　　） □1 乱用　□2 依存
XI	その他〔　　　　　〕

職場では配置転換を受けて、早退や欠勤も容認されている
が、早退や欠勤を余儀なくされることが多い状態が続いている。
死んでしまいたいと涙することも多い。
自宅では自閉的な生活を送っている。

処方内容
（略）

本人の障害の程度及び状態に無関係な欄には記入する必要はありません。（無関係な欄は、斜線により抹消してください。）

（お願い）臨床所見等は、診療録に基づいてわかる範囲で記入してください。

（お願い）太文字の欄は、記入漏れがないように記入してください。

返戻事例

共済組合／追加書類

診療録で確認または本人の申立てのどちらかにチェックをして、本人の申立ての場合は、それを聴取した年月日を記入してください。

ウ 日常生活状況
1 家庭及び社会生活についての具体的な状況
(ア) 現在の生活環境（該当するもの一つを選んでチェックしてください。）
☐入院・☐入所・☑在宅・☐その他（　　　　　　　　）
（施設名　　　　　　　）
同居者の有無　（☑有・☐無）

(イ) 全般的状況（家族及び家族以外の者との対人関係についても具体的に記入してください。）
生活全般で妻による支援が必須である。対人ストレスにより状態が悪化するため、職場では対人関係の少ない部署に配置されている。

2 日常生活能力の判定（該当するものにチェックしてください。）
（判断にあたっては、単身で生活するとしたら可能かどうかで判断してください。）

(1) 適切な食事 — 配膳などの準備も含めて適当量をバランスよく摂ることがほぼできるなど。
☐できる　☐おおむねできるが時には助言や指導を必要とする　☑自発的かつ適正に行うことはできないが助言や指導があればできる　☐自発的かつ適正に行うことはできない若しくは行わない

(2) 身辺の清潔保持 — 洗面、洗髪、入浴等の身体の衛生保持や着替え等ができる。また、自室の掃除や片付けができるなど。
☐できる　☐おおむねできるが時には助言や指導を必要とする　☑自発的かつ適正に行うことはできないが助言や指導があればできる　☐自発的かつ適正に行うことはできない若しくは行わない

(3) 金銭管理と買い物 — 金銭を独力で適切に管理し、やりくりがほぼできる。また、一人で買い物が可能であり、計画的な買い物がほぼできるなど。
☐できる　☐おおむねできるが時には助言や指導を必要とする　☑助言や指導があればできる　☐助言や指導をしてもできない若しくは行わない

(4) 通院と服薬（☐要・☐不要）— 規則的に通院や服薬を行い、病状等を主治医に伝えることができるなど。
☐できる　☐おおむねできるが時には助言や指導を必要とする　☑助言や指導があればできる　☐助言や指導をしてもできない若しくは行わない

(5) 他人との意思伝達及び対人関係 — 他人の話を聞く、自分の意思を相手に伝える、集団的行動が行えるなど。
☐できる　☐おおむねできるが時には助言や指導を必要とする　☑助言や指導があればできる　☐助言や指導をしてもできない若しくは行わない

(6) 身辺の安全保持及び危機対応 — 事故等の危険から身を守る能力がある、通常と異なる事態となった時に他人に援助を求めるなどを含めて、適正に対応することができるなど。
☐できる　☐おおむねできるが時には助言や指導を必要とする　☑助言や指導があればできる　☐助言や指導をしてもできない若しくは行わない

(7) 社会性 — 銀行での金銭の出し入れや公共施設等の利用が一人で可能、また、社会生活に必要な手続きが行えるなど。
☐できる　☐おおむねできるが時には助言や指導を必要とする　☑助言や指導があればできる　☐助言や指導をしてもできない若しくは行わない

3 日常生活能力の程度（該当するもの一つにチェックしてください。）
※日常生活能力の程度を記載する際には、状態をもっとも適切に記載できる（精神障害）又は（知的障害）のどちらかを使用してください。

（精神障害）
☐(1) 精神障害（病的体験・残遺症状・認知障害・性格変化等）を認めるが、社会生活は普通にできる。

☐(2) 精神障害を認め、家庭内での日常生活は普通にできるが、社会生活には、援助が必要である。
（たとえば、日常的な家事をこなすことはできるが、状況や手順が変化したりすると困難を生じることがある。社会行動や自発的な行動が適切に出来ないこともある。金銭管理はおおむねできる場合など。）

☐(3) 精神障害を認め、家庭内での単純な日常生活はできるが、時に応じて援助が必要である。
（たとえば、習慣化した外出はできるが、家事をこなすために助言や指導を必要とする。社会的な対人交流は乏しく、自発的な行動に困難がある。金銭管理が困難な場合など。）

☑(4) 精神障害を認め、日常生活における身のまわりのことも、多くの援助が必要である。
（たとえば、著しく適正を欠く行動が見受けられる。自発的な発言が少ない、あっても発言内容が不適切であったり不明瞭であったりする。金銭管理ができない場合など。）

☐(5) 精神障害を認め、身のまわりのこともほとんどできないため、常時の援助が必要である。
（たとえば、家庭内生活においても、食事や身のまわりのことを自発的にすることができない。また、在宅の場合に通院等の外出には、付き添いが必要な場合など。）

（知的障害）
☐(1) 知的障害を認めるが、社会生活は普通にできる。

☐(2) 知的障害を認め、家庭内での日常生活は普通にできるが、社会生活には、援助が必要である。
（たとえば、簡単な漢字は読み書きができ、会話も意思の疎通が可能であるが、抽象的なことは難しい。身辺生活も一人でできる程度）

☐(3) 知的障害を認め、家庭内での単純な日常生活はできるが、時に応じて援助が必要である。
（たとえば、ごく簡単な読み書きや計算はでき、助言などがあれば作業は可能である。具体的指示であれば理解ができ、身辺生活についてもおおむね一人でできる程度）

☐(4) 知的障害を認め、日常生活における身のまわりのことも、多くの援助が必要である。
（たとえば、簡単な文字や数字は理解でき、保護的環境であれば単純作業は可能である。習慣化していることであれば言葉での指示を理解し、身辺生活についても部分的にできる程度）

☐(5) 知的障害を認め、身のまわりのこともほとんどできないため、常時の援助が必要である。
（たとえば、文字や数の理解力がほとんど無く、簡単な手伝いもできない。言葉による意思の疎通がほとんど不可能であり、身辺生活の処理も一人ではできない程度）

エ 現症時の就労状況
○ 勤務先　☐一般企業　☐就労支援施設　☑その他（公務員　　　）
○ 雇用体系　☐障害者雇用　☑一般雇用　☐自営　☐その他（　　　）
○ 勤続年数（約30年）　○ 仕事の頻度（☑週に☐月に（15）日）
○ ひと月の給与（　25万　円程度）
○ 仕事の内容
　簡易な事務作業中心
○ 仕事場での援助の状況や意思疎通の状況
　配置転換を受けて対人関係の少ない部署に在籍している。
　書類の仕分けやファイリング等の簡易な単純作業を上司の指導管理下で行っている。
　周囲からの声かけが行われており、業務時間中に休ませてもらうこともある。
　月に20日勤務であるが、5日程度欠勤を余儀なくされている。

オ 身体所見（神経学的な所見を含む。）

カ 臨床検査（心理テスト・認知検査、知能障害の場合は、知能指数、精神年齢を含む。）

キ 福祉サービスの利用状況（障害者総合支援法に規定する自立訓練、共同生活援助、居宅介護、その他障害福祉サービス等）

⑪ 現症時の日常生活活動能力及び労働能力
（必ず記入してください。）
安定して就労を行うことは困難である。
自立した日常生活も困難であり、家族の支援を要する。

⑫ 予　後
（必ず記入してください。）
不明

⑬ 備　考

上記のとおり、診断します。　　　　令和4年8月12日
病院又は診療所の名称　■■クリニック　　　診療担当科名　精神科
所　在　地　■■■■■■■■　　　医師氏名　■■■■■

㊙	国民年金 厚生年金保険	診 断 書（精神の障害用）	様式第120号の4

（フリガナ） 氏　名	▬▬▬	生年月日	☑昭和 □平成 □令和 37 年 ■ 月 ■ 日生（59 歳）	性別 ☑男 □女
住　所	住所地の郵便番号 ▬ － ▬	都道府県 ▬	郡市区 ▬	

① 障害の原因となった傷病名	うつ病 ICD－10コード（　F33　）	② 傷病の発生年月日	□昭和 ☑平成 □令和 25 年 4 月 ■ 日	☑診療録で確認 □本人の申立て（H25 年 6 月 29 日）	本人の発病時の職業	公務員
		③ ①のため初めて医師の診療を受けた日	□昭和 ☑平成 □令和 25 年 6 月 29 日	☑診療録で確認 □本人の申立て（R3 年 1 月 23 日）	④ 既存障害	

⑥傷病が治った（症状が固定した状態を含む。）かどうか。	□平成 □令和 年 月 日	□確認 □推定	症状のよくなる見込･･･□有・□無・☑不明	⑤ 既往症

⑦
陳述者の氏名 ▬▬	請求人との続柄 本人	聴取年月日 R4 年 7 月 20 日

発病から現在までの病歴及び治療の経過、内容、就学・就労状況等、期間、その他参考となる事項

平成25年4月頃、職場でのパワーハラスメントがあり、不安、抑うつ気分、不眠などが出現。徐々に増悪するため同年6月29日に当院に初診後、薬物療法開始となり、通院加療を継続している。

⑧ 診断書作成医療機関における初診時所見
初診年月日 ☑昭和 □平成 □令和 25 年 6 月 29 日

不安、抑うつ気分、不眠、焦燥感を認め、抑うつ状態を呈していた。

⑨ これまでの発育・養育歴等（出生から発育の状況や教育歴及びこれまでの職歴をできるだけ詳しく記入してください。）

ア 発育・養育歴	イ 教育歴	ウ 職歴
	乳児期　□不就学・□就学猶予 小学校　☑普通学級・□特別支援学級・□特別支援学校 中学校　☑普通学級・□特別支援学級・□特別支援学校 高　校　☑普通学級・□特別支援学校 その他	公務員として事務職

エ 治療歴（書ききれない場合は⑬「備考」欄に記入してください。）　（※ 同一医療機関の入院・外来は分けて記入してください。）

医療機関名	治療期間	入院・外来	病　名	主 な 療 法	転帰（軽快・悪化・不変）
▬クリニック	H25 年 6 月 ～ 年 月	□入院・☑外来	うつ病	薬物療法	悪化
	年 月 ～ 年 月	□入院・□外来			
	年 月 ～ 年 月	□入院・□外来			
	年 月 ～ 年 月	□入院・□外来			

⑩ 障 害 の 状 態 （□平成 ☑令和 4 年 7 月 20 日 現症）

ア 現在の病状又は状態像（該当のローマ数字、英数字にチェックしてください。）

イ 左記の状態について、その程度・症状・処方薬等を具体的に記載してください。

前回の診断書の記載時との比較　（前回の診断書を作成している場合は記入してください。）

□1 変化なし　□2 改善している　□3 悪化している　□4 不明

I　抑うつ状態
□1 思考・運動制止　□2 刺激性、興奮　☑3 憂うつ気分
□4 自殺企図　□5 希死念慮
□7 その他（　　　）

II　そう状態
□1 行為心迫　□2 多弁・多動　□3 気分（感情）の異常な高揚・刺激性
□4 観念奔逸　□5 易怒性・被刺激性亢進　□6 誇大妄想
□7 その他（　　　）

III　幻覚妄想状態 等
□1 幻覚　□2 妄想　□3 させられ体験　□4 思考形式の障害
□5 著しい奇異な行為　□6 その他（　　　）

IV　精神運動興奮状態及び昏迷の状態
□1 興奮　□2 昏迷　□3 拒絶・拒食　□4 滅裂思考
□5 衝動行為　□6 自傷　□7 無動・無反応
□8 その他（　　　）

V　統合失調症等残遺状態
□1 自閉　□2 感情の平板化　□3 意欲の減退
□4 その他（　　　）

VI　意識障害・てんかん
□1 意識混濁　□2（夜間）せん妄　□3 もうろう　□4 錯乱
・てんかん発作　□6 不機嫌症　□7 その他（　　　）
・てんかん発作の状態　※発作のタイプは記入上の注意参照
□1 てんかん発作のタイプ（ □A ・ □B ・ □C ・ □D ）
□2 てんかん発作の頻度（1年間 回、月平均 回、週平均 回 程度）

VII　知能障害等
□1 知的障害　□ア 軽度　□イ 中等度　□ウ 重度　□エ 最重度
□2 認知症　□ア 軽度　□イ 中等度　□ウ 重度　□エ 最重度
□3 高次脳機能障害
　□ア 失行　□イ 失認
　□ウ 記憶障害　□エ 注意障害　□オ 遂行機能障害　□カ 社会的行動障害
□4 学習障害　□ア 読み　□イ 書き　□ウ 計算（　　　）
□5 その他（　　　）

VIII　発達障害関連症状
□1 相互的な社会関係の質的障害　□2 言語コミュニケーションの障害
□3 限定した常同的で反復的な関心と行動　□4 その他（　　　）

IX　人格変化
□1 欠陥状態　□2 無関心　□3 無為
□4 その他症状等（　　　）

X　乱用、依存等（薬物名：　　　）
□1 乱用　□2 依存

XI　その他（　　　）

外出困難であり、自閉的な生活が続いている。
自暴自棄になり、周囲に罵声を浴びせることがある。
自立した日常生活は困難な状態である。

処方内容
（略）

本人の障害の程度及び状態に無関係な欄には記入する必要はありません。（無関係な欄は、斜線により抹消してください。）

返戻事例

共済組合／追加書類

ウ 日常生活状況

1 家庭及び社会生活についての具体的な状況

（ア）現在の生活環境（該当するもの一つを選んでチェックしてください。）
☐入院・☐入所・☑在宅・☐その他（　　　　　　　）
（施設名　　　　　　　）
同居者の有無（☑有・☐無）

（イ）全般的状況（家族及び家族以外の者との対人関係についても
　　　　具体的に記入してください。）

家族とも家族以外とも意思の疎通が困難となる。

2 日常生活能力の判定（該当するものにチェックしてください。）
（判断にあたっては、単身で生活するとしたら可能かどうかで判断してください。）

(1) 適切な食事 － 配膳などの準備も含めて適当量をバランスよく摂ることがほぼできるなど。
☐できる　☐自発的にできるが時には助言や指導を必要とする　☐自発的かつ適正に行うことはできないが助言や指導があればできる　☑助言や指導をしてもできない若しくは行わない

(2) 身辺の清潔保持 － 洗面、洗濯、入浴等の身体の衛生保持や着替え等ができる。また、自室の清掃や片付けができるなど。
☐できる　☐自発的にできるが時には助言や指導を必要とする　☐自発的かつ適正に行うことはできないが助言や指導があればできる　☑助言や指導をしてもできない若しくは行わない

(3) 金銭管理と買い物 － 金銭を独力で適切に管理し、やりくりがほぼできる。また、一人で買い物が可能であり、計画的な買い物がほぼできるなど。
☐できる　☐おおむねできるが時には助言や指導を必要とする　☑助言や指導があればできる　☐できない若しくは行わない

(4) 通院と服薬（☐要・☑不要）－ 規則的に通院や服薬を行い、病状等を主治医に伝えることができるなど。
☐できる　☐おおむねできるが時には助言や指導を必要とする　☑助言や指導があればできる　☐できない若しくは行わない

(5) 他人との意思伝達及び対人関係 － 他人の話を聞く、自分の意思を相手に伝える、集団的行動が行えるなど。
☐できる　☐おおむねできるが時には助言や指導を必要とする　☐助言や指導があればできる　☑助言や指導をしてもできない若しくは行わない

(6) 身辺の安全保持及び危機対応 － 事故等の危険から身を守る能力がある、通常と異なる事態となった時に他人に援助を求めるなどを含めて、適正に対応することができるなど。
☐できる　☐おおむねできるが時には助言や指導を必要とする　☐助言や指導があればできる　☑助言や指導をしてもできない若しくは行わない

(7) 社会性 － 銀行での金銭の出し入れや公共施設等の利用が一人で可能、また、社会生活に必要な手続きが行えるなど。
☐できる　☐おおむねできるが時には助言や指導を必要とする　☐助言や指導があればできる　☑助言や指導をしてもできない若しくは行わない

3 日常生活能力の程度（該当するもの一つにチェックしてください。）
※日常生活能力の程度を記載する際には、状態をもっとも適切に記載できる（精神障害）又は（知的障害）のどちらかを使用してください。

（精神障害）

☐ (1) 精神障害（病的体験・残遺症状・認知障害・性格変化等）を認めるが、社会生活は普通にできる。

☐ (2) 精神障害を認め、家庭内での日常生活は普通にできるが、社会生活には、援助が必要である。
（たとえば、日常的な家事をこなすことはできるが、状況や手順が変化したりすると困難を生じることがある。社会行動や自発的な行動が適切に出来ないこともある。金銭管理はおおむねできる場合など。）

☐ (3) 精神障害を認め、家庭内での単純な日常生活はできるが、時に応じて援助が必要である。
（たとえば、習慣化した外出はできるが、家事をこなすために助言や指導を必要とする。社会的な対人交流は乏しく、自発的行動に困難がある。金銭管理が困難な場合など。）

☑ (4) 精神障害を認め、日常生活における身のまわりのことも、多くの援助が必要である。
（たとえば、著しく適正を欠く行動が見受けられる。自発的な発言が少ない、あっても発言内容が不適切であったり不明瞭であったりする。金銭管理ができない場合など。）

☐ (5) 精神障害を認め、身のまわりのこともほとんどできないため、常時の援助が必要である。
（たとえば、家庭内生活においても、食事や身のまわりのことを自発的にすることができない。また、在宅の場合に通院等の外出には、付き添いが必要な場合など。）

（知的障害）

☐ (1) 知的障害を認めるが、社会生活は普通にできる。

☐ (2) 知的障害を認め、家庭内での日常生活は普通にできるが、社会生活には、援助が必要である。
（たとえば、簡単な漢字は読み書きができ、会話も意思の疎通が可能であるが、抽象的なことは難しい。身辺生活も一人でできる程度）

☐ (3) 知的障害を認め、家庭内での単純な日常生活はできるが、時に応じて援助が必要である。
（たとえば、ごく簡単な読み書きや計算はでき、助言などがあれば作業は可能である。具体的指示であれば理解ができ、身辺生活についてもおおむね一人でできる程度）

☐ (4) 知的障害を認め、日常生活における身のまわりのことも、多くの援助が必要である。
（たとえば、簡単な文字や数字は理解でき、保護的な環境であれば単純作業は可能である。習慣化していることであれば言葉での指示を理解し、身辺生活についても部分的にできる程度）

☐ (5) 知的障害を認め、身のまわりのこともほとんどできないため、常時の援助が必要である。
（たとえば、文字や数の理解力がほとんど無く、簡単な手伝いもできない。言葉による意思の疎通がほとんど不可能であり、身辺生活の処理も一人ではできない程度）

エ 現症時の就労状況

○ 勤務先　☐一般企業　☐就労支援施設　☐その他（　　　）
○ 雇用体系　☐障害者雇用　☐一般雇用　☐自営　☐その他（　　　）
○ 勤続年数（　　年　　ヶ月）○ 仕事の頻度（週に　月に（　）日）
○ ひと月の給与（　　円程度）
○ 仕事の内容

○ 仕事場での援助の状況や意思疎通の状況

無職

オ 身体所見（神経学的な所見を含む。）

カ 臨床検査（心理テスト・認知検査、知能障害の場合は、知能指数、精神年齢を含む。）

キ 福祉サービスの利用状況（障害者総合支援法に規定する自立訓練、共同生活援助、居宅介護、その他障害福祉サービス等）

⑪
現症時の日常生活
動能力及び労働能力
（必ず記入してください。）

就労不能。
日常生活を送るためには家族からの多大な支援が必要な状態。

⑫
予　　後
（必ず記入してください。）

不明

⑬
備　　考

上記のとおり、診断します。　　　　**令和４年　８月　12 日**

病院又は診療所の名称　■■クリニック　　　診療担当科名　精神科
所　在　地　■■■■■■■　　　　　医師氏名　■■■■■

障害認定日の特例が認められないと
返戻された呼吸器疾患の事例

▶ その他　　▶ 症状固定

① 事例の概要

> 1）請求人は、50歳代男性。
> 2）間質性肺炎による症状固定で、障害厚生年金を障害認定日請求した。
> 3）障害認定日の特例は認められないとして返戻された。
> 4）返戻に従い、通常の障害認定日請求をやり直した。
> 5）審査の結果、障害厚生年金3級で支給決定となった。

② この事例を理解するために必要な知識・情報

　請求人は、間質性肺炎（超硬合金肺）という業務に起因する疾病（長期間の金属加工業務による粉塵で発症したものとしてすでに労災認定されている）で、初診日（平成31年3月6日）から1年6月経過前の令和元年9月3日に在宅酸素療法を開始しました。

　在宅酸素療法については、「常時」ではないものの在宅酸素療法を開始した日（令和元年9月3日）を障害認定日の特例として、障害厚生年金の裁定請求をしたところ、「令和元年9月3日は障害認定日の特例には該当しない」として返戻になりました。

③ 提出書類の内容

　・令和元年9月3日現症診断書　障害認定日分（282ページ）
　・令和2年8月4日現症診断書　裁定請求日分（284ページ）
　・令和2年11月10日現症診断書　返戻対応分（286ページ）

初診日「平成31年3月6日」、在宅酸素療法開始日「令和元年9月3日（労作時）」であり、初診日から1年6月経過前に在宅酸素療法を開始したことがわかります。

4 返戻・照会の内容（抜粋）

****

在宅酸素療法を開始した日を症状固定とした請求と見受けられますが、常時在宅酸素療法を使用していない（労作時のみ使用）ため、令和元年9月3日での症状固定は認められませんでした。

障害認定日は初診日から1年6か月経過の令和2年9月6日となりますので、未経過処分を希望せずに引き続き障害認定日請求を希望される場合は、下記を整備願います。

①障害認定日（令和2年9月6日）以後3か月以内の診断書
②新たな受付日までの病歴・就労状況等申立書の追記

****

5 なぜ返戻・照会になったのか

初診日から1年6月経過前に在宅酸素療法を開始した場合、障害認定の特例に該当します。常時在宅酸素療法をしている者は3級になるとされていますが、障害認定日の特例に該当するかどうかの基準では、「常時」は明示されていないため、本事例では、その開始日を障害認定日の特例（症状固定）として裁定請求するという手順を踏みました。

しかし、審査の結果、症状固定が認められず、通常どおり初診日から1年6月経過日が障害認定日となるため、返戻とされました。

この返戻からしますと、日本年金機構は、障害認定日の特例にも「常時」を求めているように思われます。

6 返戻・照会への対応

前記3および4を踏まえると、以下2つの対応方法が考えられますが、本事例では、請求人がすでに労災からの保険給付（休業補償給付）を受けており、一定の収入が担保されていたため、対応方法1を選択しました。

1） 対応方法1

返戻の指示に従って、初診日から1年6か月経過日を障害認定日とした書類を再度整備して裁定請求を行う。

2） 対応方法2

あくまで症状固定による障害認定日請求という主張を変えずに、却下処分を受け、不服申立てにて争う。

◪ 本事例のポイントとまとめ

本事例では、返戻の指示に従うか、却下処分をもらって争うかの二者択一となりますが、各選択肢のメリット・デメリットを総合考慮して慎重に判断することが大切なポイントです。

なお、本事例においては、裁定請求時に令和元年9月3日現症の診断書と令和2年8月4日現症の診断書を提出していますが、障害認定日の特例（症状固定）が認められない場合を想定して、手続きを少し遅らせる（初診日から1年6月経過日が近いのでそれを待つ）という段取りもあったのかもしれません。

そうすれば、裁定請求をやり直す時間的ロスや診断書を追加で取得する費用的・身体的な負担を回避することができたと思われます。

『呼吸器疾患の診断書に添付するレントゲンフィルムについて』

以前は、呼吸器疾患で障害年金を請求する場合、胸部のレントゲン写真を添付することが求められていました。折り目が付かないように、大きなレントゲンフィルムを持っていくのはなかなか大変でした。

近年はレントゲン写真をデータで交付する医療機関が主流となっており、そのデータを紙に印刷して診断書に添付すればよい（診断書用紙の注意書きにもそのように明記されています）ことになっています。データで受け取ってくれればラクなのですが、情報セキュリティーの関係上難しいようです…。

時代が進んでいるのか、逆行しているのかよくわからなくなりますね。

様式第120号の5

	国 民 年 金				
（呼）	厚 生 年 金 保 険	診 断 書	（呼吸器疾患の障害用）		
	船 員 保 険				

（フリガナ） 氏 名	▉▉▉▉▉▉		生年月日	昭和 44 年 6 月 ■ 日生（51 歳） 性別 ☑男 □女
住 所	住所地の郵便番号 ▉▉▉ － ▉▉▉	郡市区 ▉▉▉▉▉	町区村 ▉▉▉	

① 障害の原因となった傷病名	間質性肺炎（超硬合金肺）	② 傷病の発生年月日	昭和平成令和 不年 詳月 日	□ 診療録で確認 ☑ 本人の申立て
		③ ①のため初めて医師の診療を受けた日	平成 31 年 3 月 6 日	□ 診療録で確認 ☑ 本人の申立て

④ 傷病の原因又は原因	不詳 初診年月日（ 昭和・平成・令和 年 月 日）	⑤ 既存障害	なし	⑥ 既往症	なし

⑦ 傷病が治った（症状が固定して治療の効果が期待できない状態を含む。）かどうか。	傷病が治っている場合‥‥‥‥‥治った日 令和 元 年 8 月 15 日	☑ 確 認 □ 推 定
	傷病が治っていない場合‥‥‥‥症状のよくなる見込 □ 有 ・ □ 無 ・ □ 不明	

⑧ 診断書作成医療機関における初診時所見 初診年月日 （ 令和 元 年 6 月 12 日）	CTにて両肺で網状影・索状影を認め、労作時息切れ、るい痩あり独居での生活は困難と思われるR1/7/23から9/3まで入院。

⑨ 現在までの治療の内容、期間、経過、その他参考となる事項 （抗結核化学療法を行った場合は、使用薬剤名及び使用期間を明記してください。）	他院で抗アレルギー薬や鎮咳薬処方も改善せず、前医にて超硬合金肺が疑われ、当科にて気管支鏡検査施行し他院へ元素分析を依頼した。R1/9/3に在宅酸素、PSL導入。また、苦痛緩和目的にホリゾン処方している。気胸を繰り返しており、急変するリスクはある。	診療回数 年間 45 回、月平均 15 回
		手術歴 手術名（ ） 手術年月日（ 年 月 日）

障 害 の 状 態

⑩ 共 通 項 目　（この欄は、必ず記入してください。）

1 身体計測（ 令和 元 年 9 月 3 日）

身長 **168.6** cm ： 体重 **45.6** kg

2 胸部X線所見（A）　　（A 図）

		なし	軽	中	高
(1)	胸 膜 癒 着	□なし	☑軽	・中 ・	尚
(2)	気 腫 化	☑なし	☑軽	・中 ・	高
(3)	線 維 化	□なし	□軽	・中 ・	☑高
(4)	不 透 明 肺	□なし	□軽	・中 ・	☑高
(5)	胸 郭 変 形	☑なし	□軽	・中 ・	高
(6)	心 縦 隔 の 変 形	☑なし	□軽	・中 ・	高
(7)	蜂 巣 肺	□なし	☑軽	・中 ・	高

撮影年月日（ 令和 元 年 9 月 2 日）

4 臨床所見（ 令和 元 年 9 月 3 日現症）

(1)自覚症状			(2)他覚所見		
咳	□無 ・ ☑有 ・ □著		肺性心所見	☑無 ・ □有	
痰	□無 ・ ☑有 ・ □著		チアノーゼ	☑無 ・ □有	
胸痛	□無 ・ ☑有 ・ □著		ばち状指	☑無 ・ □有	
呼吸困難			栄養状態	□良 ・ □中 ・ ☑不良	
安静時	□無 ・ ☑有 ・ □著		ラ 音	□無 ・ □有 ☑部 ・ □広範囲	
体動時	□無 ・ □有 ・ ☑著		脈 拍 数	57	
喘鳴	☑無 ・ □有 ・ □著				

5 活動能力（呼吸不全）の程度（該当するものを1つ選んでチェックしてください。）

- □ i 同年齢の健康人と同様に歩行、階段の昇降ができる。
- ii □ア 階段を人並みの速さで登れるが、ゆっくりなら登れる。
- □イ 階段をゆっくりでも登れないが、途中休み休みなら登れる。
- ☑ウ 人並みの速さで歩くと息苦しくなるが、ゆっくりなら歩ける。
- □エ ゆっくりでも少し歩くと息苦しがする。
- □オ 息苦しくて身のまわりのこともできない。

8 その他の所見

喫煙歴なし

3 一般状態区分表（ 令和 元 年 9 月 3 日）

（該当するものを選んでどれか1つにチェックをしてください。）

- □ ア 無症状で社会活動ができ、制限を受けることなく、発病前と同様にふるまえるもの
- □ イ 軽度の症状があり、肉体労働は制限を受けるが、歩行、軽労働や座業はできるもの 例えば、軽い家事、事務など
- ☑ ウ 歩行や身のまわりのことはできるが、時に少し介助が必要なこともあり、軽労働はできないが、日中の50％以上は起居しているもの
- □ エ 身のまわりのある程度のことはできるが、しばしば介助が必要で、日中の50％以上は就床しており、自力では屋外への外出等がほぼ不可能となったもの
- □ オ 身のまわりのこともできず、常に介助を必要とし、終日就床を強いられ、活動の範囲がおおむねベッド周辺に限られるもの

6 換気機能（ 令和 元 年 7 月 26 日）

(1)	肺活量実測値（VC）	1340 ml	
(2)	予 測 肺 活 量	3710 ml	36.1 ％肺活量
(3)	努 力 性 肺 活 量（FVC）	1320 ml	
(4)	1 秒 量（FEV1.0）	1320 ml	
(5)	努力性肺活量1秒率（FEV1％）	100.0	(4)/(3)×100
(6)	予 測 肺 活 量 1 秒 率	35.6	(4)/(2)×100

7 動脈血ガス分析（ 令和 元 年 7 月 24 日）

(1) 酸素吸入を ☑施行している ・ □施行していない

- □ 在宅酸素吸入ではない
  （どの様な方法ですか
- ☑ 在宅酸素吸入である

令和 元 年 9 月 3 日開始

施行時間 □労作 時間/日 ・ ☑常時

酸素吸入量 2 ℓ/分

(2) 動脈血ガス分析値

①	動 脈 血 酸 素 分 圧	111.1 ・ （ ） Torr
②	動脈血炭酸ガス分圧	48.4 ・ （ ） Torr
③	動 脈 血 ph	7.378

（注）酸素吸入中の場合は、検査値を（ ）に記入してください。

本人の障害の程度及び状態に無関係な欄には記入する必要はありません。（無関係な欄は、斜線により抹消してください。）

【令和元年９月３日現症の診断書（裏面）】

⑪ 肺 結 核 症 （ 平成・令和 　　年 　月 　日現症）

1 胸 部 Ｘ 線 所 見 （Ｂ）
初診時 （ 昭和・平成・令和 　　年 　月 　日）

前頁のＡ図のＸ線所見の日本結核病学会分類を記入してください。⇒

日本結核病学会分類
病　　側　　□右　□左　□両　　　□右　□左　□両
病巣の拡がり　□1　□2　□3　　　□1　□2　□3
　　　　　　　□Ⅰ　□Ⅱ　□Ⅲ　　□Ⅰ　□Ⅱ　□Ⅲ
病　　型　　□Ⅳ　□Ⅴ　　　　　□Ⅳ　□Ⅴ

2 結核菌検査成績
（現在陰性のときはその旨と最終陽性時期を併記してください。）
検査材料（□たん、□喉頭粘膜、□気管支洗滌液、□胃液、□穿刺液）

			塗抹		培養	
□昭和 □平成 □令和	年 　月 　日	□＋ □－	（ガフキー　　号）	□＋ □－	（　　コロニー）	
□昭和 □平成 □令和	年 　月 　日	□＋ □－	（ガフキー　　号）	□＋ □－	（　　コロニー）	

3 安 静 度
（結核の治療指針の安静度表によって記入してください。）
□1度　□2度　□3度　□4度　□5度　□6度　□7度　□8度　□無制限

4 その他の所見

（結核予防法による公費負担医療適用の有無　□有 ・ □無）

⑫ じ ん 肺 （ 令和 元 年 ９ 月 ３ 日現症）

1 じん肺法Ｘ線写真区分　　（□1　□2　レ3　□4　）
2 じん肺管理区分　　　　　（□1　レ2　□3イ・□ロ　□4　）

⑬ 気 管 支 喘 息 （ 平成・令和 　　年 　月 　日現症）

1 時間の経過と症状
□(1) 喘息症状の間に無症状の期間がある。
□(2) 持続する喘息症状のために無症状の期間がない。

3 発作の強度
□(1) 大発作：苦しくて動けなく、会話も困難
□(2) 中発作：苦しくて横になれなく、会話も苦しい
□(3) 小発作：苦しいが横になれる、会話はほぼ普通
□(4) その他　①喘鳴のみ　②急ぐと苦しい
　　　　　　③急いでも苦しくない

5 入院・救急室受診歴
(1) 入院歴　　　　□有・□無
　（過去２年間に喘息のために入院した場合は、その期間を記入）

(2) 救急室受診歴　□有・□無
　（６ヶ月以内に受診した場合は、記入）

2 ピークフロー値 （ＰＥＦＲ）
最近（１ヶ月程度期間）の
最高値　　　　ℓ/分，最低値　　　　ℓ/分，平均 約　　　　ℓ/分
（但し慢性安定期であることを前提として、発作時の成績は除く）

4 発作の頻度
□(1) １週に　5日以上
□(2) １週に　3～4日
□(3) １週に　1～2日
□(4) その他

6 治療
治療で使用している薬剤にチェックをしてください。
① 吸入ステロイド薬　　□有・□無
　　　使用量（□低用量・□中用量・□高用量）
② その他の薬剤（併用している）
　□長時間作用性β2刺激薬　　□ロイコトリエン受容体拮抗薬
　□テオフィリン徐放製剤　　□抗IgE抗体　　□経口ステロイド薬
　□その他
薬剤投与の方法
□(1) プレドニゾロンを1日に10mg相当以上を連用している。
□(2) プレドニゾロンを1日に5mg相当以上と吸入ステロイドを600μg以上を運用している。
□(3) ステロイド薬を経口又は注射で、月1回以上投与している。
　　　（月平均　　　回）
□(4) 吸入ステロイドを1日400μg以上運用している。
□(5) 発作時のみ経口ステロイドを併用する。
□(6) 気管支拡張薬のみでコントロールしている。

7 喫煙歴
□吸ったことがない
□やめた：1日（　　）本×（　　）年間
□吸　う：1日（　　）本×（　　）年間

⑭ その他の障害又は症状の所見等 （ 令和 元 年 ９ 月 ３ 日現症）	職業性の超硬合金肺に伴う間質性肺炎であり、病変は一部不可逆的と考えられ、慢性呼吸不全が持続すると考えられる。
⑮ 現症時の日常生活動能力及び労働能力 （必ず記入してください。）	呼吸不全のため日常生活は著しく制限されている。
⑯ 予　　後 （必ず記入してください。）	症状改善乏しく予後は不良である。
⑰ 備　　考	

上記のとおり、診断します。　　　　　　令和2 年 8 月 18 日

病院又は診療所の名称　■■■■■■■■■ 病院
所　　在　　地　　■■■■■■■■

診療担当科名　呼吸器内科
医師氏名　■■■■■■

返戻事例

その他／症状固定

様式第120号の5

（呼）	国 民 年 金 厚 生 年 金 保 険 船 員 保 険	診 断 書	（呼吸器疾患の障害用）

| （フリガナ）
氏 名 | ■■■■■■■■■ | 生年月日 | 昭和 44 年 6 月 ■ 日生（ 51 歳） | 性別 | ☑ 男 □ 女 |

| 住 所 | 住所地の郵便番号
■■■ － ■■■■ | 郡市
区 ■■■■■■ | 町区
村 ■■■■■ |

①	障害の原因 となった 傷病名	間質性肺炎（超硬合金肺）	② 傷病の発生年月日	昭和 平成 令和	不 年 詳 月 日	□ 診療録で確認 □ 本人の申立て
			③ ①のため初めて医 師の診療を受けた日	平成 31 年 3 月 6 日	☑ 診療録で確認 □ 本人の申立て

| ④ 傷病の原因
又は誘因 | 不詳
初診年月日（ 昭和・平成・令和 年 月 日） | ⑤既存
障害 なし | ⑥既往症 なし |

⑦	傷病が治った（症状が固定し て治療の効果が期待できない 状態を含む。）かどうか。	傷病が治っている場合・・・・・・・・・・治った日 令和 元 年 8 月 15 日	☑ 確 認 □ 推 定
		傷病が治っていない場合・・・・・・・・症状のよくなる見込 □ 有 ・ □ 無 ・ □ 不明	

⑧	診断書作成医療機関 における初診時所見 初診年月日 （ 令和 元 年 6 月 12 日）	CTにて両肺に網状影・索状影を認め、労作時息切れ、るい痩あり独居での生活は困難と 思われR1/7/23から9/3まで入院。

⑨	現在までの治療の内容、期間、 経過、その他参考となる事項 （抗結核化学療法を行った場合は、 使用薬剤名及び使用期間を明記 してください。）	PSL漸減し現在、6mg/日内服中。HOTは労作時1.5L、入浴時 2Lして継続している。他院にて元素分析依頼し、2020年6月に 超硬合金肺の診断が確定した。	診療回数	年間 14 回、月平均 1.2 回
			手 術 歴	手術名（ ）
				手術年月日 年 月 日

障 害 の 状 態

⑩ 共 通 項 目 （この欄は、必ず記入してください。）

1 身 体 計 測 （ 令和 2 年 8 月 4 日）
身長 168.6 cm : 体重 52.1 kg

2 胸 部 X 線 所 見 （A）

（A 図）

		なし	軽	中	高
(1)	胸 膜 癒 着	□なし	☑軽	・中	・高
(2)	気 腫 化	☑なし	・軽	・中	・高
(3)	線 維 化	□なし	・軽	☑中	・高
(4)	不 透 明 肺	☑なし	・軽	・中	・高
(5)	胸 郭 変 形	☑なし	・軽	・中	・高
(6)	心 縦 隔 の 変 形	□なし	☑軽	・中	・高
(7)	蜂 巣 肺	□なし	☑軽	・中	・高

撮影年月日 （ 令和 2 年 7 月 7 日）

4 臨 床 所 見 （ 令和 2 年 8 月 4 日現症）

(1) 自覚症状
咳	□無 ・☑有 ・□著
痰	□無 ・☑有 ・□著
胸痛	☑無 ・□有 ・□著
呼吸困難	
安静時	□無 ・☑有 ・□著
体動時	□無 ・□有 ・☑著
喘鳴	☑無 ・□有 ・□著

(2) 他覚所見
肺性心所見	☑無 ・□有
チアノーゼ	☑無 ・□有
ばち状指	☑無 ・□有
栄養状態	□良 ・☑中 ・□不良
ラ 音	□無 ・□一部 ・☑広範囲
脈拍数	97

5 活動能力（呼吸不全）の程度 （該当するものを1つ選んでチェックしてください。）

□ i 同年齢の健康人と同様に歩行、階段の昇降ができる。
ii □ア 階段を人並みの速さで登れないが、ゆっくりなら登れる。
　 □イ 階段をゆっくりでも登れないが、途中休み休みなら登れる。
　 ☑ウ 人並みの速さで歩くと息苦しくなるが、ゆっくりなら歩ける。
　 □エ ゆっくりでも少し歩くと息切れがする。
　 □オ 息苦しくて身のまわりのこともできない。

8 その他の所見

喫煙歴なし

3 一 般 状 態 区 分 表 （ 令和 2 年 8 月 4 日）

（該当するものを選んでどれか1つにチェックをしてください。）

□ ア 無症状で社会活動ができ、制限を受けることなく、発病前と同等
にふるまえるもの
□ イ 軽度の症状があり、肉体労働は制限を受けるが、歩行、軽労働や
座業はできるもの 例えば、軽い家事、事務など
☑ ウ 歩行や身のまわりのことはできるが、時に少し介助が必要なこと
もあり、軽労働はできないが、日中の50％以上は起居しているもの
□ エ 身のまわりのある程度のことはできるが、しばしば介助が必要
で、日中の50％以上は就床しており、自力では屋外への外出もほ
ぼ不可能となったもの
□ オ 身のまわりのこともできず、常に介助を必要とし、終日就床を強
いられ、活動の範囲がおおむねベッド周辺に限られるもの

6 換 気 機 能 （ 令和 2 年 8 月 4 日）
(1)	肺活量実測値 (VC)	1270	ml	
(2)	予測肺活量 (FVC)	3700	ml	34.3 ％肺活量
(3)	努力性肺活量 (FVC)	1180	ml	
(4)	一 秒 量 (FEV1.0)	1120	ml	
(5)	努力性肺活量1秒率 (FEV1%)	94.9		(4)/(3)×100
(6)	予測肺活量1秒率	30.3		(4)/(2)×100

7 動 脈 血 ガ ス 分 析 （ 令和 2 年 7 月 7 日）
(1) 酸素吸入を ☑施行している ・ □施行していない
　 □ 在宅酸素吸入ではない
　 （どの様な方法ですか）
　 ☑ 在宅酸素吸入である
　 （ 令和 元 年 9 月 3 日開始）
　 施行時間 ☑労作 ・□常時 時間／日
　 酸素吸入量 2 ℓ／分
(2) 動脈血ガス分析値
① 動脈血酸素分圧	59.5	・（ ） Torr
② 動脈血炭酸ガス分圧	53.4	・（ ） Torr
③ 動 脈 血 ph	7.347	

（注）酸素吸入中の場合は、検査値を（ ）内に記入してください。

本人の障害の程度及び状態に無関係な欄には記入する必要はありません。（無関係な欄は、斜線により抹消してください。）

【令和２年８月４日現症の診断書（裏面）】

---

⑪ 肺 結 核 症 （　　平成・令和　　　年　　月　　日現症）

1　胸 部 X 線 所 見 （B）
　　　初診時（　昭和・平成・令和　　　年　　月　　日）

前頁のA図のX線所見の日本結核病学会分類を記入してください。

日本結核病学会分類
病　側　□右 □左 □両　　　□右 □左 □両
病巣の拡がり　□1 □2 □3　　□1 □2 □3
　　　　　　　□I □II □III　　□I □II □III
病　型　□IV □V　　　　　□IV □V

2　結核菌検査成績
（現在陰性のときはその旨と最終陽性時期を併記してください。）

検査材料（□たん、□喉頭粘液　□気管支洗滌液、□胃液、□穿刺液）

　　　　　　　　　　　　塗　抹　　　　　　培　養
□昭和 □平成 □令和　年　月　日 □＋ □－（ガフキー　　号）□＋ □－（　　コロニー）
□昭和 □平成 □令和　年　月　日 □＋ □－（ガフキー　　号）□＋ □－（　　コロニー）

3　安 静 度
（結核の治療指針の安静度表によって記入してください。）

□1度 □2度 □3度 □4度 □5度 □6度 □7度 □8度 □無制限

4　そ の 他 の 所 見

（結核予防法による公費負担医療適用の有無　□有 ・ □無）

---

⑫ じ ん 肺 （　　令和　　2　年　8　月　4　日現症）

1　じん肺法X線写真区分　　（□1　□2　☑3　□4 ）

2　じん肺管理区分　　　　（□1　☑2　□3イ・□ロ　□4 ）

---

⑬ 気 管 支 喘 息 （　　平成・令和　　　年　　月　　日現症）

1　時 間 の 経 過 と 症 状
□(1)　喘息症状の間に無症状の期間がある。
□(2)　持続する喘息症状のために無症状の期間がない。

2　ピークフロー値 （PEFR）
最近（1ヶ月程度期間）の
　最高値　　　ℓ/分，最低値　　　ℓ/分，平均 約　　　ℓ/分
（但し慢性安定期であることを前提とし、発作時の成績は除く）

3　発 作 の 強 度
□(1)　大発作：苦しくて動けなく、会話も困難
□(2)　中発作：苦しくて横になれなく、会話も苦しい
□(3)　小発作：苦しいが横になれる、会話はほぼ普通
□(4)　その他　□① 喘鳴のみ　□② 急ぐと苦しい
　　　　　　　□③ 急いでも苦しくない

4　発 作 の 頻 度
□(1) 1週に　5日以上
□(2) 1週に　3～4日
□(3) 1週に　1～2日
□(4) その他

6　治　療
治療で使用している薬剤にチェックをしてください。
① 吸入ステロイド薬　□有・□無
　　　使用量（□低用量・□中用量・□高用量）
② その他の薬剤　（併用している）
　　□長時間作用性β2刺激薬　　□ロイコトリエン受容体拮抗薬
　　□テオフィリン徐放製剤　□抗IgE抗体　□経口ステロイド薬
　　□その他（　　　　　　　　　）
薬剤投与の方法
□(1) プレドニゾロンを1日に10mg相当以上を連用している。
□(2) プレドニゾロンを1日に5mg相当以上と吸入ステロイドを600μg
　　　以上を連用している。
□(3) ステロイド薬を経口又は注射で、月1回以上投与している。
　　　（月平均　　　回）
□(4) 吸入ステロイドを1日400μg以上連用している。
□(5) 発作時のみ経口ステロイドを併用する。
□(6) 気管支拡張薬のみでコントロールしている。

5　入院・救急室受診歴
(1)　入院歴　　　　□有・□無
　（過去2年間に喘息のために入院した場合は、その期間を記入）
(2)　救急室受診歴　□有・□無
　（6ヶ月以内に受診した場合は、記入）

7　喫 煙 歴
□吸ったことがない
□やめた：1日（　　　）本×（　　　）年間
□吸 う：1日（　　　）本×（　　　）年間

---

⑭ その他の障害又は症状の所見等（　令和　2　年　8　月　4　日現症）	職業性の超硬合金肺に伴う間質性肺炎であり、病変は一部不可逆的と考えられ、慢性呼吸不全が持続すると考えられる。
⑮ 現症時の日常生活動能力及び労働能力（必ず記入してください。）	呼吸不全のため日常生活は著しく制限されている。
⑯ 予　　　　後（必ず記入してください。）	症状改善乏しく予後は不良である。
⑰ 備　　　　考	

上記のとおり、診断します。　　　　　　　令和2　年　8　月　18　日

　　病院又は診療所の名称　████████病院
　　所　在　地　████████

　　　　　　　　　　　　　　　診療担当科名　呼吸器内科
　　　　　　　　　　　　　　　医師氏名　████████

様式第120号の5

国　民　年　金
�厚　生　年　金　保　険　　　診　断　書　　（呼吸器疾患の障害用）
船　員　保　険

| （フリガナ）氏　名 | | 生年月日 | 昭和 44 年 6 月 ■ 日生（ 51 歳） | 性別 | レ 男 □ 女 |

| 住　所 | 住所地の郵便番号 ■■■ － ■■■■ | 郡市区 ■■■ | 町区村 ■■■ |

| ① | 障害の原因となった傷病名 | 間質性肺炎（超硬合金肺） | | ② | 傷病の発生年月日 | 昭和平成令和 | 不 年 詳 月 日 | □ 診療録で確認 □ 本人の申立て |
| | | | | ③ | ①のため初めて医師の診療を受けた日 | 平成 31 年 3 月 6 日 | | レ 診療録で確認 □ 本人の申立て |

| ④ 傷病の原因又は誘因 | 不詳　初診年月日（ 昭和・平成・令和　　年　　月　　日） | ⑤既存障害 | なし | ⑥既往症 | なし |

| ⑦ 傷病が治った（症状が固定して治療の効果が期待できない状態を含む。）かどうか。 | 傷病が治っている場合・・・・・・・・・・治った日　令和 元 年 8 月 15 日 | レ 確　認 □ 推　定 |
| | 傷病が治っていない場合・・・・・・・症状のよくなる見込　□ 有 ・ □ 無 ・ □ 不明 | |

| ⑧ 診断書作成医療機関における初診時所見　初診年月日（　令和　元 年 6 月 12 日） | CTにて両肺で網状影・索状影を認め、労作時息切れ、るい痩あり独居での生活は困難と思われR1/7/23から9/3まで入院。 |

| ⑨ 現在までの治療の内容、期間、経過、その他参考となる事項（抗結核化学療法を行った場合は、使用薬剤名及び使用期間を明記してください。） | PSL漸減し現在、6mg/日内服中。HOTは労作時1.5L、入浴時2Lで継続している。他院にて元素分析依頼し、2020年6月に超硬合金肺の診断が確定した。 | 診療回数 | 年間 12 回、月平均 1 回 |
| | | 手術歴 | 手術名（　　　　　　）手術年月日　　年　　月　　日 |

障　害　の　状　態

⑩　共　通　項　目　（この欄は、必ず記入してください。）

1　身体計測（　令和　2 年 12 月 8 日）
身長　168.6　cm　：　体重　51　kg

2　胸部X線所見（A）

		なし	軽	中	高
(1) 胸膜癒着		レ なし	□ 軽	・ 中	・ 高
(2) 気腫化		レ なし	□ 軽	・ 中	・ 高
(3) 線維化		□ なし	□ 軽	・ 中	・ レ 高
(4) 不透明肺		レ なし	□ 軽	・ 中	・ 高
(5) 胸郭変形		レ なし	□ 軽	・ 中	・ 高
(6) 心縦隔の変形		レ なし	□ 軽	・ 中	・ 高
(7) 蜂巣肺		□ なし	□ 軽	・ 中	・ レ 高

（A図）

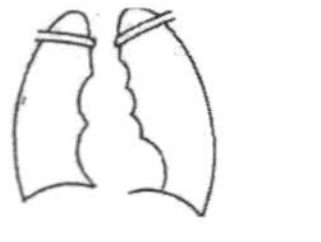

撮影年月日（　令和　2 年 11 月 10 日）

4　臨床所見（　令和　2 年 11 月 10 日現症）

(1) 自覚症状
咳	□ 無 ・ レ 有 ・ □ 著
痰	□ 無 ・ レ 有 ・ □ 著
胸痛	レ 無 ・ □ 有 ・ □ 著
呼吸困難	
安静時	□ 無 ・ レ 有 ・ □ 著
体動時	□ 無 ・ □ 有 ・ レ 著
喘鳴	レ 無 ・ □ 有 ・ □ 著

(2) 他覚所見
肺性心所見	レ 無 ・ □ 有
チアノーゼ	レ 無 ・ □ 有
ばち状指	レ 無 ・ □ 有
栄養状態	□ 良 ・ レ 中 ・ □ 不良
ラ　音	□ 無 ・ □ 一部 ・ レ 広範囲
脈拍数	97

5　活動能力（呼吸不全）の程度（該当するものを1つ選んでチェックをしてください。）
i		同年齢の健康人と同様に歩行、階段の昇降ができる。
ii	ア	階段を人並みの速さで登れないが、ゆっくりなら登れる。
	イ	階段をゆっくりでも登れないが、途中休み休みなら登れる。
	レ ウ	人並みの速さで歩くと苦しくなるが、ゆっくりなら歩ける。
	エ	ゆっくりでも少し歩くと息切れがする。
	オ	息苦しくて身のまわりのこともできない。

8　その他の所見

喫煙歴なし

3　一般状態区分表（　令和　2 年 11 月 10 日）
（該当するものを選んでどれか1つにチェックをしてください。）
□ ア	無症状で社会活動ができ、制限を受けることなく、発病前と同等にふるまえるもの
□ イ	軽度の症状があり、肉体労働は制限を受けるが、歩行、軽労働や座業はできるもの　例えば、軽い家事、事務など
レ ウ	歩行や身のまわりのことはできるが、時に少し介助が必要なこともあり、軽労働はできないが、日中の50％以上は起居しているもの
□ エ	身のまわりのある程度のことはできるが、しばしば介助が必要で、日中の50％以上は就床しており、自力では屋外への外出等がほぼ不可能となったもの
□ オ	身のまわりのこともできず、常に介助を必要とし、終日就床を強いられ、活動の範囲がおおむねベッド周辺に限られるもの

6　換気機能（　令和　2 年 12 月 8 日）
(1) 肺活量実測値（VC）	1280	ml	
(2) 予測肺活量	3700	ml	34.3 ％肺活量
(3) 努力性肺活量（FVC）	1120	ml	
(4) 1 秒 量（FEV1.0）	1120		
(5) 努力性肺活量1秒率（FEV1%）	100		(4)/(3)×100
(6) 予測肺活量1秒率	30.3		(4)/(2)×100

7　動脈血ガス分析（　令和　2 年 12 月 8 日）
(1) 酸素吸入を　レ 施行している ・ □ 施行していない
　　□ 在宅酸素吸入ではない（どの様な方法ですか　　　　）
　　レ 在宅酸素吸入である　令和 元 年 9 月 3 日開始
　　施行時間　□ 労作 時間/日 ・ レ 常時
　　酸素吸入量　2 ℓ/分
(2)
① 動脈血酸素分圧	65.0	・（　　　）	Torr
② 動脈血炭酸ガス分圧	53.7	・（　　　）	Torr
③ 動脈血 ph	7.330	・（　　　）	
（注）酸素吸入中の場合は、検査値を（　）に記入してください。

本人の障害の程度及び状態に無関係な欄には記入する必要はありません。（無関係な欄は、斜線により抹消してください。）

【令和２年11月10日現症の診断書（裏面）】

⑪ 肺 結 核 症 （ 　平成・令和　　　年　　月　　日現症）

1 胸部Ｘ線所見 （Ｂ）
初診時 （ 昭和・平成・令和　　　年　　月　　日）

前頁のＡ図のＸ線所見の日本結核病学会分類を記入してください。
⬇

日本結核病学会分類
病　　側　　☐右 ☐左 ☐両　　☐右 ☐左 ☐両
病巣の拡がり　☐1 ☐2 ☐3　☐1 ☐2 ☐3
　　　☐I ☐II ☐III　☐I ☐II ☐III
病　　型　　☐IV ☐V　☐IV ☐V

2 結核菌検査成績
（現在陰性のときはその旨と最終陽性時期を併記してください。）
検査材料 （☐たん、☐咽頭粘液、☐気管支洗滌液、☐胃液、☐穿刺液 ）

		塗 沫	培 養
昭和 平成 令和	年 月 日	☐+ ☐− （ガフキー 号）;	☐+ ☐− （コロニー）
昭和 平成 令和	年 月 日	☐+ ☐− （ガフキー 号）;	☐+ ☐− （コロニー）

3 安静度
（結核の治療指針の安静度表によって記入してください。）
☐1度 ☐2度 ☐3度 ☐4度 ☐5度 ☐6度 ☐7度 ☐8度 ☐無制限

4 その他の所見

（結核予防法による公費負担医療適用の有無 　☐有 ・ ☐無）

⑫ じ ん 肺 （ 　令和　　2 年 11 月 10 日現症）

1 じん肺法Ｘ線写真区分　（☐1　☐2　☑3　☐4 ）

2 じん肺管理区分　（☐1　☑2　☐3イ・☐ロ　☐4 ）

⑬ 気 管 支 喘 息 （ 　平成・令和　　　年　　月　　日現症）

1 時間の経過と症状
☐(1) 喘息症状の間に無症状の期間がある。
☐(2) 持続する喘息症状のために無症状の期間がない。

3 発作の強度
☐(1) 大発作 ： 苦しくて動けなく、会話も困難
☐(2) 中発作 ： 苦しくて横になれなく、会話も苦しい
☐(3) 小発作 ： 苦しいが横になれる、会話はほぼ普通
☐(4) その他　☐① 喘鳴のみ　☐② 急ぐと苦しい
　　　☐③ 急いでも苦しくない

4 発作の頻度
☐(1) 1週に　5日以上
☐(2) 1週に　3〜4日
☐(3) 1週に　1〜2日
☐(4) その他

5 入院・救急室受診歴
(1) 入院歴　☐有・☐無
（過去２年間に喘息のために入院した場合は、その期間を記入）
(2) 救急室受診歴　☐有・☐無
（６ヶ月以内に受診した場合は、記入）

2 ピークフロー値 （ＰＥＦＲ）
最近（１ヶ月程度期間）の
最高値 ℓ/分 ， 最低値 ℓ/分 ， 平均 約 ℓ/分
（但し慢性安定期であることを前提とし、発作時の成績は除く）

6 治療
治療で使用している薬剤にチェックをしてください。
① 吸入ステロイド薬 ☐有・☐無
　使用量 ☐低用量・ ☐中用量・ ☐高用量）
② その他の薬剤 （併用している）
　☐長時間作用性β2刺激薬　☐ロイコトリエン受容体拮抗薬
　☐テオフィリン徐放製剤　☐抗IgE抗体　☐経口ステロイド薬
　その他（　　　　　　　）
薬剤投与の方法
☐(1) プレドニゾロンを1日に10mg相当以上を連用している。
☐(2) プレドニゾロンを1日に5mg相当以上と吸入ステロイドを600μg以上を連用している。
☐(3) ステロイド薬を経口又は注射で、月1回以上投与している。
　（月平均 回）
☐(4) 吸入ステロイドを1日400μg以上連用している。
☐(5) 発作時のみ経口ステロイドを併用する。
☐(6) 気管支拡張薬のみでコントロールしている。

7 喫煙歴
☐吸ったことがない
☐やめた：1日（　　）本×（　　）年間
☐吸 う：1日（　　）本×（　　）年間

⑭ その他の障害又は症状の所見等 （ 令和　2 年 11 月 10 日現症）	職業性の超硬合金肺に伴う間質性肺炎であり、病変は一部不可逆的と考えられ、慢性呼吸不全が持続すると考えられる。
⑮ 現症時の日常生活動能力及び労働能力 （必ず記入してください。）	呼吸不全のため日常生活は著しく制限されている。
⑯ 予　　後 （必ず記入してください。）	症状改善乏しく予後は不良である。
⑰ 備　　考	

上記のとおり、診断します。　　　　令和2 年 12 月 28 日

病院又は診療所の名称 ■■■■■■■■病院
所　在　地　■■■■■■■■

診療担当科名　呼吸器内科
医師氏名　■■■■■■

障害認定日未到来で請求不可として
返戻された未知の難病の事例

▶ その他

❶ 事例の概要

1）請求人は40歳代男性（平成30年4月■日死亡）。

2）ご両親が、平成27年11月○日を初診日として、難病（肢体の機能障害）で障害厚生年金を障害認定日請求した。

3）年金事務所から『初診日は平成28年10月△日と判断され、障害認定日は平成30年4月△日であり障害年金は支給されない。』という電話があった。

4）ご両親は大学病院のソーシャルワーカーに相談したが判断することができず当職に繋がった。

5）ヒアリングの結果、平成27年11月から原因不明の体調不良で様々な病院の診療科に期間の空きなく受診していたことがわかった。

6）ご両親が行った当初の請求時には十分に伝えることができていなかった点を整備して返戻対応をした。

7）審査の結果、初診日は当初申し立てた日（平成27年11月○日）と認められ障害厚生年金2級が障害認定日（平成29年5月○日）から支給決定となった。

8）ご両親には、死亡月までの11か月分の未支給年金が支給された。

❷ この事例を理解するために必要な知識・情報

【難病とは】

　原因が不明で治療方法が確立しておらず、希少な疾病であって、かつ、長期の療養を必要とする病気です。患者やその家族の方が抱える精神的不安は大きく、また医療

費などで経済的にも負担は少なくありません。国（厚生労働省）では難病のうち、一定の要件を満たす341疾病（令和6年4月現在）を指定難病として法律に基づく医療費助成制度を実施しています。

（難病情報センターHPより作成：https://www.nanbyou.or.jp/）

これらの難病以外にも原因不明の病気がまだまだ存在しており、本事例のように、亡くなってから数年経って病名がわかることもあります。

3 提出書類の内容

ご両親が請求手続の際に提出した主な書類は以下のとおりです。
1）受診状況等証明書（傷病名：胸痛・動悸）（291ページ）
2）障害認定日診断書（平成29年7月■日現症日）（292ページ）

診断書の傷病名は『小脳性運動失調症＋パーキンソニズム』でした。パーキンソン病のような症状（緩慢な動作や振戦など）がありますが、病名がわからない様子がみてとれます。歩行障害が出現してきたのは平成28年4月頃とありますが、初診日をどのように考えるのか難しい問題がありました。

4 返戻・照会の内容（抜粋）

****
＜ご両親に電話にて＞

『審査において、初診日が平成28年10月△日と判断されました。そうすると障害認定日は平成30年4月△日となることから、平成30年4月■日に亡くなった息子さんの障害年金は支給されません。このまま手続きを進めたとしても障害年金は支給されませんが手続きを続けますか。続けたとしても不支給の通知が届くだけですがよろしいですか。』という遠回しに請求の取下げを勧めるような内容の電話だったようです。

****

5 なぜ返戻・照会になったのか

保険者は、「胸痛・動悸」と「肢体の機能の障害」との間に相当因果関係があるとは考えなかったものと思われます。診断書に相当因果関係があることがきちんと伝わる記載がされていれば判断も変わってきた可能性もありますが、当時、ご家族・医師にそこまで求めるのは難しく致しかたない面もあります。大学病院のソーシャルワーカーに繋がり当職にご相談をいただいたことを感謝するしかありません。

6 返戻・照会への対応

　ご両親が提出していた請求書類をいったんすべて戻してもらい、そのうえで、詳細な聞取りを行い一から書類を整備（294ページ）することにしました。

　相当因果関係を主張するには、専門医等の医師の所見が大きな力を持つと考えています。そのため主治医だった大学病院脳神経内科の医師に『神経難病』についての意見書（296ページ）を記載していただき提出しました。

　また、改めて病歴・就労状況等申立書（297ページ）作成して提出しました。ヒアリングの結果、難病として治療が開始されるまでの間に、数えきれないほどの病院を受診しながらも、原因不明の症状に苦しんでいたことがわかりました。何としても認められるべきだという思いを込めて書類を整備し提出しました。

7 本事例のポイントとまとめ

　ご本人が死亡された後でも、障害認定日請求は可能です。この請求手続が仮に認められなかったら、病名が判明した際に再度、障害認定日請求を行うつもりで手続きを進めていました。また、仮に却下だったとしても、審査請求に進んでいくつもりでいました。症状が多彩な難病の初診日の特定はとても難しいですが、たとえ難病とは違う診療科であっても受診している頻度や訴えている症状などを基にして、主治医に相当因果関係の有無を確認する必要があると思います。

　病気の進行が早かったことから、11か月分の未支給年金の受給でしたが、ご両親にはとても感謝していただきました。亡くなって約1年後、「やっと病名がわかりました。」とお母様からご連絡をいただきました。

　医師照会や返戻などを本人家族が適切に対応することは困難だと思います。適切な対応ができず受給に繋がっていない、どのようにしてよいかわからずに手続きを進めることができず、そのまま放置しているようなケースも多いと思います。代理人としては、日々支援者等と関係を築き、些細な事でも何でも聞いてもらえる関係性を作っておくことが大切であると思います。特に難病で困っている方は非常に多いです。敬遠することなく積極的に取り組んでもらいたいと思っています。

カルテ番号：●●●●

年金等の請求用

障害年金等の請求を行うとき、その障害の原因となった傷病等で初めて受診した医療機関の初診日を明らかにすることが必要です。そのために使用する証明書です。

受 診 状 況 等 証 明 書

① 氏　　　　　名　　■■■■■■

② 傷　　病　　名　　胸痛・動悸

③ 発 病 年 月 日　　平成２７年　１１月　頃

④ 傷病の原因又は誘因　　不安神経症疑い

⑤ 発病から初診までの経過

　　前医からの紹介状はありますか。⇒　有　　（無）（有の場合はコピーの添付をお願いします。）

　　H27年 11月＊日夜から動悸があり、前胸部左よりが痛く、11月＊日12時４分に救急車を要請し搬送された。諸検査で異常無く帰宅した。

⑥ 初 診 年 月 日　　平成　２７年　　１１月　○日

⑦ 終 診 年 月 日　　平成　２８年　　２月　＊日

⑧ 終診時の転帰（ 治癒・転医・（中止））

⑨ 初診より終診までの治療内容及び経過の概要

　　H27年 11月＊日、11月＊日、および H28年２月＊日に、胸痛・息苦しさを訴え受診し、それぞれ投薬を受けた。

⑩次の該当する番号（１～４）に○印をつけてください。

　　複数に○をつけた場合は、それぞれに基づく記載内容の範囲が分かるように余白に記載してください。

　　　　上記の記載は（１）当時の診療録より記載したものです。

　　　　　　　　　　（２）当時の受診受付簿、入院記録より記載したものです。

　　　　　　　　　　（３）その他（　　　　　　　　　　　　　　）より記載したものです。

　　　　　　　　　　（４）　　　年　月　日　　　の本人の申立てによるものです。

＊（１）～（４）の複数に○印をつけた場合は、それぞれに基づく記載内容の範囲が明確にわかるように記載してください。

⑪　平成 29 年 6 月■日

医療機関名及び住所　■■■■■■■■■■■■　■■ 病院

医師の氏名　　　　　救急科　■■■■■

（提出先）日本年金機構　　　　　　　　　　　　　　　（裏面もご覧ください。）

返戻事例

その他

様式第120号の3

㋭（肢）

国民年金 厚生年金保険	診　断　書	（肢体の障害用）

（フリガナ）氏　名	■■■■	生年月日	昭和　48　年　1　月　■　日生（44　歳）	性別	☑男 □女

住　所　住所地の郵便番号 ■■■■　都道府県 ■■■■　郡市区 ■■■■

① 障害の原因となった傷病名	小脳性運動失調症＋パーキンソニズム	② 傷病の発生年月日	平成　27　年　11　月　頃　日	☑診療録で確認 □本人の申立て（　　年　月　日）
		③ ①のため初めて医師の診療を受けた日	平成　27　年　11　月　〇　日	☑診療録で確認 □本人の申立て（　　年　月　日）

④ 傷病の原因又は誘因	不明　初診年月日（　昭和・平成・令和　　年　月　日）	⑤ 既存障害		⑥ 既往症	糖尿病・高血圧症

⑦ 傷病が治った（症状が固定して治療の効果が期待できない状態を含む。）かどうか。	傷病が治っている場合‥‥‥‥‥‥治った日	平成 令和　　年　月　日	□確　認 □推　定
	傷病が治っていない場合‥‥‥‥症状のよくなる見込	□有 ・ □無 ・ ☑不明	

⑧ 診断書作成医療機関における初診時所見 初診年月日（　平成　28　年　10　月　△　日）	仮面様顔貌に加えて、発作的なパニック症状を認めた

⑨ 現在までの治療の内容、期間、経過、その他参考となる事項	平成28年4月頃より歩行障害が出現、進行。神経学的には小脳性運動失調症とパーキンソニズムを認め、L-DOPAなどによる薬剤治療を行っているが、症状は徐々に進行している。	診療回数	年間 12 回　月平均 1 回

⑩ 計　測（平成　29　年　7　月　■　日計測）	身長	164　cm	血圧	最高	117　mmHg
	体重	41.5　kg		最低	69　mmHg

障　害　の　状　態　（　平成　29　年　7　月　■　日現症）

切断又は離断日　平成 令和　年　月　日
創面治ゆ日　平成 令和　年　月　日

■切断・離断　×変形　▨感覚麻痺　▨運動麻痺

⑪ 切断又は離断・変形・麻痺

切断又は離断の場合の神経・運動障害	断端の痛み □有・□無	すぐ上の関節の異常 □有・□無　（有の場合は⑯欄に記入してください。）
外　観	□弛緩性 ・ □痙直性 ・ □不随意運動性 ・ □失調性 ・ □強剛性 ・ □しんせん性	
起因部位	☑脳性 ・ □脊髄性 ・ □末梢神経性 ・ □筋性 ・ □その他（（　心因性のものと思われる場合は、その旨を右に記入してください。　））	
種類及びその程度	□感覚麻痺（ □脱失 ・ □鈍麻 ・ □過敏 ・ □異常 ） □運動麻痺	

反　射	右				左			
	上　肢	下　肢	バビンスキー反射	その他の病的反射	上　肢	下　肢	バビンスキー反射	その他の病的反射
	亢進	正常	陰性		亢進	亢進	陰性	

その他	排尿障害 □有 ・ ☑無	排便障害 □有 ・ ☑無	褥創又はその瘢痕 □有 ・ ☑無

⑫ 脊柱の障害	脊柱の他動可動域				随伴する脊髄・根症状などの臨床症状	
	部位	前屈	後屈	右側屈	左側屈	右回旋	左回旋
	頸部						
	胸腰部						

⑬ 人工骨頭・人工関節の装着の状態	部　位		⑭ 握力	右		左	
	手術日　平成・令和　　年　月　日			kg		kg	

⑮ 手の他動可動域（足）指関節	部　位		母　指		示　指		中　指		環　指		小　指	
			屈曲	伸展	屈曲	伸展	屈曲	伸展	屈曲	伸展	屈曲	伸展
	中手（足）指節関節（MP）	右										
		左										
	近位指節間関節（PIP）（母指では指節間関節）	右										
		左										

本人の障害の程度及び状態に無関係な欄には記入する必要はありません。（無関係な欄は、斜線により抹消してください。）

〈お願い〉関節可動域は、健側についても記入してください。

障 害 の 状 態 （ 平成 29 年 7 月 ■ 日 現症）																
部　位	運動の種類	右							左							
		関節可動域(角度)		筋　力					関節可動域(角度)		筋　力					
		強直肢位	他動可動域	正常	やや減	半減	著減	消失	強直肢位	他動可動域	正常	やや減	半減	著減	消失	
⑯ 関節可動域及び筋力																
肩　関　節	屈　曲															
	伸　展															
	内　転															
	外　転															
肘　関　節	屈　曲															
	伸　展															
前　　腕	回　内															
	回　外															
手　関　節	背　屈															
	掌　屈															
股　関　節	屈　曲															
	伸　展															
	内　転															
	外　転															
膝　関　節	屈　曲															
	伸　展															
足　関　節	背　屈															
	底　屈															

股関節屈曲値は次のどちらですか。
□ 膝屈曲位
□ 膝伸展位

⑰ 四肢長及び四肢囲	右						左					
	上肢長	上腕囲	前腕囲	下肢長	大腿囲	下腿囲	上肢長	上腕囲	前腕囲	下肢長	大腿囲	下腿囲
	70 cm	23 cm	22 cm	90 cm	35 cm	28 cm	70 cm	23 cm	22 cm	90 cm	36 cm	27 cm

⑱ 日常生活における動作の障害の程度

補助用具を使用しない状態で判断してください。

- 一人でうまくできる場合には ……………「○」
- 一人でできてもやや不自由な場合には ……「○△」
- 一人でできるが非常に不自由な場合には ……「△×」
- 一人で全くできない場合には ……「×」

該当する記号をリストから選択してください。

日常生活における動作	右	左		日常生活における動作	右	左
a つ ま む（新聞紙が引き抜けない程度）	○	○	m 片足で立つ		×	×
b 握 る（丸めた週刊誌が引き抜けない程度）	○	○	n 座 る[正座、横すわり、あぐら、脚なげだし]			
c タオルを絞る（水をきれる程度）	両手	○△	（このような姿勢を持続する）		×	
d ひもを結ぶ	両手	○△	o 深くおじぎ（最敬礼）をする		×	
e さじで食事をする	△×	△×	p 歩く（屋内）		×	
f 顔を洗う（顔に手のひらをつける）	×	×	q 歩く（屋外）		×	
g 用便の処置をする（ズボンの前のところに手をやる）	×	×	r 立ち上がる	□ア 支持なしでできる　□イ 支持があればできるが非常に不自由　☑ウ 支持があればできるが非常に不自由　□エ 支持があってもできない		
h 用便の処置をする（尻のところに手をやる）	×	×				
i 上衣の着脱（かぶりシャツを着て脱ぐ）	両手	○△	s 階段を上る	□ア 手すりなしでできる　□イ 手すりがあればできるがやや不自由　□ウ 手すりがあればできるが非常に不自由　☑エ 手すりがあってもできない		
j 上衣の着脱（ワイシャツを着てボタンをとめる）	両手	△×				
k ズボンの着脱（どのような姿勢でもよい）	両手	×	t 階段を下りる	□ア 手すりなしでできる　□イ 手すりがあればできるがやや不自由　□ウ 手すりがあればできるが非常に不自由　☑エ 手すりがあってもできない		
l 靴下を履く（どのような姿勢でもよい）	両手	×				

平衡機能

1 閉眼での起立・立位保持の状態	2 開眼での直線の10m歩行の状態	3 自覚症状・他覚所見及び検査所見
□ア 可能である。	□ア まっすぐ歩き通す。	DAT Scan では両側基底核への集積低下を認める
□イ 不安定である。	□イ 多少転倒しそうになったりよろめいたりするがどうにか歩き通す。	
☑ウ 不可能である。	☑ウ 転倒あるいは著しくよろめいて、歩行を中断せざるを得ない。	

⑲ 補助用具使用状況

該当する数字にチェックをして、右のア・イいずれかの使用状況を選び、[　]内のリストから選択してください。

- □ 1 〔　〕 上肢補装具
- □ 2 〔　〕 下肢補装具[　左・右]
- □ 3 〔　〕 杖（　　　）
- □ 4 〔　〕 松葉杖　□ 左・右
- ☑ 5 〔ア〕 車椅子
- □ 6 〔　〕 歩行車
- □ 7 〔　〕 その他　（具体的に　　　　　）
- □ 8 補助用具は使用していない

ア 常時（起床より就寝まで）使用
イ 常時ではないが使用（　　　）

使用状況を詳しく記入してください。
自力歩行困難であり、屋内屋外とも車椅子を使用している

⑳ その他の精神・身体の障害の状態

精神的にはパニック症状は消失しているが、不安が強い。運動麻痺はないが、運動失調とパーキンソニズムのため、バランスが非常に不安定で四肢の巧緻運動障害が目立ち、自力歩行は不能

㉑ 現症時の日常生活活動能力及び労働能力（必ず記入してください。）

（補助用具を使用しない状態で判断してください。）
自力歩行や座位の不安定性などのため、日常生活の多くの面で介助を要する

㉒ 予　後（必ず記入してください。）

症状の持続や増悪が予想される

㉓ 備　考

上記のとおり、診断します。　　平成29　年　7　月　■　日

病院又は診療所の名称　■■■大学病院　　　診療担当科名　脳神経内科

所　在　地　■■■■■　　　医師氏名　■■■■

〈お願い〉関節可動域は、健側についても記入してください。

返戻事例

その他

【請求書類の整備について】

平成 30 年 7 月■日

このたびの請求書類の整備について

■■■ 様　障害年金請求代理人
社会保険労務士■■■

このたび、■■■■ 様（以下、請求人という）の長期にわたる治療と各種検査等を行っていた病院である、■■ 大学病院の担当者から請求人の障害年金請求についてのご相談がありました。請求人は、病名を未だに特定することができない難病の方であり、ご病気により平成 30 年 4 月■日にお亡くなりになりました。請求人がお身体の異変を訴え始めた発病時期と初診日は明らかであるにもかかわらず、障害年金請求が書類のみの審査のため、保険者（国）に上手く経過等を伝えることが出来ないとのことでした。こうしたことから、このたびご両親からのご依頼を受け、途中からとなりますが代理人として手続きをさせて頂きます。

【経過について】

先日、年金事務所からご両親にお電話がありました。『国の審査では、初診日が平成 28 年 10 月△日と判断されました。そうすると、障害認定日が平成 30 年 4 月△日となることから、平成 30 年 4 月■日に亡くなった息子さんの障害年金は支給されません。このまま手続きを進めたとしても障害年金は支給されませんが手続きを続けますか。続けたとしても不支給の通知が来るだけですがよろしいですか。』という内容でした。十分に経過等が伝わっていないことからこのたび請求書類一式を返戻して頂きました。再度、経過と事実関係をご両親と関係機関等から聴取しました。

【添付書類について】

ご両親と病院担当者が行った請求書類では審査をしていただく上でご病気の経過が不明である点が多々あることから、再度、私が経過と事実関係を聴取した上で①『病歴・就労状況等申立書』（添付 1）を作成いたしましたので提出いたします。

平成 27 年 11 月■日に、②■■病院救急科 ■■■■ 医師が記載した診断書（添付 2）をご両親が保管しておりましたので提出いたします。

また、請求人の主治医であった③■■ 大学病院脳神経内科 ■■■■ 医師へ聞き取りをした文書『質問と回答』（添付 3）を提出いたします。

【請求人の病気は、病理解剖した現在においても詳細については判明していません】

主治医であった ■■ 医師への『質問と回答』の 質問 2 で回答いただいている通り、請求人のご病気の詳細については未だに判明していません。そして、質問 1 で回答いただいている通り、「神経難病は未知の疾患もあるため早期に診断することは難しい。」質問 3 で回答いただいている通り、「別の病名や別の診療科を受診してしまうことがある。」このような請求人のご病気に対して、保険者は審査の結果、「平成 28 年 10 月△日を初診日と判断した」と伝えられました。そもそも大学病院において病理解剖をしてもなお、未だにご病気の詳細が判明していないにもかかわらず、

国が初診日を明確に判断することなど出来るのでしょうか。神経難病であることから、初診日は脳神経内科を紹介された日、平成28年10月△日であると考えたものと思われます。

【初期症状は「胸部違和感（現時点では診断未定）」、症状は平成27年11月〇日を境目に出現】
　請求人が申立てしている初診日、平成27年11月〇日の症状は、胸部違和感であり様々な検査をしても特異的な異常を認めませんでした。その後、11月＊日、11月＊日、平成28年2月＊日と立て続けに救急搬送されています。主治医であった、■■医師への『質問と回答』の 質問4 で神経難病についての初期症状についてお聞きしています。初期症状としては「動悸や胸痛、息苦しさや不快感、耳や目の聞こえ方、見え方の異常等に加えて、パニックなどの精神症状なども考えられる」と回答していただいています。
　請求人は初診日として申立てしている、平成27年11月〇日の約1年位前からご両親に、肩がよくコルと言っていました。そして、平成27年11月〇日を境目にして、動悸・胸痛・息苦しさ・不快感、耳が敏感になり音が気になる、鼻に違和感、眼が霞む、歩き方や姿勢の異常、首筋や肩、背中の凝り、舌のもつれ、歩きにくさ、転倒、トイレが上手く出来ない等の平衡機能障害、動作の緩慢さ固縮、手が震え、よだれをたらし、姿勢は前かがみ、しゃべりにくさ、自力での移動は不可能、器質性精神疾患症状、尿失禁、体重の減少、意識障害といった様々な多彩な症状が出現してきました。これらは全て、平成27年11月〇日を境目にして出現しているものです。
　こうした様々な多彩な症状について、請求人とご家族はそのままにしていた訳ではありません。まさか自分が難病であるとは考えないことから、どうしたら良いか分らず不安感から様々な病院を受診して相談と治療をしていました。『病歴・就労状況等申立書』（添付1）の項番2にまとめた表の通りです。様々な病院を何度も繰り返して受診していたのです。

【初診日は、平成27年11月〇日以外には考えられません】
　主治医であった■■医師への『質問と回答』の 質問5 で回答いただいている通り、請求人のご病気の初診日としては、「一連の経過を考慮すれば、精神症状や胸部症状であった可能性が高いと考えられる。」と回答いただいています。つまり、平成27年11月〇日から引き続く様々な多彩な症状はそのように考えなければ説明ができないと述べているのです。請求人の罹患していた神経難病の初診日は平成27年11月〇日以外には考えられません。

　以上の通り、障害年金の請求書類等の整備をさせて頂きました。それに伴い補足説明をしました。請求人は残念ではございますが、平成30年4月■日に永眠されました。保険者には、根拠のある十分な審査・検討を行っていただきたいと思います。そして、万一初診日が相違するというならば、残されたご両親に納得のいくご説明をしていただく必要があります。請求人のご病気の初診日は明らかに平成27年11月〇日です。不明な点等ございましたらお手数ではございますがお問合せいただきますようよろしくお願い致します。

以上

【医師意見書】

　　　　■■■■■ さんの罹患している『神経難病』につきまして、■■ さんの主治医である、
■■ 大学病院脳神経内科 ■■ 先生にお聞きいたします。

質問1
■■ さんの罹患していた『神経難病』は早期に診断することは難しいですか？

はい ・ いいえ

症状がそろうまで、時間を要する。また、未知の疾病もあるため

質問2
■■ さんは検査をしても病理解剖しても、詳細については分からないということです
が、そのようなことがあるのでしょうか？

ある ・ ない

現在、病理解剖の検査中のため判断できず

質問3
『神経難病』の診断が遅れてしまう主な原因として、ご本人やご家族、医療者がまさ
か難病であるとは思わないことから神経内科以外の他の診療科を受診してしまうこ
と、また、別の病名がついてしまうこと、があるそうですが、そのようなことは実際
あるのでしょうか？

ある ・ ない

質問4
『神経難病』の初期症状としては、動悸や胸痛、息苦しさや不快感、耳や目の聞こえ
方、見え方の異常、等が初期症状としてあるということですが、これら以外に初期症
状として、考えられることはありますか？

ある ・ ない

パニックなどの精神症状など

質問5
■■ さんの罹患していた『神経難病』の初期症状としては、『動悸や胸痛』が突然起こ
り、何度も救急搬送された時と考えられますか？

考えられる ・ 考えられない

　一連の経過を考慮すると発症が精神症状や胸部症状であった可能性が高いと
考えられる

平成 30 年 7 月■日
病院名　　■■ 大学病院脳神経内科
診療担当科名
医師名　　■■■■■

病歴・就労状況等申立書

No. 1 － 1 枚中

（請求する病気やけがが複数ある場合は、それぞれ用紙を分けて記入してください。）

病歴状況	傷病名	小脳性運動失調　および　パーキンソニズム （正式な病名は存命中も分からず、死亡後に病理解剖しても分かっていない）
発病日	平成　27　年　11　月　頃　日	初診日　平成　27　年　11　月　○　日

記入する前にお読みください。
○ 次の欄には障害の原因となった病気やけがについて、発病したときから現在までの経過を年月順に期間をあけずに記入してください。
○ 受診していた期間は、通院期間、受診回数、入院期間、治療経過、医師から指示された事項、転医・受診中止の理由、日常生活状況、就労状況などを記入してください。
○ 受診していなかった期間は、その理由、自覚症状の程度、日常生活状況、就労状況などについて具体的に記入してください。
○ 健康診断などで障害の原因となった病気やけがについて指摘されたことも記入してください。
○ 同一の医療機関を長期間受診していた場合、医療機関を長期間受診していなかった場合、発病から初診までが長期間の場合は、その期間を3年から5年ごとに区切って記入してください。

		左の期間の状況
1	平成　27　年　11　月　○-1　まで □受診した ・ レ受診していない 医療機関名	定期的に行っていた会社の健康診断でも異常を指摘されたことはなかった。ただ、1年位前から肩がよくコルと言っていた。そのため、整体でマッサージや鍼治療を受けていた。仕事の疲れと年齢のせいだと思っていた。
2	平成　27　年　11　月　○　日から 平成　28　年　3　月　19　日まで レ受診した ・ □受診していない 医療機関名 ■■病院（救急外来） 【添付】 会社に提出した、平成27年11月■日■■病院救急科　■■■■■■医師作成の診断書を添付しています。 神経難病の多彩な症状について、請求人とご家族は、当時、様々な症状があってどうしたら良いか分からずにいました。不安感から様々な病院を受診して相談治療をしていました。右記に、平成27年11月から平成28年10月までに受診した病院名と受診回数を記載いたしました。	11月○日、仕事を終えて会社に戻った時、動悸と胸痛が出現した。会社から救急車で■■病院へ救急搬送された。検査をしたが明らかな異常は発見できなかった。その後も、11月＊日、11月＊日、平成28年2月＊日に胸痛・息苦しさ・不快感が突然起こり救急搬送された。同時期から、耳が敏感になり音が気になる、鼻に違和感がある、眼が霞むなどの症状が段々出てきていた。歩き方や姿勢の異常もあった。首筋や肩、背中の凝りがずっと続いていた。平成27年11月から多彩な症状が出現しており藁をもすがる思いで、■■病院、■■大学病院（精神科）およびこれら以外の様々な病院を受診している。どこでも原因は分からないと言われ対処的に治療をしてもらっていた。 （表） |	H27		H28									
	11月	12月	1月	2月	3月	4月	5月	6月	7月	8月	9月	10月
■■脳神経外科	1回											
■■脳神経外科	2回				2回							
■■内科（かかりつけ医）	4回	1回	1回	2回	3回	1回	3回	1回	3回	2回	1回	2回
■■病院（総合診療科）	2回											
■■整形外科	1回											
■■耳鼻咽喉科	1回	1回									1回	1回
■■耳鼻咽喉科		2回	2回	7回	6回						2回	2回
■■病院（精神科）			1回									
■■外科					1回				4回	3回	1回	
■■内科					1回				1回	5回	2回	

3	平成　28　年　3　月　20　日から 平成　28　年　10　月　△-1　日まで レ受診した ・ □受診していない 医療機関名 ■■大学病院（精神科）	運転も難しくなり会社にも行けなくなった。体調の著しい不調の原因が全く分からないことから、■■内科から紹介され、平成28年3月■日、舌のもつれ、歩きにくさ、動悸と息苦しさから、■■大学病院精神科を受診した。定期的に通院していたが、歩行は徐々に悪化し転倒しそうになったり、トイレが上手く出来ない等、平衡機能にも障害がみられた。動作の緩慢さ固縮が見られ薬剤性パーキンソン症候群が疑われた。薬を調整しても改善は見られなかった。薬剤性は否定され原因が分からないことから神経難病による器質性精神疾患であるとの疑いのもと脳神経外科を受診して精査を行うことになった。状態はさらに進行して歩行は困難で手が震え、よだれをたらし、姿勢は前かがみとなった。

4	平成　28　年　10　月　△　日から 平成　29　年　8　月　9　日まで レ受診した ・ □受診していない 医療機関名 ■■大学病院（精神科・脳神経内科） ■■大学病院（遺伝子科）	平成28年10月△日、■■大学病院脳神経内科を受診した。1年前からある、しゃべりにくさ、歩きにくさ、動悸や息切れが神経難病によるものである可能性が高いことから平成28年10月■日から■日まで入院により精密検査を行った。頭部MRIや薬物による治療を行った。検査では原因や病名が分からなかったことから、■■大学病院遺伝子科へ検査を依頼した。検査結果からやはり原因や病名を特定できるまでには至らなかった。身体的な症状は進行して自力での移動は不可能となった。精神科の医師からは明らかに神経難病による器質性精神疾患の症状であり神経難病の薬は必要ないと言われた。食事介助も必要となり平成29年3月■日、介護保険の要介護4の認定となった。

5	平成　29　年　8　月　10　日から 平成　30　年　3　月　■　日まで レ受診した ・ □受診していない 医療機関名 ■■大学病院（精神科・脳神経内科）	平成28年3月から休職していたが、病状が進行して復職が出来ないことから、平成29年9月にやむを得ず退職となった。訪問看護を利用して両親が自宅で介護を続けていたが、尿失禁や体重の減少も著しく危険な状態であることから平成29年8月から4週間、■■大学病院脳神経内科に入院となった。意識障害があり■■大学病院に救急搬送され平成29年11月■日から平成30年3月■日まで入院した。

6	平成　30　年　3　月　■　日から 平成　30　年　4　月　■　日まで レ受診した ・ □受診していない 医療機関名 ■■大学病院（脳神経内科） 4月■日永眠されました	発病前は63.5キロあった体重も、31.7キロと半減以下となった。口からの栄養も摂れなくなったことから、再度入院して4月10日に胃瘻を造設した。危険な状態を脱したかに見えたことからご両親も安心していたが、急変して平成30年4月■日に細菌性肺炎のため永眠された。存命中の各種検査でも病名の特定はできなかった。死亡後に病理解剖を行ったが病気の特定には至らなかったと医師から説明を受けている。ご両親は請求人の病気の原因も分らず、請求人が平成27年11月から突然体調を崩し、2年半ほどで亡くなっている現実を受け入れることが出来ない状態が続いている。【添付】　死亡届を添付しています。

※裏面（署名欄）も記入してください。

返戻事例

その他

就労・日常生活状況	1. 障害認定日（初診日から1年6月目、またはそれ以前に治った場合は治った日）頃の状況と 2. 現在（請求日頃）の状況について該当する太枠内に記入してください。

1．障害認定日（　□昭和 ・ レ平成 ・ 　□令和 29 年 5 月 ○ 日）頃の状況を記入してください。

<table>
<tr><td rowspan="4">就労状況</td><td rowspan="4">就労していた場合</td><td>職種（仕事の内容）を記入してください。</td><td colspan="2"></td></tr>
<tr><td>通勤方法を記入してください。</td><td colspan="2">通勤方法
通勤時間（片道　　時間　　分</td></tr>
<tr><td>出勤日数を記入してください</td><td colspan="2">障害認定日の前月　　日 障害認定日の前々月　　日</td></tr>
<tr><td>仕事中や仕事が終わった時の身体の調子について記入してください。</td><td colspan="2"></td></tr>
<tr><td></td><td>就労していなかった場合</td><td>仕事をしていなかった（休職していた）理由に
すべてチェックしてください。
なお、オを選んだ場合は、具体的な理由を
（　）内に記入してください。</td><td colspan="2">□ ア 体力に自信がなかったから
レ イ 医師から働くことを止められていたから
□ ウ 働く意欲がなかったから
□ エ 働きたかったが適切な職場がなかったから
レ オ その他（理由　　寝たきり、自力で動けない　　　）</td></tr>
</table>

日常生活状況

日常生活の制限について、該当する番号にチェックしてください。
- 1 → 自発的にできた
- 2 → 自発的にできたが援助が必要だった
- 3 → 自発的にできないが援助があればできた
- 4 → できなかった

	1	2	3	4			1	2	3	4
着替え	(1	2	3 レ	4)	洗 面	(1	2	3	レ 4)
トイレ	(1	2	3 レ	4)	入 浴	(1	2	3	レ 4)
食 事	(1	2 レ	3	4)	散 歩	(1	2	3	レ 4)
炊 事	(1	2	3 レ	4)	洗 濯	(1	2	3	レ 4)
掃 除	(1	2	3 レ	4)	買 物	(1	2	3	レ 4)

その他日常生活で不便に感じたことがありましたら記入してください。

寝たきり、自力で動けない。家族の援助が常に必要である。平成27年11月からの急速な状態の悪化が受け入れられずにいた。

2．現在（請求日頃）の状況を記入してください。　　【平成29年9月■日請求日】

<table>
<tr><td rowspan="4">就労状況</td><td rowspan="4">就労している場合</td><td>職種（仕事の内容）を記入してください。</td><td colspan="2"></td></tr>
<tr><td>通勤方法を記入してください。</td><td colspan="2">通勤方法
通勤時間（片道）　　時間　　分</td></tr>
<tr><td>出勤日数を記入してください。</td><td colspan="2">請求日の前月　　日 請求日の前々月　　日</td></tr>
<tr><td>仕事中や仕事が終わった時の身体の調子について記入してください。</td><td colspan="2"></td></tr>
<tr><td></td><td>就労していない場合</td><td>仕事をしていない（休職している）理由にすべて
チェックしてください。
なお、オを選んだ場合は、具体的な理由を
（　）内に記入してください。</td><td colspan="2">□ ア 体力に自信がないから
レ イ 医師から働くことを止められているから
□ ウ 働く意欲がないから
□ エ 働きたいが適切な職場がないから
レ オ その他（理由　　寝たきり、全介助　　　）</td></tr>
</table>

日常生活状況

日常生活の制限について、該当する番号にチェックしてください。
- 1 → 自発的にできる
- 2 → 自発的にできるが援助が必要である
- 3 → 自発的にできないが援助があればできる
- 4 → できない

	1	2	3	4			1	2	3	4
着替え	(1	2	3 レ	4)	洗 面	(1	2	3	レ 4)
トイレ	(1	2	3 レ	4)	入 浴	(1	2	3	レ 4)
食 事	(1	2	3 レ	4)	散 歩	(1	2	3	レ 4)
炊 事	(1	2	3 レ	4)	洗 濯	(1	2	3	レ 4)
掃 除	(1	2	3 レ	4)	買 物	(1	2	3	レ 4)

その他日常生活で不便に感じていることがありましたら記入してください。

寝たきり、全介助状態。おむつ、食事、全て家族の介護が必要な状態。平成27年11月からの急速な悪化が受け入れられない。

障害者手帳	障害者手帳の交付を受けていますか。	□ 1 受けている　レ 2 受けていない　□ 3 申請中
	交付されている障害者手帳の交付年月日、等級、害名を記入してください。 その他の手帳の場合は、その名称を（　）内に記入してください。 ※ 略字の意味 身→ 身体障害者手帳　　療→ 療育手帳 精→ 精神障害者保健福祉手帳 他→ その他の手帳	① □身・□精・□療・□他・（　　　　　　　） 　　　　　年　　　月　　　日（　　級） 障害名（　　　　　　　　　　　　　　） ② □身・□精・□療・□他・（　　　　　　　） 　　　　　年　　　月　　　日（　　級） 障害名（　　　　　　　　　　　　　　）

上記のとおり相違ないことを申し立てます。

令和 30 年 7 月 ■ 日　　　　　　　　　　　　　請求者　現住所 ■■■■■■■■

　　　　　　氏 名 ■■■■　　　　　　　　　　　　　氏 名 ■■■■

代筆者　請求者からみた続柄（ 社会保険労務士　）　　電話番号 ■■ － ■■ － ■■■

「日常生活及び就労に関する状況について（照会）」の提出および診断書への処方薬の種類や量等について追記が必要と返戻された精神疾患の事例

▶ その他

1 事例の概要

> 1）請求人は、50歳代の女性。
> 2）うつ病で、障害厚生年金を事後重症請求した。
> 3）「日常生活及び就労に関する状況について（照会）」の提出および診断書への処方薬の種類や量等について追記が必要として返戻された。
> 4）返戻に応じたところ、「日常生活及び就労に関する状況について（照会）」の記載誤りによる再度の返戻があった。
> 5）再度の返戻に応じて、修正したものを提出した。
> 6）審査の結果、障害厚生年金2級で支給決定となった。

2 この事例を理解するために必要な知識・情報

　「日常生活及び就労に関する状況について（照会）」は、保険者が障害基礎（厚生）年金の審査にあたって、請求者（受給者）本人の日常生活状況や就労に関する状況を詳しく確認を要すると判断した場合に送られる照会様式とされています。なお、必ずしも請求者（受給者）本人が記載をする必要はなく、本人の日常生活および就労に関する状況をよく把握している方が記入してもよいとされています。

3 提出書類の内容

　診断書（302ページ）を提出しました。

④ 返戻・照会の内容（抜粋）

****

【１回目の返戻】

１．　認定の結果、認定医より「日常生活および就労に関する状況について」の照会依頼がありましたので提出願います。

２．　診断書⑩イ：薬物療法の詳細（処方薬の種類、処方量等）について追記いただくよう診断書作成医師に依頼願います。

【２回目の返戻】

　「日常生活及び就労に関する状況について」を提出いただきましたが、依頼していた照会期間と別の期間に対する回答になっています。別紙での対応とはせず、送付しているものを利用の上回答してください。

　※適切な審査の為、今後についても同様の対応をお願いします。

****

⑤ なぜ返戻・照会になったのか

　請求人の障害状態の程度を確認するために、日常生活および就労状況や処方内容についての詳細な確認を求められたものと推察されます。

　診断書の現症日（令和３年12月１日）が、診断書⑦欄の聴取年月日（令和３年12月23日）の日付よりも前であり、診断書⑦欄の聴取内容からは現症日の状態が同じものであるか否か確認を要すると考えられたことや、診断書作成医の初診年月日が現症日であり、受診してまだ日が浅いといったことも影響した可能性があるものと推察されます。

　診断書の処方内容追記前の⑩－イ欄の記載には、「塩酸トラゾドンなどを処方している」とありましたが、現症日時点のすべての処方薬名や処方量の確認により、請求人の障害状態の確認が行われることになりました。

　また、２回目の返戻では、保険者から依頼された照会期間が令和３年12月頃でしたが、こちらの事務的な誤りで平成２年１月頃と誤って入力をしてしまっていたために、依頼された照会期間である令和３年12月頃が予め印字されている様式を利用するように求められたものでした。

⑥ 返戻・照会への対応

　前記③〜⑤を踏まえ、１回目〜２回目の返戻のいずれにも応じて、下記の書類を提

出しました。

【1回目の返戻に応じた際の提出書類】

1）「日常生活及び就労に関する状況について（照会）」

（様式のフォーマットに PC で入力を行ったもの）…304ページ

2）診断書

（⑩－イ欄に処方内容の追記をされたもの）…308ページ

【2回目の返戻に応じた際の提出書類】

1）「日常生活及び就労に関する状況について（照会）」

（依頼された照会期間である令和3年12月頃と印字されたページを再提出）
…309ページ

◼7 本事例のポイントとまとめ

　精神の障害の審査では、処方薬の内容についても判断材料とされることがあります。たとえば、精神障害が重篤であることがわかるような処方内容であれば、診断書作成医に記載をしていただくことや、お薬手帳の写しを添付するなどにより保険者に伝えるといった視点も大切になると思われます。

　診断書の整合性も大切であり、整合性に疑義が生じることにより本事例のように返戻対応を求められることもあると思われます。

　なお、2回目の返戻の際に、「別紙での対応とはせず、送付しているものを利用の上回答してください。」「※適切な審査の為、今後についても同様の対応をお願いします。」とされました。照会期間について誤って入力をしていたことはこちらのミスになりますが、照会期間に関わる1ページ目のみならず、その他のページについても返戻された様式そのものを利用するように（つまり手書きで記入するようにとも受け取れる趣旨）との求めとも考えられます。本事例では審査のタイムロスにより請求人の不利益につながる可能性を考慮して、審査の要求どおりに送付された様式に代理人が手書きで記載し直したものを提出しましたが、当該照会様式について必ずしも送付された様式を利用しなければならないという規定はないはずです。

　また、本事例とは別の事案ですが、返戻の文章に「請求人本人が記載するように」と明記されて求められたケースもありましたが、本人以外が記載してもよいとされているはずです。保険者には当該様式に対応をする障害をお持ちの請求人やその家族等の負担を考慮した対応をいただけるとよいと思います。

返戻事例

その他

【診断書（表面）】

<table>
<tr><td colspan="2">(精)</td><td>国民年金
厚生年金保険</td><td colspan="3" align="center">診 断 書 <small>(精神の障害用)</small></td><td colspan="2">様式第120号の4</td></tr>
<tr><td>（フリガナ）
氏　名</td><td colspan="2">■■■■■</td><td>生年月日</td><td colspan="2">昭和 38 ■ 月 ■ 日生（58歳）</td><td>性別</td><td>□男 ☑女</td></tr>
</table>

住　所	住所地の郵便番号 ■■■-■■■	■■■■都道府県 ■■■■	郡市区 ■■■■	

① 障害の原因となった傷病名	うつ病	② 傷病の発生年月日	平成 24 年 7 月 頃 日	☑診療録で確認 □本人の申立て（ R3 年 12 月 23 日）	本人の発病時の職業	
	ICD-10コード（ F32 ）	③ ①のため初めて医師の診療を受けた日	平成 24 年 8 月 17 日	☑診療録で確認 □本人の申立て（ R3 年 12 月 23 日）	既存障害	

⑥ 傷病が治った（症状が固定した状態を含む。）かどうか。	平成 令和　　年　　月　　日	□確認 □推定	症状のよくなる見込・・□有・□無・☑不明	⑤ 既往症	

⑦	陳述者の氏名 ■■■■■ 請求人との続柄 本人 聴取年月日 R3 年 12 月 23 日
発病から現在までの病歴及び治療の経過、内容、就学・就労状況等、期間、その他参考となる事項	平成24年7月頃より、不眠や不安感等が現れた為、平成24年8月17日に●●病院を受診。うつ病と診断され、精神及び薬物療法を受けた。平成27年末より、気分が落ち込むようになり、平成28年1月16日から休職する事となり、平成28年2月4日に同院に入院した。薬物療法を受け、気分の落ち込み等が改善された為、同年3月5日に退院した。平成28年4月17日より時短勤務にて復職したが、症状が一進一退を繰り返し、通常勤務として復職する目途が立たない事から、平成31年2月に退職した。その後も同院に通院していたが、令和3年12月より●●医院に転院、現在も治療を受けている。 日常生活において、家族から多くの支援を受けている状況であり、就労する事は困難である。

⑧ 診断書作成医療機関における初診時所見 初診年月日 ［令和 3 年 12 月 1 日］	夫の飲酒問題や夫婦葛藤などからうつ病になったと語る。自分の人生を長々と語る。抑うつ気分、意欲低下、不眠は処方により改善しているが、就労するまでの回復には至っていない。

⑨ これまでの発育・養育歴等（出生から発育の状況や教育歴及びこれまでの職歴をできるだけ詳しく記入してください。）	ア 発育・養育歴 特になし	イ 教育歴 乳児期 □不就学・□就学猶予 小学校 ☑普通学級・□特別支援学級・□特別支援学校・ 中学校 ☑普通学級・□特別支援学級・□特別支援学校・ 高 校 ☑普通学級・□特別支援学級・□特別支援学校・ その他	ウ 職歴 主に研究補助職

エ 治療歴（書ききれない場合は⑬「備考」欄に記入してください。）（※ 同一医療機関の入院・外来は分けて記入してください。）

医療機関名	治療期間	入院・外来	病名	主な療法	転帰（軽快・悪化・不変）
●●病院	H24 年 8 月 ～ H28 年 2 月	□入院 ☑外来	うつ病	精神療法・薬物療法	不変
●●病院	H28 年 2 月 ～ H28 年 3 月	☑入院 □外来	うつ病	薬物療法	悪化
●●病院	H28 年 3 月 ～ R3 年 11 月	□入院 ☑外来	うつ病	薬物療法	不変
●●医院	R3 年 12 月 ～ 現在	□入院 ☑外来	うつ病	薬物療法と精神療法	不変
	年 月 ～ 年 月	□入院 □外来			

⑩ 障 害 の 状 態 （ 令和 3 年 12 月 1 日 現症 ）

ア 現在の病状又は状態像（該当のローマ数字、英数字にチェックしてください。）

前回の診断書の記載時との比較（前回の診断書を作成している場合は記入してください。）

☑1 変化なし　□2 改善している　□3 悪化している　□4 不明

I 抑うつ状態
- ☑1 思考・運動制止　□2 刺激性、興奮　☑3 憂うつ気分
- □4 自殺企図　□5 希死念慮　□6 その他（　）

II そう状態
- □1 行為心迫　□2 多弁・多動　□3 気分（感情）の異常な高揚・刺激性
- □4 観念奔逸　□5 易怒性・被刺激性亢進　□6 誇大妄想
- □7 その他（　）

III 幻覚妄想状態 等
- □1 幻覚　□2 妄想　□3 させられ体験　□4 思考形式の障害
- □5 著しい奇異な行為　□6 その他（　）

IV 精神運動興奮状態及び昏迷の状態
- □1 興奮　□2 昏迷　□3 拒絶・拒食　□4 滅裂思考
- □5 衝動行為　□6 自傷　□7 無動・無反応
- □8 その他（　）

V 統合失調症等残遺状態
- □1 自閉　□2 感情の平板化　□3 意欲の減退
- □4 その他（　）

VI 意識障害・てんかん
- □1 意識混濁　□2 （夜間）せん妄　□3 もうろう　□4 錯乱
- □5 てんかん発作　□6 不機嫌症　□7 その他（　）
- ・てんかん発作の状態　※発作のタイプは記入上の注意参照
  - 1 てんかん発作のタイプ（□A・□B・□C・□D ）
  - 2 てんかん発作の頻度（年間　　回、月平均　　回、週平均　　回　程度）

VII 知能障害等
- □1 知的障害　□ア 軽度　□イ 中等度　□ウ 重度　□エ 最重度
- □2 認知症　□ア 軽度　□イ 中等度　□ウ 重度　□エ 最重度
- □3 高次脳機能障害
  - □ア 失行　□イ 失語
  - □ウ 注意障害　□エ 記憶障害　□オ 遂行機能障害　□カ 社会的行動障害
- □4 学習障害　□ア 読み　□イ 書き　□ウ 計算　□エ その他（　）
- □5 その他（　）

VIII 発達障害関連症状
- □1 相互的な社会関係の質的障害　□2 言語コミュニケーションの障害
- □3 限定した常同的で反復的な関心と行動　□4 その他（　）

IX 人格変化
- □1 欠陥状態　□2 無関心　□3 無為
- □4 その他症状等（　）

X 乱用、依存等（薬物等名：　）
- □1 乱用　□2 依存

XI その他 [　]

イ 左記の状態について、その程度・症状・処方薬等を具体的に記載してください。

生活が大変だと語る。抑うつ気分、意欲低下、不眠などを認めており、塩酸トラゾドンなどを処方しているが、就労能力はない状態である。

本人の障害の程度及び状態に無関係な欄には記入する必要はありません。（無関係な欄は、斜線により抹消してください。）

【診断書（裏面）】

ウ 日常生活状況

1　家庭及び社会生活についての具体的な状況

（ア）現在の生活環境（該当するもの一つを選んでチェックしてください。）
□入院・□入所・☑在宅・□その他（　　　　　　　　　　）
（施設名　　　　　　　　　）
同居者の有無（☑有・□無）

（イ）全般的状況（家族及び家族以外の者との対人関係についても具体的に記入してください。）
> 家族から多くの支援を受けている。
> 対人関係の構築や周囲とのコミュニケーションに支障がある。

2　日常生活能力の判定（該当するものにチェックしてください。）
（判断にあたっては、単身で生活するとしたら可能かどうかで判断してください。）

(1) 適切な食事 — 配膳などの準備も含めて適当量をバランスよく摂ることがほぼできるなど。
□できる　□自発的にできるが時には助言や指導を必要とする　☑自発的かつ適正に行うことはできないが助言や指導があればできる　□助言や指導をしてもできない若しくは行わない

(2) 身辺の清潔保持 — 洗面、洗髪、入浴等の身体の衛生保持や着替え等ができる。また、自室の清掃や片付けができるなど。
□できる　□自発的にできるが時には助言や指導を必要とする　☑自発的かつ適正に行うことはできないが助言や指導があればできる　□助言や指導をしてもできない若しくは行わない

(3) 金銭管理と買い物 — 金銭を独力で適切に管理し、やりくりがほぼできる。また、一人で買い物が可能であり、計画的な買い物がほぼできるなど。
□できる　□おおむねできるが時には助言や指導を必要とする　☑助言や指導があればできる　□助言や指導をしてもできない若しくは行わない

(4) 通院と服薬（☑要・□不要）— 規則的に通院や服薬を行い、病状等を主治医に伝えることができるなど。
□できる　□おおむねできるが時には助言や指導を必要とする　☑助言や指導があればできる　□助言や指導をしてもできない若しくは行わない

(5) 他人との意思伝達及び対人関係 — 他人の話を聞く、自分の意思を相手に伝える、集団的行動が行えるなど。
□できる　□には助言や指導を必要とする　□助言や指導があればできる　☑できない若しくは行わない

(6) 身辺の安全保持及び危機対応 — 事故等の危険から身を守る能力がある、通常と異なる事態となった時に他人に援助を求めるなどを含めて、適正に対応することができるなど。
□できる　□おおむねできるが時には助言や指導を必要とする　☑助言や指導があればできる　□助言や指導をしてもできない若しくは行わない

(7) 社会性 — 銀行での金銭の出し入れや公共施設等の利用が一人で可能。また、社会生活に必要な手続きが行えるなど。
□できる　□おおむねできるが時には助言や指導を必要とする　□助言や指導があればできる　☑できない若しくは行わない

3　日常生活能力の程度（該当するもの一つにチェックしてください。）

※日常生活能力の程度を記載する際には、状態をもっとも適切に記載できる（精神障害）又は（知的障害）のどちらかを使用してください。

（精神障害）

□(1) 精神障害（病的体験・残遺症状・認知障害・性格変化等）を認めるが、社会生活は普通にできる。

□(2) 精神障害を認め、家庭内での日常生活は普通にできるが、社会生活には、援助が必要である。
（たとえば、日常的な家事をこなすことはできるが、状況や手順が変化したりすると困難を生じることがある。社会行動や自発的な行動が適切に出来ないこともある。金銭管理はおおむねできる場合など。）

□(3) 精神障害を認め、家庭内での単純な日常生活はできるが、時に応じて援助が必要である。
（たとえば、習慣化した外出はできるが、家事をこなすために助言や指導を必要とする。社会的な対人交流は乏しく、自発的な行動に困難がある。金銭管理が困難な場合など。）

☑(4) 精神障害を認め、日常生活における身のまわりのことも、多くの援助が必要である。
（たとえば、著しく適正を欠く行動が見受けられる。自発的な発言が少ない、あっても発言内容が不適切であったり不明瞭であったりする。金銭管理ができない場合など。）

□(5) 精神障害を認め、身のまわりのこともほとんどできないため、常時の援助が必要である。
（たとえば、家庭内生活においても、食事や身のまわりのことを自発的にすることができない。また、在宅の場合に通院等の外出には、付き添いが必要な場合など。）

（知的障害）

□(1) 知的障害を認めるが、社会生活は普通にできる。

□(2) 知的障害を認め、家庭内での日常生活は普通にできるが、社会生活には、援助が必要である。
（たとえば、簡単な漢字は読み書きができ、会話も意思の疎通が可能であるが、抽象的なことは難しい。身辺生活も一人でできる程度。）

□(3) 知的障害を認め、家庭内での単純な日常生活はできるが、時に応じて援助が必要である。
（たとえば、ごく簡単な読み書きや計算はでき、助言などがあれば作業は可能である。具体的指示であれば理解ができ、身辺生活についてもおおむね一人でできる程度。）

□(4) 知的障害を認め、日常生活における身のまわりのことも、多くの援助が必要である。
（たとえば、簡単な文字や数字は理解でき、保護的環境であれば単純作業は可能である。習慣化していることであれば言葉での指示を理解し、身辺生活についても部分的にできる程度。）

□(5) 知的障害を認め、身のまわりのこともほとんどできないため、常時の援助が必要である。
（たとえば、文字や数の理解力がほとんど無く、簡単な手伝いもできない。言葉による意思の疎通がほとんど不可能であり、身辺生活の処理も一人ではできない程度）

エ　現症時の就労状況
○ 勤務先　□一般企業　□就労支援施設　□その他（　　）
○ 雇用体系　□障害者雇用　□一般雇用　□自営　□その他（　　）
○ 勤続年数（　　年　　ヶ月）　○ 仕事の頻度（　週に　　月に　　）日）
○ ひと月の給与（　　　　円程度）
○ 仕事の内容（　　　　）

○ 仕事場での援助の状況や意思疎通の状況

　　　無職

オ 身体所見（神経学的な所見を含む。）

カ 臨床検査（心理テスト・認知検査、知能障害の場合は、知能指数、精神年齢を含む。）

キ 福祉サービスの利用状況（障害者総合支援法に規定する自立訓練、共同生活援助、居宅介護、その他障害福祉サービス等）

---

⑪ 現症時の日常生活活動能力及び労働能力（必ず記入してください。）	日常生活面での支援を要し、安定した就労は困難となっている
⑫ 予　後（必ず記入してください。）	予後不良である。
⑬ 備　考	

上記のとおり、診断します。　　　　**令和 4 年 1 月 18 日**

病院又は診療所の名称　■■■■■■■■　　診療担当科名　精神科・心療内科
所　在　地　■■■■■■■■　　　　医師氏名　■■■■■■■

日常生活及び就労に関する状況について（照会）

　この書類は、障害基礎（厚生）年金の審査にあたって、請求者（受給者）ご本人の日常生活状況や就労に関する状況を詳しく確認させていただく必要があると認められた場合に、お送りしています。（記載していただいた内容は、審査の資料となります。）

<記入する前にご確認ください>

　○ 請求者（受給者）ご本人またはご本人の日常生活及び就労に関する状況をよく把握している方が記入してください。

　○ 今回ご照会する内容は、既にご提出いただいている書類から確認することが困難であったものとなります。日本年金機構が指定した項目以外の欄については、記入していただく必要はありません。

　○ 各項目の記入にあたっては、4ページの「記入上の注意」をご確認ください。

　○ この書類が提出されない場合は、すでに提出された資料で審査をさせていただく場合があります。

請求者（受給者）氏名	生年月日
■■■■■ 様	⊛昭和／平成　38 年 ■ 月 ■ 日

令和 2 年 1 月頃の状況についてご回答ください。

1. 生活環境について該当するものを○で囲んでください。⇒　入所 ・ 入院 ・㋐在宅・ その他（　　　　　　）

「入所（入院）」している場合は、次の①および②についてわかる範囲で記入してください。	
① 入所（入院）した時期	昭和 ・ 平成　　　　年　　　　月から
② 入所（入院）時からの日常生活の援助状況	

「在宅」の場合に、同居人の有無について該当する方に○を付けてください。⇒　㋐あり ・ なし

同居者「あり」の場合は下記③を、「なし」の場合は④を記入してください。	
③同居あり	同居者について該当するものを全て○で囲んでください。　㋐配偶者 ・㋑子【 1人、(30 歳)(　　歳)】・ 父 ・ 母　その他（　　　　　　　　　　　　　）
④同居なし	単身生活になった時期　　昭和 ・ 平成　　　年　　　月から
	単身生活になった理由及び単身生活となってからの日常生活の援助状況

2. 日常生活における障害の影響や同居者等周囲の方からの援助について具体的に記入してください

①主に誰から援助をうけていますか	ヘルパー　(親族)（続柄　夫・長男）　その他（　　　　　）

②日常生活の場面	おおむね一人でもできることはどのようなことですか。	一人ではできないために、周囲の方の援助を受けていることがあれば、援助の内容や頻度を具体的に記入してください。
食事	・食事を摂る：食欲が湧かず1日1食程度、起きているだけで疲労感が募り、食べる気力がなく、夕食は全く口にできなかった	・食品の買い出し：体調が悪く外に出られない時には、夫が食事や食材を買ってきてくれた ・調理：思考が回らず料理を作る気力もなかったため、夫にお願いしコンビニ食や冷凍食品等、簡単な物で済ませてもらっていた
入浴や清潔保持	・入浴：お風呂に入るだけで疲れが出て、そのまま横になってしまう事が多かったため、週に数日シャワーで済ませていた ・着替えが億劫で、家族の声掛けがなければ同じ服を着ていた	・掃除等：片付ける気力が湧かないため、目についた時にやる程度で、物が散乱してしまうため、夫に掃除を手伝ってもらっていた
金銭管理と買い物	・買い物：人が多く居る所では直ぐに疲れて気分が悪くなるため、店舗に長く滞在できなかった	・買い物：人が多い所へ行くと疲れてしまい、頭痛や耳鳴り等、身体の不調が現れ気分が悪くなるため、家族にお願いすることが多かった ・金銭管理：頭が働かず自分ではできないため、全て夫に任せていた
外出	・月に一度の通院、近隣店舗への短時間の買い物以外は、外出できなかった	・左記の外出以外はできないため、必要に応じて夫や長男がサポートしていた
通院と服薬	【通院の頻度】（　週・(月)　1回） 【通院のつきそい】（　有　・(無)） 【服薬は自分で管理できていますか？】 ・飲み忘れてしまうことがあった	・通院予約を忘れてしまうことがあり、夫に声掛けしてもらっていた ・待合室で長時間居ると疲れてしまい、家に一旦帰ることがあった
他者とのコミュニケーション	・家族との対話のみ ・家族とも関わりたくなくて、自室で横になっていることが多かった	・通院以外で殆ど外出することなく、他者と接すること自体を避けていたため、近隣とも疎遠で、対外的なことは夫に任せていた ・他者の目が怖いと感じ、コミュニケーションが図れなかった
安全保持及び危機対応	・自宅から5分程度の店舗への運転 ・他者が居る所が苦手で、電車やバス等の公共交通機関は利用できなかった	・以前から大きな雷の音で動悸が激しくなり、身体が硬直してしまう等があり、何か災害が起こった時は、咄嗟の判断が出来ず、家族の助けがないと自分ではパニックになってしまうと思い、恐怖を感じていた ・終日横になって過ごし、家族に迷惑ばかりかけている自分の存在意義が希薄で「消えてしまいたい」と思っていた
趣味や興味があるものへの取り組み	・何事にも興味や意欲を持てなかった	・何をするにも身体が重く感じてしまい、テレビを観る事さえ億劫で疲れてしまっていたため、日常的に家族が気にかけ、声掛けしてもらっていた
社会での諸手続き (金融機関、行政機関、電話、電気、ガス、水道等)	・気力がなく、一人ではできなかった	・銀行や役所手続き等：頭が働かず、書類を見ると目や頭が痛くなる感覚があり、段取りも分からなくなるため、夫にお願いしてやってもらっていた

その他の援助(たとえば育児、家族の介護等)を受けていることがあれば記入してください。

気力が湧かず、疲労感や倦怠感が募り、終日横になっていることが多かったため、食事の買い出しや片付け準備等、夫が生活面で日常的にサポートしてくれていた

返戻事例

その他

3. 就労（作業）状況について ※就労（作業）している場合にのみ記入してください。

① 勤務先（福祉事業所）について	一般企業 ・ 福祉事業所 ・ その他（　　　　　）	
② 雇用形態 （作業所で訓練を受けている場合は、記載不要です。）	一般雇用 ・ 障害者雇用 ・ 自営 ・ その他（　　　）	
③ 就労支援区分（利用者のみ）	就労継続（ A型 ・ B型 ） ・ 就労移行	
④ いつから勤務（訓練）していますか。	昭和 ・ 平成 ・ 令和　年　　　月から	
⑤ 1日の勤務（訓練）時間	平均　　　時間　　　分	
⑥ 1カ月の勤務（訓練）日数	平均　　　日	
⑦ 1カ月の給料	有（　約　　　　　　　　円） ・ 無	
⑧ 通勤方法	電車 ・ バス ・ 車 ・ 徒歩 ・ その他（　　　）	
⑨ 通勤所要時間	時間　　　分	
⑩ 通勤（通所）時の付添人の有無	あり （ 本人との関係：　　　　　） ・ なし	

⑪ 就労内容（職場における自分の担当する仕事の内容等）を記入してください。

⑫ 仕事場で他の従業員とのコミュニケーションの状況をご記入ください。

⑬ 仕事場で受けている援助の状況をご記入ください。（援助の内容、頻度）

⑭ 就労を継続するために、家族や専門職等から受けている職場外での支援内容等があれば、記入してください。

⑮ その他（欠勤等を含めた勤務状況等）

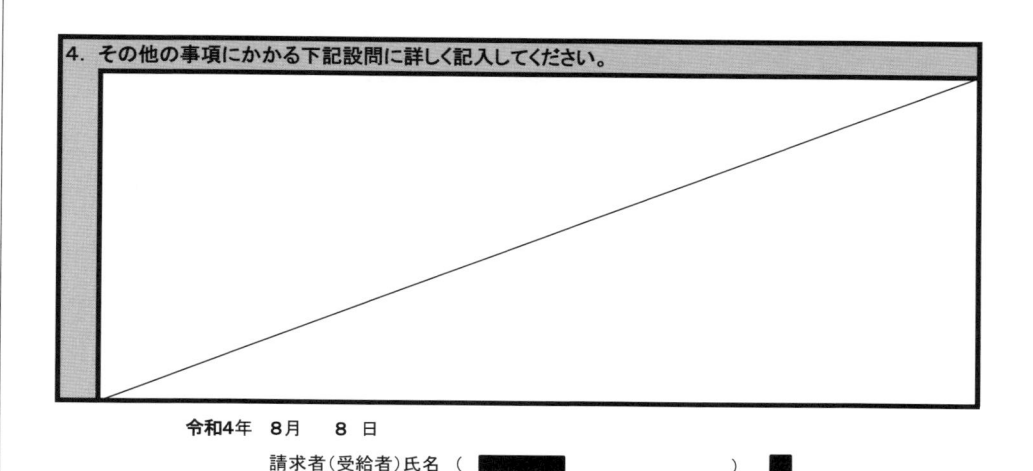

令和4年　8月　8日

請求者（受給者）氏名　（　■■■■■■■　）　■

記入者氏名　（　■■■■■　）　■　請求者（受給者）との関係（社会保険労務士）

記入者電話番号　（　■■■■■　）

注　請求者（受給者）以外の方が記入された場合は、「請求者（受給者）氏名」とあわせて、
「記入者氏名」「請求者（受給者）との関係」「記入者電話番号」を記入してください。

日常生活及び就労に関する状況について（照会）の記入上の注意

1. 生活環境について
   - 「② 入所（入院）時からの日常生活の援助状況」は、施設内での日常生活において、受けている援助の内容や本人の日常生活能力を具体的に記入してください。
   - 「③同居あり」は、「その他」を選んだ場合は、かっこ内に同居者の続柄または本人との関係を記載してください。同じ続柄の同居者が複数いる場合は、人数も記入してください。
   - 「④ 同居なし」の「単身生活となってからの日常生活の援助状況」は、単身生活を始めてから日常生活で受けている援助の内容や本人の日常生活能力を具体的に記入してください。
2. 日常生活における障害の影響や同居者等周囲の方からの援助について
   - 「①主に誰の援助をうけていますか」は、該当するものを〇で囲んでください。なお、「親族」を選んだ場合は続柄を、「その他」を選んだ場合は、具体的に誰が援助しているか（たとえばケースワーカーなど）をかっこ内に記入してください。
   - 「②日常生活の場面」は、本人の日常生活能力を判定するうえで、参考となりますので、できるだけ具体的に記入してください。（各欄の【援助者】は、①の主な援助者と異なる場合のみ、記載して下さい。）
3. 就労（作業）状況について
   - 「①勤務先（福祉事業所）について」は、就労支援事業所や小規模作業所などに所属している場合は、「福祉事業所」を〇で囲んでください。
   - 「⑤1日の勤務（訓練）時間」は、直近1カ月の平均を記入してください。
   - 「⑥1カ月の勤務（訓練）日数」は、直近3カ月の平均を記入してください。
   - 「⑦1カ月の給料」は、直近3カ月の手取額の平均を記入してください。
   - 「⑨通勤所要時間」は、自宅から勤務先事業所までの移動にかかる時間を記入してください。
   - 「⑫ 仕事場で他の従業員とのコミュニケーションの状況をご記入ください。」は、仕事の指示はどのような方法で受けているか、他の従業員との意思疎通の状況等を具体的に記入してください。
   - 「⑬ 仕事場で受けている援助の状況をご記入ください。（援助の内容、頻度）」は、具体的な援助の内容や頻度だけではなく、仕事の内容等で配慮されていることがあれば具体的に記入してください。
   - 「⑮ その他（欠勤等を含めた勤務状況等）」は、直近1カ月の勤務状況やその他の就労にあたって、不便に感じていることなどを記入してください。

㊙（精）　国民年金　厚生年金保険　　**診断書**（精神の障害用）　様式第120号の4

| （フリガナ）氏名 | ■■■■■ | 生年月日 | 昭和 38 年 ■ 月 ■ 日生（58 歳） | 性別 | □男 ☑女 |

住　所　住所地の郵便番号 ■■ － ■■■■　都道府県 ■■■■■　郡市区 ■■■■■

| ① 障害の原因となった傷病名 | うつ病 | ② 傷病の発生年月日 | 平成 24 年 7 月 頃 | ☑診療録で確認　□本人の申立て（R3 年 12 月 23 日） | 本人の発病時の職業 | |
| | ICD－10コード（ F32 ） | ③ ①のため初めて医師の診療を受けた日 | 平成 24 年 8 月 17 日 | ☑診療録で確認　□本人の申立て（R3 年 12 月 23 日） | ④ 既存障害 | |

| ⑥ 傷病が治った（症状が固定した状態を含む。）かどうか。 | 平成・令和　年 月 日　□確認 □推定 | 症状のよくなる見込‥‥□有・□無・☑不明 | ⑤ 既往症 |

⑦ 陳述者の氏名 ■■■■■　請求人との続柄 本人　聴取年月日 R3 年 12 月 23 日

発病から現在までの病歴及び治療の経過、内容、就学・就労状況等、期間、その他参考となる事項

平成24年7月頃より、不眠や不安感等が現れた為、平成24年8月17日に●●病院を受診。うつ病と診断され、精神及び薬物療法を受けた。平成27年末より、気分が落ち込むようになり、平成28年1月16日から休職する事となり、平成28年2月4日に同院に入院した。薬物療法を受け、気分の落ち込み等が改善された為、同年3月5日に退院した。平成28年4月17日より時短勤務にて復職したが、症状が一進一退を繰り返し、通常勤務として復職する目途が立たない事から、平成31年2月に退職した。その後も同院に通院していたが、令和3年12月より●●医院に転院、現在も治療を受けている。
日常生活において、家族から多くの支援を受けている状況であり、就労する事は困難である。

⑧ 診断書作成医療機関における初診時所見　初診年月日　令和 3 年 12 月 1 日

夫の飲酒問題や夫婦葛藤などからうつ病になったと語る。自分の人生を長々と語る。抑うつ気分、意欲低下、不眠は処方にて改善しているが、就労するまでの回復には至っていない。

⑨ これまでの発育・養育歴等（出生から発育の状況や教育歴及びこれまでの職歴をできるだけ詳しく記入してください。）

ア 発育・養育歴　特になし

イ 教育歴
乳児期　□不就学・☑就学猶予
小学校　☑普通学級・□特別支援学級・□特別支援学校
中学校　☑普通学級・□特別支援学級・□特別支援学校
高　校　☑普通学級・□特別支援学校
その他

ウ 職歴　主に研究補助職

エ 治療歴（書ききれない場合は⑬「備考」欄に記入してください。）（※ 同一医療機関の入院・外来は分けて記入してください。）

医療機関名	治療期間	入院・外来	病名	主な療法	転帰（軽快・悪化・不変）
■■病院	H24 年 8 月 ～ H28 年 2 月	□入院 ☑外来	うつ病	精神療法・薬物療法	不変
■■病院	H28 年 2 月 ～ H28 年 3 月	☑入院 □外来	うつ病	薬物療法	悪化
■■病院	H28 年 3 月 ～ R3 年 11 月	□入院 ☑外来	うつ病	薬物療法	不変
■■医院	R3 年 12 月 ～ 現在	□入院 ☑外来	うつ病	薬物療法と精神療法	不変

⑩ **障　害　の　状　態**（令和 3 年 12 月 1 日 現症）

ア 現在の病状又は状態像（該当のローマ数字、英数字にチェックしてください。）

前回の診断書の記載時との比較（前回の診断書を作成している場合は記入してください。）
☑1 変化なし　□2 改善している　□3 悪化している　□4 判明せず

Ⅰ 抑うつ状態
☑1 思考・運動制止　□2 刺激性、興奮　☑3 憂うつ気分
☑4 自殺企図　☑5 希死念慮
□6 その他（　）

Ⅱ そう状態
□1 行為心迫　□2 多弁・多動　□3 気分（感情）の異常な高揚・刺激性
□4 観念奔逸　□5 易怒性・被刺激性亢進　□6 誇大妄想
□7 その他（　）

Ⅲ 幻覚妄想状態 等
□1 幻覚　□2 妄想　□3 させられ体験　□4 思考形式の障害
□5 著しい奇異な行為　□6 その他（　）

Ⅳ 精神運動興奮状態及び昏迷の状態
□1 興奮　□2 昏迷　□3 拒絶・拒食　□4 滅裂思考
□5 暴行行為　□6 自傷　□7 無動・無反応
□8 その他（　）

Ⅴ 統合失調症等残遺状態
□1 自閉　□2 感情の平板化　□3 意欲の減退
□4 その他（　）

Ⅵ 意識障害・てんかん
□1 意識混濁　□2（夜間）せん妄　□3 もうろう　□4 錯乱
□5 てんかん発作　□6 不機嫌症　□7 その他（　）
・てんかん発作の状態　※発作のタイプは記入上の注意参照
1 てんかん発作のタイプ（□A・□B・□C・□D ）
2 てんかん発作の頻度（年間　回、月平均　回、週平均　回 程度）

Ⅶ 知能障害等
□1 知的障害（□ア 軽度　□イ 中等度　□ウ 重度　□エ 最重度）
□2 認知症（□ア 軽度　□イ 中等度　□ウ 重度　□エ 最重度）
□3 高次脳機能障害（□ア 失行　□イ 失認　□ウ 記憶障害　□エ 注意障害　□オ 遂行機能障害　□カ 社会的行動障害）
□4 学習障害（□ア 読み　□イ 書き　□ウ 計算　□エ その他（　））
□5 その他（　）

Ⅷ 発達障害関連症状
□1 相互的な社会関係の質的障害　□2 言語コミュニケーションの障害
□3 限定した常同的で反復的な関心と行動　□4 その他（　）

Ⅸ 人格変化
□1 欠陥状態　□2 無関心　□3 無為
□4 その他症状等（　）

Ⅹ 乱用、依存等（薬物等名：　）
□1 乱用　□2 依存

Ⅺ その他〔　〕

イ 左記の状態について、その程度・症状・処方薬等を具体的に記載してください。

生活が大変だと語る。抑うつ気分、意欲低下、不眠などを認めており、塩酸トラゾドンなどを処方しているが、就労能力はない状態である。

処方内容
①レスリン（25）IT
　1×アサ
②アンプロキソール塩酸15mg
　1×アサ
③プロチゾラム（0.75）IT
　アモバン（7.5）IT　1×vols
④ロキソニン　60mg　IT　1×痛み時
⑤レバミピド（100）3T
　3×mole

転院のため、前病院担当医の処方内容を継続している

【日常生活及び就労に関する状況について（照合）再提出したもの】

日常生活及び就労に関する状況について（照会）

この書類は、障害基礎（厚生）年金の審査にあたって、請求者（受給者）ご本人の日常生活状況や就労に関する状況を詳しく確認させていただく必要があると認められた場合に、お送りしています。
（記載していただいた内容は、審査の資料となります。）

<記入する前にご確認ください>

○ 請求者（受給者）ご本人またはご本人の日常生活及び就労に関する状況をよく把握している方が記入してください。
○ 今回ご照会する内容は、既にご提出いただいている書類から確認することが困難であったものとなります。日本年金機構が指定した項目以外の欄については、記入していただく必要はありません。
○ 各項目の記入にあたっては、4ページの「記入上の注意」ををご確認ください。
○ この書類が提出されない場合は、すでに提出された資料で審査をさせていただく場合があります。

請求者（受給者）氏名	生年月日
■■■■■　　様	⊙昭和　平成　　38 年　■月　■日

令和　3　年　　　12　月頃の状況についてご回答ください。

1. 生活環境について該当するものを○で囲んでください。⇒　　入所 ・ 入院 ・（在宅）・ その他（　　　）

「入所（入院）」している場合は、次の①および②についてわかる範囲で記入してください。

① 入所（入院）した時期	昭和 ・ 平成　　　年　　　月から
② 入所（入院）時からの日常生活の援助状況	

「在宅」の場合に、同居人の有無について該当する方に○を付けてください。⇒　　（あり）・ なし

同居者「あり」の場合は下記③を、「なし」の場合は④を記入してください。

③同居あり	同居者について該当するものを全て○で囲んでください。	（配偶者）・（子【　1人、（ 30 歳）　（　歳）】・ 父 ・ 母　　その他（　　　　　　　　　　）
④同居なし	単身生活になった時期	昭和 ・ 平成　　　　年　　　月から
	単身生活になった理由及び単身生活となってからの日常生活の援助状況	

症候性てんかんの詳細がわかる資料の提出が必要と返戻された高次脳機能障害の事例

▶ その他

❶ 事例の概要

> 1）請求人は、30歳代男性。
> 2）高次脳機能障害で、障害厚生年金を事後重症請求した。
> 3）症候性てんかんの詳細がわかる資料の提出が必要と返戻された。
> 4）返戻に従い、当方で任意様式を作成して症候性てんかんの主治医に記載をしていただき、提出した。
> 5）審査の結果、障害厚生年金2級で支給決定となった。

❷ この事例を理解するために必要な知識・情報

精神障害における障害状態の認定は、原則的に総合認定となります。高次脳機能障害やうつ病などの精神障害のほかに、てんかんがある場合には、総合認定を行うために、原則的にてんかんの障害状態の程度についても認定に耐え得る形で保険者に伝わる必要があります。障害認定基準を見ると、てんかんの障害状態の認定には発作のタイプ、発作の頻度、処方で抑制されるものか否かなどの認定の特徴があることがわかります。

❸ 提出書類の内容

診断書（313ページ）を取得して、裁定請求を行いました。診断書①欄には、高次脳機能障害と記載されています。診断書⑩－アおよびイ欄には、てんかんがあることが記載されていますが、発作のタイプや頻度は空欄とされ、「尚、症候性てんかんについては、他院通院中のため、その詳細は不明」と記載されていました。

4 返戻・照会の内容（抜粋）

****

　審査の結果、診断書に記載がある「症候性てんかん」につきまして、障害年金請求日頃の発作タイプ、発作の頻度、処方内容がわかる資料の提出をお願いいたします。

****

5 なぜ返戻・照会になったのか

　提出した診断書では、症候性てんかんの症状の程度がわからず、請求人の精神の障害状態についての認定ができないと考えられたものと推察されます。

6 返戻・照会への対応

　前記3〜5を踏まえると、以下2つの方法が考えられますが、本事例では、診断書⑩−イ欄に「尚、症候性てんかんについては、他院通院中のため、詳細は不明。」とされており、診断書作成医による追記等は難しいと考えたことから対応方法2を選択しました。

　対応方法2を選択するにあたり、当方であらためて照会様式（315ページ）を作成し、症候性てんかんの主治医にご記入をいただき、提出しました。

1）対応方法1

　診断書作成医に、症候性てんかんについての障害年金請求日頃の発作タイプ、発作の頻度、処方内容についての追記を求める。

2）対応方法2

　症候性てんかんの主治医に、症候性てんかんについての障害年金請求日頃の発作タイプ、発作の頻度、処方内容についての資料を求める。

7 本事例のポイントとまとめ

　本事例では、症候性てんかんの詳細がわかる資料は精神の障害状態について総合認定を行ううえで必要な情報であることから、予めその点に気付き、初回請求時に整えておくべきでありました。そのように整えることができていれば、返戻による時間的なロスを防ぐことができたと思われます。保険者が認定を行うために必要な情報が「詳細不明」となっている場合には、必要に応じて審査に耐え得る情報を事前に調え

ておくという姿勢が大切であることがわかります。

　なお、てんかんの場合、診断書作成医とは別の医療機関の医師が主治医となっている場合がありますので注意が必要です。

　一般の方がこのような視点で手続きできるのか、本事例のように資料を提出してほしいとの返戻に対して、医療機関への説明や、任意の様式を作成して対応をすることができるのかについては疑問が生じるところです。返戻の際に、一般の方でもわかりやすいような説明や様式の準備等があると助かる方が多いのではと思われます。

[診断書（表面）]

様式第120号の4

診　断　書（精神の障害用）

国民年金・厚生年金保険	
（フリガナ）氏名	性別 ☑男 □女
住所　　　県　　市	生年月日　昭和 59 年 ● 月 ●日生（ 38 歳）

① 障害の原因となった傷病名	高次脳機能障害　ICD-10コード（ F06 ）	
② 傷病の発生年月日	平成 28 年 3 月 16 日	☑本人の申立て（R5 年 1 月 23 日）□診療録で確認
③ ⑦のため初めて医師の診療を受けた日	平成 28 年 3 月 16 日	☑本人の申立て（R5 年 1 月 23 日）□診療録で確認・□推定
④ 既往症		
⑤ 既存障害		

⑥ 傷病が治った（症状が固定した状態を含む。）かどうか。　☑有・☑無　症状のよくなる見込み…・□有・☑無・□不明

⑦ 診断書作成医療機関における初診時所見　令和 5 年 1 月 23 日
運動性失語、軽度右片麻痺あり。高次脳機能障害の精査目的に検査を行う方針とした。

本人の職業　会社員　本人の発病時の職業　不明

傷病の経過・職歴・教育歴・発育歴・治療歴などの詳細な記載欄

平成28年3月16日バイク走行中の事故にて●●大学医学部附属病院へ搬送。外傷性くも膜下出血、脳挫傷、左急性硬膜下血腫の診断で開頭血腫除去術、外減圧術施行。4月2日頭蓋形成術、5月12日リハビリテーション病院へ転院、リハビリテーションを行い、9月20日自宅退院。平成29年4月症候性てんかん、●●大学医学部附属病院へ入院。その後、令和元年7月、令和2年9月、令和4年3月より、●●脳外科に通院し抗てんかん薬の内服を継続している。令和5年2月に痙攣発作あり、令和5年1月23日当科受診。高次脳機能障害を認め、高次脳機能障害が残存を認めた。

⑧ 発育歴　特記なし

⑨ 治療歴

医療機関名	治療期間	主な療法
大学医学部附属病院	H28 年 3 月 ～ H28 年 5 月	手術加療
リハビリテーション病院	H28 年 7 月 ～ H28 年 9 月	リハビリテーション
大学医学部附属病院	H29 年 7 月 ～ 不明	抗てんかん薬投与
脳外科	R4 年 3 月 ～ 通院中	検査
●病院	R5 年 1 月 ～ R5 年 3 月	

⑩ 障　害　の　状　態　　令和 5 年 3 月 31 日現症

ア 現在の病状又は状態像（該当のローマ数字、英数字をチェックして記入してください。）

(Ⅰ～Ⅺ の項目チェック欄)

イ 左記の病状について、その程度・症状・具体的程度を記載してください。

WAIS-IV検査、WMS-R検査より、
全般的な知的水準は軽度精神運動遅滞レベルであり、知的能力の低下が認められた。特に、書字などの事務的な作業能力が顕著に低く、作業をこなすのにかなり時間を要することがわかる。また、記憶力の低下も顕著であり、目で見たことを覚えるよりも耳で聞いた事を覚える方が明らかに困難であることが示された。それには注意力が集中の低下も影響していると考えられる。

日常生活においては、自分の意図したことをどう伝えたらいか言葉が出てこなくて迷ってしまったり、情報量が多くて混乱するなど、テレビとはほとんど見ない、電話で言われたことは記憶できないなど、日常生活に支障を来している。

尚、症候性てんかんについては、他院通院中のため、その詳細は不明である。

本人の障害の程度及び状態に関する診断書を作成している場合に無関係な事項には記入する必要はありません。（無関係な欄は、斜線により抹消してください。）

（お願い）大文字の欄は記入漏れがないように記入してください。

【診断書（裏面）】

ウ 日常生活状況

1 家庭及び社会生活についての具体的な状況
  （ア）現在の生活環境（該当するもの一つを選んでチェックしてください。）
    ☐入院・☐入所・☑在宅・☐その他（　　　　　）
    （施設名　　　　　）
    同居者の有無（　☑有・　☐無　）

  （イ）全般的状況（家族及び家族以外の者との対人関係についても具体的に記入してください。）
    ［家族とも家族以外とも意思疎通が難しく、円滑なコミュニケーションを図ることは困難な状況である。］

2 日常生活能力の判定（該当するものにチェックしてください。）
  （判断にあたっては、単身で生活するとしたら可能かどうかで判断してください。）

（1）適切な食事 — 配膳などの準備も含めて適当量をバランスよく摂ることがほぼできるなど。
  ☐できる　☐自発的にできるが時には助言や指導を必要とする　☑自発的かつ適正に行うことはできないが助言や指導があればできる　☐助言や指導をしてもできない若しくは行わない

（2）身辺の清潔保持 — 洗面、洗髪、入浴等の身体の衛生保持や着替え等ができる。また、自室の清掃や片付けができるなど。
  ☐できる　☐自発的にできるが時には助言や指導を必要とする　☑自発的かつ適正に行うことはできないが助言や指導があればできる　☐助言や指導をしても できない若しくは行わない

（3）金銭管理と買い物 — 金銭を独力で適切に管理し、やりくりがほぼできる。また、一人で買い物が可能であり、計画的な買い物がほぼできるなど。
  ☐できる　☐には助言や指導を必要とする　☐助言や指導があればできる　☑できない若しくは行わない

（4）通院と服薬 （☑要・☐不要） — 規則的に通院や服薬を行い、病状等を主治医に伝えることができるなど。
  ☐できる　☐には助言や指導を必要とする　☑助言や指導があればできる　☐できない若しくは行わない

（5）他人との意思伝達及び対人関係 — 他人の話を聞く、自分の意思を相手に伝える、集団的行動が行えるなど。
  ☐できる　☐おおむねできるが時には助言や指導を必要とする　☐助言や指導があればできる　☑助言や指導をしても できない若しくは行わない

（6）身辺の安全保持及び危機対応 — 事故等の危険から身を守る能力がある、通常と異なる事態となった時に他人に援助を求めるなどを含めて、適正に対応することができるなど。
  ☐できる　☐には助言や指導を必要とする　☐助言や指導があればできる　☑できない若しくは行わない

（7）社会性 — 銀行での金銭の出し入れや公共施設等の利用が一人で可能。また、社会生活に必要な手続きが行えるなど。
  ☐できる　☐には助言や指導を必要とする　☐助言や指導があればできる　☑できない若しくは行わない

---

3 日常生活能力の程度（該当するもの一つにチェックしてください。）
※日常生活能力の程度を記載する際には、状態をもっとも適切に記載できる（精神障害）又は（知的障害）のどちらかを使用してください。

（精神障害）

☐（1）精神障害（病的体験・残遺症状・認知障害・性格変化等）を認めるが、社会生活は普通にできる。

☐（2）精神障害を認め、家庭内での日常生活は普通にできるが、社会生活には、援助が必要である。
（たとえば、日常的な家事をこなすことはできるが、状況や手順が変化したりすると困難を生じることがある。社会行動や自発的な行動を適切に出来ないこともある。金銭管理はおおむねできる場合など。）

☐（3）精神障害を認め、家庭内での単純な日常生活はできるが、時に応じて援助が必要である。
（たとえば、習慣化した外出はできるが、家事をこなすために助言や指導を必要とする。社会的な対人交流は乏しく、自発的な行動に困難がある。金銭管理が困難な場合など。）

☑（4）精神障害を認め、日常生活における身のまわりのことも、多くの援助が必要である。
（たとえば、著しく適正を欠く行動が見受けられる。自発的な発言が少ない、あっても発言内容が不適切であったり不明瞭であったりする。金銭管理ができない場合など。）

☐（5）精神障害を認め、身のまわりのこともほとんどできないため、常時の援助が必要である。
（たとえば、家庭内生活においても、食事や身のまわりのことを自発的にすることができない。また、在宅の場合に通院等の外出には、付き添いが必要な場合など。）

（知的障害）

☐（1）知的障害を認めるが、社会生活は普通にできる。

☐（2）知的障害を認め、家庭内での日常生活は普通にできるが、社会生活には、援助が必要である。
（たとえば、簡単な漢字は読み書きができ、会話も意思の疎通が可能であるが、抽象的なことは難しい。身辺生活も一人でできる程度）

☐（3）知的障害を認め、家庭内での単純な日常生活はできるが、時に応じて援助が必要である。
（たとえば、ごく簡単な読み書きや計算はでき、助言などがあれば作業は可能である。具体的指示であれば理解ができ、身辺生活についてもおおむね一人でできる程度）

☐（4）知的障害を認め、日常生活における身のまわりのことも、多くの援助が必要である。
（たとえば、簡単な文字や数字は理解でき、保護的環境であれば単純作業は可能である。習慣化していることであれば言葉での指示を理解し、身辺生活についても部分的にできる程度）

☐（5）知的障害を認め、身のまわりのこともほとんどできないため、常時の援助が必要である。
（たとえば、文字や数の理解力がほとんど無く、簡単な手伝いもできない。言葉による意思の疎通がほとんど不可能であり、身辺生活の処理も一人ではできない程度）

エ 現症時の就労状況
- 勤務先 ☐一般企業 ☐就労支援施設 ☐その他（　　　）
- 雇用体系 ☐障害者雇用 ☐一般雇用 ☐自営 ☐その他（　　　）
- 勤続年数（　　年　　ヶ月）・仕事の頻度（週に　月に（　　日）
- ひと月の給与（　　円程度）
- 仕事の内容
    自営業
- 仕事場での援助の状況や意思疎通の状況

オ 身体所見（神経学的な所見を含む。）

身体的には自立している。

カ 臨床検査（心理テスト・認知検査、知的障害の場合は、知能指数、精神年齢を含む。）
〈WAIS-IV〉
全検査IQ=65、言語理解=79、知覚推理=89、ワーキングメモリー=71、処理速度=54
〈WMS-R〉言語性記憶=50未満、視覚性記憶=71、一般的記憶=50未満
注意／集中力=74　遅延再生=50未満

キ 福祉サービスの利用状況（障害者総合支援法に規定する自立訓練、共同生活援助、居宅介護、その他障害福祉サービス等）

利用していない。

---

⑪ 現症時の日常生活活動能力及び労働能力（必ず記入してください。）	能力の低下は明らかであり、日常生活をこなすのにも支障が出ている。そのため、家族から多くの支援を要する状態である。 また、現在仕事は自営でされているが（一人）、受傷前に長くしてきたルーティーンのため出来ているが、一般企業などでの就労は難しく、安定した就労は困難である。
⑫ 予後（必ず記入してください。）	予後は不変
⑬ 備考	

上記のとおり、診断します。　　令和5 年 5 月 8 日

病院又は診療所の名称　■■■■■■病院　　　　診療担当科名 脳神経外科
所　在　地　■■■■■■■　　　　　　　医師氏名　■■■■■

【てんかんの主治医向けの照会様式（代理人が作成した任意の様式）】

令和 5 年 9 月 吉日

■■■ 脳外科

主治医先生

■■■■■■

<u>『症候性てんかん』 に係るご照会</u>

　　平素より大変お世話になっております。ご多用のところ誠に恐れ入ります
が、以下の事項についてご照会をお願い申し上げます。

記

■対象者とご照会内容

　　　　氏　　　名　：■■■■■■（■■■■■■■■）
　　　　生年月日　：昭和 59 年 6 月■日生
　　　　性　　　別　：男性
　　　　ご照会内容：障害年金請求日（令和 5 年 6 月 2 8 日）頃の
　　　　　　　　　　「症候性てんかん」に係る以下の事項について

（１）てんかん発作のタイプについて
　　　　てんかん発作のタイプは、次表A～Dのうちどちらになりますか？
　　　　該当する記号をご回答欄にチェックしてください。

<てんかん発作のタイプについて>

A	意識障害を呈し、状況にそぐわない行為を示す発作
Ⓑ	意識障害の有無を問わず、転倒する発作
C	意識を失い、行為が途絶するが、倒れない発作
D	意識障害はないが、随意運動が失われる発作

～別添：診断書附属「記入上の注意」より転載～

【ご回答欄】

　　⇒　　　　□A　　・☑B　　・□C　　・□D

1

（２）てんかん発作の頻度について

　　てんかん発作の頻度(回数)はどの程度でしようか?　ご回答欄にご記入をお願いします。

　　なお、ご記入にあたっては、別添の診断書附属「記入上の注意」から転載した以下＜てんかん発作の頻度(回数)について＞をご参照願います。

＜てんかん発作の頻度(回数)について＞

> てんかんの発作回数は、<u>過去２年間の状態あるいは、おおむね今後２年間に予想される状態</u>を記入してください。

～別添：診断書附属「記入上の注意」より転載～

【ご回答欄】

　　⇒　年間　<u>1</u>回、月平均　　　回、週平均　　　回　程度

※発作が治まっている場合は、以下にその旨ご記入願います。

〔記入例〕「最終発作○年○月○日。現在は処方により発作は抑制されている」など

　　⇒　<u>最終発作は 2022 年 2 月。現在は処方により発作は抑制されている。</u>

2

（３）処方内容について

てんかん発作のための処方内容をご記載願います。

⇒レベチラセタム（５００）　４Ｔ　２Ｘ

（４）その他

その他、病状・状態等障害の程度を評価するうえで参考となる事がありましたらご教示願います。

⇒　　　　　車の運転は禁止している。

上記のとおり、回答します。　令和　５年　９月　２６日

医療機関の名称：■■■■■脳外科

医療機関の所在地：■■■■■■■■■

診療担当科名：脳神経外科

医師名：■■■■■

巻末資料

国 民 年 金 ・ 厚 生 年 金 保 険

精神の障害に係る等級判定ガイドライン

平成２８年９月

目　　次

第1　趣旨・目的

　障害基礎年金について新規に申請を受けて決定を行った事例のうち、不支給と決定された件数の割合が都道府県間で異なることから、各都道府県における障害基礎年金の認定事務の実態を調査したところ、精神障害及び知的障害の認定において、地域によりその傾向に違いがあることが確認された。

　この調査結果を踏まえ、認定に地域差による不公平が生じないようにするため、精神障害及び知的障害に係る障害等級の判定を行う際に用いるガイドライン（以下「ガイドライン」という。）の策定を目的として、「精神・知的障害に係る障害年金の認定の地域差に関する専門家検討会」が平成２７年２月に設置され、８回にわたる議論を経て、平成２８年２月にガイドラインに盛り込む内容が取りまとめられたところである。

　このガイドラインは、精神障害及び知的障害に係る認定において、障害等級の判定時に用いる目安や考慮すべき事項の例等を示すものであり、これにより、精神障害及び知的障害に係る認定が「国民年金・厚生年金保険障害認定基準」（平成１４年３月１５日庁保発第１２号。以下「障害認定基準」という。）に基づき適正に行われるよう改善を図ることを目的とする。

第2　ガイドラインの適用

1．対象給付

　このガイドラインの対象とする給付は、障害認定基準により、国民年金法施行令（昭和３４年政令第１８４号）別表並びに厚生年金保険法施行令（昭和２９年政令第１１０号）別表第１及び別表第２に規定する障害の程度の認定を行う給付とする。

2．対象傷病

　このガイドラインの対象とする傷病は、障害認定基準第３第１章第８節精神の障害に定める傷病とする。

　ただし「てんかん」については、てんかん発作の重症度や頻度等を踏まえた等級判定を行うことについて障害認定基準で規定していることから、このガイドラインの対象傷病から除く。

3．ガイドラインの運用

　このガイドラインは、前記１の対象給付であって、かつ前記２の精神の障害に係るものの等級判定を行う際に用いることとする。
(1)新規請求時
(2)再認定時
(3)請求者から額改定請求があったとき　　等

第3　障害等級の判定

　障害認定基準に基づく障害の程度の認定については、このガイドラインで定める後記１の「障害等級の目安」を参考としつつ、後記２の「総合評価の際に考慮すべき要素の例」で例示する様々な要素を考慮したうえで、障害認定審査医員（以下「認定医」という。）が専門的な判断に基づき、総合的に判定する（以下「総合評価」という。）。

　総合評価では、目安とされた等級の妥当性を確認するとともに、目安だけでは捉えきれない障害ごとの特性に応じた考慮すべき要素を診断書等の記載内容から詳しく診査したうえで、最終的な等級判定を行うこととする。

１．障害等級の目安

　診断書の記載項目のうち、「日常生活能力の程度」の評価及び「日常生活能力の判定」の評価の平均を組み合わせたものが、どの障害等級に相当するかの目安を示したもの（表１参照）。

２．総合評価の際に考慮すべき要素の例

　診断書の記載項目（「日常生活能力の程度」及び「日常生活能力の判定」を除く。）を５つの分野（現在の病状又は状態像、療養状況、生活環境、就労状況、その他）に区分し、分野ごとに総合評価の際に考慮することが妥当と考えられる要素とその具体的な内容例を示したもの（表２参照）。

３．等級判定にあたっての留意事項

(1) 障害等級の目安

　①　「日常生活能力の程度」の評価と「日常生活能力の判定」の平均との整合性が低く、参考となる目安がない場合は、必要に応じて診断書を作成した医師（以下「診断書作成医」という。）に内容確認をするなどしたうえで、「日常生活能力の程度」及び「日常生活能力の判定」以外の診断書等の記載内容から様々な要素を考慮のうえ、総合評価を行う。

　②　障害等級の目安が「２級又は３級」など複数になる場合は、総合評価の段階で両方の等級に該当する可能性を踏まえて、慎重に等級判定を行う。

(2) 総合評価の際に考慮すべき要素

　①　考慮すべき要素は例示であるので、例示にない診断書の記載内容についても同様に考慮する必要があり、個別の事案に即して総合的に評価する。

　②　考慮すべき要素の具体的な内容例では「２級の可能性を検討する」等と記載しているが、例示した内容だけが「２級」の該当条件ではないことに留意する。

　③　考慮すべき要素の具体的な内容例に複数該当する場合であっても、一律に上位等級にするのではなく、個別の事案に即して総合的に評価する。

- 2 -

(3)総合評価

   ① 診断書の記載内容に基づき個別の事案に即して総合的に評価した結果、目安と異なる等級になることもあり得るが、その場合は、合理的かつ明確な理由をもって判定する。

   ② 障害認定基準に規定する「症状性を含む器質性精神障害」について総合評価を行う場合は、「精神障害」「知的障害」「発達障害」の区分にとらわれず、各分野の考慮すべき要素のうち、該当又は類似するものを考慮して、評価する。

(4)再認定時の留意事項

   ガイドライン施行後の再認定にあたっては、提出された障害状態確認届（診断書）の記載内容から、下位等級への変更や2級（又は3級）非該当への変更を検討する場合は、前回認定時の障害状態確認届（診断書）や照会書類等から認定内容を確認するとともに、受給者や家族、診断書作成医への照会を行うなど、認定に必要な情報収集を適宜行い、慎重に診査を行うよう留意する。

第4 既に障害給付等を受給している者への対応

(1) ガイドライン施行時において、障害基礎年金及び障害厚生年金など第2の1に示す給付を受給している者（以下「既認定者」という。）にガイドラインを最初に適用して等級判定を行う時期は、既認定者が額改定請求をした場合等を除き、ガイドライン施行後に初めて到来する再認定時とする。

(2) 既認定者の再認定にあたっても第3の3（4）により診査を行うが、ガイドライン施行前の認定も障害認定基準及び認定医の医学的知見に基づき認定されたものであること等を踏まえ、既認定者の障害の状態が従前と変わらない場合（注）については、当分の間、等級非該当への変更は行わないことを基本とする。

   （注）基本は障害状態確認届（診断書）における「日常生活能力の程度」と「日常生活能力の判定の平均」を目安とするが、最終的には診断書等の全体の情報で総合判断する。

第5 ガイドライン施行前に決定した認定について

   ガイドライン施行前の障害年金請求で不支給となった者や再認定によって減額改定や支給停止となった者等から、ガイドライン施行後新たに障害年金請求や額改定請求、支給停止事由消滅の届出があった場合は、ガイドラインを用いて等級判定を行う。

   （ガイドライン施行前の障害年金請求等に係る障害の程度の認定は、障害認定基準に基づき、適正な手続きの下で決定されたものであることから、一律にガイドラインに当てはめた再診査は行わない。）

第6　ガイドラインの実施状況の検証及び見直し等

　ガイドライン施行後の認定状況については、地域差が改善された適切な認定がなされているか等の観点から、ガイドラインの運用、認定結果等について検証を行い、施行後3年を目途に、必要に応じてこのガイドラインに基づく認定の見直し等を検討する。

　上記のほか、障害認定基準の改正などを踏まえ、必要に応じて見直しを行う。

〔表1〕障害等級の目安

程度 判定平均	(5)	(4)	(3)	(2)	(1)
3.5以上	1級	1級 又は 2級			
3.0以上3.5未満	1級 又は 2級	2級	2級		
2.5以上3.0未満		2級	2級 又は 3級		
2.0以上2.5未満		2級	2級 又は 3級	3級 又は 3級非該当	
1.5以上2.0未満			3級	3級 又は 3級非該当	
1.5未満				3級非該当	3級非該当

《表の見方》
　1．「程度」は、診断書の記載項目である「日常生活能力の程度」の5段階評価を指す。
　2．「判定平均」は、診断書の記載項目である「日常生活能力の判定」の4段階評価について、程度の軽いほうから1～4の数値に置き換え、その平均を算出したものである。
　3．表内の「3級」は、障害基礎年金を認定する場合には「2級非該当」と置き換えることとする。

《留意事項》
　　障害等級の目安は総合評価時の参考とするが、個々の等級判定は、診断書等に記載される他の要素も含めて総合的に評価されるものであり、目安と異なる認定結果となることもあり得ることに留意して用いること。

- 5 -

326　巻末資料

〔表2〕総合評価の際に考慮すべき要素の例

①現在の病状又は状態像

	考慮すべき要素	具体的な内容例
共通事項	○ 認定の対象となる複数の精神疾患が併存しているときは、併合（加重）認定の取扱いは行わず、諸症状を総合的に判断する。	—
	○ ひきこもりについては、精神障害の病状の影響により、継続して日常生活に制限が生じている場合は、それを考慮する。	
精神障害	○ 統合失調症については、療養及び症状の経過（発病時からの状況、最近1年程度の症状の変動状況）や予後の見通しを考慮する。	—
	○ 統合失調症については、妄想・幻覚などの異常体験や、自閉・感情の平板化・意欲の減退などの陰性症状（残遺状態）の有無を考慮する。	・ 陰性症状（残遺状態）が長期間持続し、自己管理能力や社会的役割遂行能力に著しい制限が認められれば、1級または2級の可能性を検討する。
	○ 気分（感情）障害については、現在の症状だけでなく、症状の経過（病相期間、頻度、発病時からの状況、最近1年程度の症状の変動状況など）及びそれによる日常生活活動等の状態や予後の見通しを考慮する。	・ 適切な治療を行っても症状が改善せずに、重篤なそううつの症状が長期間持続したり、頻繁に繰り返している場合は、1級または2級の可能性を検討する。
知的障害	○ 知能指数を考慮する。ただし、知能指数のみに着眼することなく、日常生活の様々な場面における援助の必要度を考慮する。	—
	○ 不適応行動を伴う場合に、診断書の⑩「ア 現在の病状又は状態像」のⅦ知能障害等またはⅧ発達障害関連症状と合致する具体的記載があれば、それを考慮する。	—
発達障害	○ 知能指数が高くても日常生活能力が低い（特に対人関係や意思疎通を円滑に行うことができない）場合は、それを考慮する。	—
	○ 不適応行動を伴う場合に、診断書の⑩「ア現在の病状又は状態像」のⅦ知能障害等またはⅧ発達障害関連症状と合致する具体的記載があれば、それを考慮する。	—
	○ 臭気、光、音、気温などの感覚過敏があり、日常生活に制限が認められれば、それを考慮する。	—

②療養状況

	考慮すべき要素	具体的な内容例
共通事項	○ 通院の状況（頻度、治療内容など）を考慮する。薬物治療を行っている場合は、その目的や内容（種類・量（記載があれば血中濃度）・期間）を考慮する。また、服薬状況も考慮する。 　通院や薬物治療が困難又は不可能である場合は、その理由や他の治療の有無及びその内容を考慮する。	―
精神障害	○ 入院時の状況（入院期間、院内での病状の経過、入院の理由など）を考慮する。	・ 病棟内で、本人の安全確保などのために、常時個別の援助が継続して必要な場合は、1級の可能性を検討する。
精神障害	○在宅での療養状況を考慮する。	・ 在宅で、家族や重度訪問介護等から常時援助を受けて療養している場合は、1級または2級の可能性を検討する。
知的障害 発達障害	○ 著しい不適応行動を伴う場合や精神疾患が併存している場合は、その療養状況も考慮する。	―

③生活環境

	考慮すべき要素	具体的な内容例
共通事項	○ 家族等の日常生活上の援助や福祉サービスの有無を考慮する。	・ 独居であっても、日常的に家族等の援助や福祉サービスを受けることによって生活できている場合（現に家族等の援助や福祉サービスを受けていなくても、その必要がある状態の場合も含む）は、それらの支援の状況（または必要性）を踏まえて、2級の可能性を検討する。
共通事項	○ 入所施設やグループホーム、日常生活上の援助を行える家族との同居など、支援が常態化した環境下では日常生活が安定している場合でも、単身で生活するとしたときに必要となる支援の状況を考慮する。	―
共通事項	○ 独居の場合、その理由や独居になった時期を考慮する。	―
精神障害	―	―

知的障害 発達障害	○在宅での援助の状況を考慮する。	・　在宅で、家族や重度訪問介護等から常時個別の援助を受けている場合は、1級または2級の可能性を検討する。
	○　施設入所の有無、入所時の状況を考慮する。	・　入所施設において、常時個別の援助が必要な場合は、1級の可能性を検討する。

④就労状況

	考慮すべき要素	具体的な内容例
共通事項	○　労働に従事していることをもって、直ちに日常生活能力が向上したものと捉えず、現に労働に従事している者については、その療養状況を考慮するとともに、仕事の種類、内容、就労状況、仕事場で受けている援助の内容、他の従業員との意思疎通の状況などを十分確認したうえで日常生活能力を判断する。	
	○　援助や配慮が常態化した環境下では安定した就労ができている場合でも、その援助や配慮がない場合に予想される状態を考慮する。	
	○　相当程度の援助を受けて就労している場合は、それを考慮する。	・　就労系障害福祉サービス（就労継続支援A型、就労継続支援B型）及び障害者雇用制度による就労については、1級または2級の可能性を検討する。就労移行支援についても同様とする。 ・　障害者雇用制度を利用しない一般企業や自営・家業等で就労している場合でも、就労系障害福祉サービスや障害者雇用制度における支援と同程度の援助を受けて就労している場合は、2級の可能性を検討する。
	○　就労の影響により、就労以外の場面での日常生活能力が著しく低下していることが客観的に確認できる場合は、就労の場面及び就労以外の場面の両方の状況を考慮する。	―
	○　一般企業（障害者雇用制度による就労を除く）での就労の場合は、月収の状況だけでなく、就労の実態を総合的にみて判断する。	―

精神障害	○ 安定した就労ができているか考慮する。1年を超えて就労を継続できていたとしても、その間における就労の頻度や就労を継続するために受けている援助や配慮の状況も踏まえ、就労の実態が不安定な場合は、それを考慮する。	―
	○ 発病後も継続雇用されている場合は、従前の就労状況を参照しつつ、現在の仕事の内容や仕事場での援助の有無などの状況を考慮する。	―
	○ 精神障害による出勤状況への影響（頻回の欠勤・早退・遅刻など）を考慮する。	―
	○ 仕事場での臨機応変な対応や意思疎通に困難な状況が見られる場合は、それを考慮する。	―
知的障害	○ 仕事の内容が専ら単純かつ反復的な業務であれば、それを考慮する。	・ 一般企業で就労している場合（障害者雇用制度による就労を含む）でも、仕事の内容が保護的な環境下での専ら単純かつ反復的な業務であれば、2級の可能性を検討する。
	○ 仕事場での意思疎通の状況を考慮する。	・ 一般企業で就労している場合（障害者雇用制度による就労を含む）でも、他の従業員との意思疎通が困難で、かつ不適切な行動がみられることなどにより、常時の管理・指導が必要な場合は、2級の可能性を検討する。
発達障害	○ 仕事の内容が専ら単純かつ反復的な業務であれば、それを考慮する。	・ 一般企業で就労している場合（障害者雇用制度による就労を含む）でも、仕事の内容が保護的な環境下での専ら単純かつ反復的な業務であれば、2級の可能性を検討する。
	○ 執着が強く、臨機応変な対応が困難である等により常時の管理・指導が必要な場合は、それを考慮する。	・ 一般企業で就労している場合（障害者雇用制度による就労を含む）でも、執着が強く、臨機応変な対応が困難であることなどにより、常時の管理・指導が必要な場合は、2級の可能性を検討する。
	○ 仕事場での意思疎通の状況を考慮する。	・ 一般企業で就労している場合（障害者雇用制度による就労を含む）でも、他の従業員との意思疎通が困難で、かつ不適切な行動がみられることなどにより、常時の管理・指導が必要な場合は、2級の可能性を検討する。

⑤その他

	考慮すべき要素	具体的な内容例
共通事項	○「日常生活能力の程度」と「日常生活能力の判定」に齟齬があれば、それを考慮する。	―
	○「日常生活能力の判定」の平均が低い場合であっても、各障害の特性に応じて特定の項目に著しく偏りがあり、日常生活に大きな支障が生じていると考えられる場合は、その状況を考慮する。	―
精神障害	○ 依存症については、精神病性障害を示さない急性中毒の場合及び明らかな身体依存が見られるか否かを考慮する。	―
知的障害	○ 発育・養育歴、教育歴などについて、考慮する。	・ 特別支援教育、またはそれに相当する支援の教育歴がある場合は、2級の可能性を検討する。
	○療育手帳の有無や区分を考慮する。	・ 療育手帳の判定区分が中度以上（知能指数がおおむね50以下）の場合は、1級または2級の可能性を検討する。それより軽度の判定区分である場合は、不適応行動等により日常生活に著しい制限が認められる場合は、2級の可能性を検討する。
	○ 中高年になってから判明し請求する知的障害については、幼少期の状況を考慮する。	・ 療育手帳がない場合、幼少期から知的障害があることが、養護学校や特殊学級の在籍状況、通知表などから客観的に確認できる場合は、2級の可能性を検討する。
発達障害	○ 発育・養育歴、教育歴、専門機関による発達支援、発達障害自立訓練等の支援などについて、考慮する。	―
	○ 知的障害を伴う発達障害の場合、発達障害の症状も勘案して療育手帳を考慮する。	・ 療育手帳の判定区分が中度より軽い場合は、発達障害の症状により日常生活に著しい制限が認められれば、1級または2級の可能性を検討する。
	○ 知的障害を伴わない発達障害は、社会的行動や意思疎通能力の障害が顕著であれば、それを考慮する。	―
	○ 青年期以降に判明した発達障害については、幼少期の状況、特別支援教育またはそれに相当する支援の教育歴を考慮する。	―

（別添　改正後全文）

年管管発０９２８第６号
平成２７年９月２８日

日本年金機構
　年金給付業務部門担当理事　殿

厚生労働省年金局事業管理課長
（公　印　省　略）

障害年金の初診日を明らかにすることができる書類を
添えることができない場合の取扱いについて

　厚生年金保険法施行規則等の一部を改正する省令（平成２７年厚生労働省令第
１４４号）が、平成２７年９月２４日に公布され、平成２７年１０月１日から施行
することとされたところである。
　改正省令の内容については、「厚生年金保険法施行規則等の一部を改正する省令
の公布について」（平成２７年９月２４日付け年管発０９２４第３号）により日本
年金機構理事長あて通知されたところであるが、これに係る事務の取扱いについ
ては下記のとおりであるので、遺漏のなきよう取り扱われたい。
　なお、本通知の発出に伴い、「２０歳前障害による障害基礎年金の請求において
初診日が確認できる書類が添付できない場合の取扱いについて」（平成２３年１２
月１６日付け年管管発１２１６第３号）は廃止する。

記

第１　第三者証明による初診日確認の取扱いについて

　１．２０歳以降に初診日がある場合の第三者証明の取扱いについて
　（１）２０歳以降に初診日がある場合の第三者証明の基本的取扱いについて
　　　①　第三者証明と参考となる他の資料による初診日の確認について
　　　　　２０歳以降に初診日がある障害年金の請求に当たり、初診日に受診し
　　　　た医療機関による初診日の証明（以下「医証」という。）が得られない場
　　　　合においては、第三者証明（医療機関で診療を受けていたことについて第
　　　　三者が申し立てることにより証明したもの。以下同じ。）を初診日を合理
　　　　的に推定するための参考資料とすることとする。
　　　　　この場合において、２０歳以降の初診日については、初診日がどの年金
　　　　制度に加入していた時期かによって給付内容が大きく異なることも踏ま

え、適切に初診日を特定する必要があることから、第三者証明とともに、初診日について参考となる他の資料の提出を求め、両資料の整合性等を確認の上、障害年金を請求する者（以下「請求者」という。）が申し立てた初診日を初診日として認めることができることとする。

② 第三者証明に該当する申立てについて
　　第三者証明は、基本的に次のアからウのいずれかに該当するものであること。
　ア　第三者証明を行う者が、請求者の初診日頃の受診状況を直接的に見て認識していた場合に、その受診状況を申し立てるもの
　イ　第三者証明を行う者が、請求者や請求者の家族等から、請求者の初診日頃に、請求者の初診日頃の受診状況を聞いていた場合に、その聞いていた受診状況を申し立てるもの
　ウ　第三者証明を行う者が、請求者や請求者の家族等から、請求時から概ね５年以上前に、請求者の初診日頃の受診状況を聞いていた場合に、その聞いていた受診状況を申し立てるもの

③ 参考となる他の資料について
　　①の参考となる他の資料としては、診察券や入院記録などの初診日について客観性が認められる資料が必要であり、医療機関が作成した資料であっても、請求者の申立てによる初診日等を記載した資料は不適当であること。

（２）第三者証明の留意点について
　① 第三者証明を行う者について
　　「生計維持関係等の認定基準及び認定の取扱いについて（厚生年金保険法）」（平成２３年３月２３日付け年発０３２３第１号）の別表１で定める第三者証明の第三者の範囲を踏まえ、請求者の民法上の三親等以内の親族による第三者証明は、認めないこととする。

　② 医療従事者による第三者証明による初診日の確認について
　　初診日頃に請求者が受診した医療機関の担当医師、看護師その他の医療従事者（以下単に「医療従事者」という。）による第三者証明（初診の医療機関が廃院等により医療機関による医証が得られない場合など）については、初診日頃の請求者による医療機関の受診状況を直接的に見て認識していることから、医証と同等の資料として、請求者申立ての初診日について参考となる他の資料がなくとも、当該第三者証明のみで初診日を認めることができることとする。
　　なお、医療従事者による第三者証明であっても、初診日頃の請求者による医療機関の受診状況を直接把握できない立場であった医療従事者が、請求者の求めに応じ、請求者の申立てに基づいて行った第三者証明は、こ

れには該当しない。

③　必要となる第三者証明の数について
　　　上記②の場合を除き、原則として複数の第三者証明があることが、第三者証明を初診日推定の参考資料とするために必要である。
　　　ただし、請求者が複数の第三者証明を得られない場合には、単数の第三者証明であっても、医療機関の受診にいたる経過や医療機関におけるやりとりなどが具体的に示されていて、相当程度信憑性が高いと認められるものであれば、第三者証明として認めることができることとする。

④　請求時から概ね5年以内の第三者証明の取扱いについて（1（1）②ウ関係）
　　　1（1）②ウの場合において、第三者が請求者等から初診日頃の受診状況を聞いていた時期が、請求時から概ね5年以内である第三者証明については、認められない。
　　　ただし、請求者申立ての初診日について参考となる他の資料があわせて提出された場合であって、他の様々な資料から請求者申立てによる初診日が正しいと合理的に推定できる場合には、第三者証明として認めることができることとする。

⑤　一番古い時期の受診状況等に係る第三者証明の取扱いについて
　　　請求者の初診日頃の受診状況等が不明である場合に、第三者が証明することができる一番古い時期の受診状況等について第三者証明があった場合には、当該資料により申請者が申し立てた初診日を認めることはできないが、初診日を総合的に判断する際の資料として取り扱うことができることとする。

⑥　第三者証明の信憑性の確認について
　　　第三者証明により初診日を確認する場合には、上記の資料のほか、可能な範囲で、請求者申立ての初診日について参考となる資料の提出を幅広く求め、それらの資料との整合性や医学的判断等により、第三者証明の信憑性を確認することとする。
　　　また、第三者証明の内容に疑義が生じる場合や第三者が実在するかどうかについて疑義が生じる場合は、必要に応じて第三者に対して電話等で確認を行うこととする。

（3）第三者証明の確認項目について
　　　第三者証明により請求者が申し立てた初診日を適正に判断する観点から、第三者証明については、少なくとも以下の項目を確認することとする。
　　　ただし、一部の確認項目に記載がない場合でも、第三者証明の信憑性を総合的に判断することとする。

① 第三者に関する項目

第三者の氏名、住所、電話番号、請求者との関係（初診日頃の関係又は
受診状況を聞いた頃の関係）

② 請求者の初診日頃における医療機関の受診状況に関する項目

傷病名、初診の時期、医療機関名・所在地・診療科

③ 第三者から見た請求者の状況等に関する項目

例えば、次のような事項についてできるだけ詳しく記載を求めるもの
とする。

・　発病から初診日までの症状の経過

・　初診日頃における日常生活上の支障度合い

・　医療機関の受診契機

・　医師からの療養の指示など受診時の状況

・　初診日頃の受診状況を知り得た状況　　など

２．２０歳前に初診日がある場合の第三者証明の取扱いについて

（１）２０歳前に初診日がある場合の第三者証明の基本的取扱いについて

① 第三者証明による初診日の確認について

２０歳前に初診日がある障害基礎年金の請求に当たり、初診日の医証
が得られない場合においては、請求者が２０歳前に発病し、医療機関で診
療を受けていたことを明らかにする第三者証明により、請求者申立ての
初診日を認めることができることとする。

２０歳前に初診日がある障害基礎年金については、給付内容が単一で
あり、請求者が少なくとも２０歳より前に、医療機関で請求傷病での診療
を受けていたことが明らかであると確認できればよいことから、初診日
を証明する書類が第三者証明のみの場合であっても、第三者証明の内容
を総合的に勘案して、請求者申立ての初診日を認めることができること
とする。

② 第三者証明は、基本的に次のアからウのいずれかに該当するものであ
ること。

ア　第三者証明を行う者が、請求者の初診日頃又は２０歳前の時期の受
診状況を直接的に見て認識していた場合に、その受診状況を申し立て
るもの

イ　第三者証明を行う者が、請求者や請求者の家族等から、請求者の初診
日頃又は２０歳前の時期に、請求者の初診日頃又は２０歳前の時期の
受診状況を聞いていた場合に、その聞いていた受診状況を申し立てる
もの

ウ　第三者証明を行う者が、請求者や請求者の家族等から、請求時から概
ね５年以上前に、請求者の初診日頃又は２０歳前の時期の受診状況を
聞いていた場合に、その聞いていた受診状況を申し立てるもの

③　２０歳前に厚生年金等に加入していた者の取扱いについて
　　　２０歳前に初診日がある場合であって、当該初診日が厚生年金等に加入していた期間である場合の第三者証明の取扱いは、障害厚生年金等の支給の対象となることから、第１の１によることとする。

（２）第三者証明の留意点について
　　　第１の１の（２）と同様とする。

（３）第三者証明の確認項目について
　　　第三者証明により請求者が申し立てた初診日を適正に判断する観点から、第三者証明については、少なくとも以下の項目を確認することとする。
　　　ただし、一部の確認項目に記載がない場合でも、第三者証明の信憑性を総合的に判断することとする。
①　第三者に関する項目
　　　第三者の氏名、住所、電話番号、請求者との関係（初診日頃又は２０歳前の時期の受診していた頃もしくは受診状況を聞いた頃の関係）
②　請求者の初診日頃又は２０歳前の時期における医療機関の受診状況に関する項目
　　　傷病名、初診の時期（初診の時期が不明であれば２０歳前の受診の時期）、医療機関名・所在地・診療科
③　第三者から見た請求者の状況等に関する項目
　　　例えば、次のような事項についてできるだけ詳しく記載を求めるものとする。
・　発病から初診日又は２０歳前の受診時までの症状の経過
・　初診日頃又は２０歳前における日常生活上の支障度合い
・　医療機関の受診契機
・　医師からの療養の指示など受診時の状況
・　初診日頃又は２０歳前の受診状況を知り得た状況　　など

第２　初診日が一定の期間内にあると確認された場合の初診日確認の取扱いについて

１．初診日が一定の期間内にあると確認された場合の初診日確認の基本的取扱いについて
　　　初診日を具体的に特定できなくても、参考資料により一定の期間内に初診日があると確認された場合であって、下記３又は４に該当するとき、又は、初診日を具体的に特定しなくとも、下記５に該当するときは、一定の条件の下、請求者が申し立てた初診日を認めることができることとする。

２．初診日が一定の期間であると確認するための参考資料について

初診日が一定の期間内であると確認するためには請求者が提出する参考資料により判断することとなるが、参考資料の例としては、以下のようなものが考えられる。
（1）一定の期間の始期に関する資料の例
- 　請求傷病に関する異常所見がなく発病していないことが確認できる診断書等の資料（就職時に事業主に提出した診断書、人間ドックの結果など）
- 　請求傷病の起因及び当該起因の発生時期が明らかとなる資料（交通事故が起因となった傷病であることを明らかにする医学的資料及び交通事故の時期を証明する資料、職場の人間関係が起因となった精神疾患であることを明らかにする医学的資料及び就職の時期を証明する資料など）
- 　医学的知見に基づいて一定の時期以前には請求傷病が発病していないことを証明する資料

（2）一定の期間の終期に関する資料の例
- 　請求傷病により受診した事実を証明する資料（2番目以降に受診した医療機関による受診状況等証明書など）
- 　請求傷病により公的サービスを受給した時期を明らかにする資料（障害者手帳の交付時期に関する資料など）
- 　20歳以降であって請求傷病により受診していた事実及び時期を明らかにする第三者証明

3．初診日があると確認された一定の期間中、同一の公的年金制度に継続的に加入していた場合について
　初診日があると確認された一定の期間が全て国民年金の加入期間のみであるなど同一の公的年金制度の加入期間となっており、かつ、当該期間中のいずれの時点においても、障害年金を支給するための保険料納付要件を満たしている場合は、当該期間中で請求者が申し立てた初診日を認めることができることとする。
　なお、当該期間中の全ての期間が、20歳前の期間（厚生年金等の加入期間である場合を除く。以下同じ。）のみである場合又は60歳から65歳の待機期間（厚生年金等の加入期間である場合を除く。以下同じ。）のみである場合については、同一の公的年金制度の加入期間となっているものと取り扱うこととする。その際、20歳前の期間については、保険料納付要件を考慮しないものとする（4において同じ。）。

4．初診日があると確認された一定の期間中、異なる公的年金制度に継続的に加入していた場合について
　初診日があると確認された一定の期間が全て国民年金の加入期間と厚生年金の加入期間であるなど異なる公的年金制度の加入期間となっており、かつ、当該期間中のいずれの時点においても、障害年金を支給するための保険料納

付要件を満たしている場合は、請求者申立ての初診日について参考となる他の資料とあわせて初診日を認めることができることとする。

　ただし、請求者申立ての初診日が、国民年金の加入期間、２０歳前の期間又は６０歳から６５歳の待機期間である場合には、いずれの場合においても、障害厚生年金等ではなく障害基礎年金を請求するものであることから、初診日があると確認された一定の期間に厚生年金等の加入期間が含まれていたとしても、第２の３と同様に、請求者申立ての初診日について参考となる他の資料がなくとも請求者が申し立てた初診日を認めることができることとする。

５．２０歳前に初診日がある障害基礎年金の請求で、障害認定日が２０歳以前であることを確認できた場合の取扱いについて

　２０歳前に初診日がある障害基礎年金については、障害認定日が２０歳に達した日以前である場合は、障害の程度を認定する時期は一律に２０歳となる。このため、２番目以降に受診した医療機関の受診した事実を証明する資料に記載された当該医療機関の受診日から、障害認定日が２０歳以前であることを確認でき、かつ、その受診日前に厚生年金等の加入期間がない場合には、初診日の医証を追加で請求者に求めずとも、２０歳前の期間で請求者が申し立てた初診日を認めることができることとする。

第3　その他の初診日の取扱いについて

１．請求者の申立てに基づき医療機関が過去に作成した資料の取扱いについて

　請求の５年以上前に医療機関が作成した資料（診療録等）に請求者申立ての初診日が記載されている場合には、初診日と認めることができることとする。

　また、当該資料が、請求の５年以上前ではないが相当程度前である場合については、請求者申立ての初診日について参考となる他の資料とあわせて初診日を認めることができることとする。

　ただし、この場合に参考となる他の資料としては、診察券や入院記録など、請求者の申立て以外の記録を根拠として初診日を推定することが可能となる資料が必要であり、請求者又は請求者の家族等の申立てに基づく第三者証明は含まれないものとする。

２．診察券等における初診日確認の取扱いについて

　診察券や医療機関が管理する入院記録等により確認された初診日及び受診した診療科については、請求傷病での受診である可能性が高いと判断できる診療科（精神科など）である場合には、それらの参考資料により初診日を認めることができる。

　また、診察券や入院記録等だけでは請求傷病での受診である可能性が高いと判断できない診療科（内科など）の場合であっても、診察券や入院記録等で初診日及び受診した診療科が確認できたときは、請求者申立ての初診日について参考となる他の資料とあわせて初診日を認めることができる。

ただし、他の傷病による受診であると明らかに推認できる場合は認めないこととする。

3．健診日の取扱いについて
　　初診日は、原則として初めて治療目的で医療機関を受診した日とし、健康診断を受けた日（健診日）は初診日として取り扱わないこととする。
　　ただし、初めて治療目的で医療機関を受診した日の医証が得られない場合であって、医学的見地からただちに治療が必要と認められる健診結果である場合については、請求者から健診日を初診日とするよう申立てがあれば、健診日を初診日とし、健診日を証明する資料（人間ドックの結果など）を求めた上で、初診日を認めることができることとする。

4．日付が特定されない初診日の取扱いについて
　　資料により初診日のある年月までは特定できるが日付が特定されない場合には、保険料の納付要件を認定する時点や遺族年金における死亡日の取扱い等を踏まえ、当該月の末日を初診日とする。
　　ただし、当該月に異なる年金制度（国民年金と厚生年金など）に加入していた場合については、当該月の月末を初診日とはしない。

5．初診日を確認する際の留意事項について
　　第1から第3の各項目に限らず、初診日の確認に当たっては、初診日の医証がない場合であっても、2番目以降の受診医療機関の医証などの提出された様々な資料や、傷病の性質に関する医学的判断等を総合的に勘案して、請求者申立てによる初診日が正しいと合理的に推定できる場合は、請求者申立ての初診日を認めることができることとする。
　　また、初診日に関する複数の資料が提出された場合には、他の資料との整合性等や医学的判断に基づいて、請求者申立ての初診日を確認するものとする。

【資料3】 線維筋痛症等に係る障害年金の初診日の取扱いについて

事 務 連 絡

令和 3 年 8 月 24 日

日本年金機構年金給付事業部門担当理事　殿

厚生労働省年金局事業管理課長

線維筋痛症等に係る障害年金の初診日の取扱いについて

　障害年金の初診日（以下「障害年金初診日」という。）については、国民年金法（昭和34年法律第141号）第30条第1項及び厚生年金保険法（昭和29年法律第115号）第47条第1項において、疾病又は負傷及びこれらに起因する疾病（以下「傷病」という。）について初めて医師又は歯科医師の診療を受けた日とされている。

　線維筋痛症、化学物質過敏症、慢性疲労症候群及び重症筋無力症（以下「線維筋痛症等」という。）については、発症直後に確定診断がされない事例が見られることから、その障害年金初診日の取扱いに当たっては、下記の事項に留意の上、遺漏のなきよう取り扱われたい。

記

1　国民年金法第30条第1項及び厚生年金保険法第47条第1項の規定に則り、障害の原因となる線維筋痛症等に係る一連の診療のうち、初めて医師又は歯科医師の診療を受けた日を障害年金初診日として取り扱う。

　　こうした観点から、線維筋痛症等については、請求者から提出された診断書、受診状況等証明書、病歴・就労状況等申立書等の提出書類（以下「提出書類」という。）の審査等を通じて、請求者が申し立てた初診日（以下「申立初診日」という。）における診療と線維筋痛症等との間の関連性の有無を判断し、申立初診日における診療が線維筋痛症等に係る一連の診療のうち初めての診療であると認められる場合には、申立初診日を障害年金初診日として取り扱うものとする。

2　請求者から提出された提出書類の審査等の結果、①から③までのいずれにも該当する場合は、線維筋痛症等に係る申立初診日を障害年金初診日として取り扱うことができるものとする。なお、当該場合以外の場合であっても、個別事例ごとの事情に応じて、提出書類の内容等を総合的に考慮した結果、申立初診日における診療が線維筋痛症等に係る一連の診療のうち初めての診療であると認められ

1

る場合には、申立初診日を障害年金初診日として取り扱うものとする。

①　申立初診日に係る医療機関が作成した診断書又は受診状況等証明書の記載内容から、申立初診日において、請求者が線維筋痛症等の症状に係る診療を受けていたものと認められること。例えば、申立初診日に係る医療機関が作成した診断書又は受診状況等証明書の記載内容から、線維筋痛症に係る申立初診日において、請求者が身体の広範囲に及ぶ慢性疼痛について診療を受けていたものと認められる場合や、重症筋無力症に係る申立初診日において、請求者が眼瞼下垂又は複視について診療を受けていたものと認められる場合などが該当すること。

②　線維筋痛症等に係る確定診断を行った医療機関が作成した診断書（確定診断に基づき他の医療機関が作成した診断書を含む。）において、申立初診日が線維筋痛症等のため初めて医師の診療を受けた日として記載されていること。

③　発症直後に確定診断が行われなかった理由に関する申立てが行われていること。なお、提出書類の記載等から、線維筋痛症等に関連する医療機関への受診について未継続の期間が確認される場合にあっては、当該未継続期間において、線維筋痛症等の症状が継続している旨の申立てが行われていること。また、当該未継続期間が6ヶ月を超える期間となる場合にあっては、診断書等の医療機関が作成する書類の記載内容から、当該未継続期間において、線維筋痛症等の症状が継続しているものと認められるものであること。

3　請求者が障害年金初診日を明らかにすることができる書類を添えることができない場合については、「障害年金の初診日を明らかにすることができる書類を添えることができない場合の取扱いについて」（平成27年9月28日年管管発0928第6号）に基づき、第三者証明、参考資料等を活用しつつ、障害年金初診日に係る審査を行う。

2

<著 者 略 歴>

社会保険労務士　高橋　裕典（たかはし　やすのり）

平成14年3月に法政大学法学部卒業。平成14年4月から平成20年3月まで社会保険庁（現：日本年金機構）に勤務し、年金関係業務に従事。退職後、平成20年12月に高橋社会保険労務管理事務所（https://www.slmo-takahashi.com/）を開業。令和4年11月に社会保険労務士法人高橋社会保険労務管理事務所を設立。企業の人事労務管理相談、障害年金を中心とした年金関係業務、執筆・講演など精力的に活動している。著書に『7訂版　はじめて手続きする人にもよくわかる　障害年金の知識と請求手続ハンドブック』、『障害年金不服申立ての実務』、『教えて、くま先生！こんなときどうする？社会保障あんしん教室』（監修）、『事例でわかる　障害年金　審査請求・再審査請求の進め方と請求関係書類の書き方・まとめ方』（共著）、『就労にまつわる障害年金請求・相談のポイント』（共著）（いずれも日本法令）がある。

社会保険労務士　中曽根　晃（なかそね　あきら）

社会福祉士・ＣＦＰ

東京理科大学理学部数学科卒業後、信託銀行にてアクチュアリー業務に従事。「お客様を笑顔にしたい」とレストランや輸入食材店を経営した後、平成23年より障害年金専門の中曽根あきら社会保険労務士事務所（http://www.nakasone-sr.jp/）を開業。特に難病やがんの方の障害年金請求に力を注いでいる。障害年金制度の周知のため家族会・医療関係者や社会保険労務士対象の障害年金セミナー講師を精力的に務めている。平成30年に社会福祉士資格を取得し、福祉関係者との連携を大切に福祉系社労士として活動している。著書に『就労にまつわる障害年金請求・相談のポイント』（共著）（日本法令）がある。

社会保険労務士　佐藤　奈己（さとう　なみ）

ホテルサービス業、ＪＲ派遣事務、社労士事務所勤務を経て、平成26年6月に佐藤奈己社会保険労務士事務所（http://www.nami-sr.jp/）を開業。ホスピタリティ（おもてなし）の精神を大切に、きめ細かいサービスのみならず、軽いフットワークで障害年金の相談、請求手続業務を行っている。また、障害年金を必要とする人に必要な情報が届けられるように、障害年金制度や手続きの仕組みについて、養護学校や相談支援事業所など一般の方を対象とした講演活動を精力的に行っている。

社会保険労務士　萩原　秀長（はぎわら　ひでたけ）

反貧困ネットワークぐんま事務局所属。適格消費者団体　消費者支援　群馬ひまわりの会理事。立教大学を卒業後、広告代理店勤務を経て、社会保険労務士資格を取得。自身の身近な人が精神疾患に罹患したことがきっかけとなり、障害年金による支援ができる社会保険労務士を目指すことになった。平成27年8月に群馬県高崎市に萩原秀長社会保険労務士事務所（https://hagiwara-sr.com/）を開業。令和2年8月に社会保険労務士法人萩原秀長社会保険労務士オフィスを設立。障害年金専門の社会保険労務士として、相談・請求手続を行いながら、制度周知のための講演活動などにも力を注いでいる。著書に『就労にまつわる障害年金請求・相談のポイント』（共著）（日本法令）がある。

医師照会・返戻事例から学ぶ
障害年金請求手続のポイント

令和6年10月20日　初版発行

日本法令®

〒101-0032
東京都千代田区岩本町1丁目2番19号
https://www.horei.co.jp/

検印省略

著　者　高　橋　裕　典
　　　　中曽根　　　晃
　　　　佐　藤　奈　己
　　　　萩　原　秀　長
発行者　青　木　鉱　太
編集者　岩　倉　春　光
印刷所　東　光　整　版　印　刷
製本所　国　　宝　　社

（営　業）　TEL　03-6858-6967　　Eメール　syuppan@horei.co.jp
（通　販）　TEL　03-6858-6966　　Eメール　book.order@horei.co.jp
（編　集）　FAX　03-6858-6957　　Eメール　tankoubon@horei.co.jp

（オンラインショップ）https://www.horei.co.jp/iec/
（お 詫 び と 訂 正）https://www.horei.co.jp/book/owabi.shtml
（書籍の追加情報）https://www.horei.co.jp/book/osirasebook.shtml

※万一、本書の内容に誤記等が判明した場合には、上記「お詫びと訂正」に最新情報を掲載
　しております。ホームページに掲載されていない内容につきましては、FAXまたはEメー
　ルで編集までお問合せください。